# 环境司法审判
# 区域性理论与实践探索

主　编　韩德强
副主编　陈学敏　韦　冉　孙日华

中国环境出版社·北京

图书在版编目（CIP）数据

环境司法审判区域性理论与实践探索 / 韩德强主编. -- 北京 : 中国环境出版社, 2015.6
ISBN 978-7-5111-2417-3

Ⅰ. ①环… Ⅱ. ①韩… Ⅲ. ①环境保护法—审判—研究—中国 Ⅳ. ①D922.684

中国版本图书馆CIP数据核字(2015)第115565号

**出 版 人** 王新程
**责任编辑** 曲 婷
**责任校对** 尹 芳
**装帧设计** 宋 瑞

**出版发行** 中国环境出版社
（100062 北京市东城区广渠门内大街16号）
网 址：http://www.cesp.com.cn
电子邮箱：bjgl@cesp.com.cn
联系电话：010-67112765（编辑管理部）
发行热线：010-67125803，010-67113405（传真）
印装质量热线：010-67113404
**印 刷** 北京中科印刷有限公司
**经 销** 各地新华书店
**版 次** 2015年6月第1版
**印 次** 2015年6月第1次印刷
**开 本** 787×960 1/16
**印 张** 22
**字 数** 350千字
**定 价** 60.00元

# 前　言

修订后的《中华人民共和国环境保护法》第二十条：“国家建立跨行政区域的重点区域、流域环境污染和生态破坏联合防治协调机制，实行统一规划、统一标准、统一监测、统一的防治措施……”提出了环境保护跨区域管辖的立法精神，最高法院《关于全面加强环境资源审判工作、为推进生态文明建设提供有力司法保障的意见》（法发 [2014]11 号）则明确指出：“探索建立与行政区划适度分离的环境资源案件管辖制度”，这些规定均与《人民法院第四个五年改革纲要（2014—2018）》“探索建立与行政区划适度的司法管辖制度”的表述一脉相承，是与行政区划适度分离的司法管辖制度在环境资源领域的特殊化。追根溯源，《意见》与《纲要》又是对《中共中央关于全面深化改革若干问题的决定》中司法管辖制度改革指引的具体化，即“改革司法管理体制，推动省以下地方法院、检察院人财物统一管理，探索建立与行政区划适度分离的司法管辖制度，保证国家法律统一正确实施。”这为我国环境资源司法在环境法治中找准定位，并进行相应的体制和法律改革提供了契机。2014 年 7 月 3 日，最高法院对外正式宣布成立环境资源审判庭，自此我国环境资源司法专门化由自下而上、各自为政的地方性探索演变为自上而下的整体推进，显然我国环境资源司法区域性审判走的是一条摸索—实践—充分实践—法律制度“法律经验主义”的循序渐进之路，为了支持这条路径选择，我们有必要对国内外环境资源案件区域性管辖的实践、运行情况、成效进行梳理剖析，总结经验，为我国的环境司法体制改革提供参考。

当前，我国地方法院基本上依托于行政区划而建立，地方各级法院通常只受理该区划内所发生的案件、仅在该区划内活动，不得“越界”。从生态学要素看，生态具有整体性，环境介质如空气、水、土壤、野生动植物等环境要素要么具有连续性，要么具有活动性，完全不受国界、省界等行政区划的局限；从环境资源司法审判实践看，由于环境污染或破坏往往是生产活动的附随产物，且污染大户通常也是当地的纳税大户，虽然随着环境问题的日益严重，国家开始倡导绿色GDP，要求各地政府转变经济发展方式，但是一直以来“以经济建设为中心”的观念根深蒂固，在经济发展与环境保护发生冲突时，不少地方政府还是倾向于以牺牲环境换取当地经济的发展，甚至充当污染者或破坏者的“保护伞”。因此，以“依法治国”为主题的十八届四中全会更在公报中明确提出：“……探索设立跨行政区划的人民法院和人民检察院……”显然，环境资源司法区域性无疑为推动我国司法“去地方化”和“去行政化”，为构建公正、高效和权威的司法体制改革之路提供新的思路和突破口。

党的十八大将生态文明建设置于前所未有的战略部署的高度，生态文明的核心内容和显著特征是“人与自然的和谐”，这种本质属性要求人类在生存和发展过程中必须尊重自然规律，即生态系统的整体性，这也就决定了人类在开发和利用自然资源的过程中，对环境的影响是超越人为划定的行政区域，呈现明显的跨区域性特征。在此情况下，积极展开环境资源司法区域性的理论与实践探索，回应社会主体的环保关切，具有重要的现实意义。本书的亮点就在于对环境资源司法区域性问题，从以下多个角度进行了探索和研究。

首先，在环境司法理念上，当前在我国尚未有独立的环境诉讼程序，已有的环境民事诉讼、环境行政诉讼和环境刑事诉讼均遵循的是传统的民事诉讼法、行政诉讼法和刑事诉讼法，单纯在处理结果上，好似被告人受到制裁、受害人也得到了赔偿，甚至行政机关也被判令重新做出具体行政行为，但是深究下去，已经受到污染的环境、遭致破坏的生态依然存在，甚至还在继续。因此，树立生态文明观，实现生态系统平衡，使人类生存环境得到根本的改善，是环境资源司法审判的基本理念。

其次，在环境资源司法审判模式上，审判专门化无疑是环境资源司法区域化的发展趋势。不管是发达国家如澳大利亚新南威尔士土地与环境法院，还是发展中国家如印度的国家绿色环境法庭，它们均采取了集中式审判模式，在一般行政区划的更高尺度上设置环境审判机构。目前比较典型的有福建模式、江苏模式和云南模式，从不同的角度探索了审判机构专门化、诉讼程序特别化以及审判人员专业化等问题，为我们探索环境资源司法区域性提供了有益的经验，

再次，在环境公益诉讼问题上，它是全社会参与环境保护的一种有效形式，积极扩大诉讼资格范围，鼓励热衷环境公益事业的公民个人及环保非政府组织参与其中。环境民事公益诉讼是应对环境问题的“标”，解决的是环境污染或破坏的“点”问题，环境行政公益诉讼则是应对环境问题的“本”，解决的是环境污染或破坏的“面”问题，顾点不顾面、治标不治本显然不是环境保护的最佳路径，只有“点面兼顾”、“标本兼治”才能有效减少和避免环境污染或破坏现象。

最后，环境资源司法区域性是一项系统工程，单兵作战注定举步维艰，相应的辅助性制度不可缺少。如“专家专用”制度，这是由生态环境案件的新颖性、专业性、多样性、复杂性等特点决定的。再如公众参与制度，如何设计公众参与环境资源保护的“路线图”是国家治理体系现代化中亟待考虑的问题；再比如环境损害救济基金制度，这是由环境损害行为合法而频发、受害者众多且损失巨大、高度工业技术缺陷难以防范与避免等特点决定的，等等。

司法是社会正义的最后一道屏障，也是社会纠纷解决最具权威性的途径。面对日益增长的环境纠纷，环境司法必须有所作为，区域性环境资源审判正是回应现实需要、实现法治现代化的应有之义，是构建生态友好型社会的必由之路。“人类有权在一种能够过尊严的和福利的生活环境中，

享有自由、平等和充足的生活条件的基本权利，并负有保证和改善这一代和世世代代的环境的庄严责任。”《人类环境宣言》犹言在耳。在当今时代的经济、社会、文化等背景下，在依法治国坐标体系内，环境司法的理念、价值取向、功能作用和战略定位等，直接决定了公民环境权能否实现，生态文明建设能否顺利。当前，环境“法治”之“法”可谓已经硕果累累，初具规模，环境“法治”之“治”却步履艰难。如何走向环境法治的春天，“路漫漫其修远兮，吾将上下而求索”，这是我们环境法律人永远的共同课题！

# 目　录

# 第一章
# 环境司法审判区域性的基本理论

## 第一节　生态文明建设的整体性特征与要求

关于何为生态文明，不管是俞可平教授的提法“生态文明是现代社会人类文明的基本形态之一，是人类社会继原始文明、农业文明、工业文明之后又一种新的文明范式”，[①]还是王树义教授直言不讳地指出“生态文明是人类对工业文明发展作了反思的结果，是对工业文明的矫正和超越”，[②]无可否认的是，“人与自然的和谐”是生态文明的核心内容和显著特征。这种本质属性要求人类在生存和发展过程中必须尊重自然规律，即生态系统的整体性，而这也决定了人类在开发和利用自然资源的过程中对环境的影响是超越人为划定的行政区域，呈现跨区域性的明显特征。

---

① 俞可平：《科学发展观与生态文明》，载《马克思主义与现实》2005 年第 4 期。
② 王树义：《论生态文明建设与环境司法改革》，载《中国法学》2014 年第 3 期。

## 一、生态环境的整体性

生态系统的整体性是由生态系统各个部分的不可分割性和各个环境要素的整体演化规律所决定的。正如有学者所说："当人类以一种静态的眼光来看待围绕人类存在的全部自然界这个整体时，就出现了环境的概念；当人类以是否对人类有用的角度来看待自然界这个整体时，就出现了自然资源的概念；当人类从生物的生存条件以及相互关系的角度来看待自然界这个整体时，就出现了生态系统的概念。"①无生命物质、生产者、消费者和分解者四部分缺一不可才构成一个完整的生态系统。而尊重并保护整个生态系统的完整和各个组成部分、要素之间的平衡是维持生态系统平衡的必然要求。同时，整体性也意味着人类必须尊重并保护生态系统的任何一个组成要素或部分，这些要素或部分的功能与地位是无可替代的。建设生态文明要求我们不仅承认存在于自然客体之间的关系，而且要把物种的整体和生态系统的共同体看做核心的关注点。②可见，作为保证生态系统完整性、多样性的文明形态，生态文明是一种超越时空的意识形态，其所实施的生态保护不仅仅是一个国家、一个地区的事情，而是一种全球性事务，需要不同种族、不同民族抛却成见共同努力。③因为，"风的流动是不需要护照的"，"全球责任的第一个原则就是'谁都无可逃遁'"，而"一个社会如果以邻为壑，靠损害较不富裕的邻居来求得自身的环境安康"④只能算是"伪"生态文明。

生态系统的整体性首先要求一个国家在进行环境立法时，必须在尊重自然规律的前提下，制定出对相关社会关系进行综合调整的环境法律，其既应该将污染防治、资源开发和生态保护一视同仁，也应该做好各个部门

① 汪劲：《环境法学》，北京大学出版社 2006 年版，第 11 页。
② 张小平：《全球环境治理的法律框架》，法律出版社 2008 年版，第 93 页。
③ 以上内容参见王灿发：《论生态文明建设法律保障体系的构建》，载《中国法学》2014 年第 3 期。
④[美]丹尼尔·A·科尔曼：《生态政治——建设一个绿色社会》，上海译文出版社 2002 年版，第 14 页。

的配合和衔接。而我国现有各方面的立法却是割裂的、分散的、脱节的。“山水林田湖和污染防治、有毒有害的物质的管理立法都各自属于不同的体系，无法构成一个系统完整的生态文明保障法律体系。”①

其次要求在破解环境法律问题维护生态健康和安全时应该坚持生态民主原则，即建立在有广泛的主体参与、沟通和协商的实践理性基础之上。生态民主所要解决的是环境利益与经济利益、社会利益之间的衡平问题，这其间的取舍决定权应当由公众意志决定，这就需要构建一系列渗透平等、信任、理解、包容、尊重、合作诸要素的程序性配置，充分保证公众的知情权、参与权、表达权和监督权。而各个参与方由于知识背景、职责范围、社会角色等的不同，在参与过程中发挥着不同的作用。环保非政府组织这类社会团体基于专业技能和公益宗旨分别发挥事实和价值判断的功能，普通大众会基于朴素的社会正义和道德观表达凝聚利益诉求的价值判断，而行政机关则从管制型、全能型政府转向服务型、责任型政府，为社会主体提供多种参与渠道和平台，并以理性、科学的方式吸收民意，最终制定出最优的决策方案。

最后必须明确社会责任或共同责任原则。这是由环境问题的公共性、复杂性和整体性决定的，环境问题发生原因的复杂性、损害后果的严重性、因果关系证明的困难性及环境污染行为一定程度上的正当性决定了其责任承担主体的多元性和承担方式的复合性。社会责任原则是对损害者付费原则与集体负担原则的补充，指的是在造成损害的加害人不明或者损害范围难以确定的情况下，由社会共同承担相关费用，其“将环境保护的义务和责任进一步明确化，把环境的损害、保护环境的付出、环境利益的获得结合在一起，通盘考虑责任的负担，反映了生态文明法治建设全民动员的客观需求与责任负担的内在逻辑一致性。”②

① 王灿发：《论生态文明建设法律保障体系的构建》，载《中国法学》2014 年第 3 期。
② 王灿发：《论生态文明建设法律保障体系的构建》，载《中国法学》2014 年第 3 期。

## 二、资源利用与环境影响的跨区域性

现实中，生态系统有行政边界和自然边界之分，行政边界是一国为了便于区域内的经济、社会事务管理人为划分的，而自然边界是生态系统依循其自身规律所形成的边界，既可能发端于某个省，终结于另一个省，也可能起源于一国，延伸至其他国，这是自然界在长年累月中逐渐形成的。而生态系统的整体性使得自然边界在人类利用自然的过程中起着决定性的作用，造成实践中资源利用与环境影响呈跨区域性的特征，最为明显的例证就是大气污染、河流污染和臭氧层破坏等生态损害问题，这是跨越区域甚至国界、涉及当代人和后代人利益、全人类共同关心的问题。通过固有的地域联系，区际之间有着千丝万缕的环境关联，导致某一地域的环境问题，可以输出转嫁给相关地域，引起生态环境问题的跨域性。正是认识到这是一个系统整体有机的世界，“人类虽然不能（也不应当）控制和改变地球自然环境的演变过程，但是却可以不断调整人类自身的行为以适应地球环境演变的状况，这就要求人类在共同认识的基础上以地球共同体（亦即地球生命）为单位，为了人类的共同利益采取联合行动。到 20 世纪 90 年代，这种认识已经成为国际社会的一个基本的共识。”① 这种跨区域性使得生态补偿制度和环境污染责任保险制度的构建和创新非常必要。

生态补偿是基于对生态系统服务功能的认识而提起的一个概念，究其实质而言乃是对公益外溢的一种补偿，通过对保护和改善生态环境的行为予以一定的财政补贴或奖励，从而实现区际公平。在摆脱贫困和发展的双重压力下，任何地区都不愿意为了进行生态建设而放慢或牵制经济建设的发展速度。而生态建设作为一种正外部性行为，其建设者并不一定是受益者，建设者与受益者常常分属不同的社会主体，这就意味着建设者投入了人力、物力、财力，收益的却另有其人。显然，如果不对这种严重背离予以弥补，建设者就会因缺乏积极性，将经济发展摆在优先于环境治理的位置上，区域间的关系日益恶化，最终影响的是一个国

① 汪劲：《环境法律的解释：问题与方法》，人民法院出版社 2006 年版，第 485 页。

家的可持续发展。一般来说，构建生态补偿制度必须明晰生态补偿的主体、生态补偿的受偿主体、生态补偿的对象、生态补偿的资金（包括来源、支付、管理等内容）。当然，区际生态补偿还需要做好相关政策的协调和配套工作，此外，应尽快建立绿色 GDP 制度，在计算经济产出总量或经济总收入的同时，计算资源消耗成本和环境退化成本，为建立区际生态补偿基金确定计算依据，从而使受益地区从生态建设地区所获得的收益得到全面、客观、公正的评价。

资源利用与环境影响的跨区域性使得环境侵害行为可能涉及到对相当区域的不特定多数人的侵害，侵害范围广泛、程度严重，如果由侵害人完全为环境污染或破坏行为买单，带来的后果可能是侵害人无力赔偿，甚至破产倒闭，既影响一国经济的正常发展，也不利于受害人获得及时充分的赔偿。环境污染责任保险制度将污染企业的责任分散化，将其中一部分转嫁给社会承担，既能有效地集中社会的力量，也使得政府在解决环境问题方面有更多的选择余地。由于它较好地平衡了环境保护中的个体利益、企业利益和国家利益三大利益关系，不仅体现了传统法中的公平、秩序、自由等理念，还彰显了现代法治社会协作互利的观念，因此，已经成为解决环境问题中利益博弈的一大举措。从国际经验来看，环境污染责任保险制度的内容包括承保范围、承保金额、理赔程序等，就我国实际情况来说，目前可以自愿保险为主，强制保险为辅，但应对强制保险的范围予以明确。

# 第二节　我国环境司法审判的价值取向和发展模式

如果说作为带动法学理论发展的最有生命力的法律部门——环境法正在应时而动，根据环境纠纷的独特性对各种法律制度进行再造，以担负起保护人类共享的生态利益的重任，作为将“文本中的法”转向“行动中的法”的环境司法机关也必须对社会主体的环保关切作出回应，积极探索具有环境诉讼自身特色的更有利于预防和补救生态损害的途径。尤其是生态文明理念的提出，使得如何“进行司法改革，以改变司法在环境保护领域不能很好作为的状况，充分发挥环境司法在环境法治建设、推动和保障生态文明建设方面不可或缺的作用”，[①] 成为学界和法院共同面临的一个现实问题。其中，直接决定我国环境司法走向的基本问题当属价值取向和发展模式莫属了。

## 一、生态文明建设语境下环境司法审判的价值取向

刑事诉讼的目的是“惩罚犯罪，保护人民，保障国家安全和社会公共安全，维护社会主义秩序”，通过对罪犯的惩罚实现对受害人合法利益和社会秩序的保护；民事诉讼的目的是“保护诉讼当事人权利……确认民事权利义务关系、制裁民事违法行为，保护当事人的合法权益”，显然这是典型的保护私人利益的诉讼；行政诉讼的目的是“保护公民、法人和其他社会组织的合法权益，维护和监督行政机关依法行使职权”，主要是通过对具体行政行为的合法审查来维护私人的合法利益。当前虽然在我国尚未有独立的环境诉讼程序，已有的环境民事诉讼、环境行政诉讼和环境刑事诉讼均遵循的是传统的民事诉讼法、行政诉讼法和刑事诉讼法，使得环境案件似乎与其他普通案件没有任何区别。但是实际上，从现有的环境纷争看，不论是否有具体的受害人，都会对环境造成有形或无形的破坏，并且

① 王树义：《论生态文明建设与环境司法改革》，载《中国法学》2014 年第 3 期。

这种破坏一旦造成，很难再恢复原状，这是环境案件与一般案件迥异的地方。如果遵循普通的诉讼程序，涉及刑事责任的环境案件，法院仅仅根据案情依法定罪量刑，予以人身罚或财产罚；涉及环境侵权的案件，法院仅仅依法裁定被告停止侵害、赔偿损失；涉及行政诉讼的环境案件，法院仅仅依法审查行政机关具体行政行为是否合法。这种处理结果，我们不能说违反了法律的规定，实际上被告人受到制裁、受害人也得到了赔偿，甚至行政机关也被判令重新作出具体行政行为，但是深究下去，已经受到污染的环境、遭致破坏的生态依然存在，甚至还在继续。因此，如何弥补这种生态损害直接决定着生态文明建设的成效，也是衡量一个国家所进行的生态文明建设是“真生态文明”还是“伪生态文明”的主要标尺。根据马克思主义生态文明观，要实现生态系统平衡的维护要求我们通过恢复或重建等举措，对环境污染或生态破坏进行有效治理，使人类生存环境得到根本的改善，显然生态修复是解决生态损害的不二选择。虽然强制性是法的根本特性，但这并不意味着法的作用形式仅有惩戒。当法是协调人与自然的关系，以期达到维护生态平衡的目的，进而实现人类社会的可持续发展时，仅仅以强制性惩戒手段来彰显其权威的法就显得有些单薄。缺乏教化作用的法，其功效将大打折扣。相比惩戒手段来说，教化更多是以比较温和的形式出现。生态修复就是这样一种温和的方式。作为维护权利最后一道屏障的司法机关，也必须在环境审判中对此作出回应，其司法裁决当以生态修复为价值导向。

## 二、生态文明建设语境下环境司法审判的发展模式

在我国，“以经济建设为中心”的导向决定了治理环境污染和保护生态资源与当地政府追求 GDP 的目标相冲突，当前以行政区划创建环境审判机构的传统做法显然不能适应环境司法的现实需要。再加上环境资源的分布及环境污染、生态破坏遵循的自然规律，多具有跨区域性的特征，突破行政区划的人为限制构建区域性的环境司法审判模式势在必行。

所谓的环境司法审判区域性指的就是一个国家或地区根据客观现实需要和实际条件，将环境纠纷交由某一法院、或某一法院的某一审判组织集中处理。这种审判模式突破了我国传统以行政区划定管辖权的司法体制，在一定程度上缓解了地方权力对司法权的干涉。如无锡市中院在2008年5月设立环境法庭的同时，在下属九个市、区基层法院均设立了环保合议庭，但是实际运行效果并不理想。于是，2014年伊始，无锡地区就采取了环保资源类案件的集中管辖，确定滨湖区法院、江阴市法院、宜兴市法院和锡山区法院四家基层法院的环保合议庭分别管辖无锡地区九个市、区的环境资源类案件，在无锡地区一定程度上打破了行政区划的限制。当然这种做法从建设生态文明的高度看，远不如环境法院的效果来得全面和彻底，但这毕竟是对传统按照行政区划确定管辖权的司法制度的一种创新尝试，最高法院在2014年7月4日发布的《关于全面加强环境资源审判工作 为推进生态文明建设提供有力司法保障的意见》中对目前基层法院采取的集中管辖的审判模式给予了充分肯定："逐步改变目前以行政区划分自然形成的流域等生态系统的管理模式，着眼于从水、空气等环境因素的自然属性出发，结合各地的资源案件量，探索设立以流域等生态系统或以生态功能区为单位的跨行政区划环境资源专门审判机构，实现对环境资源类案件的集中管辖。"总体来看，环境司法审判之所以呈现跨区域性特征主要有以下几个原因：

## （一）自然规律要求环境司法的区域性

自然界中的空气、水都具有流动性、整体性和系统性等特点，空气及水源污染涉及多个行政区域，常常出现跨区域污染的情况，比如河流污染往往涉及周边的数个省区。生态环境的整体性决定了环境污染问题很难局限在某一个特定的行政区划内，而正是囿于行政区划的局限性，跨区域污染问题往往无法很好地得以解决。如2005年的松花江水污染事件、2013年的上海黄浦江松江段水域漂浮死猪事件。

### （二）环境案件的特殊性需要环境司法的区域性

在环境司法领域，三大诉讼类型的划分不一定绝对形成民事、行政和刑事案件三种形式，实际上常常发生民事与行政交叉、民事与刑事交叉以及行政与刑事交叉的情形，环境案件具有综合性、复合性。不同的法官由于认识问题的角度与思维方式的差异性，在适用证据规则、裁判标准、审理期限方面有很大不同，极可能造成环境纠纷“在民事行政裁判与刑事裁判中产生冲突或矛盾，从而出现司法标准不统一的结果”，不利于实现环境案件统一的裁判尺度。

### （三）去除地方化呼唤环境司法的区域性

当前，在“以经济建设为中心”的目标指引下，地方政府多以 GDP 的快速提高为第一要务，为了追求考核指标，为了获得更多税收，“重污染，轻环保”、“先污染，后治理”的状况普遍存在。而现实中，污染大户往往也是当地的纳税大户，于是在经济发展和环境保护的博弈中，不少地方政府对纳税大户的污染行径睁只眼闭只眼，甚至在环境纠纷案件的审理过程中，对当地的法院施加压力，对环境的司法保护进行行政干预，直接影响环境司法保护案件的公正处理。由于在现行的司法体制中，法院的人员编制、经费预算等都要受制于地方行政机关，行政干预在此情况下会起作用，导致案件审理的不公正。

## 三、环境司法区域化的发展趋势——环境司法审判专门化

截至 2014 年 6 月底，已有 22 个省份 310 家法院设立了专门审判机构或组织，并在审理程序上实现了一定程度的集成化。尤其是随着最高人民法院环境资源审判庭的设立，可以预期，环境司法专门化实践将得到进一

步发展。[①] 目前，关于环境司法专门化，学界大致存在两种相互对立的观点：一是从规范主义和形式主义立场出发，阐述环保法庭在现行法律框架下的内生困境与脱法嫌疑；[②] 一是从实用主义和现实主义视角出发，认为现行环保法庭设置虽无充分法律依据，但却是回应型法律应对现实问题的需要。[③] 这两种观点，事实上分别表征了转型时期环境司法专门化的客观需求及现实障碍，若依前者，环境司法改革需以"变法"为前提；若依后者，唯"变法"艰难则应允许能动与创新。前者针对理想，后者回应现实；前者以法律权威为重心，后者以中国现实为依归。二者各有其理，各有所据，问题是，这两种非此即彼的立论针对的都是环境司法专门化的合规范性问题，很少有人去探寻环境司法专门化的更深层和更关键问题：①环境司法专门化所欲达到的制度功能是什么？②在已有民事、行政、刑事审判庭对环境案件分而审之的背景下，仅以环境纠纷增多和环境案件复杂是否就能为环境司法专门化提供足够的正当性支撑？③转型中国的现实背景，又对环境司法专门化的路径选择有着何种影响？要回答这些问题，实际上决定了必须采用一种功能主义的立场，以功能为导向来评判实践和指引未来，在此基础上再讨论合规范性问题，方能对环境司法专门化做出理性建构。

## （一）环境司法专门化的基本定位与制度功能

### 1. 环境司法专门化的基本定位与方向

欲探讨环境司法专门化，首先应明确专门化所欲实现的制度功能以及通过在现有框架内能否实现这些功能。就目前而言，环境问题的严峻性、环境纠纷的多发性、环境执法的孱弱性、环境案件的专业性通常被用于证明环境司法专门化的必要性与正当性，或者说，环境司法专门化的功能就在于应对或矫正上述问题。但一一检视不难发现，上述四方面并不足以将之从传统审判模式中独立出来进行专门化建构：环境问题再严重、环境纠

① 环境司法专门化审判机构的动态更新，参张宝：《中国环境保护审判机构概览》，载 http://ahlawyers.fyfz.cn/b/172083。本文所有数据有效期均截至 2014 年 6 月 30 日。
② 参刘超：《反思环保法庭的制度逻辑》，载《法学评论》2010 年第 1 期。
③ 参黄莎、李广兵：《环保法庭的合法性和正当性论证》，载《法学评论》2010 年第 5 期。

纷再多发，均可以通过传统审判庭进行审理，且环境纠纷多发并不等于进入到法院的环境案件随之激增；在“强政府、弱司法”的司法结构下，更不能奢望政府无法克服的问题而司法能够解决，设立专门审判组织作为行政非诉执行机构，本身就是对司法地位的贬损。唯一能够成立的理由即是环境案件的专业性，理论与实务多将之归纳为环境问题的科技性、因果关系的复杂性等，但这些理由仍未触及问题的本质——环境案件再复杂，也不是设立专门审判机构的根本理由，除非案件复杂到难以兼容于传统审判模式的程度。由此，发现环境案件迥异于其他案件类型的特质，才是环境司法专门化建构的根基所在。

2. 环境案件的特质与环境司法专门化的制度功能

高度科技关联性被认为是环境问题的最大特色，[①] 这一特征决定了环境法律制度是科学理性与社会理性的高度统一。也就是说，环境案件的复杂性不能孤立看待，必须从科学层面来寻求造成这种特殊性的原因。

由科学面观之，污染物质流布于环境进而造成财产、人身损害，大致可以分为污染源（Sources）、传播途径（Pathways）与受体（Receptors）三个阶段，其间呈现出多源头排放、多介质污染、多途径暴露以及多受体危害的复杂特性，[②] 使得环境侵害成为一个具有大尺度时空维度的复杂系统：在时间维度上，环境侵害具有长期性与潜伏性，且很多新兴科技风险的影响并不确定，往往在损害发生之后亦难以有科学的证据予以确认，且损害发生也往往不可恢复或成本过高而不可行；在空间维度上，环境侵害涉及到跨介质和跨区域层面，前者涉及到环境侵害对于不同环境介质的影响以及在不同介质中的迁移转化，后者涉及到环境侵害对于个人、地方、跨区域、跨国家乃至对于全球环境的影响。更为关键的是，时间维度与空间维度并非截然分离，其相互之间往往相互结合、相互影响，使得任何尝试用分割、孤立、事后的还原思维规制环境问题的效果都大打折扣。[③] 由此，

① 参见叶俊荣：《环境政策与法律（第二版）》，元照出版有限公司2010年版，第139页。
②Richard J. Watts, Hazardous Wastes: Sources, Pathways, Receptors. Wiley, 1998, p1-3.
③See Klaus Bosselmann, *Losing the Forest for the Trees: Environmental Reductionism in the Law*, 2 Sustainability 2424 (2010), at 2430-2431.

整合主义（Integrationism）成为环境法的基本立场，①不仅体现在公法与私法的融合、管制模式与管制工具的整合，也包含了司法层面的整合，在一个审判组织内实现对环境侵害交互性与扩散性的应对。

环境侵害的时空大尺度性，使得现行以公、私法划分为基础，由民事、行政与刑事审判庭按照行政区划对社会纠纷分而审之的司法体制在应对环境问题上不具有正当性：其一，环境侵害除了造成人身、财产损害外，还会损害生态环境，这种公、私利益的交织使得在现以人身与财产权保护为核心的司法救济机制很难实现对生态环境的保护；其二，环境侵害的影响范围不限于一时一地，按行政区域管辖不仅难以适应环境侵害的扩散性特征，亦容易陷入地方保护主义的重围，并间接导致环境案件受理难、审理难和执行难；其三，环境侵害的间接性、累积性、滞后性、不确定性与科技性等特性，要求在审理程序、责任形式和救济方式上进行专门对待，直接沿用传统诉讼模式往往力所未逮，仅具有法律专业才干的法官也往往难以胜任。

由此，环境司法专门化的功能可以归纳如下：①回应环境问题的交互性特征，实现对人身、财产和生态环境的周延保护；②回应环境问题的扩散性特征，实行司法管辖与行政管辖适度分离，打破地方保护主义窠臼；③回应环境问题的复杂与不确定特征，实现环境案件的专业化审判。质言之，环境司法专门化的目的，就是实现审判机构的专门化、诉讼程序的特别化以及审判人员的专业化。而我国现行实践以及学界论争往往仅针对第一个层面的问题，即审判机构的专门化，但组织为表，程序方为本，审判机构仅是诉讼程序的外在载体，缺少独立诉讼程序支撑的组织专门化，受到正当性、必要性的质疑，即不难理解了。

---

①See Craig Arnold, *Fourth-generation Environmental Law: Integrationist and Multimodal*, 35 Wm. & Mary Envtl L. & Pol’y Rev. 771(2010).

## （二）环境司法专门化实践的类型分析与功能检视

1. 环境司法专门化实践的类型学分析

我国环境司法专门化历程大致可以分为三个阶段。第一阶段（萌芽期）为 2007 年之前，这一阶段的典型特征是多与环保系统紧密联合，如辽宁省先后在沈阳、丹东、大连等地环保局设立了十余个环保法庭作为派出机构，但此后由于无案可审，除铁西和东陵两区外，其余试点均被撤销。① 第二阶段（初创期）为 2007—2012 年，以贵阳创设“环保两庭”为起点，在能动司法大旗下，无锡、云南、海南、福建等地紧随其后，环保法庭数量增至 120 余家。第三阶段（发展期）为 2013 年以来，随着生态文明战略地位的提升，环保法庭数量得到较大攀升，不仅开始向省级层面拓展，且组织架构和诉讼程序也开始向纵深发展。上述三个阶段的划分并非泾渭分明，但多少反映了环境司法专门化的发展趋势，尤其是贵阳、江苏等地实践变动不居，折射出理论与实务对于该议题的争议与分歧。

从组织形式看，现行试点有审判庭、派出法庭、合议庭和巡回法庭四种模式，又以环境保护合议庭为大宗，占比 65%（如图 1-1 所示），重要原因是 2014 年初湖北高院在三级法院民事审判庭设立了 128 家环保合议庭。② 这些试点在各级法院中呈金字塔形分布，除最高法院环境资源审判庭外，高级法院有 6 家，中级法院有 52 家，基层法院有 251 家（如图 1-2 所示），海南、贵州、福建三省高级法院设立了独立建制的审判庭。

① 王淇：《十余年零诉讼，辽宁环保法庭何处走》，载《辽宁法制报》，2010-10-21。
②《湖北省市县三级法院新设 128 个环保合议庭》，http://www.hb.xinhuanet.com/2014-02/20/c_119426574.htm.

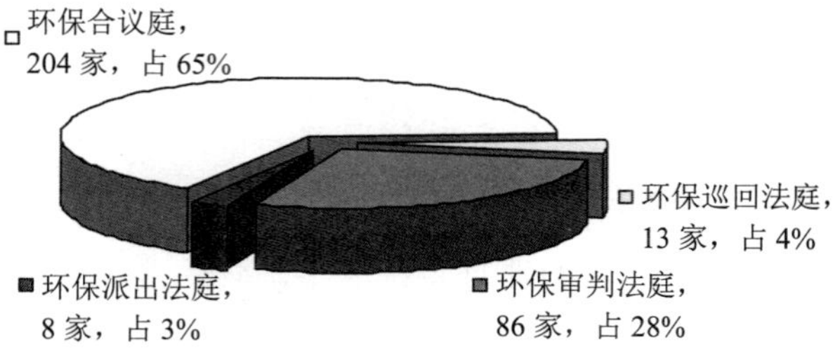


**图 1-1　专门审判机构类型结构图**

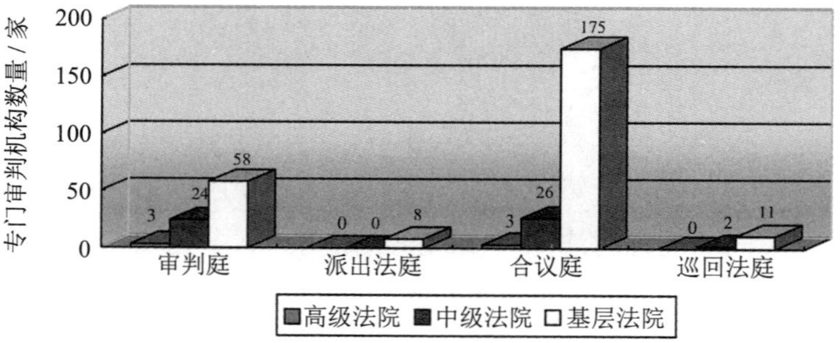


**图 1-2　专门审判机构在各级法院分布图**

在级别管辖上，各地均是将基层法院作为初审法院；在地域管辖上，部分法院已经注意到环境侵害的扩散性特征，开始实行一定程度的跨区域集中管辖。如贵州省在 2014 年将贵阳模式扩展至全省，在贵州高院及 4 个中级法院分别设立了环保审判庭，在 5 个基层法院设立了环保派出法庭，跨区域集中受理原本由 9 个中级法院管辖的环境资源案件；① 重庆分别在万州、渝北两区设立环保审判庭，集中管辖第一、二中院辖区内 20 个区县的环境案件；② 江苏则是在各中级法院辖区内选择 1 ～ 3 家基层法院在行政审判庭设立环保合议庭，个别设立了环保审判庭，除跨区域集中管辖

①《贵州省率先成立省级生态环境保护执法司法专门机构》，http://www.cnrmz.cn/mzyw/201404/t20140425_777522.html.

②《重庆市高级人民法院关于试点设立专门审判庭集中审理刑事、民事、行政环境保护案件的意见》（渝高法〔2011〕364 号）。

外，一些试点如南通、镇江等还实行回避管辖，即专门审判组织所在基层法院环境案件由其他法院管辖。①

在审判模式上，多数机构采取了民事、行政、刑事“三审合一”或者涵盖执行的“审执合一”，对环境案件实行集中审理。但亦有一些机构仅受理单一类型案件，如最高人民法院环境资源审判庭曾拟以“民五庭”形式出现，尽管最后冠名以环境资源审判庭，但仍是管辖环境资源类民事案件；贵州“145”格局亦仅实现了民事、行政案件的归口审理，对于刑事案件，尚未实现集中管辖（如图 1-3 所示）。

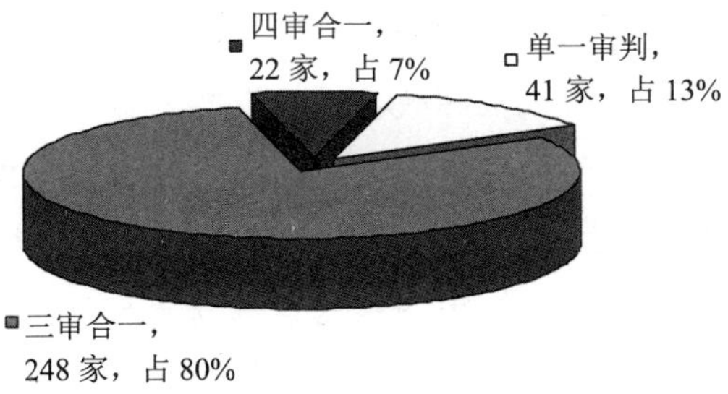


**图 1-3 专门审判机构审判模式类型分布图**

在审理程序上，一些试点开始探索适应环境案件审理需要的特色审判机制，在合议庭构成、鉴定评估、证据保全、举证分配、执行方式、救济途径等方面做出了特殊应对。如重庆、贵阳等地广泛采用了巡回审判、禁制令、专家证人、专家陪审员、复绿补植、第三方监督等制度，并将推进环境公益诉讼作为环境司法的重心。

2. 环境司法专门化实践的功能检视

不难看出，环境司法的推进受到明显的政治驱动，如社会管理创新、司法能动、生态文明建设等理念先后成为环境司法专门化的强大助力，环保法庭数量逐年增加，但另一方面，环境司法专门化的质疑之声始终未歇，

①《江苏省高级人民法院关于开展资源环境案件“三审合一”集中审判的若干意见》（2013 年 12 月）。

尤其是设立专门审判机构的必要性与正当性问题，更是成为理论与实务争论的重心。而争论的根源，一方面在于质疑者多未涉及环境司法专门化的制度功能，另一方面则是现行实践也往往背离了环境司法专门化的功能与初衷。

其一是管辖问题。鉴于跨区域管辖是环境司法专门化的基本要求，因此无论采取何种模式或初审权配置在何种层级，都要求打破基于行政区划的司法管辖权。至于区域跨度多大方为妥适，则需综合考虑区域环境特征、案源数量以及诉讼便利。但现行实践除贵州、重庆、江苏等少数地方外，多数试点仍是基于行政区划进行管辖，不仅难以适应环境侵害的扩散性特征，也由于辖区内环境案件较少而出现“巧妇难为无米之炊”的窘境。由于法官审案数量是法院内部绩效考核的重要内容，案源不足往往导致以下结果：①在专门化实践较受重视，尤其是设立独立环保审判庭的地方，为维持存续，环保审判组采取“大环境”概念，不断扩大受案范围，将土地、林业、矿产等资源使用纠纷也纳入受案范围，乃至受理与环境案件完全无关的其他类型案件，从而出现组织的建制功能与实际运作相脱节的现象；②在专门化实践较少受到关注的地方，法院既不愿落于人后或无所作为，也担心出现上述脱节现象，往往采取“进可攻、退可守”的非正式合议庭模式，由于合议庭通常依附于传统审判庭，环境司法难以成为优先和常规工作，专门化的功能被弱化，最终不了了之甚至被直接撤销。

其二是诉讼程序问题。独立、专门的诉讼程序是环境司法专门化的内在支撑。但在环境问题上，司法仍是基于还原主义视角，从组织到功能上都呈现高度的功能裂解（Functional Fragmentation）现象，难以适应环境案件审理的需要。尽管目前试点一定程度上认识到环境诉讼的上述困境，试图由专门审判机构集中受理之前分散到民事、行政和刑事审判庭的环境案件，甚至囊括环境案件的执行。然观其实质，多数试点下的“三审合一”或“四审合一”仅仅是环境案件的“混合”，远远未达到环境问题交互性所要求的实质整合，未能探索建立符合环境保护需要的诉讼程序。还有一些试点是在传统审判庭内设立专项审理某一类型的合议庭，更难契合诉讼程序整合化的要求。而在环境司法专门化的三个面向中，诉讼程序的整合才是专门化的内核，专门审判组织仅是在这种内核的外化与载体，如果诉讼程序上不具有独立性，仅仅是按照主题将传统上归属于三大审判庭的案件类型予以抽离，其正当性就会受到质疑，即便得到普遍推行，也并非就是江山永固，这一点，经济审判庭的存废已是前车之鉴。

其三是组织形式问题。现行四种模式各有优劣。单就规范层面而言，《人民法院组织法》并未授权基层法院设立环境保护审判庭；环保派出法庭依照案件类型设立也不契合人民法庭依“地区、人口和案件情况”的建制需求；环保巡回法庭设于行政机关内部更是有违司法的中立性要求；中级法院设立环保审判庭虽于法有据，但现行法律并未赋予其对于环境案件的初审权。而从功能角度考虑，独立建制的审判庭和派出法庭以及拟议中的专门环境法院较能体现环境司法专门化所内含的组织专门化、程序整合化和审判专业化要求；合议庭虽无编制与法源障碍，但其依附于传统审判庭的格局不仅与诉讼程序整合相矛盾，客观上也难以起到促进审判专业化和培育案源的作用；巡回法庭虽与派出法庭功能类似，但由于实践中多与环保系统联合设立且主要受理行政非诉执行案件，不仅有违司法职能与定位，也是对司法功能的矮化。

其四是审级问题。在诉讼程序整合要求下，为契合四级两审终审的要求，一旦初审法院设置了相应的审判机构，则上级法院直至最高法院需设立相应的机构作为对应。但现行实践中，除贵州有着较为完整的建制体系外，其余试点往往很难契合审级要求。如重庆仅在第一、二中院辖区内分别设立两个环境保护审判庭实行跨区域集中管辖，但在中级法院和高级法院层面，则又分别在民事、行政和刑事审判庭内各设立一个环保合议庭加以对应。至少在中、高级层面，这种未对现有体制作出任何调整的做法，很难称得上是环境司法的专门化。

因此，尽管环境司法专门化实践正如火如荼，但每一个具体实践都或多或少背离了环境司法专门化的制度功能，因而饱受正当性的诟病，加之囿于地方保护、行政主导以及公众厌讼息讼等种种因素影响，进入到司法渠道的纠纷数量十分有限，[①]专设环保法庭审理为数不多的环境案件又使其面临必要性与可行性争议。但就此否认环境司法专门化的必要性则失之偏颇，专门审判机构的客观效果之一即是通过向公众彰显司法保护环境的价值，引导纠纷解决进入法治轨道，从而起到培育案源的作用。从实践看，较为契合环境司法专门化功能的试点业已显现此种效果。以贵阳为例，2006 年全市受理的环境案件仅 7 件，而 2007 年贵阳环保两庭成立六年来，已累计受理环保案件 710 余件，其中 2013 年审结 122 件。[②]尽管每年案件数量增幅不大（如图 1-4 所示），且与其他审判庭法官受理案件数量相比仍相对较少，但环保法庭培育案源的作用已经初显，随着司法区划的进一步扩张，法官受案不均衡问题有望进一步得到矫正。

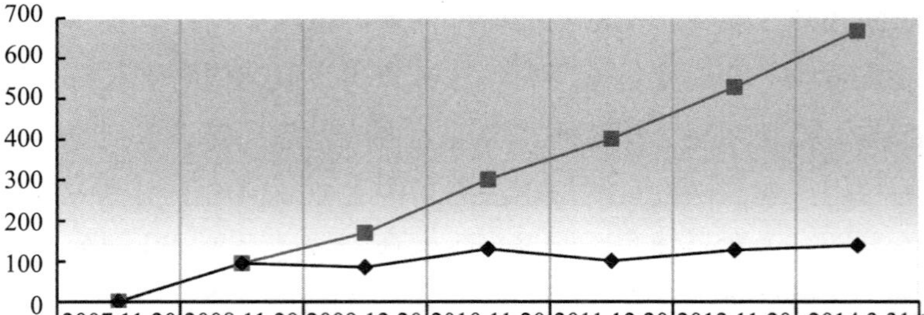


| | 2007.11.20 | 2008.11.20 | 2009.12.20 | 2010.11.20 | 2011.12.20 | 2012.11.20 | 2014.3.31 |
|---|---|---|---|---|---|---|---|
| —■— 年度累计 / 件 | 0 | 95 | 170 | 300 | 400 | 527 | 665 |
| —◆— 年度一审 / 件 | 0 | 95 | 85 | 130 | 100 | 127 | 138 |

**图 1-4　清镇环保法庭一审受理环境案件走势图**

① 据统计，每年进入到法院的环境案件数量平均到每个基层法院还不到 5 件，其中环境损害赔偿案件不足 1 件，环境案件数量占环境信访纠纷数量年均不足 2%。See Zhang Minchun and Zhang Bao, Specialised Environmental Courts in China: Status Quo, Challenges and Responses, 30 Journal of Energy & Natural Resources Law 361(2012), at 379-380.

②《贵阳生态保护“两庭”结案率 100%》，http://www.gywb.cn/content/2014-01/26/content_408325.htm.

### （三）功能导向下环境司法专门化的可能路径

环境司法专门化要朝向制度化、规范化和有序化发展，必须以功能为导向，结合转型中国的社会现实，在此基础上再依据制度变革“最小违法”思想，对现行环境司法体制进行改革，其内容包含了审判机构的专门化、诉讼程序的特别化以及审判人员的专业化。

1. 审判机构的专门化

专门化审判机构是环境司法专门化的组织载体，主要涉及组织形式与管辖问题。综合考虑制度功能、社会现实、司法逻辑与现行法律规范，笔者认为，宜在中级以上人民法院成立专门审判庭，由中级法院行使环境案件初审权，在环境案件较少省份，可以根据环境功能区划由一个或几个中级法院集中受理；为解决诉讼便利问题，可以实行巡回审判，或者由中级法院设立派出法庭；同时，对于案情较为简单且不便于巡回审判的案件，可以采取移转管辖的方式，由下级法院审理。理由如下：

第一，这一模式最大限度考虑了现行司法框架。依《人民法院组织法》第 23、26、30 条之规定，中级法院以上可以根据需要设立其他审判庭，在中级法院设立专门审判庭，能够回避基层法院设立审判庭的于法无据障碍。对于初审权问题，依据《人民法院组织法》第 24 条第 1 款第 1 项之规定，中级法院审判“法律、法令规定由它管辖的第一审案件”，可以通过立法或修法进行特别规定，而无须对现行司法体制进行变革。

第二，这一模式能够强化各级法院在环境司法上的作用。尽管在基层法院设立审判庭或人民法庭亦可实现专门化的建制功能，但由于环境案件相对较少，法官审案数量不均衡易遭非议，且高级法院的地位容易被虚化。由中级法院行使初审权，使得环境法官无须顾忌案件数量考评压力，可以专心于复杂的环境案件审理，从而提高审判的专业化水平，并在一定程度上化解地方保护主义干预；同时也有助于强化上级法院在环境司法中的功能，使高级法院将成为实质的上诉法院，使最高法院环保审判庭专注于总结环境审判经验、编制指导性案例、起草司法解释以及行使极少数重大、疑难案件的初审权。

第三，这一模式兼顾原则性与灵活性。适应环境问题的扩散性特征，环保审判庭的设立主要依据环境功能区划进行。同时为便于当事人进行诉讼，便于人民法院依法独立、公正和高效行使审判权，可以建立常规化的巡回审判制度，或者在环境案件较多的区域仿照海事法院做法设立派出法庭。

2. 诉讼程序的特别化

建立专门的环境诉讼程序，不仅是环境司法专门化的内在要求，也是环境司法专门化能否实现与持续的关键所在。专门的审判程序不是生硬地废除民事、行政和刑事诉讼的分野，而是要求根据环境侵害的特质在诉讼程序上作出特殊对待，这些特殊机制包括：

第一，整合审判程序，将原先分散在不同审判内的环境案件交由环保审判庭统一审理。由于环境污染和生态破坏不仅造成人身、财产损害，还会导致生态环境本身的损害，这一致害过程通常交织着民事、行政和刑事法律关系，刑事附带民事或行政附带民事诉讼虽可在一定程度上应对这一问题，但不仅容易造成司法资源浪费，且这两个制度本身也存在民事救济上的不足，更难适应环境的交互性和扩散性特征。因此，诉讼程序的专门化首先要求在一个审判庭内综合考虑环境侵害行为对人身、财产和生态的影响。

第二，创设特殊规则，以应对环境案件的复杂与不确定性特质，包括但不限于：①明确环境责任的构成，如损害赔偿上的无过错责任、环境犯罪的危险犯、环境行政诉讼的预防性；②在环境诉讼中实行统一的因果关系推定规则，即受害人、行政机关和公诉人仅需提供因果存在的初步证据，即可推定因果关系成立，以应对环境诉讼中存在的信息不对称和不确定性；③建立有针对性的责任方式和执行手段，如适用于超标排放的惩罚性赔偿、环境保护禁制令、先予执行、代履行、复绿补植、第三方监督等；④细化环境公益诉讼规则，确立环境行政公益诉讼，扩大公益诉讼原告主体资格，建立原告奖励制度和保障机制等；⑤完善诉讼时效规则，明确“知道或应当知道”的起算点，延长最长诉讼时效，以适应环境损害的潜伏性特征等。

3. 审判人员的专业化

从实践来看，目前专门审判机构的法官多为从传统民事、行政、刑事审判庭抽调，并未经过系统的环境法律训练，很难对环境案件的特殊性有深入的把握；即便熟悉环境法律规则，鉴于环境诉讼的高度专业性和技术性，不具有专门背景和专门知识的法官很难胜任，因而各国在环境案件的审理上均高度仰赖外部辅助。由此，必须从内外着手提升审判人员的专业化水平。

就内部而言，主要是促进对环境法官的持续培训。由于环境诉讼需要较强的法律与技术背景，因而除了加强对法官的日常培训和学习外，还应减少环境法官的流动性，减小对环境法官的审案数量考核压力，使其专注于提升办案水平；同时，应建立环境案件专家陪审员信息库，根据案件性质抽取专家陪审员强化环境诉讼的专业化水平。

就外部而言，主要是完善专家证人和鉴定评估机制。专家证人和鉴定评估机制可以说是环境诉讼的核心支柱，发达国家普遍形成了对于专家证言和鉴定意见的甄别和取舍规则。我国在环境诉讼中亦高度依赖鉴定，但由于我国鉴定制度存在着鉴定机构较少、鉴定费用过高以及鉴定能力薄弱等问题，尤其是法官对于鉴定意见的取舍标准尚未确立，既不对鉴定结果本身的科学性进行审查，亦不对鉴定程序的科学性进行检视，导致鉴定对于环境诉讼的支撑不足。[①] 因而，除了进一步加强鉴定机构和鉴定能力建设外，更为重要的是建立法官对于鉴定意见的甄选机制，确立法官接受科学证据和专家证言的标准，防止不良证据进入法庭。

总之，尽管现行专门化实践在很大程度上仍是一个“创新驱动型”模式，但在实践过程中，已逐渐显现出环境司法的特殊性对于组织架构、诉讼程序和审判人员提出的新要求，并且，环境司法专门化在推动环境纠纷解决法治化、提升环境审判专业化方面的作用已初步彰显。在此背景下，应在

① 参见张宝：《环境诉讼中鉴定制度的困境与突围》，载刘鉴强主编：《中国环境发展报告（2014）》，社会科学文献出版社 2014 年版，第 146 页。

继续深化试点、总结经验的基础上，推动制定专门的《环境诉讼特别程序法》，对环境诉讼的管辖、审理、执行、环境公益诉讼等制度进行具体规定，从而为环境司法专门化提供法律支撑。

# 第二章
# 环境司法审判区域性的运行机制

## 第一节 环境司法审判区域性的组织机构

2014年7月3日，最高人民法院设立了专门的环境资源审判庭，标志着我国环境资源审判工作进入了专业化审判的崭新历史阶段。我国在长期的司法实践中，局部地区逐步探索建立了一批专业性环境审判机构，对积极解决环境纠纷、弥补环保行政职能部门的局限、维护广大人民群众的利益起到了一定的促进和推动作用。但现有的环境司法审判机构存在建立依据不足、受案范围狭窄、管辖范围有限、审判程序单一、判决执行困难等问题。要构建适合国情、具有中国特色的环境审判机构，需要从这些现实问题出发，分析其中的原因，寻求解决的途径。

### 一、我国推进环境审判机构建设的必要性及意义

#### （一）推进环境审判机构建设是推进生态文明建设的必然要求

党的十八届三中全会作出的《中共中央关于全面深化改革若干重大问

题的决定》指出，建设生态文明，必须建立系统完整的生态文明制度体系，用制度保护生态环境。

2014 年 5 月 29 日，最高法院召开大力推进环境资源审判工作座谈会。最高法院副院长奚晓明在会上表示，最高法院提出推进环境资源专门审判机构的建设，全面加强环境资源审判工作，是为了应对国内环境资源问题日益严峻、人民群众环保意识日益增强以及党中央对于生态文明建设日益重视这一新形势而作出的重大决策。

2014 年 6 月 23 日，最高法院发布《最高人民法院关于全面加强环境资源审判工作 为推进生态文明建设提供有力司法保障的意见》，意见指出：各级人民法院要认真学习中央关于加强生态文明建设的新思想、新论断，统一思想认识，全面加强环境资源审判工作，以法律手段制裁污染环境、破坏生态等违法行为，切实保障自然资源和环境保护制度的落实，维护人民群众生命健康，促进社会和谐安定，推动经济社会可持续发展。

由此可见，国家将环境司法作为推进生态文明建设的有力保障，在这一政策指引下，必须加快推进我国环境审判机构的建设和完善。

### （二）推进环境审判机构建设是为了更大限度维护人民群众的环境权益

《最高人民法院关于全面加强环境资源审判工作 为推进生态文明建设提供有力司法保障的意见》第三条指出："各级人民法院要积极回应人民群众对环境资源司法的新期待新要求，通过依法审理环境资源类案件，切实维护公众环境资源权益，为中华民族子孙后代永享优美宜居的生活空间、山清水秀的生态空间提供坚实的司法保障。"目前在全国各地，土地、山林、水源的所有权和使用权、移民、征地拆迁、环境污染等纠纷日益增多。一方面，环境与当事人的生活息息相关，需要法院及时处理以充分维护当事人的权益；另一方面，目前的环境诉讼受理范围及管辖规定往往置当事人于状告无门、环境纠纷久而未决的境地。建立环境审判机关，明确受案范围及职责，将很大程度上解决上述问题，定纷止争。此外，随着经济社会的发展，公众对环境的要求更高，不仅包括干净的水、清洁的空气、充足的日照，还包括优美的环境等。因此涌现出许多新型环境纠纷，这些纠纷也需要环境审判机构来处理，对接新型的环境权益，从而更大限度地维护人民群众的利益。

### （三）推进环境审判机构建设是为了克服普通审判机构及环境行政职能部门的局限性

环境案件专业性强、审理难度较高、审理时间较长，普通法官缺乏受理环境案件的积极性，普通审判机构对于环境案件也缺乏足够的重视。

环境行政职能部门虽然在环评机制风险预防和处理突发环境事件中发挥了重要的作用，但作用有限。环境行政职能部门对行政处理决定没有强制执行力。此外，环境行政主管机关作为政府职能部门，不仅担负着环境监督管理的法定职责，而且承载着维护和促进当地经济发展的天然使命，这就使得环境行政主管机关在处理环境纠纷时，因角色重合和利益错位而难以保持中立。

### （四）环境案件的复杂性、专业性需要专门的环境审判机构

首先，环境案件涉及的社会关系非常复杂，决定了其所适用法律的多样性，环境审判机构适用的法律之多是其他任何现行审判机构所无法比拟的，除了需要运用环境保护法等一系列环境保护专门法规，还可能涉及宪法、民法、刑法、行政法、经济法等其他部门法，不仅需要运用环境实体法，还需要选择运用相关的程序性规则。

其次，环境问题的专业性决定了环境纠纷的解决除了需要法律知识外，还需要相关的环境科学知识。环境案件并非仅涉及法律问题，诉讼过程中对于因果关系的判断、环境科学证据的把握等往往需要运用环境科学知识。另外，环境案件审理中的检测、污染范围的认定、破坏程度的判定等问题都具有很强的技术性。

因此，对于环境案件的审理，需要具备专业的环境保护知识，而我国

的刑事法庭、民事法庭或者行政法庭的法官未必具备足够的环境法方面的知识，在环境案件的审理过程中也很难做到准确和高效。

## 二、我国环境审判机构的设置状况

2007年11月20日，贵阳市中级人民法院环境保护审判庭和清镇市人民法院环境保护法庭两级环境审判机构同时成立，这是我国第一家环境保护审判庭。2008年5月6日，江苏省无锡市中级人民法院环境保护审判庭也宣告成立，并在辖区内的5个基层法院设立了环境保护合议庭。2008年12月11日，云南省昆明市中级人民法院环保审判庭正式挂牌成立。2008年12月18日，云南省玉溪市中级人民法院成立环境资源保护审判庭。1年之内，我国陆续在贵州、江苏和云南3省设立了4家环境保护审判庭和若干环境保护合议庭。与此同时，环境保护巡回法庭也作为环境保护司法实践的一种形式在我国江苏的南京、常州和辽宁大连等地的基层法院相继设立。据初步统计，截至2014年9月已有20个省(区、市)设立了368个环境保护法庭、合议庭或者巡回法庭。①

2014年7月3日，中国最高人民法院新闻发言人孙军工在北京宣布，为积极回应人民群众环境资源司法新期待，为生态文明建设提供坚强有力的司法保障，最高人民法院决定设立专门的环境资源审判庭。

目前，已经建立的专门环境审判机构主要有三种形式：环保审判庭、环保合议庭、环保巡回法庭。

### (一)环保审判庭

环保审判庭，即类似民庭、刑庭、行政庭等相对独立的专司环保案件的法院内设庭室。如江苏省无锡市中级人民法院环保审判庭、云南省昆明市中级人民法院环保审判庭和贵州省贵阳市中级人民法院环保审判庭等。

---

① 高环智：《全国环境资源审批机构设置及现状全解读》，http://ahlawyers.fyfz.cn/b/172083。

环保审判庭与刑事、民事、行政等审判庭并列，由中级人民法院抽出部分人员和环境行政职能部门抽出部分人员组合而成。例如贵州省贵阳市环保审判庭，法官均来自贵阳市中级人民法院，其中1名庭长，2名副庭长由贵阳市人民代表大会常务委员会召开会议任命。

### （二）环保合议庭

环保合议庭作为基层法院审理环境纠纷案件的主要组织形式，专门审理涉及环境问题的一审刑事、民事、行政案件，通常选任法官、一些专业人士和群众代表作为合议庭成员。这些成员一般是临时选任，并非固定不变的。例如南京市秦淮区环保合议庭，由1名法官3名人民陪审员组成，3名人民陪审员分别是企业技术人员、社区主任和区属机关干部。环保合议庭受理的案件中环境行政案件占大多数。

### （三）环保巡回法庭

环保巡回法庭通常由基层人民法院设立，基层人民法院选派法官定点到辖区受理审判环境纠纷，并定期对法官进行轮换。江苏省南京市、常州市和辽宁省大连市等地的基层人民法院都设立了环保巡回法庭，主要受理涉及生态环境的行政案件。环保巡回法庭法官的主要职责是接受环保维权法律咨询、诉前调解环保行政纠纷、诉前调解因环保引起的民事赔偿纠纷、审理简易程序环保行政诉讼案件、审理环保部门申请的强制执行案件、审理涉及环境执法的行政诉讼案件以及涉及环境问题的刑事案件和民事案件等。①

## 三、我国环境审判机构存在的问题

### （一）建立的法律依据不足

根据我国《人民法院组织法》的规定，中级以上人民法院可以根据实际需要在刑事审判庭、民事审判庭、经济审判庭以外设立其他类型的审判

① 沈忱：《论我国环保司法审判机关的构建》，南京大学硕士学位论文，2012。

庭。[1] 基层法院无权设置环保审判庭。目前云南玉溪澄江、山东东营开发区以及福建龙岩等地的基层法院均设立了环保审判庭，其设立是缺乏法律依据的。

## （二）受案范围有限

目前环境审判机构受理的案件还是以传统的环境污染类案件居多。虽然国内环境法学者普遍将环境侵权的原因行为定位为环境污染和生态破坏，但我国《侵权责任法》第六十五条规定："因污染环境造成损害的，污染者应当承担侵权责任。"并没有将生态破坏行为纳入规制范围。基于上述立法思路，生态环境破坏案件往往被排除在环境审判机构的受案范围之外。

以现有部分环境审判机构的受案范围为例，清镇市环保法庭和贵阳市环保审判庭分别负责审理涉及"两湖一库"水资源保护及贵阳市所辖区域内，因涉及生态环境和生活环境保护而产生的一、二审刑事、民事、行政案件和相关执行案件。[2] 云南省环保审判庭（合议庭）负责审理涉及环境保护的民事、刑事、行政案件，但不包括民事、行政诉讼中的资源类案件。[3] 无锡市环保审判庭的受案范围是：依法审判无锡市辖区内水土、山林、河流的排污侵权、损害赔偿、环境公益诉讼等涉及环保的一、二审刑事、民事行政案件。[4] 这些环境司法审判机构均未将生态环境破坏案件纳入受案范围。

① 《人民法院组织法》第十九条："基层人民法院根据地区、人口和案件情况可以设立若干人民法庭"。第二十四条："中级人民法院设刑事审判庭、民事审判庭、经济审判庭，根据需要可以设其他审判庭"。第二十六条："高级人民法院设刑事审判庭、民事审判庭、经济审判庭，根据需要可以设其他审判庭"。

② 舒乐山：《关于我省环境保护法庭建设的思考》,http://www.zcllaw.com/ReadNews.asp?NewsID=591.

③ 云南在全省法院推广建立环保审判庭，http://news.qq.com/ay20090513/001215.htm.

④ 环保公益诉讼无锡率先破冰，http://news.sina.coni.en/c/2008-05-07/030813840078s.shtml.

## （三）与现行的审级制度不匹配

我国《人民法院组织法》第十二条规定："人民法院审判案件，实行'两审终审制'。地方各级人民法院第一审案件的判决和裁定，当事人可以按照法律规定的程序向上一级人民法院上诉，人民检察院可以按照法律规定的程序向上一级人民法院抗诉。"我国《民事诉讼法》《刑事诉讼法》和《行政诉讼法》都相应规定了两审终审制。

从我国现有的环境审判机构来看，除了极少数的如贵阳市同时成立了贵阳市中级人民法院环境保护审判庭和清镇市人民法院环境保护法庭两级环境审判机构外，大部分的情况都属于某一级法院设立了环境审判机构，但是其上一级或者下一级法院未必设立相应的环境审判机构，从专业审判角度来说，这些环境审判机构的设立都不符合我国两审终审制的法律规定。

## （四）地域管辖具有局限性

法院的地域管辖，是指按照各人民法院的辖区和民事案件的隶属关系来划分的诉讼管辖。在我国，人民法院的辖区和行政区域是相吻合的。传统诉讼中，地域管辖的标准主要是诉讼当事人的所在地与法院辖区之间的联系以及诉讼标的、诉讼标的物或法律事实与法院辖区之间的联系，但环境纠纷具有跨行政区域的特殊性。表现在两个方面：一是环境介质是跨行政区域的。如水、空气、土壤、植物、动物等，这些介质要么具有连续性，要么具有活动性，是不能够根据行政区域来划分的。二是侵权主体是跨行政区域的。有时，环境污染或生态破坏的后果不一定是同一加害人所为，有可能是多个污染或破坏行为共同作用造成的，且这些污染或破坏主体不一定是在同一行政区域内的。例如淮河的污染，是河南、湖北、安徽、山东、江苏五省沿河城市排放工业、农业、生活污水造成的，这就是侵权主体的跨行政区域性。

因此，很多环境污染的源头和"受害地"往往分属于不同的区域，我国《民事诉讼法》第三十七条规定了指定管辖制度，[①]该法条看起来为环境司法审判机关审理跨地域环境案件提供了解决方法，但在司法实践中，生态环境案件的指定管辖却成为各级人民法院非常频繁且麻烦的任务。以水环境污染为例，我国的河流、湖泊众多，通常跨越多个省市，而由于环境问题牵扯到巨大的经济利益，因此，在选择具体管辖法院的时候往往会出现异议；而大气污染等更是随着气候情况无法确定污染地域和范围，一旦发生污染诉讼，就须由最高法院指定管辖。这在无形中增加了司法诉讼成本，降低了司法诉讼效率。因此，以行政区域为标准来判定环境司法审判机关的地域管辖模式，是不科学的。

## （五）地方保护主义给环境案件的审理造成障碍

污染环境或破坏生态的加害者，往往是出于发展需要而进行生产或资源利用等活动。加害者的行为对当地经济有一定促进作用，通常，越是污染严重、破坏过度的越是当地的纳税大户。虽然国家一再倡导绿色 GDP，要求各地政府转变经济发展方式，但是重经济发展、轻环境保护的观念根深蒂固，在经济发展和环境保护的博弈中不少地方政府还是倾向于前者。在环境案件审理过程中，地方政府往往会给这些加害者一定的地方保护，阻碍环境案件的审理。而在现行的司法体制下，法院在人员编制、经费预算等方面都受制于地方行政机关，地方保护主义因此能够起到作用，导致案件审理的不公。再加上环境纠纷的跨行政区域性，法院在审理案件时面对其他行政区域的地方保护，更是无能为力。

## （六）审判程序单一

目前我国环境审判机构审理环境案件依旧沿用传统的三大诉讼程序规则，而传统诉讼程序的设计主要是针对私益的救济，环境纠纷中公益与私

---

① 《民事诉讼法》第 37 条："有管辖权的人民法院由于特殊原因，不能行使管辖权的，由上级人民法院指定管辖。人民法院之间因管辖权发生的争议，由争议双方协商解决；协商解决不了的，报请他们的共同上级人民法院指定管辖"。

益相互交织，具有综合性和复杂性，传统的诉讼程序规则难以有效实现对环境纠纷的司法救济。当一个环境纠纷包括两种及以上法律关系时，私益与公益相分离的民事、行政、刑事审判制度便不能满足环境纠纷案件的审判要求。

审判程序的单一性会使得环境审判机构在审理涉及多个法律关系的环境案件时，同一案件的不同法律关系在审判程序中会发生冲突，不利于环境纠纷案件的及时解决，也会因为审判程序的标准不统一，一定程度上影响到环境案件裁判的公正性。

### （七）环境司法执行存在困境

首先，环境侵权后果的潜伏性和长期性等特点可能导致环境审判机构执行裁判、落实法律责任不彻底，有盲点。环境纠纷的因果关系认定、损害程度和范围确定非常困难，因为环境损害后果大多是致害行为与污染物的作用机制共同完成，隐蔽性很强；加上环境污染物种类繁多，相互之间以及与环境作用形式复杂，使得因果关系认定容易出现偏差。

其次，环境司法执行需要平衡环境利益与经济利益的关系。环境侵权作为一种“合法或适法的侵权”，是在一定限度内可以容许的危险。当经济利益与环境权益冲突的时候，环境审判机构必须谨慎处理好环境利益与经济利益的关系，如果过于强调环境优先，虽能更好地保护环境资源，但会给企业带来过分沉重的负担，有可能对社会经济发展产生不良影响；若是提倡经济优先，虽能促进经济发展，但可能会造成严重的环境公害，也会引发社会的不安定。任何一方处理不好，都会引发新的矛盾和社会问题。

司法实践中，环境审判机构探索创立了“四审合一”模式，即除了行使对涉及环境民事、刑事、行政案件的统一审判职能外，将环境案件的执行也纳入环境审判机构的职权范围，即审执合一的模式。然而该模式主要存在两个问题：首先，该模式违背我国审执分立的司法原则。《人民法院组织法》明确规定，民事诉讼判决裁定的执行工作和刑事案件判决裁定中涉及财产部分的执行工作都需由法院设立专门的执行员负责执行。其次，现有的环境审判机构的法官无论是从数量上看，还是从能力上看都难以胜任环境案件的执行工作。

## 四、我国环境审判机构的构建和完善

### （一）扩大环境审判机构的受案范围

应当吸取目前司法实践中集中审理的做法，全面受理环境民事、刑事、行政案件和环境公益诉讼案件，这符合环境纠纷“整体式的诉讼救济”[①]的要求。民事案件应进一步尝试将生态破坏案件纳入环境审判机构的受案范围。刑事案件中，除了破坏环境资源保护犯罪案件，还应当将刑法其他章节和单行刑法、附属刑法中规定的涉及侵犯重大环境公益的犯罪案件纳入环境审判机构的受案范围。环境公益诉讼在环境民事公益诉讼之外可尝试受理环境行政公益诉讼案件。

### （二）建立层级与管辖完备的环境审判机构

1. 结合我国司法审级建立层级完备的环境审判机构

专门的环境审判机构应该具备完备的审级，这不仅有利于一审、二审和再审案件的处理，且审级较高的机构对于审理跨行政区域的环境案件，能够更好地消除地方保护主义，惩治环境违法者。同时，还可以集中公众注意力，产生较大影响力，从而发挥环境审判的宣传和教育意义。中级法院可在高级法院的统筹指导下，根据现有环境审判业务量，合理设立环境审判机构，环境案件数量不多的地方，可以设立环境合议庭。个别案件较多的基层法院经高级法院批准，也可以考虑设立环境审判机构。

2. 构建区域性环境审判机构

修订后的《中华人民共和国环境保护法》提出了环境保护中跨行政区

---

① 孙文呈：《我国环保法庭建设及其完善意见》，中国海洋大学硕士学位论文，2013。

域管辖的立法精神。[①]最高法院《意见》第十八条也提出："探索建立与行政区划适当分离的环境资源案件管辖制度。逐步改变目前以行政区划分割自然形成的流域等生态系统的管辖模式，着眼于从水、空气等环境因素的自然属性出发，结合各地的环境资源案件量，探索设立以流域等生态系统或以生态功能区为单位的跨行政区划环境资源专门审判机构，实行对环境资源案件的集中管辖，有效审理跨行政区划污染等案件。"

从国外来看，其设立的专门环境审判机构负责审理来自某个区域的全部环境纠纷案件。以美国为例，美国佛蒙特州环境法院是该州内唯一受理环境行政案件的初审法院。[②]我国可在借鉴国外相关经验的基础上，结合自然环境要素和污染程度，以生态系统或者生态功能区为单位，结合案件数量以及我国的指定管辖制度，设立相应的环境审判机构。自然环境要素主要是指湖泊、河流、山脉、湿地、森林、草原等。例如以太行山脉为一个单位，当然这个单位也可以是淮河流域，即以一个大的自然要素组成的单位。这样一来，对于这种跨行政区域的环境案件，尤其是环境污染案件，不仅有利于集中管辖，同时还可以很好地避免地方保护主义的干扰。我国海事法院就是采取打破行政区划的方式来设立的，环境审判机构的设立可予以参考。

### （三）完善环境诉讼程序

1. 建立专门环境诉讼规则

我国虽相继成立了不少环境审判机构，但它们仍然沿用传统诉讼机制来审理案件。环境纠纷的特殊性要求环境审判要适用有别于目前审判规则的新规则；如果要环境审判达到公众所预期的理想效果，就必须考虑到环境审判机构作为专门审判规则载体的性质，建立专门环境审判规则就成为

---

①《中华人民共和国环境保护法》第二十条："国家建立跨行政区域的重点区域、流域环境污染和生态破坏联合防治协调机制，实行统一规划、统一标准、统一监测、统一的防治措施。前款规定以外的跨行政区域的环境污染和生态破坏的防治，由上级人民政府协调解决，或者由有关地方人民政府协商解决。"

② 瞿年生：《我国环境保护法庭建设之研究》，西安建筑科技大学硕士学位论文，2011。

这一载体能够良性运作的必要前提。

学界对于专门诉讼规则是否予以单独制定意见不一，或者主张制定独立于现有诉讼法的环境诉讼法，或者主张仅在三大诉讼法内部制定环境诉讼特别程序即可。不论采取何种方式，对于目前亟待落实的环境资源源头保护制度、举证责任制度、损害赔偿制度、责任追究制度，应在现有司法框架下尽快制定相关的司法解释，并在此基础上紧密结合我国环境司法需求，加强对环境司法保护新问题的法律适用和诉讼制度研究，借鉴国际环境司法保护的有益经验制定司法解释。

2. 进一步推进环境审判专业化

最高人民法院《关于全面加强环境资源审判工作 为推进生态文明建设提供有力司法保障的意见》第十七条：积极探索环境资源刑事、民事、行政案件归口审理。结合各地实际，积极探索环境资源刑事、民事、行政案件由环境资源专门审判机构归口审理，优化审判资源，实现环境资源案件的专业化审判。

通过司法专业化，实现法律的整体统一适用是目前我国法院改革的主要方向，也是新时代司法体制的基本价值追求。[①]设立专门的环境审判机构，实现专业化审判，将充分整合现有司法资源，统一环境诉讼标准，克服因涉及的受害人较多、环境专业知识要求高、受害人无法举证等原因引起的诉讼难，提高全社会环保意识。

司法实践中，有些法院探索实行了“三合一”的审判模式，集中审理刑事、民事、行政案件。这种模式既统一环境资源案件审判的司法理念和裁判标准，提高案件质量，又能够发挥三大审判在环境法律保护上的整体合力，提高审理效率，还有利于加强专业化审判队伍的建设，优化审判资源。因此，各地法院可以结合本地实际情况，继续进行有益的探索，并及时总结经验。

---

① 瞿年生：《我国环境保护法庭建设之研究》，西安建筑科技大学硕士学位论文，2011。

## （四）加强环境审判与环境司法执行的衔接

环境审判机构要遵循审执分立的基本原则，专门负责环境案件的审判，司法执行应由专门执行机构负责。考虑到环境案件的特殊属性，可以借鉴刑事案件强制执行的规定，以直接执行为原则；同时可以借鉴无锡市探索的“24 小时全天候执行制度”，在执行时间方面从严要求。为确保责任的落实，一方面要做好执行回访工作，另一方面考虑到环保判决执行周期长、易反复的特点，可引入社会公众第三方对涉案的法人自然人进行长期监督。

另外，环境司法执行还可以分类施策。对于限制开发和禁止开发区域发生的环境纠纷，应突出优先保护绿水青山，加大对污染环境和破坏生态行为的惩处力度。对于优化开发区域尤其是重点开发区域发生的环境纠纷，应在加强对受害人保护的同时，兼顾合理利用环境容量发展经济的需要，积极创新审判执行措施，努力找到经济发展与环境保护的平衡点，从而实现经济效益、社会效益和环境效益的多赢。

为了更好地做好环境审判与环境司法执行的衔接，顺利保障环境司法执行，在环境审判过程中还应该注意以下几个方面：一是裁判文书内容规范、定案证据齐全、符合证明标准，责任判定无误。二是注重判决的可执行性，在传统责任承担方式的基础上注重结合实际创新适宜执行、有效保护环境公益的手段和形式，减少执行阻力。三是注重先予执行在审判过程中的运用。环境案件事后补救困难的特点加大了环境案件特别是重大环境案件的执行难度，这要求法庭在审理过程中如果发现可能危及环境安全、需要采取紧急措施的情况，可依职权或者原告申请，采取先予执行措施，将风险降到最低。昆明市曾经出台规范性文件规定禁制令这种民事行为保全措施，并规范了环境民事公益诉讼中申请禁制令的条件、程序、行政协助等内容。[①] 在司法实践中，各级法院可予以借鉴并在此基础上进一步探索审执的紧密衔接制度。

---

①《关于在环境民事公益诉讼中适用禁制令的若干意见（试行）》《公安机关协助人民法院执行环保禁制令的若干意见（试行）》。

## （五）大力推进环境民事公益诉讼

1. 环境公益诉讼的主体问题

环境权益是公益和私益的融合，具有社会属性，环境诉讼的主体资格要体现对于环境公益的保护，突破传统诉讼“直接利害关系人”的限定，赋予更多具有利害关系甚至无利害关系的主体以起诉资格。我国 2012 年修改的《民事诉讼法》中赋予法定机关和有关组织有权提起环境公益诉讼。[①]新修订的《中华人民共和国环境保护法》将环境公益诉讼的诉讼主体扩大到了“符合条件的社会组织”。[②]但是一般公众对环境公益仍然没有起诉资格。

最高法院副院长万鄂湘曾指出，环境公益诉讼制度亟待建立和完善，其中首先需要解决的就是原告的主体资格问题，即由谁代表公众提起公益诉讼，公民、环保团体和检察机关都可以作为原告。[③]从国际上看，美国大部分环境诉讼条款允许“任何人”或“任何公民”针对“任何人”的被诉违反环境法律的行为提起诉讼。[④]英国的环境公益诉讼原告则包括公民、社团、政府和检察机关。我国之所以没有将一般公众规定为环境公益诉讼主体，很大程度上是担心滥诉，因此，在现行法律框架下，可以借鉴美国、英国公益诉讼原告起诉规则，采取扩展与限制并举的模式，对原告主体资格的范围进行扩展，但是对于原告起诉资格的标准、程序进行适当限制，明确起诉顺位，建立确立原告的标准与程序，还要采取措施避免起诉权的滥用。

---

① 《民事诉讼法》第 55 条：“对污染环境、侵害众多消费者合法权益等损害社会公共利益的行为，法律规定的机关和有关组织可以向人民法院提起诉讼。”

② 《中华人民共和国环境保护法》第五十八条：“对污染环境、破坏生态，损害社会公共利益的行为，符合下列条件的社会组织可以向人民法院提起诉讼：（一）依法在设区的市级以上人民政府民政部门登记；（二）专门从事环境保护公益活动连续五年以上且无违法记录。符合前款规定的社会组织向人民法院提起诉讼，人民法院应当依法受理。提起诉讼的社会组织不得通过诉讼牟取经济利益”。

③ 王继然：《最高院为水“把脉”跨区域水资源司法保护待完善》，载《法制日报》2008-06-20。

④ 王帆：《美国环境公益诉讼制度研究》，载《金卡工程：经济与法》2010 年第 2 期。

2. 程序设置的倾向性

环境公益诉讼案件往往具有双方当事人地位悬殊的特点，因此需要加大对环境公益诉讼原告的司法救助力度，设置适当向弱者倾斜的诉讼程序以平衡双方地位，保证诉讼公平。除了要继续落实举证责任倒置、因果关系推定等程序规则外，还应当建立起支持起诉和诉讼费用支持等制度。高昂的环境诉讼费用使得环境诉讼成为“告不起”的诉讼，建立成熟的诉讼费用支持制度非常有必要。法律规定的机关和有关组织向人民法院依法申请缓交、减交或者免交案件受理费、保全申请费的，可以予以准许。还可尝试创设由政府主导的环境公益诉讼基金，鼓励从环境公益诉讼基金中支付原告环境公益诉讼费用的做法，充分发挥环境公益诉讼主体维护环境公共利益的积极作用。

## 第二节　环境司法审判区域性的管辖规则

环境问题长期以来是人类共同关注的话题，作为最大的发展中国家，经济的发展，工业化、城市化进程的加速和人民消费水平的不断提高，环境问题越来越严峻，紧缺的资源和脆弱的环境面临着越来越大的压力，不仅直接危及到人们的身体健康，更严重的是威胁着人类可持续发展。保护生态环境是我们面临的重大课题。由于环境自然属性的特点，环境问题的表现并不以行政区划为界，这给传统上处理民事、行政、刑事案件的诉讼制度提出了前所未有的挑战，尤其在环境案件的管辖问题上，原有的诉讼管辖格局已经无法适应环境案件的特殊需要。如何从全国自然生态整体区域的视角出发，构建跨行政区划的环境诉讼集中管辖，从而突破当前环境司法困境，显得尤为重要。

## 一、环境问题的区域性对现有诉讼管辖格局的挑战

由于环境资源的自然属性无法依循人为的行政区划设置而被分割，[①]使得人类对河流、水域、空气、土地等生态环境的污染，呈现出不同于其他的破坏和损害，损害后果呈现出区域性的特点，往往突破了行政区划。而我国传统的诉讼管辖以地域管辖、级别管辖为基准，辅之以指定管辖、移送管辖和专属管辖。同级法院是以地域管辖即以行政区划为界划分管辖，不同级法院是以级别管辖来划分，其标准是在本辖区是否具有重大影响，专属管辖则是法律规定某些类型的案件只能由特定的法院管辖。就地域管辖而言，由于环境要素如河流、空气、森林、山地等多跨行政区划分布，加上有时侵权主体、受害人或损害结果处于不同行政区划，使得同时几个法院在环境案件的管辖方面具有管辖权，基于各方面的原因要么互相推诿，要么互相争抢，而多个受害人基于同一法律事实分别向不同地域的法院提起诉讼，造成多头诉讼、重复诉讼。专属管辖则依赖于法律的规定。指定管辖和移送管辖是对以地域管辖、级别管辖是否顺畅为前提，基于个案发生。如果环境个案均要以此管辖顺序流程来解决的话，必然造成效率低下，司法标准不统一，既不利于环境司法水平的提高，也不利于充分及时保护受害人的合法权益、恢复原有的生态环境。以行政区划为标准界定环境案件管辖，违背了生态环境问题的特殊性，违背了自然规律。有必要基于环境案件的特殊性与复杂性，建构一个跨行政区划的环境案件集中管辖机制。《最高人民法院关于全面加强环境资源审判工作 为推进生态文明建设提供有力司法保障的意见》（2014年6月23日发布）第18条指出：逐步改变目前以行政区划分割自然形成的流域等生态系统的管辖模式，着眼于从水、空气等环境因素的自然属性出发，结合各地的环境资源案件量，探索设立以流域等生态系统或以生态功能区为单位的跨行政区划环境资源专门审判机构，实行对环境资源案件的集中管辖，有效审理跨行政区划污染等案件。

---

① 黄莎：《我国环境法庭司法实践的困境及出路》，http://www.civillaw.com.cn/article/default.asp?id=50888，2014年7月17日访问。

## 二、当前环境案件管辖的实践及困境

自2007年11月20日，贵阳中院环境保护审判庭和清镇市法院环境保护法庭正式挂牌成立后，1年时间内，我国陆续在贵州、江苏和云南3省设立了4家环境保护审判庭和若干环境保护合议庭。环境保护巡回法庭也作为环境保护司法实践的一种形式在我国江苏的南京、常州和辽宁的大连等地的基层法院相继设立。① 据最高法院统计，各省、市、自治区陆续成立相应专门审判机构，迄今为止，已有16个省、自治区、直辖市设立了134个环境保护法庭、合议庭或者巡回法庭。② 这些审判机构的设置，在环境案件管辖实践方面取得了较大的突破，但仍然存在一些问题。

### （一）环境案件管辖制度创新实践开展不平衡

诉讼管辖是我国诉讼法的一个基本制度，随着环境问题的日趋高发和愈加严重，环境问题演变为诉讼时，我国诉讼管辖在针对环境案件管辖规范方面的滞后性所致的不科学、不合理问题愈加凸显。各地创新和实践探索虽然为我们积累了珍贵的素材和经验，但是由于缺乏顶层设计、没有统筹规划，全国在环境司法方面开展极不平衡，有的基层在探索实践中，形成不同法院在案件的管辖受理上，裁判尺度不统一。成立环保庭的地区法院受理的案件数明显要多于未设立环保庭的地区，但受理案件数目少并不意味着环境问题就少，而是大多数的环境污染案件被拒之于法院门外。如何根据环境案件的不同性质，确定不同层级法院作为一审管辖，既保证案件审理的专业化要求，又保证当事人基本诉权的行使，使整体运行符合诉讼法、组织法等规定，环境案件管辖制度的顶层设计尤为重要。

---

① 黄莎：《我国环境法庭司法实践的困境及出路》，http://www.civillaw.com.cn/article/default.asp?id=50888，2014年7月19日访问。

② 王尔德：《最高法拟细化环境公益诉讼制度多项司法解释"护航"》（2014年07月16日），http://finance.ifeng.com/a/20140716/12727682_0.shtml，2014年7月19日访问。

## （二）环境案件管辖制度设计方面的认识分歧较多

关于环境案件管辖，学者和实务界多有设计。如有观点要建立环境案件专属管辖制度，管辖跨行政区划的环境污染案件。以水污染案件为例，对于处于一个省行政区划内的水资源保护可以交由省会所在城市或与该水域联系最密切的地区的一家基层法院统一进行一审，所属中院、高院设立相应的环境法庭，便于集中管辖。还有观点认为跨流域（尤其是长江）的水污染案件的管辖问题上，可以充分发挥海事法院审理水污染案件的优势，交由海事法院专属管辖。也有观点认为，有选择性地效仿海事法院设立环保法庭，解决跨行政区域案件管辖问题。[①] 还有观点认为应建立环境类案件集中管辖制度，涉及到某区域的民事、刑事、行政的环境案件由一个被指定的审判组织或审判机构审理。上述认识的分歧应该说在最新发布的《意见》中得到一定程度的统一。可见顶层设计对统一认识、把握标准尤为重要。

## （三）环境案件管辖制度设计关乎到审判机构的设置

环境案件管辖是保障环境案件得以顺利交由审判机构审理的前提和基础。不仅仅要考虑自然资源的分布特点，更要考虑如何发挥法院审判专业化的优势，尽量节约成本和资源，方便当事人诉讼，方便当事人行使权利。究竟是要全面推广环保法庭，还是仅选取具有地域特点或者经济发展特点、问题特点的法院，采取集中管辖方式，抑或是专门设立与行政区划相分离的审判机构来管辖等这些问题都值得探讨，这同样需要顶层来设计，统筹规划。

---

①《环境问题高发　创新环境司法体制迫在眉睫　设跨区域审判机构打破地方碍时间》，法制网，http://fxh.fuyang.gov.cn/fzxw02/3731.jhtml，2014 年 7 月 19 日访问。

## 三、环境案件集中管辖的路径和构想

### （一）由最高法院和高级法院明确制定环境案件集中管辖的区域范围

所谓集中管辖，就是指将以往分散由各级法院管辖的环境案件集中交由少数的、审判力量较强的设有环境资源专门审判机构的法院管辖，其管辖范围以流域等生态系统或以生态功能区为单位的区域范围，不以行政区划为限。这其中的自然生态区域实际上就是被指定的法院在环境案件方面管辖的司法区域。对生态区域的划分涉及到环境保护部门的相关职能，建议由最高法院环境资源审判庭会同国家最高环保部门对不同的全国自然生态区域进行一个摸排调研，在对全国生态区域划分的基础上，对环境司法的管辖进行一个整体划分和布局，应根据环境跨区域、跨流域特点，尤其是对跨经两个以上省级行政区化的生态区域，应当由最高法院指定某一省法院来管辖这个区域里的案件，至于该区域里的环境案件是由基层法院还是由中、高级法院做一审，应遵循级别管辖的规定。同样，一个省的高级法院应针对不同特点对本省的自然生态区域进行划分，凡是跨市级行政区划的，由省高院指定某一市来管辖该生态区域的案件，该市则依据自身环境分布特点、案件数量、人口数量以及审判人员专业化水平来统筹考量确定是否要成立专门环境资源审判庭，不设审判庭的应该成立专业合议庭，以便于集中整合专业审判力量从而打破地方审判环境资源类案件遇到的阻碍。

### （二）运用指定管辖解决集中管辖未覆盖的个案

按照我国《民事诉讼法》的规定："有管辖权的人民法院由于特殊原因，不能行使管辖权的，由上级人民法院指定管辖。人民法院之间因管辖权发生争议，由争议双方协商解决；协商解决不了的，报请它们的共同上级人民法院指定管辖。"对集中管辖未覆盖，涉及跨行政区划的环境纠纷个案，可运用指定管辖进行指定，作为对集中管辖的补充，保证个案能准确较快地得到受理。应该明确的是指定管辖与集中管辖是有区别的，集中管辖是由法院事先就具有某一特点或源于某个生态区域的环境案件确定由哪个法院管辖，而指定管辖则是在某一具体的案件起诉到法院后，由于特殊原因，形成管辖不能或管辖争议时，采用的一种方式，集中管辖的规定可以避免个案指定管辖所引致的效率低下、程序繁琐的弊端。

### （三）环境案件集中管辖的最佳前提是民事、刑事、行政案件的三审合一

环境问题引发的民事、行政、刑事案件，在法院长期以来都是由民事审判庭、行政审判庭、刑事审判庭负责，这种三大诉讼分足鼎力的局面，不利于整合审判资源，统一司法尺度，无法显现环境问题的重要性，不利于司法机关与行政机关的沟通协调，不能对环境执法产生更大作用，因此法院需要对环境案件实行单独受理。贵阳、无锡、昆明等地法院成立的专门环境审判法庭，对民事、刑事、行政审判资源进行整合，创新了环境司法专门化的工作机制，对环境类案件的集中管辖提供了较好的基础和前提。

### （四）环境案件集中管辖应以专业化的审判力量作为组织保障

环境审判机构跨地域的管辖权限，统一的司法尺度，公开透明的程序运作，对环境案件尤其是跨行政区域的污染问题的处理，证明专业化的环境审判机构是处理环境污染、惩治环境破坏的基本组织保证，可以解决我国目前环境污染诉讼所遭遇的瓶颈问题。集中管辖使得法官专心研究环境法律法规，专司环保案件审判，针对不同的环境诉讼，做出恰当的判决，促进环境司法的强化与优化。借助集中管辖还能培养素质较高、审判经验丰富的环保法官队伍，为实现环保审判专业化奠定人才基础。

# 第三节　环境司法审判区域性的审判模式

党的十八大报告首次提出了构建“美丽中国”的宏伟蓝图，主张通过构建生态文明制度来保护我们赖以生存的环境。在生态文明建设目标实现的诸多制度力量中，环境司法制度发挥着不可替代的作用，它与环境立法制度共同组成了环境法治的有机体系。但由于环保案件在法律上的专业性和技术上的复杂性，我国目前由民事审判庭、行政审判庭和刑事审判庭各自审理相关环保案件的审判模式，已不能适应积极保护环境资源、建设生态文明国家的需要，亟须对传统的环保案件审判模式进行改革和创新。

## 一、环境司法专门化的域外借鉴

自20世纪70年代以来，随着西方社会对环境保护的广泛认同，西方国家的宪法和环境法几乎都确认了环境权是公民享有的一项基本权利。有鉴于此，1992年《里约环境与发展宣言》要求各国保证环境权利司法机制的有效性。1998年的《奥胡斯公约》明确指出环境权利的司法救济机制是保证公民环境权的重要支柱。[①]于是，部分西方国家开始在环境领域进行司法专门化改革的探索。

瑞典是全球最早通过专门环境法庭的设立探索环境司法专门化的国家之一。早在20世纪70年代，瑞典就构建起了由区域环境专门法庭和国家最高环境法庭统一受理瑞典全国所有环保案件的司法模式，有力地推动了瑞典环境法的实施。[②]作为澳大利亚新南威尔士州立法和司法改革的最重要成果，根据1979年的《土地环境法院法案》和《环境规划与评估法》成立的州土地环境法院是全球最早成立的集中受理环境保护案件的专门法院，通过对环境、规划和土地案件进行集中处理，实现上述案件审理的

① 李挚萍：《外国环境司法专门化的经验及挑战》，载《法学杂志》2012年第11期。
② 周子勋：《期待环保法庭发挥更大作用》，载《中国环境报》2008-04-23。

合理化和专业化是建立该法院的核心目标；[①] 为加强与环境有关的行政和民事执法力，根据佛蒙特州《统一环境执行法》（*Uniform Environmental Enforcement Act*）成立的佛蒙特环境法院是美国最早的环境法院；[②] 在菲律宾，通过最高法院的指定管辖，菲律宾法院系统设立了 117 个一审和二审环保法庭，统一审理全国的环境违法和环境执行案件。[③]

从西方国家环保司法发展看，在传统的司法模式下，与环境保护有关的案件被划分为三种类型，即：由民事审判庭处理平等民事主体之间以环境权益为诉讼标的民事案件；由刑事审判庭处理与损害环境资源有关的刑事案件和与环境有关的职务犯罪案件；由行政审判庭处理当事人要求撤销环境行政执法机关作出的与环境有关的行政处罚决定的环境行政案件。市场经济条件下社会分工的高度发展，尤其是各类环保案件在法律层面和技术层面的特殊性，决定了需要专门设置独立建制的环境审判机构，以保证环保案件事实认定的科学性和法律适用的准确性。[④]

## 二、环境司法专门化的理论含义与实践探索

### （一）环保案件“三审合一”审判机制的理论含义

所谓环保案件“三审合一”审判机制，是指人民法院在探索环境司法专门化的实践背景下，将涉环境类案件不再按照现有民事、行政、刑事的类型划分为三个不同的审判庭各自进行审理的传统司法模式，而是全部纳入到独立建制的环保审判庭进行审理的制度，从而对环境争议形成全方位、综合性的立体司法保护模式。

环境立法和环境技术标准的特殊性决定了对环保案件的事实和法律适

①B J Preston:《Operating an environment court: The experience of the Land and Environmental Court of New South Wales》，《Environmental and Planning Law Journal》，(2008) 25，p.385.
② 李挚萍：《外国环境司法专门化的经验及挑战》，载《法学杂志》2012 年第 11 期。
③ 李挚萍：《外国环境司法专门化的经验及挑战》，载《法学杂志》2012 年第 11 期。
④ 胡耘通：《环境审判专门化的分析与展望》，载《大连理工大学学报》，2011（6）。

用的判断迥异于其他案件。一方面，法院本身在判定环境污染侵权方面技术力量比较薄弱，需要借助专业性的环境技术专家以保证环境污染事实认定和损害评估的科学性和准确性；另一方面，在“三审分立”的传统审判机制下，环保案件分散于民事庭、刑事庭和行政庭中各自单独审理，各审判庭办案法官还承担其他类型的大量案件，在繁重的审判任务压力下，显然没有精力和时间投入对环境保护专业知识的学习和研究。上述因素共同导致了环保案件法律适用尺度和标准难以掌握，审判资源不能得到充分利用。

环保案件“三审合一”的审判机制迈出了我国环境司法专门化改革的一大步。在该机制下，审判人员既要审理涉环境民商事案件，又要审理涉环境刑事和行政案件，其实质是通过对涉环境民事、行政和刑事法律制度的共同综合运用，以解决环境问题的专业性、技术性带来的事实认定困难，在提高审判效率的同时，有利于审判人员熟悉环境法律和各种环境标准，统一裁判尺度。

### （二）我国对环境司法专门化的实践探索

早在20世纪80年代，国内学界就开始呼吁设立环保案件的专门法庭。1989年，武汉市硚口区法院联合区环保局设立的环保法庭是我国环境司法专门化领域最初的探索实践，但因缺乏法律依据被最高人民法院叫停。[①]其后，辽宁省大连市沙河口区、河北省晋州市以及山东省茌平县均通过设立环保巡回法庭以加强环境执法力度。从2007年开始，在汲取上述我国早期环境司法专门化探索经验的基础上，在一系列重大环保案件的助推下，我国司法领域掀起环境司法专门化浪潮。2007—2008年，我国先后在贵阳、无锡、昆明等地成立了11个较有影响力的环保法庭，针对水域污染等突出的环保案件进行集中专门审理，从定期审理单纯环保行政案件的环保巡回法庭，再到实行环境类民事、刑事和行政案件“三审合一”的常设环保审判庭，贵州、江苏、安徽、广东、云南等地均先后开始了对环境司法专

① 张一粟：《环境审判庭是否“超生”》，载《环境》2008年7月。

门化的正式探索。[①] 此外，2011 年，重庆市高级人民法院（以下简称重庆市高院）制定了《关于试点设立专门审判庭集中审理刑事、民事、行政环境保护案件的意见》（以下简称《意见》），《意见》提出要开展环境保护领域的民事、刑事、行政案件一并纳入环境保护审判庭审理的试点工作。根据上述《意见》精神，重庆市高院决定在重庆市渝北区人民法院和重庆市万州区人民法院设立环境保护审判庭，于 2011 年 12 月 20 日开始分别统一集中审理重庆市第一中级人民法院和重庆市第二中级人民法院辖区范围内涉及环境保护的刑事、民事、行政一审案件。

## 三、环保案件“三审合一”审判机制的价值分析

正如美国法理学家德沃金所说：“法律是一种不断完善的实践”，我国必须找出适合环保案件审理的法律制度。面对全社会范围内公众环保意识的普遍觉醒、不断增加的环境纠纷和涉环保案件的技术性、专业性，“三审合一”审判机制的产生具有重要价值。生态文明的制度建设必然要求对我国环境司法制度进行改革和完善，以契合公众对生态环境的美好期待。

### （一）有利于加强生态环境保护力度

“十八大”以来，“美丽中国”建设越来越受到各方重视，“山清水秀、天蓝海碧”是我们的环保中国梦。作为环境司法机关，法院也积极探索，不断创新环保司法，努力为生态文明建设注入新的司法能量。在法院建立专门的环保案件审判业务庭，使得司法机关有了专门的环保宣传队伍，也使得司法机关能更好地与环保行政机关展开对口合作，进而建立定期的环保联席会议。环保案件“三审合一”的司法裁判者从其他审判业务中解脱出来，能集中精力办理环保案件，不断探索环保案件审判规律，提出环保司法建议。从近年的司法实践看，“诉前禁止令”、“植树令”、“异地补植”等大多数环保司法创新模式都是“三审合一”的环保业务庭首创的，

① 胡耘通：《环境审判专门化的分析与展望》，载《大连理工大学学报》2011 年第 6 期。

这些环保司法创新模式有效地加强了生态环境保护力度。

### （二）有利于统一环保案件司法尺度

由于涉环境类案件的特殊性，使得同一侵权事实可能同时引发民事、行政、刑事三大诉讼活动，基于同一法律事实的环保案件可能在法院的不同审判庭审理。而三大诉讼法在受案标准、管辖范围、程序设定、证明标准方面的规定均不一致，加之长期的独立审判与各审判庭法官横向交流的匮乏，导致同案不同判结果时而出现。例如，有可能出现就同一环境污染事实，法院民庭作出环境侵权赔偿的判决，而刑庭作出被告人环境侵权事实不成立而不构成犯罪的判决。如此一来，可能损害司法权威，破坏司法公信力。此外，与环境保护有关的执法机构众多，容易导致法律适用标准和执法尺度不一，环保案件“三审合一”审判机制将相关的环境纠纷汇集于一个审判平台，有助于统一执法和提高司法效率。

### （三）有利于提高环保案件审理的专业化水平

随着公民环境权利意识的逐步觉醒，围绕环境权益为标的的诉讼案件数量迅速增加。环境类案件不同于其他普通案件，在环境案件的审判过程中，确定应适用的具体环境法规往往非常复杂，在认定环境损害事实和损害后果方面亦对生化、医学等技术标准的掌握有更高的要求。再加上环境立法近年来迅猛发展，不同的环境污染案件往往涉及不同环保单行法规，若没有经过环境法律的专门培训，即使是具有普通案件审判经验的专业法官也很难做到法律适用的准确性。因此，由不同的审判庭对类似环境案件进行分别审理，容易导致事实认定标准和司法尺度无法统一。在司法机构内部，要求将相关的环境纠纷汇集于一个审判平台进行处理的倡议得到了越来越多的呼应。

### （四）有利于打造环保案件专业化审判队伍

法律是一门艺术，它需要长期的学习和实践才能掌握，在未达到这一水平之前，任何人都不能从事案件的审判。[①] 审判队伍对环境领域的专业程度直接影响着审判的效率和公正。传统的法院审判机构如民事审判庭在审理这类案件时面临着缺乏环境领域的专业化法律和技术专家的现实困难，显示出需要经过环境审判专门化训练的人才来解决环境纠纷的必要。[②] 在“三审合一”审判机制下，法院可以将原分散于不同审判庭的具有环境科学背景或丰富环保案件审判经验的法官集中于同一个审判平台进行锻炼和培训，同时根据实际情况设置环境技术专家名册，建立环境技术专家参与审判的实施细则，从而提高环保案件审理的专业化审判队伍的综合能力。

## 四、环保案件“三审合一”审判机制的可行性分析

环保案件“三审合一”审判机制在审判的受案范围、管辖和人员组成等方面仍然要受到现行相关法律的制约，在探索的过程中必须要找到适合其生存和发展的法律环境。

### （一）环保案件“三审合一”审判机制符合法院组织结构的设计

我国《宪法》第 124 条规定：“中华人民共和国设立最高人民法院、地方各级人民法院和军事法院等专门人民法院”。《人民法院组织法》第 23 条规定：“中级人民法院设刑事审判庭、民事审判庭、经济审判庭，根据需要可以设其他审判庭”。根据上述规定，专门化的环保审判庭的设立没有突破现行司法制度对法院组织的制约。同时，在司法实践中，我国也曾设立了铁路法院、海事法院等专门法院，设立过知识产权法庭、少年法庭等专门审判组织，为从事环境司法专门化的探索积累许多必要的经验，这些可以为环保案件“三审合一”审判机制提供很好的借鉴。因此，将涉环境类民事、刑事、行政案件集中在环境法庭进行审理符合现行法律对法院组织的要求。[③]

① 许前飞：《中国法官素质评析》，载《人民司法》2001 年第 9 期。
② 李挚萍：《外国环境司法专门化的经验及挑战》，载《法学杂志》2012 年第 11 期。
③ 杨华：《环境法庭设立的应然性与实然性分析》，载《江西社会科学》2009 年 3 月。

### （二）环保案件“三审合一”审判机制的受案范围

笔者以为，在“三审合一”机制下的环境审判受案范围可以包括：①因环境争议引发的各种民事诉讼和执行案件；②环境执法部门因实施行政处罚而向法院申请强制执行的案件；③因严重破坏环境资源引发的各类刑事案件；④对环保行政机关具体行政行为提起的各类行政诉讼案件；⑤其他应属于环保法庭受理的环保案件。环保公益诉讼应当属于环保法庭受理的其他环保案件范围。新《民事诉讼法》第55条正式确立了民事公益诉讼制度，为此需要积极探讨研究公益诉讼案件的受理条件，从而推动行政公益诉讼的开展。适时放宽环保领域公益诉讼门槛，应明确公民、环保团体、检察机关和环保机关均可提起诉讼，以便提升环保司法保护生态环境的作用空间。

### （三）环保案件“三审合一”审判机制的管辖

环保案件的管辖是指人民法院受理环保案件的分工和权限，涉及到级别管辖和地域管辖两个方面。由于环保案件的特殊性、复杂性，环保案件审判组织的管辖范围如果过小，往往会陷入“无案可审”的尴尬境地，不利于审判资源的有效利用。就级别管辖来说，既要考虑环保法庭要有充分的案源，同时又要考虑公民环境权利司法救济渠道的便利性。因此笔者认为，在各地中级人民法院设立环保审判庭来集中审理一审环保案件，由各地高级人民法院环保审判庭进行环保案件的二审。这既能保证一审法院有充足的环保案源并能够产生规模效益，又能实现上下级法院的对口指导。在地域管辖方面，突出的难点在于跨行政区域的环保案件以及公益诉讼案件，其地域管辖如何确定？如流经多省的河流或湖泊发生环境事故，是由事故发生地法院管辖，还是被污染区域的任一法院都有管辖权？因此，环境司法制度应对环境资源破坏的跨行政区域特征进行有针对性的制度设计。为保证对跨行政区域性环境案件的公正审理，避免地方行政机关对司法的不当干涉，建议对于此类案件，应由所涉省高级人民法院会商后指定事故发生地或事故致损地中级人民法院管辖。

## （四）环保案件“三审合一”审判机制的人员组成

环境审判的复杂性使其“陷入科学争论和裁判难决的泥沼中，无异于剥夺了受害人的请求权而无法得到救济”。[①] 环境争议往往涉及自然资源的科学分析认定，并涉及物理、化学、生物、医学等众多学科知识。环保案件“三审合一”机制的建立正是由于环保案件具有较高的特殊性、专业性，需要能够熟练运用专业知识对环境污染事实和损害后果进行科学认定的专家型人员共同参与环保案件的审理。一方面，“三审合一”集中审判模式要求法官在民事、行政、刑事审判领域具有扎实的理论功底和丰富的实践经验，还需要具备环境法律专业素养以及一定的环境科学知识。为此，要选拔和培养复合型法官队伍，充实到环保法庭，提升环保法庭综合审判错综复杂环保案件的能力。另一方面，鉴于环保案件的技术性要求，可以通过法定程序任命具有环境保护专门知识的技术专家作为人民陪审员，与法官共同组成合议庭参与案件的审理。由受过环境审判专门化训练的法官负责法律问题，保证环境法规适用的统一和准确，确保诉讼程序的公正合法；环保专家负责对环境污染事实和损害后果进行科学严谨的认定，确保各项技术标准适用的统一和准确，为法官裁判案件提供专业依据。法官与环保专家组成合议庭能共同促使案件的判决结果顺利通过自然科学与社会科学的双重考验，从而确保司法公正，加强司法公信力。

“法律必须适应社会生活”，同样，审判机制也要适应社会生活。社会生活日新月异，审判机制不能安于现状，不求进取。审判机制要有创新的发展就需要有改革的魄力。我国在推行未成年人案件审判专门化初期，就有不少人认为其违反了三大诉讼法泾渭分明的传统审判模式，但反对的声音在未成人法庭广泛建立的司法实践中几乎销声匿迹。目前看来，就推行环保案件“三审合一”的审判机制，其反对意见也不绝于耳。然而随着

① 金瑞林：《环境侵权与民事救济——兼论环境立法中存在的问题》，载《国际环境法与比较环境法律评论》2002 年第 1 卷。

我国工业化和城市化的发展，环保问题越来越引人瞩目，环保司法也需要与时俱进。“实践是检验真理的唯一标准”，就让环保案件“三审合一”的审判机制在实践中渐行渐完善。

## 第四节 恢复性环境执行工作机制的探索

恢复性司法是一种新兴的犯罪控制模式，是对传统的通过刑罚一元化模式进行犯罪控制的缺陷的一种弥补。刑法制定环境犯罪的目的在于保护环境，因此环境刑事政策应当体现出生态保护的精神，应当更加注重生态法益的保护，这是建设社会主义生态文明的重要选择。将恢复性司法理念引入环境犯罪案件中加以应用有其合理的方面。南平法院为建设“海西”绿色腹地的区域发展目标，结合当地实际提出“补种复绿”，以实现人和自然、人与人之间的和谐统一。

### 一、环境犯罪中“补种复绿”的合理性分析

#### （一）“补种复绿”符合环境保护的目的

传统上，法律仅仅将财产利益和人身法益作为保护法益的观点，随着环境被急剧破坏、环境保护的发展和环境法的出现已发生变化，环境利益已成为法律所保护的新的法益。环境利益是人类生存的基础性利益，直接关系到社会、经济、资源、人口的可持续发展，因而属于法律保护的重大利益。

当代中国在快速现代化进程中，对生态环境的破坏日益严重，正面临着资本主义在工业化时代思考的课题：在传统的人类中心主义价值观念驱使下，人是主宰，自然臣服于人类，当社会富裕起来，有了剩余的时候，人就逐渐不再忍受环境污染、生态系统退化的现实。早在19世纪，马克

思就对人与自然的关系做出辩证的思考：自然界是自在自然与人化自然的有机统一，人与自然之间实际上是一种“你中有我、我中有你”双向依赖关系。

首先，自然界先于人类社会而独立存在。自然界对于人类的生存繁衍而言，具有基础性和前提性的作用。人类社会源于自然，又是对自然的超越，但却永远不能脱离自然，人类是自然界有机整体不可分割的重要部分，人与人的关系始终以人与自然的关系为基础。其次，人与自然的关系表现为物质交换关系，把作为自然界有机成分的人作用于与人相对应的整个自然界，因而使自然与自身相联系。再次，人与自然的物质交换是通过人类实践活动实现的。人类社会生活在本质上是实践的，但自然界有其自身发展规律，人类在改造自然的实践中不能随心所欲，既要考虑人类的价值，又不能忽视自然生态价值。作为实践主体的人在改造自然过程中，日益成为融入自然和融入社会的实体，成为自然化和社会化的人，而自然经由人的实践活动被赋予了人化自然的价值。因此，人类在实践活动中，应当善待自然，充分考虑自然的生态价值，要注重对自然规律的探究，自觉尊重和利用自然规律，致力于构建和谐生态环境以展现自然之美。

闽北林区的偷盗、滥伐和失火等犯罪案件对森林资源破坏性大，一方面是被告人缴不了罚金、支付不起赔偿款；另一方面，一些生态脆弱、急需管护的山场，因为缺乏足够的资金无法管护到位。为有效解决犯罪惩治、生态保护和民生保障的平衡问题，南平中院经过充分调研，与林业部门协调，将恢复性司法理念引入到环境保护，在部分县市尝试开展涉林刑事案件“补种复绿”工作。由毁林案件被告人对被毁山场补种复绿，恢复受损生态，这是对环境刑事犯罪进行非刑罚化的处理，又是让遭受破坏的山场重披绿装，拓展生态环境保护渠道的有益尝试，目的正是为了关注被害人利益，关注非人类存在物的利益，同时又能更好地促进我们人类自身的利益。

## （二）“补种复绿”符合环境刑法的伦理基础

环境犯罪的行为人往往不是为了对环境施加影响，更不是有意对环境加以破坏，他们实施此种行为的真正动机是对经济利益的追求。

在当今社会制度下，资本的逻辑在于“追求利润、让自身增值的资本的本性”，[①]为了满足资本不断地追求超额利润的本性，就必须不断扩大积累，资本积累带来投资规模扩大化，因而对自然资源的开发和消耗也就越大，资本的自我扩张趋势与自然资源、自然净化能力的有限性之间的矛盾是难以克服的。社会主义中国是商品经济社会，只要存在商品生产和商品交换，就无法摆脱资本以价值增值、获取利润为目的的运行逻辑。当生产资料所有者将经济利润当做生产经营指挥棒时，就会无视自然规律，不考虑生态效益和社会效益的可持续性，以致将自然界当做物质资源供应站和废弃物的处理场，无节制地开发利用自然资源，不计代价地破坏自然环境。

在经济利益的驱使下，南平地区毁林种茶现象频发，非法采矿、盗伐珍贵植物等犯罪时有发生，经济发达地区不堪环境污染、生态失衡的重负，向南平地区转嫁生态危机，例如浦城县的皮革制造业等，这种生态利益的分配不公最终导致了人与自然关系失衡，引发环境问题。然而，“环境是一种特殊的公共产品，对于这种公共产品的提供和保护，需要社会成员具有一种公共精神、公德意识，能够考虑到他人的利益、社会的整体利益和长远利益”，[②]对毁林刑事犯罪实行“补种复绿”，是道德公平和生态正义的体现，要求对各种与生态环境资源发生交往的主体之间的关系进行重新调整、公平管理，它关注的是如何在不同的人之间分配生态资源利益和负担生态资源义务。这种“补种复绿”的恢复性司法机制也保证了当代人和后代人在利用自然资源、满足自身利益、谋求生存与发展上的权利均等，

①[日]岩佐茂：《环境的思想》，韩立新，张桂权，刘荣华译，中央编译出版社1997年版，第169页。

② 白平则：《人与自然和谐关系的构建》，中国法制出版社2006年版，第44页。

我们有权利也有义务共同管理和利用地球的自然资源和文化遗产，将其完好地交给后代人，而不能危及和损害后代人生存和发展所需求的各种环境条件。

## 二、推进“补种复绿”的困境

近年来南平林业审判虽然对“补种复绿”作了一些尝试和探索，但我们离真正实现“补种复绿”还相差甚远，“补种复绿”在我国依旧面临着重重困境。

### （一）行政执法力度不够，经济与环境错位发展

一方面，由于我国传统的发展模式把发展等同于经济发展，行政机关在追求地方性利益增长过程中，往往过于看重污染企业所带来的经济价值，而忽视了环境污染、资源枯竭带来的巨大危害，而且，“与社会法益相比较，生态法益具有易害性和难以保护性，生态法益的损害往往是因为社会主体（包括个人和组织）为追求个体利益导致的。由于生态破坏的范围广，因而对生态法益保护的投资十分巨大，短时间内很难收到显著效果”，[①]行政机关在处理环境违法行为时都手下留情，默许传统经济发展模式。另一方面，我国目前欠缺有效控制环境犯罪的环境刑法，环境保护行政机关也缺乏有效的执法，执法机关甚至会与污染企业合作，使得作为维护权利最后一道屏障的法院处理环境刑事案件的能力有限，也没有将其摆在首要处理的地位，刑事制裁环境违法行为的迫切性不得不让位于经济发展的中心战略。

因此，应当破除“唯GDP论英雄”的思想观念，把环境生态质量及发展的可持续性作为衡量发展水平高低的重要标准，在优先保护生态环境利益的前提下寻求经济利益、精神利益和生态利益的最佳化和最大化，促成“补种复绿”的生态正义和生态秩序。毕竟，在传统“唯经济增长”观

① 简基松：《论生态法益在刑法法益中的独立地位》，载《中国刑事法杂志》2006年第5期。

念支配下，地区发展赢得经济理性的掌声，生态理性却输得一塌糊涂。任何对生态环境利益的侵犯都将导致对国家利益、社会利益和个人利益的严重威胁，生态利益在整个利益格局中处于基础性的地位。同时也必须清醒地认识到，环境的易破坏性和保护的高代价使得其成为一项长期而艰巨的工作，期望在短时间内通过行政手段或法律手段将其消除是不可能的。

### （二）生态法益定位不明确，保护目的难以实现

我国现行的环境立法对生态法益没有准确定位，更谈不上良好保护。惩治环境刑事违法行为的目的本来就不在于报应，最终是要通过对行为人的行为矫正来实现对环境法益的修复和防卫。如果只是单纯地对行为人施加刑罚处罚，不仅被破坏的社会关系得不到修复，环境保护的目的也无法实现，容易形成恶性的污染事件。只有在对环境犯罪人进行刑罚处罚的同时判处辅助措施，才能有效修复损害，达到更好地惩治犯罪、保护法益的目的。

“环境法益作为环境犯罪的客体难以为我国刑法分则各章所保护的同类客体所包含，环境法益的特殊性要求我国刑法体系中环境犯罪的地位更加独立”，[①] 环境犯罪的实质不只是对环境资源保护制度这项法律规定的破坏，更重要的是对生态法益的损害，加强对生态价值的保护才是刑法介入环境保护的出发点。因此，我们需要明确定位刑法所保护的生态法益，明确环境刑法所保护的价值。

### （三）“补种复绿”尚未有完善的理论体系做支撑

“补种复绿”是在传统报应性司法式微的背景下出现的。它的理论基础来源于近年来盛行的恢复性司法制度，它由成千上万种各具特色的恢复性司法制度和计划汇集而成。虽然这场运动符合社会制度生成的通常规律，有着旺盛的生命力，但不可否认的是，“恢复性司法运动从一开始就缺乏

① 雷鑫，张永青:《环境犯罪刑事和解的证成与价值——以恢复性正义为视角》，载《湘潭大学学报》2010 年第 1 期。

充分的理论准备，各地的实践活动无不是按照当地的法律、文化特点来进行”。[①]

法律及司法解释滞后，造成打击力度不够。近年来，武夷山等地频频出现非法占有国有或集体林地，进行毁林种茶现象，该行为已严重破坏林地，而林业部门认为茶树属于经济林，由于最高法院没有与此配套的司法解释，实践中不好把握是否可以依据《刑法》第三百四十二条的规定：“违反土地管理法规，非法占用耕地、林地等农用地，改变被占用土地用途，数量较大，造成耕地、林地等农用地大量毁坏的，处五年以下有期徒刑或者拘役，并处或者单处罚金。”按非法占用农用地罪追究刑事责任。这都需要我们在实践过程中摸索经验，建立、完善新的制度以实现恢复性司法在环境保护中的应用。

## 三、“补种复绿”制度设计

“补种复绿”制度实际上是一种恢复性补偿机制，即由犯罪人自愿而非强制地补偿环境因其犯罪行为所遭受的损失。这种补偿可以用提供树苗，也可以直接为环境被破坏的地区提供恢复生态环境的某种形式的服务，或是以任何旨在恢复环境的方式进行。

### （一）适用前提

“补种复绿”是一种环境犯罪的防治模式，为保证该制度的可操作性和可持续性，我们在程序设计上对其适用前提做出明确界定，以期能有效发挥该制度的功能。

第一，自愿。自愿这是适用“补种复绿”基础条件。即无论是犯罪人的悔恨、忏悔和被害人的宽恕都必须是真实的意思表示，法院始终处于中立的监督者角色，不强迫或诱使受害人或加害人参加这一程序，只负责搭建当事人充分自主的沟通协商平台。其中又以当地负责环境保护的职能部

① 参见田小丰：《恢复性司法的发展、挑战与选择》，载《行政与法》2012 年第 1 期。

门或者受害人自愿接受对话形式而放弃对加害人的追究作为重要要求，因为环境被害人在环境犯罪行为中生理上、心理上都受到了很大的伤害，特别是对环境的污染对人体的损害有恐惧感，如果被害人没有真正做好原谅环境破坏者的准备，而是迫于外力或者第三方的威胁、逼迫作出和解的意思表示，这就有违“补种复绿”初衷。

第二，平等。被告人、控方及被害人地位平等是适用“补种复绿”的前提，根据宪法第 33 条第二款规定“中华人民共和国公民在法律面前一律平等”，在适用“补种复绿”的案件中，不认为作为普通个人的被告人和被害人不能平等，被告人不是等待审判的犯罪者，被害人不是仰仗公权伸张正义和维护权益的弱者，检方也不是行使公权力的强者，而是站在同一个平等的对话平台，不用因为顾虑而保留、隐藏自己的想法，只凭自身道德、情感、利益等因素去交谈，以平等的姿态和平等条件提出各方都认同的补种方案以达到复绿的现实目的。

第三，协商。协商它涉及多方面的参与者，不仅包括被害人与犯罪人，还有当地环境主管部门、间接被害人(如因环境污染而受到影响的当地居民)。这些人参加进来是因为他们或多或少也受到了犯罪行为的影响和侵害，而且这些参与者也可能影响到一致意见的最后达成或者共同意见的最终实现。而法院就作为协商活动的一个居中协调者，其作用就是通知各方参加具体协商活动并确保每个拟参与者都能够积极参与。在关于“补种复绿”的协商讨论中，法院只是按照规定的模式引导参与人进行讨论，在犯罪人与各方当事人达成合意的情况下，确认合意并让犯罪人提供必要的保证，以保证对其有一定的约束，如果犯罪人怠于“补种复绿”，可以将被告人直接收监，若有提供保证金的直接赔偿被害人或者收归国库。

## (二)适用对象

“补种复绿”并非解决一切生态环境的万能钥匙，其主要针对以下几类案件。

第一，轻微环境刑事案件。一般来说，轻微环境刑事案件情节与后果较轻，例如失火、毁林开垦、毁林占地、盗伐等，犯罪偶然性较强，犯罪人主观恶性不大，主要是因为地区经济不发达，大部分犯罪人因生活所迫或法律意识不强，片面追求经济利益而发生，可以适用“补种复绿”。同时对于环境犯罪的未完成犯，如预备、中止等，共犯中的从犯、胁从犯等，被判处缓刑或管制、较短刑期的犯罪人，根据实际情况，可以通过双方沟通协商，让其通过种植一定数量的林木，减轻其刑事处罚或免于刑事，既给犯罪人一个改过自新的机会，又能让他在劳动中明白生态环境的重要性，又尽量使受损的人与生态环境的关系得到修复。

第二，过失环境犯罪。过失犯罪之所以可适用“补种复绿”处理，被告人虽然造成了生态环境的破坏，却不是出于故意，主观恶性不强，甚至于对自身行为持否定态度，悔罪诚恳，通常愿意为环境的修复尽力，地方环境主管部门也愿意接受其进行“补种复绿”。如失火罪等具有较大偶然性，触犯了刑法，却也为刑法规则所宽宥。

### （三）程序的启动与终止

“补种复绿”的程序公正是发挥制度设计初衷，促进各方参与“补种复绿”的积极性和意愿，环境效果全面恢复的最终实现的保障。“补种复绿”程序的第一步就是如何启动。基于恢复性司法的自愿原则和协商性，程序的启动主体应在当事人充分了解“补种复绿”的前提下，由被害人、犯罪人或者当地环境主管部门来充当。

第一，对公诉案件，法院在审判阶段来决定是否主动或者经申请启动和解、调解等恢复性程序，但法院有义务告知各方有权申请启动恢复性司法程序和相关事项。如犯罪移送法院审判之后，被害人向法院申请启动“补种复绿”程序，法院对案件能否适用“补种复绿”进行实体和程序的审查，例如犯罪人是否承认犯罪、悔悟程度如何及其是否愿意参与“补种复绿”、案件的种类及其特点，尤其要重点审查是否有胁迫和利诱的情形等。经过审查，如果认为具备相关条件，启动恢复性司法程序并说明有关事项、权利义务。

第二，在程序进行中，由法院召集各方当事人，来主持各方会谈和居中调停，促进各方达成“补种”协议。

第三，各方享有随时退出和谈的权利，初步的协议也无强制效力。双方退出和谈或者拒不执行协议的，“补种复绿”终止。只有双方达成最终协议并经过法院确认，才可进入“补种复绿”执行阶段。

## （四）处理方式

“补种复绿”是基于环境的恢复性功能考量，坚持以恢复人与环境的和谐统一为最终目标，少用、慎用或者不用刑罚以达到环境和法制的统一。这种类似于恢复性司法的处理方式，就是为了实现环境的有效恢复，处理好后期当地生态恢复和犯罪人如何避免重犯的问题。一方面对轻微刑事案件，可以适用“补种复绿”方式。例如毁林建房的农民，其犯罪情节较轻、悔罪表现良好，根据其所犯罪行可以运用“补种复绿”的方式，以种代罚，从轻处罚，判令为环境服务；对于过失犯罪案件，如失火罪，犯罪后自首且对自身犯罪持否定意见，偶发性大，教育改造的可能性和成功率很大，应通过“补种复绿”的方式既提高其环保意识，又能让受到破坏的生态得到恢复。对于符合适用“补种复绿”条件的，法院需要与公安机关、检察机关等进行充分的事实调查和了解，积极促成各方和谈，达成一致意见。对认真并积极履行“补种复绿”的，可直接作出非刑罚化处理。另一方面司法机关根据案件需要，对犯罪进行悔改表现、补种情况的调查和分析，也可通过林业部门或环境保护部门对其补种进行指导，提高其补种效率，同时对“补种”的效果进行监督。

南平法院推行“补种复绿”的做法，是基于南平地区目前生态现状与谋求长远发展的明智判断，也是把握中国未来走向的现实选择，“补种复绿”致力于协调人与自然、人与人以及人与社会之间的关系，对生态审判具有一定的启发性意义。我们相信，人类可以和自然友好相处，只要我们以认识自然为前提，尊重、掌握并科学结合运用审判规律，就能改善司法与人，人与环境之间以及集团之间、民族之间、国家之间的环境利益关系，就能有效改造并营造和谐的人与自然的关系。“人同自然界的完成了的本质的统一，是自然界的真正复活，是人的实现了的自然主义和自然界的实现了的人道主义”[①]，这便是人类与自然和解的真谛，也是生态资源审判的真谛。

① 马克思，恩格斯：《马克思恩格斯全集》第42卷，人民出版社1979年版，第486页。

# 第三章
# 环境司法审判的基本诉讼类型

## 第一节　环境公益诉讼

### 一、环境民事公益诉讼的完善

#### （一）个案：折射出环境公益诉讼中存在问题

案例 3-1：2011 年 5 月，贵州省清镇市屋面防水胶厂负责人龙兴光将 8 吨有毒化工废液倾入污水沟中，导致相连的东门河、猫跳河等河流苯超标 147 682 倍、苯酚超标 3 180 倍、苯并芘超标 2 771.4 倍。2012 年 6 月，清镇市环保法庭以污染环境罪和非法经营罪判处龙兴光有期徒刑两年半，并处罚金 10 万元。根据有关部门作出的水污染治理方案，治理此项水污染，需投资 117.3 万元。蔡长海以个人名义提起民事诉讼，要求龙兴光赔偿水环境污染损失 107.3 万元。清镇市人民检察院支持起诉。2012 年 9 月，法院开庭审理了本案，成为公民个人提起环境公益诉讼第一案[①]。

---

① 法治周末：《2012 年中国十大公益诉讼》，http://www.legalweekly.cn/index.php/Index/article/id/1969，2013 年 5 月 20 日访问。

案例 3-2：2011 年 6 月 4 日，中海油和美国康菲石油（中国）公司合作开发的蓬莱 19-3 油田海面发生溢油，造成 840 平方千米的劣四类严重污染海水面积，约 3 400 平方千米海域由第一类水质下降为第三、四类水质，辽宁、河北、天津、山东省市的养殖户遭受重大损失，8 月 16 日，国家海洋局北海分局宣称将代表国家向溢油事故责任方提起海洋生态损害索赔诉讼。但迟迟未采取诉讼行动。由于海洋局延迟一个月才披露污染事故，大量养殖户未能保留充分的受害及损失证据，难以通过诉讼索赔。2012 年 1 月 25 日，农业部称经过行政调解，康菲公司出资 10 亿元用于解决河北、辽宁省部分区县养殖生物和渤海天然渔业资源损害赔偿和补偿问题。①

新《民事诉讼法》第五十五条规定："对污染环境、侵害众多消费者合法权益等损害社会共同利益的行为，法律规定的机关和有关组织可以向人民法院提起诉讼"。该条规定的提起诉讼主体并未包括公民个人，"蔡长海案"是在民事诉讼法实施之前提起的环境公益诉讼，冲击了现有法律对公民主体资格的限制规定。康菲溢油案中，国家海洋局作为环境公益诉讼的法定机关态度消极，虽然农业部、中海油、康菲公司及有关省政府就解决溢油事故造成的损失达成行政调解协议，康菲公司出资 10 亿元用于解决河北、辽宁省部分区县养殖生物和渤海天然渔业资源损害赔偿和补偿问题，但行政调解事先未向社会公开，受害人及其代表人未能参与行政调解，补偿标准、损失数额等事项受到质疑。

## （二）全景：环境公益诉讼的土壤贫瘠

**表 3-1　2002—2013 年全国法院审理环境案件**

| | 环境刑事犯罪一审案件 | 民事环境一审案件 | 行政环境一审案件 | 共受理环境一审案件 |
|---|---|---|---|---|
| 受理案件数 / 件 | 81 932 | 20 822 | 16 680 | 119 434 |
| 占同期同类一审案件比 /% | 1.76 | 0.12 | 1.87 | 0.22 |

① 南方周末：《2011 年中国十大影响性诉讼》，http://www.infzm.com/content/67747，2013 年 5 月 20 日访问。

表 3-2　2010 年全国行政机关、法院处理环境案件

<table>
<tr><th></th><th>类型</th><th colspan="2">数量 /（件 / 次 / 起）</th></tr>
<tr><td rowspan="3">环保系统</td><td>群众来信</td><td>677 000</td><td rowspan="3">89.5 万</td></tr>
<tr><td>群众来访</td><td>101 000</td></tr>
<tr><td>行政处罚</td><td>117 000</td></tr>
<tr><td rowspan="3">法院</td><td>刑事犯罪</td><td>9 985</td><td rowspan="3">1.39 万</td></tr>
<tr><td>民事赔偿</td><td>2 033</td></tr>
<tr><td>行政案件</td><td>1 894</td></tr>
</table>

表 3-3　2013 年 C 市 Y 区环保法庭受理环境案件数

<table>
<tr><th colspan="2">案件类型</th><th>数量 / 件</th><th>总计 / 件</th><th>占受理案件比例 /%</th></tr>
<tr><td>刑事案件</td><td>刑事犯罪</td><td>20</td><td>20</td><td>10.3</td></tr>
<tr><td rowspan="2">民事案件</td><td>环境损害赔</td><td>62</td><td rowspan="2">64</td><td rowspan="2">32.9</td></tr>
<tr><td>公益诉讼</td><td>2</td></tr>
<tr><td rowspan="2">行政案件</td><td>非诉审查</td><td>106</td><td rowspan="2">110</td><td rowspan="2">56.7</td></tr>
<tr><td>行政诉讼</td><td>4</td></tr>
</table>

从表 3-1、表 3-2 中发现，法院审理的环境案件数量少，占全部受理案件的比例很小，且主要为环境刑事犯罪案件，而行政机关处理的环境案件数量相当大，这表明并非不存在环境问题，只是大量的案件未进入诉讼渠道。从表 3-3 看出，C 市 Y 区环保法庭在 2013 年审理的环境案件中，行政非诉审查占了绝大比例，而环境公益诉讼案件所占比例不足 1%。

对于环境问题，人们“信访不信法”，而对于新型的诉讼制度——环境公益诉讼，更是缺乏信心。

### （三）审视：环境公益诉讼遭遇诸多尴尬

公益诉讼是相对于私益诉讼而言的。早在古罗马时期，其程式诉讼就有了公益诉讼与私益诉讼之分。[①] 现代意义上的公益诉讼作为环境危机的产物，在 20 世纪 60 年代有了大发展，逐渐成为一种全球性的景象。环境公益诉讼是公益诉讼的下位概念，包括环境民事公益诉讼、环境行政公益

① 周枏：《罗马法原论》（下册），商务印书馆 1996 年版，第 886 页。

诉讼、环境刑事公益诉讼。本书只从环境民事公益诉讼和环境行政公益诉讼方面进行探讨。2013 年 1 月 1 日开始施行的民事诉讼法明确了公益诉讼制度，环境民事公益诉讼有了立法保障，但是规定比较笼统；当前的行政诉讼法并未明确规定环境行政公益诉讼制度，存有法律的空白。近几年，理论界和司法实务界对环境公益诉讼进行了有益的探索，许多地区成立了环保法庭，产生了一些具有社会影响力的案例，但是由于该制度的不完善，仍存在很多问题。

1. 公民个人提起环境公益诉讼缺乏立法支撑

新民事诉讼法规定对污染环境、损害社会共同环境利益的行为，法律规定的机关和有关组织可以向人民法院提起诉讼。据此，提起诉讼的主体不包括公民个人，因为立法机关担忧“公益诉讼可能激化当前法院案多人少的矛盾”[①]，从而限制主体，控制案源，防止滥诉。但事实并非如此，据《2013 年度昆明中院环境司法保护情况报告》的统计数据：昆明市中级人民法院环境保护审判庭成立近 5 年来，共受理各类涉环保案件 106 件。其中，环境公益诉讼仅 6 件。其他地方试点的很多环保法庭，公益诉讼遭遇“零案件”的尴尬局面；[②] 表 3-3 中，C 市 Y 区环保法庭 2013 年仅审理 2 件公益诉讼。近几年，环境公益诉讼案件中未出现滥诉现象，立法者认为扩大原告资格的范围，会导致公益诉讼案件泛滥只是一种假想的恐慌。社会一直在呼吁公众应当提高环保意识，保护社会公共环境，倡导人与自然和谐，但只强调义务或责任而忽视权利尤其是环境公益诉权，从司法救济的角度看，打击了热爱环保事业人士的热情，导致公众对公共环境漠不关心等。而类似蔡长海个人提起环境公益诉讼的案件，在以后的审判实践中该如何处理？

① 全国人大法制工作委员会民法室：《中华人民共和国民事诉讼法解释与适用》，人民法院出版社 2012 年版，第 77 页。
② 金煜：《公益诉讼破冰背后多数遭“零案件”尴尬》，http://gongyi.people.com.cn/GB/16024786.html，2013 年 4 月 20 日访问。

2. 法律规定的机关或组织怠于行使诉讼权利

新《民事诉讼法》中，明确规定“法律规定的机关和有关组织”具有公益诉讼的资格，但对一些民间组织来说是否就失去了资格？有些没被认定的组织提起环境民事公益诉讼是否会遇到制度障碍？另外，法律规定的机关怠于行使权利怎么办？《海洋环境保护法》第90条第2款明确规定：“对破坏海洋生态、海洋水产资源、海洋保护区，给国家造成重大损失的，由依照本法规定行使海洋环境监督管理权的部门代表国家对责任者提出损害赔偿要求。”据此，国家海洋局是法定提起环境公益诉讼的机关，但在“康菲溢油案”中，国家海洋局却迟迟未提起诉讼，农业部也未对溢油造成的渔业资源损害提起索赔，事发半年，海洋生态的公益诉讼没有进展，渔业资源损失赔偿协议存有质疑，受害养殖户诉讼不被受理。在这起中国遭受的最严重的海洋溢油污染事故中，环境公权与私权被不当处置。

3. 环境行政公益诉讼受到立法的阻碍

我国《行政诉讼法》第二条规定“认为行政机关或行政机关工作人员的具体行政行为侵犯其合法权益的公民、法人或者其他组织为维护自己的权益可提起行政诉讼”，第十一条、第十二条规定了受案范围，即可以对八种具体行政行为提起诉讼，对国家行为、抽象行政行为、内部行为、最终裁决行为不能提起行政诉讼。从赋予原告的资格及受案范围可以看出，未规定环境行政公益诉讼。《最高人民法院关于执行〈中华人民共和行政诉讼法〉若干问题的解释》（以下简称《行政诉讼法解释》）扩大了原告的资格，根据第十二条规定，与具体行政行为有法律上利害关系的公民、法人或其他组织对该具体行政行为不服，就可以对作出具体行政行为的部门提起行政诉讼，但仍未明确规定环境行政公益诉讼。而现实生活中却存在着某一或某些行政机关作为或不作为，或未直接、不明显损害某一特定的公民、法人或其他组织的权益，事实上对社会公共环境利益造成严重后果的情形。对此情形，一般的公民、法人或其他组织虽与此有关，但因与他人相比并无特别的利益，因而很难取得原告资格。[①] 因此，我国现有行

① 应松年：《完善行政诉讼制度——行政诉讼法修改核心问题探讨》，载《广东社会科学》2013年第1期。

政诉讼法从原告资格方面阻碍了环境行政公益诉讼发展。

4. 环境民事公益诉讼举证难

环境污染具有长期性、隐蔽性、滞后性、复杂性、多因性、待证事实的特殊性等，这些因素导致环境公益诉讼中举证难。主要表现为：第一，因客观原因导致举认定事实难，比如信息、专业技术水平的局限性；第二，损害事实与损害后果是否具有因果关系难以举证，很多环境污染导致的后果决定于污染物本身的物理、化学、核放射、电磁辐射等特性，有时某种损害结果甚至需要在污染物的相互作用和反应下才能够发生，而各种污染物质来源广泛、性质各异，它们进入环境中以后，相互之间以及它们与环境要素之间往往又会发生复杂的物理、化学或生物化学反应，并通过各种自然规律发生迁移、扩散、富集等现象，从而使损害过程变得异常复杂，具有显著地复合性。[①] 在审判实践中，因无充分证据证明，法官很难认定是否存在损害后果及损害事实与损害后果是否具有因果关系，导致原告方败诉；第三，鉴定难，很多案件因专业技术方面的原因需鉴定，但存在鉴定时间长、费用高、鉴定机构数量少、对鉴定机构的资质要求高、因从属关系导致鉴定结论模糊等问题，这些因素或左右着原告是否选择鉴定机构，或因不公正的鉴定结论误导法官而影响裁判结果。

5. 环保法庭环境公益诉讼案件少

目前，贵阳、昆明、无锡、重庆等地已成立环保法庭，但普遍存在环境公益诉讼案件少的现象。昆明中院2008年成立环保法庭，至2010年年底，昆明环境保护局诉昆明三农公司、羊甫公司环境污染侵权纠纷案经斟酌半年，昆明市中院最终审理，成为云南省首例环境民事公益诉讼。表3-3中，2013年该环保法庭只审理2件环境民事公益诉讼案件。事实上，环境污染案件总数很多，涉及公共环境的案件也很多，2012年四川什邡、江苏启东等地爆发了大规模的环境群体性事件，类似这样的重大环境群体性事件最近几年几乎成倍增长，只是未通过诉讼途径解决。除公众缺乏环境公益诉讼的意识外，还有环保法庭自身的原因、立法的不完善等因素：

① 陈慈阳：《环境法总论》，中国政法大学出版社2003年版，第338页。

第一，如果环保法庭仅仅将涉及环境污染的刑事、行政、民事案件拿过来集中审理，“换瓶不换酒”，法官忙于审理环境刑事犯罪案件、环境行政案件，忽视环境公益诉讼案件的重要性，则整体案件量变质不变，缺乏创新。

第二，相关立法不完善，审理中出现法律障碍。如2010年重庆绿色志愿者联合会对国电阳宗海发电公司二氧化硫减排不力提出环境公益诉讼未被受理，当然，该案件起诉时新民事诉讼法未出台，在诉讼主体等方面一直有争议，但新民诉讼法实施以后，前景仍不乐观，2013年中华联合会对海南罗牛山种猪育种有限公司及海南天工生物工程公司长期排放未经处理的污水，严重破坏当地生态环境及下游国家级红树林保护区提起了公益诉讼。法院以法律未对中华环保联合会作为民事公益诉讼起诉主体资格作出明确规定为由驳回。另外，公益诉讼规定比较原则且需要有单行法配合，除《海洋环境保护法》有规定外，其他关于环境方面单行法如《环境保护法》等并无具体规定。

## （四）出路：完善环境公益诉讼制度

1. 公民个人应成为提起环境公益诉讼的主体

首先，公民个人提起环境公益诉讼具有理论基础。公民个人提起环境公益诉讼的理论依据是公众环境公益诉权。公众环境公益诉权是公众在环境公共利益受到公权力主体或私人主体或有侵害之虞时，享有的诉诸公正、理性的司法权求得救济的权利。[①] 公众环境诉权目的主要在于公益性，即为了维护社会公共环境，公民个人可以对与自身无利害关系的侵害环境的行为，提起诉讼。另外，从辅助原则的理念看，在个人层面（包括家庭）能解决的问题，就应个人来解决，而不应该交由社会或者国家处理；在社会层面能解决的问题，就应由社会来解决，而不应交由国家和国际组织来处理，[②] 公民个人能够提起环境公益诉讼。其次，公民个人提起环境公益

---

① 朱谦：《公众环境保护的权利构造》，知识产权出版社2008年版，第333页。

② 转引自韩波：《公益诉讼制度的力量组合》，载《人大复印报刊资料——诉讼法学、司法制度》2013年第4期。

诉讼有良好的社会基础。近年来，法学理论界及司法实务界、媒体乃至公众，一直呼吁立法赋予公民提起环境公益诉讼的主体资格，不能忽视个人正义的力量。再次，司法实践的案例指导，“蔡长海提起公益诉讼案”已经审理，不论裁判结果如何，作为一起特殊意义的案例，对案件审理起到一定的借鉴作用，有利于推动环境公益诉讼制度的完善。总之，在制度的保障和审查条件的约束下允许公民个人提起环境公益诉讼，可以弥补公益组织、行政执法等机关保护公共环境利益的不足。

2. 强化民间环保组织在环境公益诉讼中的作用

新《民事诉讼法》规定具有公益诉讼原告资格的是“法律规定的机关和有关组织”，这里“法律规定的”不仅限定“机关”还限定“有关组织”，即这两类主体只有经法定，才可以提起公益诉讼。目前，我国民事公益诉讼制度的模式是基本法＋单行法，提起民事公益诉讼的主体仅见于《海洋环境保护法》。[①] 各单行法应予完善，设有具体规定。“康菲溢油案”中国家海洋局作为法定机关迟迟未对康菲中国公司造成海洋环境污染一事提起损害赔偿诉讼，使我们不得不深思，有权机关、组织怠于行使诉权怎么办？首先，完善监督机制，坚持信息公开，加大司法监督力度，接受个人、媒体、整个社会的监督；其次，重视民间环保组织在环境公益诉讼中的作用，审判实践中已有案例，尤其是自然之友、重庆绿联会、曲靖市环保局告陆良化工铬渣污染索赔案[②] 给了我们信心，该案中民间环保组织首次成为环境公益诉讼的原告，将诉讼主体向“草根组织”扩展，为环境公益诉讼打开新的大门，为保护环境公共利益指明了新方向。但是，民间环保组织登记注册有阻力，《社会团体登记管理条例》第九条规定：“申请成立社会组织、团体，应当经过其业务主管部门审查同意后，再由发起人向相关的登记管理机关申请登记。”即民间环保组织在登记成为合法组织前，首先必须先经过其业务主管部门的审批，最终形成一种依附关系，成为该部门

① 奚晓明主编：《中华人民共和国民事诉讼法修改条文理解与适用》，人民法院出版社 2012 年 9 月版，第 94 页。

② 该案被《南方周末》评为 2012 年中国十大影响性诉讼，成为我国民间环保组织提起公益诉讼第一案。

所控制的对象。该《条例》第十三条规定："不允许在同一行政区域内登记有业务相同或相似的社会团体"，表明民间环保组织在地域范围内数量上受到抑制。事实上，很多民间组织未经民政部门正名，草根组织注册很难，全国范围内只有几个。因此，应放宽对民间环保组织的登记政策，允许同一行政区域内成立多个民间环保组织，使其向多元化方向发展，在相互独立又相互竞争中更好地坚守公益性的价值取向。

3. 期待行政诉讼法修改，规定环境行政公益诉讼

行政诉讼制度不仅是保障行政行为的直接权利人的权利救济手段，还承担着维护公法秩序的主要功能。因此，不能将行政诉讼功能单一定位于行政相对人的权利，把诉权赋予受影响的特定相对人，使公共利益受损时不能启动行政诉讼程序，使公共利益受到损害时无法得到救济。[①]目前的行政诉讼法及行政诉讼法解释从原告资格上排除了公民、法人或其他组织通过行政公益诉讼的形式对公共环境利益予以司法救济的可能。对此，建议行政诉讼法扩大行政诉讼原告的范围，增设环境行政公益诉讼。需要强调的是，在原告适格理论发展过程中，"民众诉讼"的原告适格绝非一个独立的发展阶段，而是客观诉讼制度精细化架构的一个组成部分，它需要个别法律对相关诉讼规范作出具体的规定。所以正确的选择应当是，在主观诉讼所坚守的传统诉权理论中融入公共利益色彩，逐步扩展受案范围，同时对极其个别的例外情形通过法律专设行政公益诉讼。[②]

4. 适当分配举证责任

"证据是诉讼的灵魂"，在环境公益诉讼中，环境损害的认定具有很强的专业性和技术性，证据更是关键与核心。虽然法律规定原告提供遭受环境污染受到损害及被告存在污染行为的证据，但审判实践中很多案件因举证不足导致原告方败诉，因此，需要解决原告方因信息不对称、技术及财力等导致举证难的问题。

① 姜明安主编：《行政法与行政诉讼法》，北京大学出版社 2011 年 8 月版，第 414 页。
② 杨建顺：《行政诉讼法的修改与行政公益诉讼》，载《法律适用》2012 年第 11 期，第 68 页。

第一，在举证责任分配上，应向有利于原告的方向倾斜，保障公众获取信息权，使公民个人有适当途径获取相关的环境资料，提高原告方获取证据的能力。

第二，在调查取证方面，“人民法院应当依职权调查收集证据，调查范围不限于当事人申请调查的范围。对当事人自认的事实、当事人不主张的事实，如果涉及公共利益的保护，人民法院应当主动审理，并可不受当事人请求的限制自由裁量。”①

第三，完善鉴定制度，打破专业鉴定机构垄断的局面，发挥市场的竞争作用，使其健康有序的发展；摆脱相关管理部门对鉴定机构的控制，使其保持独立性；加强对鉴定机构的监督、监管，保证鉴定结论的公正性。

5. 对环保法庭的建议

第一，应选拔专业水平和素质高的办案人员，并定期对审判人员进行专业培训，丰富水、大气、土壤等领域的环境科学知识。

第二，在审判实践中总结经验、弥补不足并与其他地区的环保法庭积极交流，及时向上级法院反馈重大信息，保持审判的一致性。

第三，提出立法建议，推动环保单行法的修改，促进环境公益诉讼制度的完善；提高创新意识，环保法庭不能将以前的环境刑事、民事、行政案件简单地拿过来集中审理，否则浪费人力、物力、财力没有任何实质意义，应找到创新点。

综上，环保法庭应从维护公共环境的大局出发，真正为环境公益诉讼提供司法平台。

---

① 奚晓明主编：《中华人民共和国民事诉讼法修改条文理解与适用》，人民法院出版社 2012 年 9 月版，第 95 页。

## 二、环境行政公益诉讼的构建

### （一）期待与误导：环境行政公益诉讼的内涵裂变

环境问题无疑构成近年热点。随着环境污染事件的密集爆发，环境安全不仅成为普罗大众的沉重记忆，也成为学术研究的持续热区，而行政公益诉讼凭借其许诺的优越制度价值及成功域外经验，经由学界传播已然成为学术热词。

表 3-4 2001—2013 年中国知网中不同篇名检索的文献数量

| | 2013年 | 2012年 | 2011年 | 2010年 | 2009年 | 2008年 | 2007年 | 2006年 | 2005年 | 2004年 | 2003年 | 2002年 | 2001年 |
|---|---|---|---|---|---|---|---|---|---|---|---|---|---|
| 环境行政公益诉讼/个 | 55 | 62 | 62 | 74 | 92 | 95 | 68 | 77 | 45 | 43 | 17 | 10 | 3 |
| 行政公益诉讼/个 | 62 | 73 | 78 | 98 | 126 | 106 | 82 | 82 | 52 | 49 | 20 | 18 | 8 |

从表 3-4 可见，尽管并不完全精确，但文献数量依然是制度冷热的重要指标。通过在中国知网数据库中就近十三年的文献进行检索（分别以“环境行政公益诉讼”、“行政公益诉讼”为篇名），可明显看出环境行政公益诉讼构成行政公益诉讼研究的绝对重点及该领域研究趋热的整体态势。[①]

学者关于该制度的功能叙说沿着大众化路径被广为传播，构建环境公益诉讼也逐渐演变为一种大众话语。也许是人们对现状过于不满，人们迫切地需要用实践来“证实”理论，公益诉讼并没有沿着理论的界定被讨论，

① 虽（环境）行政公益诉讼的文献数量在 2008 年、2009 年后出现高潮后的回落，但其原因一方面可归结于关键年份（2009 年为现行行政诉讼法颁行 20 周年）更容易吸引学者就制度进行学术思考，另一方面也可归结于该领域研究逐步从简单介绍向深度探究的转变。关于行政公益诉讼的范围，主要包括行政规划、行政公产、公共服务、国有资产保护、行业竞争、自然资源、公共工程建设、政策性行政垄断、产品质量监管、环境监管、医疗损害等领域，参见江必新：《完善行政诉讼制度的若干思考》，载《中国法学》2013 年第 1 期。

这从近年被媒体解读为公益诉讼案件的报道可以看出。①

表 3-5 近年媒体报道的典型公益诉讼案件

| 案例 | 基本案情 | 媒体报道 |
|---|---|---|
| 1. 晏庆海诉佛山市南海冠粤华铝业公司案 | 原告因在被告处染上尘肺职业病，起诉及代其他尘肺病患者起诉被告要求支付医疗费用及生活保障 | 羊城晚报：《尘肺病人的公益诉讼》 |
| 2. 召君诉郑州市工商局撤销处罚案 | 原告因对被告未从重处罚其曾消费的违法商家不服，起诉要求撤销该处罚决定 | 中国法院网：《居民公益诉讼 状告工商局关注“舌尖上的安全”》 |
| 3. 李刚诉天津市政工程局违法收取进津费案 | 原告认为被告向其非法收取费用，向法院起诉要求被告返还向其收取的道路建设车辆通行费共计 40 元 | 法制日报：《“进津费”公益诉讼案原告一审被驳回》 |

在尘肺病人、大气污染、过路桥费成为社会热点的社会背景下，表 3-5 中的案件无疑让公众眼球一亮，不仅“好事者”原告成为斗士，这些诉讼也被解读为公益诉讼。但这些案件无论是在起诉资格抑或诉讼请求方面和其他行政诉讼案件并无任何不同，换言之，它们是社会需要的诉讼，而并非现行行政诉讼体系所需要的行政公益诉讼。这种不经意的传播裂变，对于真正的制度构建产生了诸多误导：其一是模糊化的概念消解了知识交流的统一性和有效性，无论是对于“公益”还是行政公益诉讼，当前的很多讨论都是各自言说，导致制度的理论论证十分散化，人为加大了理论的复杂性；其二是将本非属于司法程序的贡献不准确地嫁接给司法，造成人们对环境行政公益诉讼的价值功能期待过高，增加了立法、司法和公众的沟通障碍。

## （二）探源与成像：环境行政公益诉讼的谱系考察

1. 探源：环境行政公益诉讼的发展脉络和制度定位

（1）环境行政公益诉讼的发展脉络

在理论上，公益诉讼始终和原告资格理论的发展相联系。在起诉资格

① 因环境领域出现的此类案件数量十分有限，故表中列举的案件非限于环境领域的行政诉讼，但其他领域的案件样本同样能印证笔者后文的分析。

理论中，西方早期奉行“权利直接损害”、“法律上利害关系”说，如早期英国行政法认为法院可驳回“在最早阶段就能看出司法复审申请人根本没有利害关系，或没有足够利害关系的案件”，以“防止好管闲事者、狂热者和其他恶作剧者的滥用”，美国宪法也规定法院只对构成“案件”和“争端”的问题行使司法权，而案件、争端的必要构成则是原告事实上受到损害，这事实上是一种认为社会、经济安排皆源于自主行动的社会观在司法上的反映。20世纪中叶后行政国家兴起，环境等公共秩序的失范也因之具备了可归责于行政的条件，其对诉讼的影响是公法诉讼在范围和功能上均做出重大调整，即起诉范围由内在指定（exogenously given）变为当事人和法院重塑，救济由个案损害填补变为不特定的后果预防，诉讼客体则由当事人纠纷变为公共政策实施，原告资格由直接关系人变为非直接关系人，行政公益诉讼的正当性由此得到论证。特别是在环境领域中，环境行政公益诉讼更是形成了公共利益理论、公共信托理论、利害关系理论、私人检察官理论、纳税人权利理论、基本权利理论等形色各一的理论，这些理论为该制度在美国、德国、法国等国家的最终确立起到了开道先锋的作用。

（2）环境行政公益诉讼的制度定位

开放的原告资格和公益之诉讼目的决定了环境行政公益诉讼和普通环境行政诉讼的区别，换言之，这两种制度间既非包含关系也非交叉关系，而是并列关系，即前者的原告是和被诉行政行为无直接利害关系的主体，而非“不限于直接利害关系人”，因为“不限于”包含了传统的环境行政诉讼，同时前者的起诉目的直接在于维护环境公共利益，而非间接产生公益效果。根据行政行为的不同形式，环境行政公益诉讼可以分为：①不作为环境行政公益诉讼，如对环保行政机关未履行“三同时”制度及环境影响评价制度监管职责提起的诉讼；②违法作为环境行政公益诉讼，如对行政环保机关违法审批排污许可、不当作出行政规划等行为提起的诉讼。环境纠纷处理机制见图3-1。

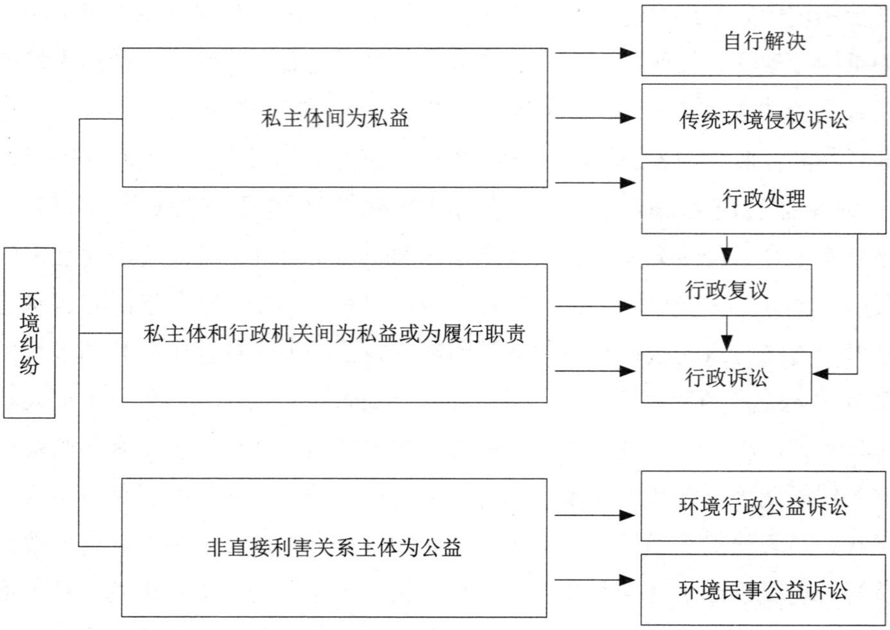


**图 3-1　环境纠纷处理机制示意图**

2. 镜像：环境行政公益诉讼的“试水”检讨

案例 3-3：2009 年，因贵州省清镇市百花湖风景区内一烂尾楼对该区域生态环境构成威胁，中华环保联合会向清镇市国土局发送律师函，建议其收回该宗土地使用权及地块上全部建筑和附属物，该局未作行动回应，原告遂起诉被告应诉后主动作出收回决定，开庭后原告撤诉，法院依法予以准许。

案例 3-4：2011 年 6 月，隶属于康菲公司的油田先后发生重大海洋溢油污染责任事故，后经国家海洋局批复，该公司逐步实施恢复生产相关作业。2013 年 8 月，中华环保联合会向北京市一中院起诉，要求法院判定国家海洋局批准康菲石油公司复产违法，并要求国家海洋局依法对康菲公司的复产重新作出审批。法院以原告非直接利害关系人为由裁定不予受理。

可以看出，法律文本中的缺位并未构成环境行政公益诉讼的绝对障碍，环保意识觉醒、环保团体兴起以及各地环保风暴的开展共同推动了该“法外”诉讼类型的试水实践。虽案件样本稀少且在程序上也颇多缺憾，但其仍为我们提供了观察镜像。

（1）案件结果两极游走。案例 3-3 和案例 3-4 中原告都非环保部门的具体行政相对人，两案都属于环境公益行政诉讼，但两案在法院是否受理及问题最终解决上却景象迥异。案例 3-3 凸显了当地司法及行政机关对新类型诉讼的强大包容度，故成为近乎理想的教科书式案例，案例 3-4 则是更具理念宣示意味的案件缩影，但却未被司法所支持。

（2）关键判断暂付阙如。虽然法院在案例 3-3 中认可了中华环保联合会的原告资格，对行政诉讼法中直接利害关系、法律上的利害关系等诉讼要件进行了极富意义的扩张，但由于诉讼中途原告撤诉，不完整的诉讼形态裁剪了司法对于原告资格、公共利益等关键判断的论证和说理，因而无论是规律探寻还是规则提炼均被横腰截断，示范意义并未彰显。

（3）问题归因表里不一。缺乏法律规定成为绝大多数法院拒绝受理该类案件最稳妥的专业策略，但实践的两极游走和理论的针锋激辩却将问题指向了更“里面”的景象，即统一的大局政治观避开了权力监督的抽象架构，政府主导的行政权（包括环境行政）在实践中反而得到能确保高效行动的制度支持，这是公益诉讼尽管受公众热捧却迟迟未能确立的更深所在。

### （三）憧憬与限定：环境行政公益诉讼的应承之重

1. 环境行政公益诉讼能对环境行政进行全面监督吗？

案例 3-5：2014 年 2 月，石家庄市民李贵欣因不满长期遭受严重空气污染向河北省高院、石家庄市中院提起对石家庄市环保局的行政诉讼，诉请被告依法履行治理大气污染的职责并承担给原告造成的经济损失，但两级法院均未受理。2 月 20 日原告再次向石家庄市裕华区人民法院起诉，法院接收诉讼材料后表示，将依审查结果在法定期限内作出是否受理的答复。

（1）基于本案的切入分析。“从必要性角度看，目前呼吁建立行政公益诉讼制度的呼声非常高，似乎其必要性是无可置疑的”，[①] 而最被各界所关注的则是其对政府行政行为的外部监督。在案例 3-5 中，原告要求被告履行职责的给付之诉符合行政公益诉讼的构成要件，体现了公众要求监督环境行政的强烈愿望。尽管我国行政诉讼并未对给付之诉及其审查范围作出规定，但理论及实践中，法院判决行政机关作出一个特定内容的行政行为或者履行特定内容的给付义务则为司法审查范围所容许，[②] 而在本案中，原告要求被告环保局履行环境治理职责显然属于抽象的请求，并不符合诉讼类型的基本原理。事实上，在行政诉讼类型较完善并作为我国借鉴对象的德国、日本，能否对此类“课以义务之诉”进行直接实体裁决也有“全面否定说”、“补充说”及“独立说”的争议，但三种观点都以司法权无法代替行政权做出具体作为为基础的判断，因而司法应保持对行政监督的必要谨慎。本案中，即使法院受理，试问法院能对雾霾形成、雾霾致害等关系到被告职责认定的关键事实作出富有信服力的认定么？即使能够认定，又能够对被告治霾措施的有效与否进行裁决么？显然，这些均超出了当前司法的能力范围。

（2）环境行政公益诉讼应定位于有限度的监督。并非所有捍卫环境公益的诉请都能够被司法所支持，司法所能承载的只可能是——也应该是——有限度的监督。首先，环境行政诉讼制度是对环境整体治理体系的制度补充。虽环境行政亟待改善，但环境问题最根本的症结并不在行政而在于更高的发展模式本身，当前这种模式的调整趋势意味着环境行政将收复其自主性，[③] 作为外在监督的环境行政诉讼则是其补充；其次，环境行政公益诉讼也是对传统环境行政诉讼的补充。“行政公益诉讼始终都应当作为客观诉讼的一部分来定位，而客观诉讼始终是主观诉讼的例外和补

① 杨建顺：《〈行政诉讼法〉的修改与行政公益诉讼》，载《法律适用》2012 年第 11 期。
② 李广宇、王振宇：《行政诉讼类型化 —— 完善行政诉讼制度的新思路》，载《法律适用》2012 年第 2 期。
③ 党的十八大将“美丽中国”首次进入报告，生态文明建设越来越成为社会主义文明的重要方面，新一届政府对于经济结构调整的措施和对经济增长指标的重新认识凸显了环境整治的决心，如李克强总理在 2014 年两会的政府工作报告中表示，“要像对贫困宣战一样，坚决向污染宣战”。

充”，[①] 对于现实中诸多环境执法乱象，都可在传统环境行政诉讼渠道内得到化解；再次，司法的被动性和具体性也决定了其监督的有限性。诉讼的被动性决定了该种监督必须通过个案进行，因而在发动上受到限制。

虽司法对环境行政的监督界限并不固定明确，但笔者认为应作如下几方面的限定：一是个别行为的监督（不同于单纯的抽象监督），其中个别行为在外延上应大于具体行政行为，即包含适当的抽象行政行为；二是法律适用上的监督，主要是指环境行政机关在作出个别行为的依据，法院据此可作完全的审查；三是执法程序上的监督，即对于个别行为的执法程序进行法律判断，从而达到监督目的。

2. 环境行政公益诉讼对环境行政行为的审查标准何在？

（1）制约环境行政公益诉讼审查标准的因素分析。审查标准并非具体的法律规定，它是存于实定法规则之上的精神内核。[②] 审查标准是法院对被诉行政行为进行审查判断并作出裁判时应遵循的规则，其目的在于对被诉行为的合法性、合理性作出合理裁断。事实上，行政诉讼制度的多元目标平衡主要通过法院的审查范围、对象、标的、标准等要素的取舍予以实现。在审查限度范围内，尽管法院的审查标准具有弹性及扩张空间，但并非可盲目设定，该标准不仅制约着司法的最终判决结果，而且构成司法过程的自我约束。就环境行政公益诉讼而言，公众的环境诉求和行政机关的行政效率既存在正相关也存在负相关影响，故司法的审查就需保持适当。从当前实际来看，制约该标准的因素主要有：一是权力力量对比。较强的司法权更容易将审查标准向纵深推进，反之则多停留于表层；二是经济发展阶段。独立的环境利益在前工业化时期和后工

①[日]南博方：《行政法》（第6版），杨建顺译，中国人民大学出版社2009年版，第189-191页。

② 解智勇：《论行政诉讼审查标准》，中国政法大学2003年博士学位论文，第3页。

业化时期显然很大差异，这也为库兹涅茨曲线（EKC）[①] 所证实；三是环境行政理念。不同环境行政理念下，对于行政效率和权利保护的侧重不一，这也对司法审查产生影响。

（2）环境行政公益诉讼审查标准的限度。虽然当前我国行政诉讼法规定法院在审查被诉行政行为应以合法性审查为主，同时对具有合理性因素的“滥用职权”、“行政处罚显失公正”也予以纳入，但后者因缺乏相应可操作化的解释而在实践中被束之高阁。就环境行政公益诉讼制度而言，审查标准应当作适当扩大，即一方面扩大合理性的范围，同时也应将合目的性纳入，但这三个标准在程度上应有所区别：第一，合法性审查标准。合法性是依法行政行为的最基础要求，因而法院对于被诉环境行政机关的行为应从法律上进行全面审查，且合法性与否的判断应属法院所擅长，故除非有极特殊情况否则法院均可作出审查。第二，合理性审查标准。当前主张法院对行政行为作合理性审查的呼声很高，反映了该审查标准的重要性，特别是在环境行政诉讼中，越来越多问题都以合法但不合理的外观展现，因此合理性审查的需求更加迫切。但因“合理性”判断属于行政裁量的固有空间，故除非有强有力原因否则不宜推翻行政事实认定及相应裁断。在具体处理上，可将合理性分解为实体合理和程序合理，如案例 3-4 中诉请判决被告恢复生产的批复违法事实上关系到被告行政裁量权的实体问题，由于是否达到恢复生产的判断具有很强专业性，因此并不宜由法院进行审查，除非达到“明显违法”程度。对于程序，法院则可充分利用正当程序原则进行较强程度的审查，[②] 如特定企业的生产许可、环境评价是否经过应有程序作出，其也应属法院审查之列。第三，合目的性标准。合目的性审查主要包括对法律问题的审查和对事实问题的审查，[③] 二者主要涉

① 库兹涅茨曲线系由美国著名经济学家库兹涅茨于 1955 年所提出来关于收入分配状况随经济发展过程而变化的曲线，该曲线也可以用来形容环境治理和经济发展间的关系：经济发展初期，国民收入较低，财政收入有限，环境意识淡薄。主客观因素共同因素作用下，国家对于环境污染的控制力较差。国民收入提高后，政府的财力及管理能力均有增强，环境问题能被减轻以至消除。

② 江必新：《完善行政诉讼制度的若干思考》，载《中国法学》2013 年第 1 期。

③ 解智勇：《论行政诉讼审查标准》，中国政法大学 2003 年博士学位论文，第 143-144 页。

及法院能否对行政机关就法律适用所作出的解释及对事实作出的认定进行终局认定的问题。该审查的引入为环境行政提出了更高的标准，但其标准应限于被告具有可对应的具体职责。

3. 环境行政公益诉讼在成本收益分析中是最理想的制度选择吗？

（1）环境行政公益诉讼的成本构成。制度经济学理论认为，制度是人类对稀缺的回应，因制度本身也属稀缺，故一种制度选择意味着会产生放弃另一种可能制度的机会成本。[①] 对司法制度而言，司法成本越低则程序启动就越容易，相应的价值收益也就更容易出现，否则制度就倾于搁置并被取代。制度成本形式并非只限于经济成本，还具有政治成本、文化成本、社会成本等形式，但经济成本最具测量性和可观测性，收益同样如此。依据不同主体标准，该制度的成本可作如下分析：第一，原告成本。成本意味着精力和付出，由于环境属于典型公共物品，产权的不明晰导致搭便车现象大量存在，加上新型行政公益诉讼的复杂性，虽诉讼费较低但仍有时间、精力等大量成本，如果这些成本无配套措施予以填补，势必影响程序的启动；第二，被告成本。被告首先应承担应诉的时间和经济成本，由于行政诉讼由被告承担举证责任，虽该成本多为“沉没成本”，在被告作出行政行为时即已付出，但应诉仍构成执法资源的占用，更重要的是被告还需承担如政府信用缺失等非经济成本；第三，法院成本。该成本既包括人员成本也包括技术成本，前者可能会加剧法院案多人少的矛盾，后者则主要源于法官准确有效审理新类型诉讼案件中所耗的资源。

（2）环境行政公益诉讼的收益。如果收益足够，显然成本就不构成制度选择的制约因素。环境行政公益诉讼的收益有两方面体现：直接收益是实现了对环境行政机关依法履职的外部监督，间接收益则是由此增进的环境公益，如案例 3-3 中，外观上被告依法履行职责收回了废弃多年的土地及其上附着建筑属于直接收益，因此而改善的景区环境则是诉讼的间接收益。但考虑到此类诉讼会产生高昂成本，其对收益的消抵也不容忽视，

① 张广利，陈丰：《制度成本的研究缘起、内涵及其影响因素》，载《浙江大学学报（人文社会科学版）》2010 年第 2 期。

因此并非所有案情下环境行政公益诉讼都能输出最优的收益。在一些案件中，考虑其他替代性选择方案可能更具实用性。

## （四）“不能”到“能”：环境公益行政维护的开放构想

1. 环境信息公开：从星火到燎原

案例 3-6：江苏居民范建振为响应环保部“公众参与环保事业”号召，防止环保部门对预审把关不严，于 2013 年 4 月 18 日向江苏省环保厅申请公开南通市、南通市通州区、如皋市、海门市、启东市政府等为创建国家生态市县提交的技术评估或考核验收的申请及相关附件等 13 项信息，江苏省环保厅在法定期限内仅公布了部分正文，范建振不服遂起诉。经审理，法院判决责令被告在法定期限内依法向原告提供申请中所涉的附件信息。

环境信息在公众和政府间具有不对称性，故其在多中心环境治理中具有重要地位，而 2007 年《政府信息公开条例》的公布更是被学者誉为是继行政诉讼法、行政许可法之后我国行政法制的“第三次革命”[①]。在环境法领域，不仅《环境保护法》《大气污染防治法》等法规对环境信息公开进行了规定，而且也不乏细化措施。[②]虽在相当长时间内环境信息面临着“公开难”的问题，但随着《最高人民法院关于审理政府信息公开行政案件若干问题的规定》（法释〔2011〕17 号）的出台，环保机关如未依法提供相应的信息，则申请人可就被申请人的不作为提起诉讼。从案例 3-6 可以看出，通过诉讼的倒逼，政府环境信息公开已具备很强的执行力。由于此类诉讼具有较明确的规定，因而可行性非常强，实践中，信息公开及相应诉讼也犹如燎原星火已大量出现。[③]

① 江必新，李广宇：《政府信息公开行政诉讼若干问题探讨》，载《政治与法律》2009 年第 3 期。

② 如《环境保护法》专设第五章“信息公开和公众参与”对环境信息公开进行了原则性规定，其他法律中关于信息公开的有关规定可见《大气污染防治法》第 20 条、第 23 条，《清洁生产促进法》第 17 条、第 31 条，《环境影响评价法》第 5 条、第 11 条等，细化措施则体现在《关于企业环境信息公开的公告》（2003 年）、《环境信息公开办法（试行）》（2007 年）、《突发环境事件信息报告办法》（2011 年）等专门性规范性文件中。

③ 通过在中国裁判文书网进行简单搜索，可以发现 10 起同类案件，2014 年 6 月 24 日访问。

2. 环境行政复议：从搁置到再生

作为行政机关内部自我纠正错误的监督制度，行政复议对于加强行政机关的内部监督具有重要意义。在环境行政纠纷解决的整体体系中，行政复议较之行政诉讼具有独特的优势：其一是简捷性，即程序易于启动和运作；其二是快捷性，即能对公众的环境诉请进行及时救济；其三是彻底性，即在对环境行政作合理审查方面没有障碍；其四是附带的抽象监督性，即可审查抽象环境行政行为的合法性，实现较强的监督；其五是经济性，即相较于诉讼成本较低；其六是纠纷处理空间较大，即存在和解、协调空间。[①]虽由于当前的行政复议制度本身在设计上存在诸多问题，导致了适用效果不佳并被人们戏称为“维持会”，但该问题在很大程度上是因立法者对行政复议和行政诉讼的关系定位判断出现偏差所致。如果能够借行政诉讼法修订重新审视并调整行政复议和行政诉讼之间的关系，则获得制度再生的行政复议也能够在环境公益维护中占据重要地位。

3. 环境治理问政：从风暴到常规

案例 3-7：2014 年洛阳首场百姓问政节目开播，洛阳市环保局局长和四名副局长被安排接受“考试”。节目直播中，问政嘉宾结合暗访短片对环保局领导进行了轮番“炮轰”，其中一位嘉宾现场送给领导三瓶“黑水”请他们品尝。环保局长节目中现场表示，节目结束后将立即就反映的问题进行调查并尽快整改。[②]

近年来，“百姓问政”成为颇令人耳目一新的新潮在各地开展。事实上无论是电视节目还是现场，该方式形式虽清新但效果上绝对是重拳出击，例如案例 3-7 中的问政风暴不仅在现场给当地环保机关较大的监督，而且在网络上形成的舆论更成为强大的力量。如果能够形成常态化和制度化，这一方式其实也蕴含着环境公益维护的巨大能量。

---

① 梁凤云：《也谈行政复议“司法化”》，载《国家检察官学院学报》2013 年第 6 期。

② 大河网：《洛阳环保局长参加电视问政　民众送黑水请其品尝》，http://news.loyo.cc/cn/shehui/201406/13/00016082.html，2014 年 6 月 24 日访问。

# 第二节 环境刑事诉讼

## 一、国家治理模式变迁下环境刑事司法的转型

基层社会是国家治理的基础。通过村落、县域透视中国基层社会的治理与变迁一直是社会学与人类学研究的传统。在人类学家那里，他们已经习惯于将自己的研究亲切地称为“小地方，大论题”。法社会学与法人类学关注考察的是法律的实践和过程。即便是一个村庄、县城的秩序，也是经由国家权威和社区权威二者互动而形塑出来。而将基层刑事司法放置于革命与社会变迁的“大历史”中去考察，可以发现刑事诉讼在基层社会的日常运作逻辑与过程，从这些基于基层社会治理需要而展开的琐细而具体的司法实践活动中，我们多多少少都能够探寻到一些基层社会治理的隐秘，以便为现代意义上刑事司法研究提供经验素材和比较工具。

本书以浙江省龙泉市[①]的司法实践作为考察样本，尝试运用法社会学的研究方法对龙泉从晚清民国到现今的基层刑事司法变迁展开讨论。文章研究的缘起是晚清民国龙泉司法档案的发现。[②]本文则将龙泉司法档案的研究时间从晚清民国拓展延及至今。[③]在具体对象采集上，本文选择“涉

---

① 龙泉位于浙江省西南部浙闽赣边境，为隶属于浙江丽水市的县级市，自古以青瓷宝剑闻名。

②2007年，浙江大学地方文书研究团队无意中在龙泉市发现一大批晚清民国司法档案，引发了海内外史学界与法学界的强烈关注。龙泉司法档案时间自咸丰八年（1858）始，至1949年止，是目前所知民国时期保存最为完整、数量最大的地方司法档案。学界普遍认为，龙泉司法档案为研究中国司法从传统到近代的演变提供了极为丰富的第一手资料。杜正贞，吴铮强：《龙泉司法档案的主要特点与史料价值》，载《民国档案》2011年第1期。

③ 文章使用的司法档案包括三部分。首先，晚清部分，由于晚清部分的司法档案已经整理完毕，于2012年8月由中华书局正式出版发行，所以文章所使用的晚清档案案例来自《龙泉司法档案选编》（第一辑·晚清时期）；其次，民国部分，由于档案存放无序并有残缺，目前民国时期司法档案正在整理过程中，文章所用档案是原始档案，卷宗名称依照原档案卷宗袋上的标签名；再次，建国后至今，建国后至今的司法档案则存放于龙泉市法院。

林犯罪”[①]这一在龙泉司法实践中颇具典型意义的犯罪形态作为考察对象。以“涉林犯罪”这一特定犯罪类型作为研究对象可以在较小的范围内准确把握刑事诉讼与社会、经济、历史等因素之间的关联度，更利于对刑事司法的变迁做细致深入分析。在一定程度上，涉林犯罪司法运作的变迁显然带有浓重的时代印痕，能够在一定程度上折射出龙泉县域刑事司法的更迭。它的演变为考察和研究基层的刑事司法变迁提供了真实的历史样本。

### （一）晚清民国：刑事和解与国家治理的简约化

传统中国，皇权止于州县。以士绅为主体的乡村领袖、族长、保甲长以及诸如行会组织是国家与地方政治衔接的桥梁。他们对基层社会实行有效管理，乡村社会因此呈现出“绅治”的特征。国家政权对民间纠纷的介入有限。[②]州县官员作为基层“法官”，只被授权就民事案件和处刑不过笞杖或枷号的轻微刑事案件做出判断。这类案件被称为“自理词讼”（即在州县官全权审判之下的词讼）。[③]清代大多数州县官员主张应准予两造和息，轻微的犯罪案件调解的达成，有州县调处，有两造亲友调处，有地

① 本文使用的“涉林犯罪”案件一般是指有关林业生产的刑事案件。龙泉系属多山地形，向有“九山半水半分田”之谓，林业在当地经济发展中占据重要地位。在已经整理的晚清民国龙泉司法档案中，关于林业纠纷的案件就占据了一半以上。

② 在民国时期，费孝通等学者已经注意到传统乡村社会相对于国家权力的独立性，提出了“上下分治”、“皇权无为”、“绅权缓冲”、“长老统治”等颇具解释力的概念。此后马若孟、黄宗智、杜赞奇等西方学者借助日本满铁调查资料对华北乡村所作的实证研究，进一步印证和深化了这些看法，并描述了进入20世纪以来国家权力不断下移、乡村社会自主性逐渐被打破的历史进程。参见费孝通：《乡土中国生育制度》，北京大学出版社1998年版；［美］杜赞奇：《文化、权力与国家——1900—1942年的华北农村》，王福明译，江苏人民出版社1995年版；［美］马若孟：《中国农民经济——河北和山东的农业发展，1890—1949》，史建云译，江苏人民出版社1999年版；［美］黄宗智：《华北的小农经济与社会变迁》，中华书局2000年版。

③ 关于“州县自理案件”的界定，滋贺秀三教授说：“没有必要处徒以上刑罚的案件，全部都委任给州县一级进行处理。只要当事者不上诉，上级机关与这类案件就不生关系。这类案件称州县自理的案件。”夫马进教授说：“州县自理案件是指在州县一级终审的案件，即无须报送府以上进行审理，在州县一级，作为刑罚可处笞、杖，或者完全不处刑罚而仅以训谕结案。参见［日］滋贺秀三等：《明清时期的民事审判与民间契约》，法律出版社1998年版，第13页，第395页。

方绅耆调处，亦有由两造双方自行和解。[①] 比如，龙泉司法档案中咸丰元年李联芳控韩林秀强霸阻砍一案，当事人李联芳的状词就这样写道。

“为控韩林秀等强霸阻砍，挽迈图诈事……生于本春雇工登山砍伐为货，讵地恶韩林秀、坛秀不思业经父手杜卖，专恃强横莫敌……胆拥山内，恃强凶宿，抢击砍伐……生旋即回家报明，遂投庄保朱芝裕、朱芝邦理谕莫何……为此抄粘各据伏乞廉明父师迅赐拘究以儆凶宿……”[②]

咸丰元年（1851 年）李联芳控韩林秀强霸阻砍案是目前龙泉司法档案所见时间最早的案件。在这起案件的呈词中我们就可以看到，李联芳在向州县官员呈诉之前，就曾将案件投报于庄保朱芝裕、朱芝邦等人，请他们出面理谕调解未果以后，原告李联芳才将案件呈控于县衙。并且，盗伐山林这一轻微犯罪因为不是州县官员工作的重心，此案也是经过当事人反复呈词以后才得以受理。龙泉司法档案类似案件很多。这都显示出帝制时期基层刑事司法在一定程度上依赖民间调解和官批民调方式进行。这一利用准官员和民间纠纷解决机制进行地方治理的方式被黄宗智先生称做是国家的“简约治理”或“简约主义”。[③]

但是，这一“无为而治”的治理模式发展到近代遭遇到了前所未有的挑战。清末民国，民族国家[④] 观念的兴起为中国司法的近现代化改革提供了理论准备。如何加强国家权力对乡村地方资源的控制和汲取，实现国家权力下沉成为了时代思考的主题。[⑤] 反映到刑事司法中，突出体现就是国家追诉主义原则的引进，国家追诉主义强调国家对犯罪的垄断与刑罚权的

---

① 那思陆：《中国审判制度史》，上海三联书店出版社 2009 年版，第 238 页。

②《李联芳控韩林秀强霸阻砍案》，吴铮强、杜正贞：《龙泉司法档案选编（第一辑晚清时期）》，中华书局出版社 2012 年版，第 4 页。

③ 黄宗智：《集权的简约治理——中国以准官员和纠纷解决为主的半正式基层行政》，载《开放时代》2008 年第 2 期。

④ 吉登斯认为民族国家是继传统国家、绝对主义国家之后出现的现代国家形式。吉登斯特别强调现代民族国家的控制能力。也正是在这个意义上，民族国家才被视为现代的基本政治组织单位。因此学界常将民族国家等同于现代国家。叶麒麟：《现代国家建构：近代以来中国政治发展的主轴》，载《理论与改革》2006 年第 5 期。

⑤ 张晋藩：《中国法律的传统与近代转型》，法律出版社 2005 年版，第 354 页

统一行使。[①]1907年，《高等以下各级审判庭试办章程》第106条规定：“凡经检察官起诉案件审判厅不得无故拒却，被害者亦不得自为和解。”“刑事和解”这一传统的司法实践被认为原始落后而遭排斥与禁止。南京国民政府1928年《刑事诉讼法》和1935年《刑事诉讼法》再次明确了国家追诉主义原则。检察官作为国家和社会公益的代表，决定对犯罪的追诉。刑事案件纠纷解决成为了政治国家集中控制的领地。精英化、专业化和程序化的新型司法程序从国家法层面上得以确立。

然而，尽管立法可以在一夜之间完成，也尽管在意识形态上，刑事和解被排除在国家的正式制度之外，但是，由于传统的巨大惯性，“词”与“物”始终存在分离。和解在正式国家立法的地位并不能否定它在基层司法实践中的地位。正如档案显示的，在民国基层刑事案件纠纷的处理过程中调解仍旧占据十分重要的地位——对于轻微的刑事案件，司法官在案件开始后一般会讯问当事人是否经过了调处，之后，司法官要么自己主动调处要么是指令保甲、宗族、家族亲友等民间力量介入调处。这里以1940年蒋国祥诉潘根林窃盗竹木一案为例予以说明。

“检察官点呼蒋国唐入庭

问：你是保长？

答：第四保长。

问：蒋国祥、潘根林都归你管吗？

答：是我保里的人。

问：潘根林把蒋国祥竹砍了你晓得否？

答：喊我到山上去看过。

① 晚清修律大臣沈家本对检察制度与国家追诉主义的必要性做了较为详细的论述，其中明确提出了检察官代表国家利益，不得随意舍弃起诉权。他在《刑事诉讼律草案》之后的奏折中开始强调检察人员的“国家属性”，即“检察提起公诉。犯罪行为与私法上不法行为有别：不法行为不过害及私人利益，而犯罪无不害国家之公安，公诉即实行刑罚权以维持国家之公安者也，非如私诉之仅为私人所设，故提起公诉之权，应专属于代表国家之检察官。”参见陈瑞华：《二十世纪中国之刑事诉讼法学》，载《中外法学》1997年第6期；又见李启成：《晚清各级审判厅研究》，北京大学出版社2004年版，第133页。

问：你把他们谙[①]过否？

答：未谙过。

问：为啥不把他们谙过呢？

答：潘根林不曾谙，他说竹是在老竹之下。

问：现在潘根林说是嫩竹出在他田上，所以砍了的，以后不会去砍了。蒋国祥说，要把竹田画到什么地方，那是经界问题，你保甲长是要说说的。

答：是的。

……”

最终该案在保甲长与检察官的调解下，双方具结和解。检察官做出了不起诉处理[②]。

今于检察官台下结得，民潘根林以后不会再砍蒋国祥之竹，如犯甘愿重办。民蒋国祥结得，被告潘根林既然不敢砍民之毛竹，民甘愿息讼，请撤回告诉，所具切结是实。

再比如1940年王兆瑞诉王兆积窃盗杉木案。该案原告王兆瑞于9月2日因王兆积“杉木砍去，锯作数段，系背家中”向龙泉地方法院检察处提起诉讼。但该案经历不久就在检察官建议下双方当事人于9月5日会同和解人，互提和解条件，为“同祖亲属，免失情谊”，双方达成了和解。9月9日，王兆瑞提出撤回申请。

“为事已调解请求准予撤回告诉事，窃民告诉王兆积窃盗一案业经钧庭处传讯在案，但被告自知理屈，乃邀请亲友出而调解，民因被告乃同祖亲属，不忍诉追，甘愿终结。为此理合声请钧庭处准予撤回告诉，实为德便。谨状龙泉地方法院检察处。”[③]

在该案原告提出撤诉后，检察官也做出了不起诉处理。

浙江省龙泉地方法院检察官不起诉处分书

---

① 调解、调处的意思。

②《蒋国祥诉潘根林窃盗案》，《龙泉民国法院民刑档案卷》（1912—1949），浙江龙泉市档案馆藏，卷宗号：M003-01-07096，第17页。

③《王兆瑞诉王兆积窃盗杉木案》，《龙泉民国法院民刑档案卷》（1912—1949），浙江龙泉市档案馆藏，卷宗号：M003-01-07023，第14页，第18页。

右列被告民国二十九年度侦字第三九九号窃盗一案业经侦查完毕，认为应不起诉，兹叙述理由于后。

查告诉人王兆瑞诉被告王兆积窃盗杉木一案，正侦查间，复据告诉人状请撤回告诉到院，查核案情被告虽不无刑法第三百二十条第一项之嫌疑，但其所犯者属于同法第六十一条列举各款之罪名，依《刑事诉讼法》第二百三十二条规定，参酌刑法第五十七条一切情状以不起诉较为适当，援依刑事诉讼法第二百三十四条欲以不起诉处分于右。

在已经研究的300份司法档案刑事案件中，有124起案件通过和解的形式结案，最后通过法院审判结案的案件只有80件，比例还不到三成。[①]通过对大量案件的实证考察我们看出，在传统社会起作用的各类调解主体，在民国时期的刑事纠纷解决中仍发挥重要的作用。宗族、家族亲友、保甲长、乡公所[②]等民间力量介入刑事案件的现象普遍存在。这表明，尽管民国时期新式刑事立法已经确立了国家追诉主义原则，国家正式的刑事司法系统已经初步实现了专业化与程序化，也尽管随着国家政权组织的触角深入到乡村基层社会（比如清末民初的近代警察力量的建设，[③]国民政府期间的保甲重建等，所有这些都表现出国家惩罚治理犯罪的专业力量强大，民间社会力量在犯罪治理的场景中有所消退）但是，传统中国依赖准官员和民间力量解决纠纷的简约治理方法，仍然被国民党政府所沿用，旧的草根阶层的简约治理仍然有相当部分保留了下来。

总之，晚清民国时期刑事案件纠纷解决系统存在的三个重要部分：首

---

① 详细展开可以参见张健：《晚清民国刑事和解的第三领域》，载《中国刑事法杂志》2013年第4期。

②1930年南京国民政府修正公布的《乡镇自治施行法》第32条规定：乡公所或者镇公所设立调解委员会，办理以下事项：（一）民事调解事项；（二）依法得撤回告诉之刑事调解事项。

③ 清光绪三十二年（1906），龙泉县由地方集款筹建巡警局。1929年5月，县警察所改为县公安局。并在县政府内设警佐室，由警佐兼警察所长，协助县长佐理警事……1948年，县警察局扩充为183人，警察按照性质可以分为行政、刑事、保安和卫生四种……民国警察的任务主要是禁赌、禁烟毒、禁嫖妓、反盗窃，执行《违警罚规》并负责逮捕、押解人贩等警务。参见林世荣：《龙泉县志》，汉语大词典出版社1994年版，第474页、第475页。

先是国家的正式司法系统，其次是通过民间宗族调解解决争端的民间体系，以及介于两者之间的“第三领域”。清代与民国时期的犯罪治理并不只是依靠国家权力机关，尽管在清末民国，国家权力试图下沉到基层，控制乡村，然而这种努力并未成功。乡村社会的宗族组织、士绅阶层等社会力量在整合社会、维护民间秩序方面发挥了重要作用。地方势力既分享着国家权威治理乡村，同时，又对抗着国家权力向基层社会的渗透。他们填补了传统国家因受政治资源限制而留下的权力空白，国家的治理成本因此大大降低。

## （二）建国初期：全能主义国家与国家本位

1949年新政权建立。1949年6月5日，龙泉县人民民主政府成立，此后，龙泉县人民公安局、人民法院、人民检察院陆续建立。如果说清代与民国时期的基层社会治理更多依靠自然生成要素的话，那么在1949年共和国成立以后，通过人为发动运动与革命的形式来进行社会治理、改造的特征就显得极为明显。新政权成立伊始就面临严峻的阶级斗争、艰巨的国民经济恢复任务、面临碎片化的社会、贫乏的经济以及国际社会的孤立等一系列难题。如何在积贫积弱的环境下确立新政权的合法性，如何巩固政权，使国家权力下沉到基层社会成为了巩固政权和治理国家的考虑的重点。在新政权成立后较短的时间内，国家通过各类运动对社会进行了全面干预和控制，也因此获取了绝大部分社会资源的控制和配置权，形成了总体性社会体制，或者说是整体性国家体制。[①] 新政权焕发出乐观主义的精神促使一系列改造运动迅速展开。经济改造、政治改造、文化与价值观念的改造同社会的重组，新生活建设齐头并进，它将职能的触角伸展到了社会生活的各个领域。[②] 这里以建国初大跃进时期的刑事司法实践为样本展开。

1958年5月全国范围内展开“大跃进”，不久，浙江省高级人民法院、

① 新中国成立初期的土地改革、以废除六法全书、1953年司法改革、贯彻婚姻法运动为主要内容的法律革命以及三反五反运动等运动的开展成为了国家权力下沉的重要方式。

② [美]米尔伊安·R·达玛什卡：《司法和国家权力的多种面孔——比较视野下的法律程序》，郑戈译，中国政法大学出版社2004年版，第215页。

司法处发出《司法工作必须适应人民公社化的新形式》的指示。“要求各法院研究司法工作应该如何的保卫人民公社的建立……使我们的思想紧紧跟上形势的发展。对于各地在试办人民公社中已经发现的敌人破坏活动和人民内部的纠纷案件，尽狠狠地打击敌人……”[①]“由于刑事案件基本上属于敌我矛盾，是阶级斗争的突出反映”，所以，对待犯罪必须严厉打击，更不存在和解的可能。“人民公安机关、人民检察院和人民法院作为国家的专政机关，专政机关最根本的任务就是镇压敌人，惩罚犯罪，保护人民，它们是实现无产阶级专政的锐利武器，是用来进行阶级斗争的重要工具。”[②]从1958年开始，为适应大跃进的形势发展，龙泉县司法系统开始公、检、法三机关“合并办公，一致对敌”，组成公安政法部开展联合办案。这时候的砍伐林木犯罪已经以“破坏生产”、“破坏合作化”、“反革命”等罪名形式出现。

1. *刑事司法中的群众路线与群众动员*

新中国成立初期，家庭、宗族、村、行会等解决纠纷的功能被弱化或被废除。并且，人民法院的技术治理能力又未能完全发展起来。在此背景下，人民法院不得不通过群众路线，并通过一种“身体在场”的方式来确保基层社会的有序。[③]国家治理力量下沉到基层社会的一个重要措施就是刑事司法过程中群众路线的落实。“人民法院对敌人实行专政，惩治犯罪，必然依靠群众，充分发挥广大群众的智慧和力量，才能完成它的任务。真正成为敌人害怕，群众欢迎的人民司法机关。”[④]群众路线构成了建国初期刑事司法审判的基本特征。

一起普通的犯罪案件的开启往往是群众、人民公社的检举与要求。人民法院审判案件的主要证据来源也是群众诉苦过程中的言说和举证。对被

① 简讯：《司法工作必须适应人民公社化的新形式——浙江省高级人民法院、司法厅的指示》，载《人民司法》1958年第14期。
② 中国人民大学法律系审判法教研室：《人民司法工作是无产阶级专政的锐利武器》，中国人民大学出版社1958年版，第2页，第6页。
③ 郑智航：《新中国成立初期人民法院的司法路线——以国家权力下沉为切入点》，载《法制与社会发展》2012年第5期。
④ 王云生：《审判工作怎样贯彻群众路线》，载《政法研究》1959年第6期。

告人的科刑依据也往往视当地多数群众的意见来定。群众参与刑事司法的基本的流程分为了四个阶段：首先，搜集材料和逮捕阶段：普遍采用群众或者人民公社检举的方式，通过大大小小的座谈会、诉苦会等方式调查搜集材料，再结合个别访问，寻找人证、物证等。第二，开庭审理阶段，往往采取辩论会的方式，就地进行根据案件特点和客观条件决定采用何种方式的群众辩论形式。实践中有大型辩论会、小型辩论会、分别辩论、共同协商和家庭会等几种方式。群众控诉时采取“一人说理，大家帮腔”的方法，审判人员主动引导群众进行诉苦说理，然后由群众来自动举证对质，加以穷追痛驳。最后一个阶段则是宣传教育和政策掌握。目的是广大群众经过社会主义教育，达到政治觉悟空前提高，学会用大鸣、大放、大字报、大争大辩的方法来解决社会主义建投中的问题。龙泉县法院在1959年审理的一起破坏山林案件最终以反革命定性。[①] 以下是这起案件斗争大会的记录片段。

“主席宣布斗争坏分子林世加。

到场职工揭发坏分子林世加罪恶事实：

刘志文：林世加一贯不老实，破坏制度……

季月荣：……

刘水根：……屡教不改，一贯对抗改造，没有从本质上改造自己。一贯批评党的政策与社会主义建设……

刘志坚：一贯对党对社会主义，对领导不满，破坏生产运动，生活腐化堕落，迫使妇女跳楼。领导安排他上山劳动，但是他破坏生产，上山破坏森林……

钟志清：无理取闹，称赞劳教爽，生产时磨洋工。

江金泉：……

许志清、吴月亮、陈吉等人检举。

大会一致认为，社会主义制度坚决不允许盗窃活动。

如果准予盗窃活动，破坏我们社会主义事业建设，完全是有利于资产

---

①《林世加反革命案》，卷宗号：（1959）龙法刑字第00121号，浙江省龙泉市法院藏。

阶级的发展，是想摧毁社会主义的人。

对叶传义偷窃行为是有历史性的，一贯盗窃，现列举一下……”

新中国成立初期的基层刑事审判三个重要方针就是“阶级立场”、“群众路线”和“中心工作”。人民司法工作作为无产阶级专政的锐利武器必须从阶级立场出发，以“阶级立场衡量案件的实质”，从该案的审判来看，案件的审判流程呈现出典型的“广场化”色彩。林世加破坏山林案件并不是一起孤立个案，而被看做是阻碍社会主义改造与破坏合作化生产的反革命典型案件。本案的审理承担着激发阶级情感和打击破坏生产的双重使命。而刑事审判的广场化效应则体现了国家对社会大众的规训和治理。它在更广阔的视野中展示了其潜在的国家刑罚权。犯罪事实和死刑判决的赫然对照，大大加深了民众对国家刑罚的权威、森严的基本印象，完成了国家刑罚权的有效展示和宣扬。[①] 国家权力得到了充分显示的机会，实现了教育与规训的功能。

2. 管制与劳动教养的大量适用

除了正式的国家司法系统以外，国家权力深入到基层社会的另外一个值得注意的路径就是劳动教养与管制制度的建立。劳动教养与管制制度在“大跃进”时期得到了广泛的使用，并且在实践中出现了县、人民公社与生产队办劳教制度的现象。[②]1956 年 8 月国家司法部专门就“管制生产”与“管制”两者的区别作了解释：“管制”必须经法院判决，是一种刑事处分；“管制生产”属于监督生产的性质，是行政上的一种改造的措施和办法，所以，也就不需要经过法院判决，只需乡人民委员会决定就行。[③]然而，如表3-6显示的，尽管在法律规定上，劳动教养与管制属于不同层次的处罚，但在实际操作过程中，特别是在“大跃进”时期，两者在基层被严重混淆。

①[ 法 ] 福柯：《安全、领土与人口——法兰西学院演讲系列，1977—1978》，钱翰，陈晓径译，上海人民出版社 2010 年版，第 3 页。

②《浙江劳教史》编纂委员会：《浙江劳教史》，浙江人民出版社 2013 年版，第 31 页。

③ 李若建：《风起于青萍之末：“大跃进”时期的劳动教养与管制初探》，载《开放时代》2013 年第 2 期。

表 3-6 新中国成立初期的社会管制样态与分类

| 处 罚 | 对 象 | 制度设计 | 实际运行 | 方 式 | 人身自由 |
| --- | --- | --- | --- | --- | --- |
| 刑罚 | 犯罪分子 | 政法机关 | 政法机关 | 关押于监狱 | 没有 |
| 劳动教养 | 轻微犯罪、阶级异己分子 | 政法机关 | 政法机关；偶有基层官员 | 关押于劳教机构 | 基本没有 |
| 管制 | 违规者、阶级异己分子 | 政法机关 | 多数由基层官员决定 | 集中劳动或居住地受监控 | 有一点 |
| 管制生产 | 轻微违规者、阶级异己分子 | 基层官员 | 基层官员 | 集中劳动或居住地受监控 | 有一些 |

管制与劳动教养的出现与适用意味着国家权力的垄断进入新阶段。如果说在1958年“大跃进”发生以前，国家权力主要通过国家正式的国家机关来运作，在全国基层仍有个别领域国家权威尚未完全占领的话，那么，这种情况在“大跃进”期间已经彻底发生了变化。县、人民公社与生产队办劳教制度的出现由县、社、队，街道办事处、居委会和公安派出所所组成的三位一体的综合治安管理体系建成。至此，国家权力延伸到基层社会的每一个角落。国家权威向城乡全面渗透。① 下面的案件是邱先根破坏生产罪的判决书。② 这起案件来自吴吉奶的检举：“被检举人邱先根，破坏山林，他的山林57年入社后，他就以建房屋为由大量砍伐树木50多株，他不用，把树放在公社腐烂，他拿来破成柴当柴烧。每天都要砍树一棵，带回家……”案件经过简单的审理以后法院做出了判决。

**龙泉县人民法院刑事判决**

本院八都人民法庭于一九五九年十一月八日对被告人邱先根因破坏工具一案进行了审理。查被告邱先根，男，年30岁，富农出身，汉族，浙江省龙泉人，务农取业，无前科。

本案业经本院审理完结，现查明。

被告邱先根思想反动，对我社会主义建设事业进行破坏活动。58年8月将该生产队分配给他使用的单华犁的零件、板钳偷取卖掉。

① 高华：《革命时代》，广东人民出版社2010年版，第244页。

②《邱先根破坏生产罪》，卷宗号：（1959）龙八刑字第00041号，浙江省龙泉市法院藏。

59年2月擅自把生产队使用的仓库拆去当拆片市售。又挖生产队蕉藕，损失产量200多斤，57年处理山林入社时，滥伐山林50多株。今年春耕又破坏推广合理密植。此外，还经常偷摸人家的小量财物等不法行为。

基于以上事实，认为被告邱先根的行为破坏了社会主义建设事业，已构成了犯罪。为了惩办反动。保证各项政治中心工作顺利进行，特依法判处被告邱先根管制两年以资改造（管制期自1959年11月13日起至1961年11月12日止）。

在这里，劳动改造机关和管制机关是人民民主专政的工具之一，它的任务是对一切反革命犯和其他刑事犯实施惩罚和改造，“惩罚管制与思想改造相结合，劳动生产与政治教育相结合。”“此时的刑事司法已经僵持在固定的意识形态中，沦为一种社会控制的工具”。[①]它肩负起了同阶级敌人做斗争的重要任务。

纵观新中国成立初期的刑事案件审判流程我们看到，运动与革命构成了新中国成立初期的刑事司法模式的主色调。刑事司法中的国家主义达到了顶峰，处理犯罪与解决刑事冲突的权力都由国家垄断。社会只是其中依附性的角色，尽管群众在运动中广泛参与，但被动的意味浓厚。其特征表现为：第一，国家垄断了解决刑事纠纷的所有权力，民间社会被完全排斥在外。其二，党的路线政策与国家刑事立法被认为刑事裁决的唯一标准。除此之外，一切民间规则系属被排除在之外。第三，在控制犯罪的手段上，强调重刑化，认为遏制犯罪必须使用重刑。第四，国家垄断了刑罚的执行权。这不仅加大了国家执行刑罚的成本，而且也很难使犯罪人复归社会。

尽管新中国成立初期的刑事司法产生了诸多弊端，但是采取革命与运动式的刑事司法模式之所以必要，是因为新中国成立初期国家治理资源的有限。群众性的政治动员成为了国家治理犯罪的替代性、弥补性的手段。但是，我们不得不看到，革命与运动式的刑事司法本身面临深刻的危机。

① 黄源盛：《法律继受与近代中国法》，元照出版有限公司2007年版，第38页。

它难以纳入常规性、制度化的途径。运动治理的基本特征决定其在本质上与理性的制度化相背离，其自身也难以维持常规化的运作。这一机制的合法性基础和组织基础都受到了极大挑战，呼唤着新的刑事司法模式的来临。①

## （三）新时期：恢复性司法、社区矫正与多元治理

“文革”结束以后，国家正规的司法系统迅速恢复和重建。从1978年12月开始，龙泉县检察院、公安局与法院得以陆续恢复、迅速健全，司法人员大幅增编。短短三十多年，伴随着国家依法治国方略的提出，国家法官职业化建设的推进与1978年、1996年、2012年历次《刑事诉讼法》的制定与修改，龙泉基层刑事司法系统的制度建设日益完善。国家正规性的刑事司法机关开始以法律化和职业化的面目出现。

### 1. 生态恢复性司法

改革开放以后，经济与社会的巨大发展由此引发社会结构整体性、深层次的变化。社会的自由空间日益加大，自由、平等和自主性意识开始出现。国家之外的社会力量开始以新的方式塑造我国法律。② 尤其伴随着学界与实务界对20世纪80年代“严打”运动反思的展开。长期以来存留的“孤立的个人反对统治关系的斗争”犯罪观、以国家垄断对犯罪的追诉权为基础的国家追诉主义开始受到质疑。1996年《刑事诉讼法》修改规定了自诉案件的和解，2013年新《刑事诉讼法》确立了部分公诉案件刑事和解程序。新时期刑罚执行的轻缓化、社区矫正的日益规范等都诉说着恢复性与多元化刑事司法的到来。这一时期的轻微刑事案件处理也出现了新变化——恢复性司法出现。

恢复性司法具体到涉林犯罪案件上就是龙泉地区领先于全国展开探索的“生态恢复性司法”。在强调生态保护当下，涉林犯罪的特点决定了恢

① 周雪光：《运动型治理机制——中国国家治理的制度逻辑再思考》，载《开放时代》2012年第9期。

② 左卫民：《从国家垄断到社会参与：当代中国刑事诉讼立法的新图景》，载《清华法学》2013年第5期。

复生态、恢复植被应作为司法裁判首要关注的问题。龙泉市法院提出了“惩罚犯罪是手段，生态恢复是目的”的理念，实现打击、预防与恢复并重，实践中探索出“生态恢复性司法”模式——这其实是从实践来看，生态恢复性司法主要包括以下两种模式。

第一，委托调解模式。在侦查起诉阶段，对于犯罪情节轻微，主观恶性不大的犯罪，[①]检察院在双方当事人自愿参与调解的前提下，委托人民调解委员会、村委会、居委会等组织在一定的期限、范围内进行调解，促使当事人双方自愿达成调解协议。检察机关主要承担告知和确认工作。如果当事人承诺履行植树造林等生态恢复义务，检察院往往暂时设立考察期间，予以不予起诉处理，考察期间终结以后，检察院根据犯罪嫌疑人的自身悔过与义务履行情况，最终决定是否提起公诉。

第二，司法机关居中调解模式：司法人员居中协调，通过与加害方、被害方的沟通、交流、教育、劝解让加害人与受害林农之间达成谅解，签订由被告人补植树苗或撒播林种，达到相应面积和成活率要求，并履行相应管护义务的协议。协议履行情况由检察院、法院联合乡镇林业站进行验收，作为被告人量刑悔罪情节来认定。加害方在认罪悔过的前提下，经与被害方自行协商，就恢复植被、经济赔偿达成书面协议。

如果在公诉阶段犯罪嫌疑人悔罪态度不真实，或者生态恢复经林业、环保等相关部门审核鉴定不通过，则撤销暂缓起诉决定，进入正常的公诉程序。而在审判阶段，如果被告人具有前述情形，或经社会调查评估认定不宜适用恢复性司法，则恢复正常的诉讼程序。而在刑法执行阶段，可在提交相关生态恢复完成鉴定报告后，按减刑假释程序处理。在表3-7中，我们将生态恢复性司法与传统刑事司法进行比较可以得知以下区别。[②]

---

① 对于生态恢复性司法的适用范围，实践中并没有以法定刑轻重为唯一标准，而是侧重考虑加害人的主观恶性，评估再犯可能性，一般情况下均应允许和解，但有下列情形的不允许和解：一是屡次毁林，主观恶性大；二是曾因毁林受过刑事处罚五年内再次毁林的；三是涉林职务犯罪。涉林职务犯罪侵害的主要是国家机关的正常活动，损害的是公共利益，不宜适用和解。

② 胡铭：《刑事司法引入ADR机制：理念、困境与模式》，载《政法论坛》2013年第4期。

表 3-7 恢复性司法与传统刑事司法的比较

| | 传统司法 | 恢复性司法 |
|---|---|---|
| 司法模式 | 惩罚：国家—犯罪人 | 恢复：犯罪人—受害人 |
| 犯罪观 | 对国家的侵害 | 对被害人及社区的侵害 |
| 控制犯罪的手段 | 警察、检察官等国家力量垄断 | 社区、民众参与；犯罪人与被害人协商 |
| 责任 | 自由刑、生命刑等刑罚措施 | 赔礼道歉、社区服务、生态修复 |
| 社区民众地位 | 被排除在外 | 作为重要力量参与其中 |
| 被害人地位 | 边缘化 | 作为核心，得到尊重 |
| 刑事后果 | 以刑罚惩戒为主 | 营造犯罪人回归社会、恢复社区环境 |

与传统执法方式比较，生态恢复性司法有利于被害人权益的保护，有利于修复被犯罪损害的社会关系，也有利于加害人回归社会、回归社区。而村委会、居委会作为村民自治组织的常设机构在农村生产生活中影响颇深。它们是基层治理的基本单元。生态恢复性司法依托现有的民间社会资源，引入“第三方力量”，邀请居委会、村委会的代表、双方当事人的亲属、朋友、单位配合调解或列席参加，这就为国家、社区、个人之间良性互动提供了平台。社会力量参与刑事司法实践既节约了司法资源，同时也兼顾了国家利益与个人利益。它改变了传统刑事司法中坚持国家主义与集体主义至上，坚持国家单向度追诉机制下忽略被害人权益保护的缺陷，反映出国家独占司法权开始向社会作出让渡。

2. 社区矫正

与生态恢复性司法相适应，是犯罪案件中社区矫正的大量适用。2003年，社区矫正制度开始在浙江省展开试点工作。国家正式力量在社区矫正中发挥组织与指导的作用，而矫正的运作主体则更多来自社会。他们是社会团体、民间组织和社会志愿者。他们与社区服刑人员进行“亲密接触”——帮谈教育、提供咨询、组织学习和参加公益劳动等。在犯罪中，社区矫正往往表现为对生态环境的补救。法院以有罪判决的形式，责令行为人在社区矫正期间采取力所能及的恢复植被、山林再建等行动对造成的环境损害进行补救，以维持环境安全和恢复生态平衡。这里以2013年刘长永盗伐林木罪为例予以说明。[①]

本院认为，被告人刘永长违反国家保护森林法规，以非法占有为目的，擅自砍伐他人所有的林木，数量较大，其行为已构成盗伐林木罪。公诉机关指控罪名成立，证据确实充分。被告人刘永长归案后如实供述自己的犯罪事实，依法可从轻处罚；盗伐的林木已返还被害人，酌情从轻处罚。依照《中华人民共和国刑法》第三百四十五条第一款、第六十七条第三款、第七十二条、第七十六条之规定，判决如下：

被告人刘永长犯盗伐林木罪，判处有期徒刑一年，缓刑一年，并处罚金人民币六千元，上缴国库（缓刑考验期从判决之日起计算）。

如不服本判决，可在接到判决书的第二日起十日内，通过本院或者直接向丽水市中级人民法院提出上诉。书面上诉的，应当提交上诉正本一份，副本二份。

刘永长必须在本判决生效以后十日内龙泉市司法局社区矫正中心报到。依法接受社区矫正，在矫正期间应当遵守法律、法规及矫正管理，接受教育，参加学习，完成公益劳动，做一个有益社会的公民。

龙泉法院在刑事判决书中明确要求判处非监禁刑罚被告人必须接受社区矫正法律义务，这一做法的依据是2012年颁布的《刑法修正案八》第十三条。它在判决书主文之后，对判处非监禁刑的犯罪分子明确提出，回到社区以后，必须严格接受社区矫正，服从管理，接受教育，完成植树、护林等公益劳动等义务。同时，还提醒犯罪分子要做一名有益社会的公民。它使犯罪人充分意识到接受社区矫正是法定义务，从而也增强了社区矫正的实效和法律效果。

社区矫正是对宽严相济刑事政策的有力践行。社区矫正依托社区志愿者力量为主体，整合社会力量与国家力量共同完成犯罪人的改造任务。在实践中，人们也越来越理性地看待刑事司法资源的使用，因为监禁刑使国家承担的成本过高，居高不的下犯罪率，使得刑罚执行的资源投入不断增长，而包括缓刑、社区矫正等开始进入基层人民法院的视野。

---

①《刘长永盗伐林木罪》，卷宗号：（2013）丽龙初字第00076号，浙江省龙泉市法院藏。

总之，生态恢复性司法和社区矫正的出现与大量适用表明基层社会的刑事司法理念发生了巨大变化。第一，国家仍然是解决刑事纠纷的主体，但除此之外，民间力量、社会组织也分享一定的刑事案件的解决权。也就是说，重罪是国家专属的犯罪抗制场域，而对于轻罪则可以诉诸“民间主义”的方式解决。它是国家与民间社会合作治理犯罪的开放空间。[①]这不仅有效缓解国家刑事司法领域的压力，而且也实现了国家与民间社会的有效互动。第二，关注社会关系的恢复。新时期的基层刑事司法注重社区参与。它有效恢复了当事人之间的关系以及他们与社区关系，从而达到社会和谐的目的。这与传统的国家正义刑法观有巨大差异。[②]第三，在行刑方面，国家当然是行刑权的重要主体，但是，在某些领域民间社会分享了一部分轻微刑事案件的执行权。这不仅减少了国家执行刑罚的成本，更利于犯罪人复归社会。总之，这种转换完成了在价值理念上由“国家场域的管治与惩罚”向“社会场域中的多元与善治”转变，基层刑事司法越来越显示出“多元化协商治理合作”的趋势。[③]

## （四）结论

从浙江省龙泉市刑事司法的近现代变迁历程来看，清末以后，中国对现代国家的探索与成长深刻地影响到了基层刑事司法的运作。国家与社会两者的关系呈现出国家力量不断扩张，国家对基层的控制不断强化至完全统合、再到国家主义有限地退出基层社会从而形成国家对基层社会的有限主导的变化过程。相应地，基层刑事司法中的民间力量也呈现为膨胀—萎缩—复苏—壮大的发展阶段。究其原因，在近代中国，中华民族的总体性危机决定了国家首先需要争取解放与独立，而非抽象的制度建设；新中国

① 卢建平、莫晓宇：《刑事政策体系中的民间社会与官方（国家）—— 一种基于治理理论的场域界分考察》，载《法律科学》2006 年第 5 期。

②John Braithwait&Heahher Strang．Introduction：Restorative Justice and Civil Society．Cambridge：Cambridge University Press，2001．p.14.

③ 周建达：《转型期我国犯罪治理模式之转换——从“压力维控型”到“压力疏导型”》，载《法商研究》2012 年第 2 期。

成立以后则构建了革命教化体制，强调以革命的姿态来应对犯罪，依循运动与压制型治理的逻辑，制度建设并没有成为主流。发展到今天，随着市场化改革的深入，经济与社会发展的自主性逐步彰显，刑事诉讼中原来由国家作为单一治理主体的格局发生变化。国家治理越来越基于社会与市场自身发展的逻辑与需要，因此可以说，以社会重建与成长为核心的社会转型推动了刑事司法中国家与社会治理方式的演进。

因此，对于国家来说，国家治理理念的转变势在必行，必须树立国家权力有限、能力有限和资源有限的理念，实现刑事司法理念从国家本位向社会本位的转变，使公民社会与政府之间保持适当的张力，通过国家由管制型向服务型的转变，实现刑事司法主体由一元走向多元。以政府、市场、社会组织和公民为多元主体的共同参模式来取代以国家为唯一主体的治理模式。党的十八届三中全会提出全面深化改革的总目标是完善和发展中国特色社会主义制度，推进国家治理体系和治理能力现代化。对于基层社会中的刑事司法来说，实现治理的现代化就通过向社会简政放权，积极回应公民的利益诉求和民主诉求，通过与公民社会的沟通、协商与合作来提高基层刑事司法的治理绩效。在不破除国家主导的情况下，注重多元主体之间民主协商机制的建立和社会资本的培育。它也代表了中国刑事司法的多元化、民主化趋势。

## 二、污染环境罪的司法运用

2013 年 6 月，“两高”出台了《关于办理环境污染刑事案件适用法律若干问题的解释》（以下简称《环境污染解释》）；8 月，在全国有重大影响的云南昆明东川小江“牛奶河”环境污染案件由云南寻甸县人民检察院向寻甸县人民法院提起公诉。这三起污染环境案件是“两高”《关于办理环境污染刑事案件适用法律若干问题的解释》公布后，云南省各级人民法院受理的首批环境污染刑事案件，也是昆明两级法院环保审判庭成立后，受理、审理的首批环境污染案件。经寻甸县人民法院公开开庭审理，最终判决昆明东海矿业有限公司（以下简称东海公司）、昆明兆鑫矿业有限公司、东川通宇选矿厂等三被告单位构成污染环境罪，分别判处罚金75万元、70万元、50万元；马世祥等8名被告人构成污染环境罪，除一名被告人免予刑事处罚外，其余被告人分别被判处有期徒刑8个月至1年零3个月，缓刑1年至2年，并处罚金2万元至6万元不等。同时，三被告单位还自愿交纳了环境公益诉讼救济专项资金共计39万元。一审宣判后，被告人马世祥针对量刑不服，提出上诉。

本书将以笔者承办的上诉人马世祥及原审被告单位东海公司、原审被告人李兴平污染环境一案为例，结合“两高”《环境污染解释》，从污染环境罪的定罪、量刑入手，围绕该罪在司法适用中存在的罪过形式、犯罪形态和缓刑适用这三个主要争议问题进行简要分析，力图得出在实践中准确适用污染环境罪的标准与方法，以最终达到在司法实践中准确适用污染环境罪的目的。

被告单位东海公司系生产铜精矿的自然人出资有限责任公司，日处理原矿石150吨。公司法定代表人为马世祥，选矿厂厂长为李兴平。2011年1月至2013年3月期间，东海公司在未取得环保设施竣工验收手续的情况下，擅自生产铜精矿，在生产过程中添加硫化钠、黄药、松油等药剂，利用尾矿库坝尾私设的暗管将生产废水、尾矿渣通过暗道直接排入小江。经鉴定，选矿废水中含有二硫化碳、砷、铅、镉等有毒物质，直接排放外环境会造成环境污染。2011年9月7日，东海公司因废水排入外环境被东川区环保局予以行政处罚；2012年6月26日，东海公司因在公司尾矿库底部设有一根暗管将选矿废水、尾矿渣通过暗道直排小江，被东川区环保局予以行政处罚；2013年4月27日，东海公司因生产废水排放外环境，被昆明市环保局予以行政处罚。

一审庭审中，被告人马世祥、李兴平拒不认罪，庭审后至宣判前，二被告人又向法庭提交悔罪书自愿认罪，对指控罪名、事实、证据均无异议。一审期间，东海公司自愿交纳了昆明市环境公益诉讼救济专项资金人民币4万元 。一审法院认为：被告单位东海公司及被告人马世祥、李兴平的行为均已构成污染环境罪，公诉机关指控罪名成立。故作出“被告单位东海公司犯污染环境罪，判处罚金人民币七十五万元；被告人马世祥犯污染环境罪，判处有期徒刑一年零三个月，并处罚金人民币六万元；被告人李兴平犯污染环境罪，判处有期徒刑八个月，并处罚金人民币四万元”的一审判决。

一审宣判后，被告人马世祥提出上诉，请求二审法院在维持一审判决的罪名、刑期和罚金基础上，对其改判缓刑。昆明市中级人民法院经审理认为：上诉人马世祥行为符合我国刑法关于缓刑适用的法定条件，故二审法院在维持一审判决对被告单位东海公司及原审被告人李兴平定罪量刑的同时，改判：上诉人马世祥犯污染环境罪，判处有期徒刑一年零三个月，缓刑二年零六个月，并处罚金人民币六万元。

本案在污染环境罪的罪过形式、犯罪类型和缓刑适用条件三个方面的基本情况是：

## （一）污染环境罪的罪过形式

按照《刑法》第338条的规定和“两高”《环境污染解释》规定，结合审判实践分析，笔者认为污染环境罪的罪过形式表现为故意和过失两种主观罪过。

《环境污染解释》第一条规定了应当认定为“严重污染环境”的13种情形。第一种类型为“行为方式严重型”，即包括该条司法解释第1至第5项的规定；第二种类型为“行为结果严重型”，即包括该条司法解释第6至第13项的规定。据此，可将污染环境罪的构成模式分为两种：第一种即“违反国家规定实施污染环境的行为＋严重的污染后果”；第二种即“违反国家规定实施污染环境的行为＋较为恶劣的行为方式”。

对第一种构成模式的主观结构，目前学界通说仍然认为此种构成模式下的主观方面为过失[①]；由于第二种构成模式的主观罪过来源于《环境污染解释》，故笔者认为在此种以行为本身为构罪条件的情形下，当事人的主观方面只能是故意。如对马世祥污染环境罪一案中法院对各被告人主观方面的认定。

## （二）污染环境罪的犯罪类型

根据《刑法》第338条和“两高”《环境污染解释》的规定，污染环境罪包括两种不同的构成模式。首先，就“违规污染行为＋污染结果”的构成模式而言，就其犯罪完整化的刑罚根据，应当是对法益的侵害，故在此构成模式下，污染环境罪的犯罪类型应当属于侵害结果犯。[②]其次，就“违规污染行为＋特别行为方式”的构成模式而言，就其犯罪完整化的刑罚根据，应当是对法益的危险，故在此构成模式下，污染环境罪的犯罪类型应当属于行为犯。在马世祥污染环境罪案件中，因其属于以“违规污染行为＋特别行为方式”模式构成的污染环境罪，在一、二审中均未对其污染行为的后果加以具体认定，也未涉及到相关因果关系的认定，法院对于该案件的处理，不仅在形式上符合《环境污染解释》的规定，在实质上也有充分的刑法理论支撑，还为今后处理同类型案件提供了可供参考的范例。

## （三）污染环境罪的缓刑适用

我国刑法第七十二条规定：“对于被判处拘役、三年以下有期徒刑的犯罪分子，同时符合下列情形的，可以宣告缓刑，对于其中不满十八周岁的人，怀孕妇女和已满七十五周岁的人，应当宣告缓刑：①犯罪情节较轻；②有悔罪表现；③没有再犯罪的危险；④宣告缓刑对居住社区没有重大不

---

① 在“两高”司法解释出台之前本罪只存在“违法实施某种行为＋严重的污染后果”一种构成形式，因此基于文中所述的理由，通说仍支持沿用原重大环境污染事故罪的主观罪过形式。

② 侵害结果犯、危险行为犯的概念源于侵害犯和危险犯与结果犯和行为犯的交叉，对概念的来源和具体界定可参见刘之雄：《刑罚根据完整化上的犯罪分类——侵害犯、危险犯、结果犯、行为犯的关系论纲》，载《中国法学》2005年第5期。

良影响。”《环境污染解释》第五条规定：“实施刑法第三百三十八条、第三百三十九条规定的犯罪行为，但及时采取措施，防止损失扩大、消除污染，积极赔偿损失的，可以酌情从宽处罚。”从上述规定中可以看出，影响刑事被告人能否适用缓刑的因素主要包括以下三个方面：犯罪行为的社会危害性、行为人的再犯可能性和行为人的人身危险性。

就上诉人马世祥污染环境案，二审法院在维持一审判决刑期和罚金的基础上改判缓刑的理由如下：

首先，从上诉人行为的社会危害性进看，一方面，一审法院判处马世祥有期徒刑一年零三个月表明其社会危害性较轻；另一方面，本案为单位犯罪，上诉人作为被告单位的法定代表人受到追诉，相较于自然人犯罪，其行为的社会危害性较轻，符合适用缓刑的条件。

其次，从上诉人的再犯可能性看，一方面，在一审判决之后，上诉人已深刻认识到自己的犯罪行为给环境造成的严重破坏以及给社会带来的严重危害，并且积极缴纳了单位及个人的全部罚金，同时二审中又自愿交纳了环境污染救济专项资金10万元。另一方面，上诉人作为被告单位的法定代表人，组织制定了《东海公司选矿厂环境保护管理制度》，从企业内部的制度上规范其生产经营活动，以避免同样的环境污染事件再次发生。由此表明，上诉人在主观上深刻认识到了其错误并积极改正；在客观上，其缴纳环境污染救济专项资金的行为能够对其犯罪行为造成的危害后果进行一定程度上的弥补，其完善企业相关环保制度等行为能够显著降低此类事件再次发生的可能性。因此，从主观认识和客观行为上都可以认为，本案上诉人已无再次犯罪的危险，符合适用缓刑的再犯可能性的要求。

再次，从上诉人的人身危险性看，一方面，本案为单位犯罪，上诉人作为被告单位的法定代表人受到刑事追诉，其主观恶性、人身危险性相较于传统自然人犯罪较小；另一方面，污染环境罪其本身为法定犯，相较于传统的自然犯，其行为人主观恶性、人身危险性本身较低。因此从上诉人的人身危险性角度分析，其符合适用缓刑的人身危险性的要求。

最后，从对上诉人适用缓刑看对当地社区有无重大不良影响方面看，本案中，上诉人作为污染企业的法定代表人，在其本身符合适用缓刑条件的基础上，对其适用缓刑对当地社区并无危害，并且可以将本案对企业正常生产经营活动的影响降到最低，其受到刑事追诉后积极投身企业环境污染治理的行为，还可以为当地其他同类型的企业起到良好的示范作用。

## （四）结论

《环境污染解释》中将“严重污染环境”内涵扩大至违法污染环境的行为方式，在本质上将原有的污染环境罪的构成模式由单一的“违规污染行为＋污染结果”的方式，改变为“违规污染行为＋污染结果”与“违规污染行为＋特别行为方式”并存的模式，正是由于构成模式的变化，使得本罪的主观罪过由单纯的过失转变为现有的过失与故意共存，也使得本犯罪的犯罪类型从单一的结果犯扩大为结果犯与行为犯并存的情形。该司法解释对于“严重污染环境”其本质上是一种扩大解释，其对于污染环境罪构成模式的调整不免有司法权逾越立法权之嫌，但笔者认为由于我国处于快速发展的变革时期，客观上存在着制度供给不足的情况，在这样的情况下，“两高”根据环境污染犯罪的现实情况，在宽严相济刑事政策的指导下，需要充分发挥刑事政策对于制度供给不足情况下的补充作用，[①] 通过司法解释的方式对现存制度的缺陷加以弥补。针对本司法解释对构成模式的改变而言，其将单纯地以结果为处罚依据变为结果和行为均可作为完整适用刑罚依据的做法，不仅体现了我国对环境问题逐渐从末端治理走向预防控制理念的转变，也体现了刑事立法中对于环境犯罪更加深入的认识，更为环境保护司法实践提供了明确具体的指导。但司法解释的进步也反映出我国环境刑事立法的不足，对于环境刑事立法所保护的客体、环境犯罪因果关系的认定等相关问题，目前还欠缺理论与立法的充分支撑，需要在不断的审判实践中加以探索、总结并上升为智力成果，以优化对环境资源刑事司法保护的效果。

① 参见周建军：《刑事司法政策原理》，清华大学出版社 2011 年版，第 10-11 页。

## 三、对环境刑法的反思

### （一）引入：几则环境司法案例

中部J省W县中村村民何某，2012年某日在村小组山场拾柴砍薪的过程中，砍伐了18株樟树，为此何某被W县森林公安局以涉嫌非法采伐国家重点保护植物罪[①]立案侦查。经鉴定，这些樟树地径为9至20厘米之间，均为国家二级重点保护植物。W县检察院向法院提起公诉，何某最终被判处有期徒刑三年，缓刑五年，并处罚金二万元。

Y县上村村民肖某，在上村小组罗家岭造林清山时，为了所造的幼苗不受樟树的影响，用镰刀砍伐了5株野生樟树，为此，肖某被当地检察机关以非法采伐国家重点保护植物罪向法院起诉，肖某最终被判处有期徒刑三年，缓刑三年，并处罚金一千元。

综观上述两起案件，案情并不复杂，几个不懂法律规定的农民触犯刑法规定，最后受到刑法制裁的案件，一个司法工作人员只需套用现行法律规定就可以得出裁判结果。[②]但它并不仅仅是一个个案，类似的案子也不只在W、Y县发生，它在每一个遍布樟树或者说在每一个有重点保护野生植物的县域都会存在，作为司法工作者，事发前给潜在行为人（广大农民）普法，事发后对行为人严格依照刑事法律定罪量刑，这是应有的态度和做事的要求，但是站在立法角度，站在法律对社会指引的角度，它带给我们的思考远不止这么简单。

因为我们还可以看到另一种社会生态：

与何某以个人力量造成重点保护植物死亡相对应的，一种有组织、有公司运作，涉及行政林业主管部门、园林设计单位、用树单位的移种珍贵

① 该罪的保护对象包括珍贵树木和保护植物，含省级以上森林主管部门或者其他部门确定的具有重大历史纪念意义、科学研究价值或者年代久远的古树名木与保护植物，国家禁止、限制出口的珍贵树木以及列入国家重点保护野生植物名录的树木与保护植物。

② 前一个案件已由承办人写成通讯报道在《检察日报》上发表作为宣传，重点也是突出农民不懂法。参见蒋雪莉、胡明波：《珍贵香樟当柴烧，砍树老妇被判刑》，载《检察日报》2011-09-11（第2版）。

树木行为正在广泛地持续着，这一场席卷全国的“大树进城”之风，自沿海城市刮起，很快蔓延到内地城市，连内蒙古、新疆、云南等边疆城市也开始效仿。如今，几乎在全国所有经过改造和新建的城市广场都能见到进城大树的身影。“大树进城”造成大量的树木在移植过程中死亡，包括相当一部分国家一级、二级保护野生植物。在郑州市惠济区古树苑500亩*的土地上，2003年有古树880棵，树龄在千年以上的3棵，500年以上的数十棵，100年以上的850棵，品种有木瓜、桂花、乌桕、银杏30多个。经过十年的经营，只剩下柳树和槐树，近千棵古树，剩下不到10棵。[①]但是，即使是造成如此严重的生态后果，我们却没能看到刑法的身影。

这种适用刑法的巨大反差，让人不禁反思，环境刑法如何去除行政依附性，适用行政法规应遵循什么尺度，从而更好地发挥刑法的惩治功能，实现司法的矫正正义。

## （二）检视：农民犯罪——环境刑法犯罪的群体样本

### 1. 环境刑法的行政依附性

我国现行《刑法》在刑法分则第六章“妨害社会管理秩序罪”中，专设“破坏环境资源保护罪”一节，设定了包含环境污染类、生态破坏类及资源破坏类等三种类型14个环境犯罪。本着“宜粗不宜细”的立法精神，刑法并未规定环境犯罪客观特征的具体内容，而是在这些条文前增加限定条件“违反国家规定”或者“违反××法的规定”，从而把这些认定环

① 参见尹晓宇：《河南多地“大树进城”愈演愈烈 城市绿化岂能靠移树》，载《人民日报》2011-02-20（第20版）。大树进城无论是对国家重点保护植物个体，还是生态环境整体，其破坏都是触目惊心的，郑州市2010年筹建的绿博园，占地3000亩，百年以上的古树约300棵，当年的死亡率达一半以上，而预计2013年完工的郑州树木园，建设面积4200多亩，引进树木500多种，有珙桐、金钱松等国家一、二级保护树种20多种，据志愿者调查，一年的时间内大树干枯或死亡已近三分之一。荥阳市上百亩的生态园移种大树树种约30种，有朴树、千金榆、银杏、金桂树、广玉兰、香樟等稀有树种，树龄在40～1000年不等，这上千棵大树古树，有的已经枯死，有的濒临死亡。参见杜安娜：《调查：大树进城存活率不足三成，移栽技术简单粗暴》，载《广州日报》2013-04-03。

*1亩＝1/15公顷。

境犯罪的罪与非罪的前置条件留白给行政法律法规。

在现有条件并不完全成熟的情况下，将环境犯罪置于妨害社会管理秩序罪章节中，显然也是把环境保护置于社会管理秩序价值体系下。按照当时的立法理解，环境犯罪侵害的客体与其他妨害社会管理秩序犯罪具有共同的属性，也就是环境犯罪侵害的也是社会管理秩序，即侵害环境资源保护管理制度。环境犯罪指向环境管理制度，如刑法条文所列，违背有关规定的，构成环境犯罪，行为人构成环境犯罪以违反行政法为前提，行政违法性的程度往往是界定罪与非罪的标志。这样，在系统的刑法典后，环境行政法与环境刑法就保持着一种依存的关系，刑法刑罚条款的适用就需参照行政法规定，刑法的可罚性，取决于行政法或基于该法所发布的行政处分。

以非法采伐、毁坏国家重点保护植物罪而言，《刑法》第三百四十四条规定："违反国家规定，非法采伐、毁坏珍贵树木或者国家重点保护的其他植物的。"刑法条款中的"违反国家规定"与行政法的规定体现出一种关联性的层次衔接，要完全适用该条刑法，需要借助行政法规对该条刑法条文进行两方面的界定和控制：一是概念上的行政界定，对珍贵树木和国家重点保护植物等有关术语的解释，包括省级以上林业主管部门或者渔业、农业等部门确定的具有重大历史纪念意义、科学研究价值或者年代久远的古树名木与保护植物，国家禁止、限制出口的珍贵树木以及列入国家重点保护野生植物名录的树木与保护植物。二是违法性要件的行政判断，通过采伐管理制度规定，把那些未经审核批准办证的采伐、毁坏行为，视为行为违法，构成刑事犯罪的前置条件。

这样，行政法规通过行政管理秩序的程序设计，完成了环境犯罪的控制，从而化解了实践中刑法适用的难题。不过也为环境刑法的适用带来隐患，就是要达到环境刑罚的目的必须依赖于行政法规，亦即环境行政法的执行效能直接影响着刑罚的适用。究其本质这是以管理制度之名，以社会秩序的价值追求，切断了刑法保护环境权益、环境利益的终极指向，也为环境刑法的行政依附性，环境司法的退让埋下伏笔。

2. 环境群体性犯罪的制度诱因

在前述刑事司法案例中，我们看到像何某、肖某这样的农民，与“大树进城”运动中的其他主体相比，他们更容易成为犯罪者，不是基于其主观恶性，也不在于其社会危害后果，更多是因为在现有制度规制下，他们因为运用资源的弱势，从而无法取得行政判断的合法，成为制度性的群体犯罪。在以城市为参照系的规则下，他们往往视为行政法规的被管理者，更多的是规则的旁观者。①

与农民单个薄弱的身份不同，在“大树进城”运动中，涉及经营者、团体消费者、管理者等群体，这类群体中有的本身就是执法者，有的则是财大气粗的经营者。他们能有效避开行政法的规制，取得行政合法性评价，进而逃避刑法的制裁。

对经营者来说，其突破相关行政法规的制度约束，所采取的策略和技术有：一是模糊大树的出身，做法是先把采集回来的野生大树移植到自己承包的苗圃，待出售时就变成自己苗圃的“大苗”了，即所谓洗白，以“大规格苗木”的身份，遮蔽视线和回避质疑；二是把相关政策中的部分内容进行适当放大，为经营行为寻找合法性依据，像2001年国务院颁发的《国务院关于加强城市绿化建设的通知》②，确实也为一些经营者提供了操作空间。

对行政监管的林业部门来说，其职责是按照法律规定的行政程序，对行政管理对象的相关行为进行行政判断，或颁发许可证合法经营，或对违法行为适用相关法规进行处罚。不过按照《野生植物保护条例》的规定，国家一级保护野生树木，严禁采集和出售，国家二级保护野生树木，遵循“加强保护、积极发展、合理利用”的原则，但均未做出具体、明确的规定。那么，

① 苏力在其《送法下乡》一书中曾鲜明地指出，这个国家施行的全国性的制定法规则，是一个主要以城市社会的交往规则为参照标准的，而且在法律适用过程中，法官的适用准则是全国性规则，地方性规则在这一过程中逐渐失去其正统性。苏力：《送法下乡：中国司法制度研究》，中国政法大学出版社2000年版，第191页。

② 张兆曙：《大树进城中的城乡关系》，载《人文杂志》2010年第4期。

众多的国家一级、二级保护植物又是如何被采伐出原生地，成为“大树进城”的一部分呢？实践中，林业部门在考虑自身利益和压力的情况下，还是把“大树进城”理解为合理利用，给大树经营者赋予了合法的光环。更何况在行政化权力经营城市绿化的模式下，行政执法很难起到真正的监管作用，经营者不仅容易获证，而且也容易得到放行，正如林业局一个官员所说，“如果市领导热衷于此，当地林业局挡得住吗？”

从刑法事实上的适用可以看到，类似行为相同后果或更严重的后果，行政管理机关在面对不同的行政管理对象时，却能作出截然相反的行政判断，而这一判断却直接决定这两个群体在刑法适用上的差别。

刑法的行政规制前置确实一方面能减少刑法的繁琐，使刑法和行政法在处罚上有一个分工；另一方面能充分调动环境保护的各方力量，加强环境资源的行政管理。不过这也造成了在适用过程中，面对现实的危害后果刑法的被动和搁置，造就了一些社会群体犯罪。正如萨马哈在其《盎格鲁—撒克逊自由裁量正义传统的一些思考》一书中写道：“有差别地运用（行政）自由裁量权在很多著作中得到了证实，这些著作显示，社会中的强人和弱者最可能被逮捕、判决有罪和长期监禁，而同样在很多需要逮捕和判决有罪的情形下，富人们通常被判处缓刑，推迟判决，监禁也仅仅在很少的情形下才进行，而且服刑时间很短。”①

### （三）反思：环境刑法解释性条文的行政去魅

不可否认，通过严格的行政管理控制，借助行政机关的技术和力量开展环境资源保护。值得我们反思的是，严密的管理制度在权力异化下，挡住了原著居民利用环境资源的基本权利，却没能挡住环境资源被“合法采伐”、被“合法开采”……在环境保护迫切的期待下，在严密刑法设计下，大量的环境资源被“合法”地人为消失，刑法应该如何更好地发挥其刑事制裁功能。

---

①[美]沃伦：《政治体制中的行政法》，王从虎等译，中国人民大学出版社2005年版，第388页。

1. 环境行政法的自由裁量

社会体系是庞大的、复杂的、高成本的，尤其是在我国这样的政府主导的社会体制下，政治体系的触角已经覆盖到了社会的方方面面。为应付日益增长的社会需求，政府建立了复杂的公共机构和组织，对公共利益和社会利益进行管制，立法者不得不把管制职能授权给公共管理者，并随着立法负担的加重逐渐放宽权力，立法者们开始把广泛的准立法性和准司法性权力授给行政官员。在权力界限还不是很清晰的当下，管制者总是把权力的边界伸得较远，一旦监管的力量没有跟上，权力就能在其边界内自由发挥。

刑法因为立法技术的问题，刑法本身条文就相对抽象，用语也相对模糊，把大量的实际违法事实的认定留白给行政法规，也正是这些模糊的措辞标准才催生了行政的自由裁量。即使是最尽责的立法者在起草可操作的制定法时，如果不求助于模糊的词汇，也会遭遇困难。在环境资源管理领域，涉及土地管理法、水资源法、矿产资源法、森林法、大气污染防治法等各个环境管理方面，虽然这些领域已经陆续地建立起土地利用规划制度、排污收费制度、环境许可制度、生态补偿制度、环境影响评价制度等一系列行政管理制度，行政人员在依据政策实施权力时，实际上拥有广泛的自由裁量权，当然，在社会精英涌向行政体制的当下，我们不怀疑，在众多法律的、伦理的和职业道德的控制下，公共行政人员所作出的自由裁量行为绝大部分是合理的。但是由于缺乏明确和必要的引导与限制自由裁量的法律法规，不必要的自由裁量与必要的自由裁量混杂在一起，这样就为自由裁量的滥用打开了方便之门。政府虽然是以实现公共利益、增进社会福利为目标，但环境资源产权为政府所有并不能代表政府就能够表达环境公益，[①] 毕竟政府也不是一个超然的组织，实际中更是一个“N 人组合”，它仍然不能避免“N 人效应”，无法避免“理性经济人”假设，追求自身

① 陶传进：《环境治理：以社区为基础》，社会科学文献出版社 2005 年版，第 58 页。

利益的最大化。[①] 在发展与环保之间，可以看出政府对发展的格外偏好，对经济发展的片面强调，环境要素被单纯地割裂成各种经济发展的资源，以市场和行政的力量加以配置，在利益的驱动下，政府职能过分地向经济倾斜，其公共职能（保护保护环境职能）不可避免地会受到侵害。表现在，GDP 成为衡量地方官员的主要指标，为了追求所谓的发展，政府不惜用破坏规则的方式追求片面的经济增长政绩。[②] 环境资源在行政自由裁量下，成为填补各种增长、政绩的有力支撑力量，大范围的环境破坏在“行政合法”的框架下公开地进行。

忽视行政上的自由裁量，把犯罪的定罪前提条件设定为以行政违法为前提，其结果必不利于环境的长远保护。以环境行政许可为例，长期以来，我国自然资源行政许可机关只许可、不监督或者重许可、轻监督的现象普遍存在，自然资源开发利用许可证实际上便成了持有人从事自然资源违法活动的保护伞和护身符。自然资源许可机关的监管不力，使得自然资源开发活动成为掠夺行为愈演愈烈，导致自然资源枯竭和周边自然生态环境的破坏，而行政依附性的特征却使得刑法功能无法发挥。看看那些进城的大树是如何轻松突破相关制度的限制就知道，自然资源许可制度的异化，违背了自然资源行政许可制度的宗旨和目的，使得我国自然资源严重枯竭和生态破坏局面不但没有遏制，反而更加严重。

2. 环境刑法的司法矫正价值

在现行的刑法体例中，环境犯罪与扰乱公共秩序等治安犯罪、伦理犯罪是同放在一章中，在当时的立法环境下，是想要重点突出国家的环境管理秩序，但却造成实践中将环境犯罪作纯粹的技术化理解，将司法的正义矫正价值与行政管理秩序价值混为一体。

---

① 布坎南等公共选择学派假设政府及官员是从利己动机处罚的经济人，他们参与政治活动的目的都是追求个人利益最大化，以成本收益分析为行动准则，因此，政治家追求的目标未必符合社会公共利益，政治行为的结果有可能是低效率的。参见 [ 美 ] 布坎南：《自由、市场与国家》，三联书店出版社 1989 年版，第 347 页。

② 孙立平：《博弈：断裂社会的利益冲突与和谐》，社会科学文献出版社 2006 年版，第 68 页。

在传统的刑事制裁体系中，环境本身并未当做一个独立的保护对象，尽管某些破坏环境行为被当做犯罪行为加以制裁，但刑事立法上并未将“环境利益”作为保护的客体，仅仅将环境破坏行为当做违反一般生活规则或者社会管理秩序的行为。从而将环境资源保护行政管理制度作为刑法犯罪的解释性条文，是否履行了行政程序，是否遵行相关行政规定直接决定了本罪的成立，将违反行政法律法规的要件规定为环境犯罪违法性的前提条件。对于那些行政自由裁量后认定为合法的行为，则不列入刑事评价。行政法规政策的制定并未涉及行政自由裁量的正义性问题，但是当这些普遍公共政策适用于具体个案，就涉及了自由裁量的正义性问题。但是刑法将司法的合法性判断置于行政合法性判断的从属位置，造成在整个司法的运作中，司法判断让步于行政判断，使得司法的矫正正义缺失。

结合环境司法裁判的实践，如在涉及自然资源许可制度时，一旦没有取得行政上的许可，很容易被归入刑事上的非法判断下。以非法采伐、毁坏国家重点保护植物罪而言，取得行政采伐许可是行为合法的关键点，只要违反行政法律法规的采伐行为，则具备了构成本罪违法性的前提条件，对于那些已经取得许可证的采集和砍伐行为，则不列入刑事评价。可见，是否履行了行政程序，是否遵行相关行政规定直接决定了本罪的成立。它导致的现实后果就是，像农民这样的弱势群体，在追逐自己的利益上，显然处于无力的状态，不仅在国家政治构架中缺少利益代表，而且这样的弱势群体也缺乏制度化的利益表达方式。因为行政资源运用的弱势，农民无法满足行政管理的要求，就成为了刑法惩处的对象，而其他能够运用行政资源的阶层则得以规避行政的非法，即使造成严重的后果，也不会受到刑事司法处罚。在行政权力资源垄断集中的当下，一个不能忽视的现实是，行政资源的强势，很多重要的自然资源实际上在“合法的”帽子下完成掠夺的。与农民个体采伐树木相比，“大树进城”开展得轰轰烈烈，这种强势的“合法采伐”与农民的“非法采伐”形成鲜明对比，树木的经营者或机构有足够的资源避开制度的规制，而原地居民利用自然资源的权利却无法从环境保护中受益，有时还要游走在犯罪边缘。而司法只是根据现有的法条对其是否符合行政管理规定进行判断，实质上对行政行为的二次判断，成为行政的附庸，刑法也沦为一个纯粹的惩罚工具。

不考虑行政上的自由裁量，直接把行政裁量结果作为刑事裁判依据，表面上看起来是一种谨慎的司法行为，实质上是司法懒惰行为，与司法的实质正义不符，放弃了司法矫正功能。但是把握自由裁量的界限是非常困难的，把司法的裁量基础建立在另一个自由裁量上，这样的情形会不利于公正稳定的裁量结果的作出。最应该提防和警醒的是那些消极的自由裁量带给行政相对人的伤害，由于作为比不作为更容易受到控制，制度设计的审查部分是用来对付作为的滥用而不是不作为的滥用，这样使得消极的自由裁量更容易被忽视，而行政人员可以轻易地作出决定不启动行政程序等类似行政行为，这些消极的自由裁量权事实上为行政人员提供了比积极的自由裁量权更多的权力，因为监督前者比监督后者更为困难。①

3. 环境刑法的去行政化路径——兼顾保护的行政管理秩序与个案的正义

基于行政自由裁量的理由，加强司法的矫正正义，但是自由裁量裁决本身是一个非常复杂的非要式行政行为，涉及很多难以描述和估计的因素及过程。部分由于上述原因，我们很难证实自由裁量确被滥用，尤其是那些需要证明行政人员作出裁决滥用了自由裁量权并具有恶意的情形。何况，司法的判断过程也是一种自由裁量，在现有的体制框架下，并没有强有力的证据能够显明后一群体有着判断上的优势，在现实的司法环境下，从前面所举案例的判决来看，我们的司法人员实际上也在运用司法裁量权尽量减轻行政自由裁量权带来的不当伤害，只是由于审判遵从的是以法律为准绳、以事实为依据，司法审判人员在适用环境刑法时也是小心翼翼的，也是严格遵守法律条文指引的。由于我国还没有实际意义上的司法审查，司法人员在面对行政裁量结果时，如果不是基于诉讼事由，是不涉及对行政

① 所有的人员，包括总统，都可能运用自由裁量权，使自己远比该项权力的创造者，宪法的构建者和立法者所设想的更为强大。[美]沃伦：《政治体制中的行政法》，王从虎等译，中国人民大学出版社 2005 年版，第 384 页。

裁量结果进行司法审查。

那么，环境刑法与环境行政执法是一种怎样的内在关系，环境刑法审判是对行政相对人所做行为的行政二次确认吗？环境刑法在多大程度上保持其与行政法的距离？这是容易被忽视的问题，也是实践很难把握的问题。

最好的纠正方式就是推动行政人员更加不懈地运用他们的法规制定，以便法规能够适当地限制自由裁量。在此，利害关系方应该推动，立法者和立法委员会应该推动，专门委员会应该推动，法院组织应该推动，俯身法院应该推动行政人员运用其法规制定权限制自由裁量。[①] 鉴于环境问题的专业性，行政法规弥补了刑法因抽象的不足，如果要完全摆脱刑法的行政依附性，建立起刑法对行为人刑事行为的评价，还须取决于刑法的自给和解释能力。

首先是保证社会管理秩序，在适用刑法时，以保护环境资源为目的，绝不能为惩罚而惩罚，注重裁判的教育和指引功能。环境产品因为其公共性和非排他性，对环境保护者来说，其在环境保护的努力，所贡献的价值不仅仅福溢整个社会，甚至整个人类。如果不能弥补本地居民在保护过程中因必要的容忍造成的损失，那么就很难争取到当地人的参与，而这恰恰是环境保护可持续性的重要因素。环境管理不能单单把本地居民视为被管理对象，否则行政执行就会面临很大的阻碍。如果司法仅以惩罚的面孔出现，那么本土居民在集体无意识和缺乏公共意识的作用下，就会有意避免那些所需要保护的资源出现在自己土地周围，增加自己的负担，无形中就会加剧对环境的潜在破坏。环境司法在执行时应针对环境问题的特质，用尽各种正式与非正式的协商管道以及管制手段，最忌讳制度设计或执行的过程中，一味诉诸最有表象意味的刑罚，而忽视了环境问题的特征。[②] 从长远的保护来看，必须考虑原地居民的理性选择问题，如果忽视农民权利

---

① [美]沃伦：《政治体制中的行政法》，王从虎等译，中国人民大学出版社2005年版，第393页。

② 叶俊荣：《环境政策与法律》，中国政法大学出版社2003年版，第155页。

的保护，忽视犯罪的减少和预防，则会导致环境保护很难持续。

其次是兼顾个案的正义。在我国权力架构下，司法的权力也受到极大的限制，如果涉及到行政行为的交叉认定，在保证行政程序合法的同时，作为个案应该是在司法正义的指引下进行评判，发挥着司法的矫正正义功能。[①] 在环境领域需要把行为人的行为放到整个环境保护领域里，对照环境保护的目的，不仅要依据环境刑法规定加大环境保护力度，而且还要保护当地居民的环境利益，鼓励公众参与。对于一些特殊的环境犯罪个体，不能一抓了事，一判完事，而要根据环境破坏的实际情况，用尽协商、弥补等措施，尽力避免刑罚，真正地面向环境问题的解决。转型时期，在行政权力的监督与制约效果不明显的情况下，司法权力要警惕环境资源因行政权力的异化而被“合法”化的洗劫。否则环境政策（包括其他法律）就很容易让人们感受到它的偏袒，这种感受就会削弱为维护社会秩序所必须的资源合作。[②] 一味制裁的模式还会导致惩治了行为人，环境却没有得到恢复的尴尬局面。[③] 在刑法判断需依赖行政判断时，司法人员在保护环境要素的同时应该秉承其谦抑的本性，在大力倡导宽严相济突出刑事和解的当下，正确把握环境犯罪标准，而不是作为一个机械的司法懒惰者，毕竟刑法惩罚手段不是环保的目的；须在分清犯罪人主观恶意的情况下进行司法判断，不能简单地以行政判断结果来定罪量刑。在法治的框架下，避免

---

① 就像卡多佐在《司法过程的性质》一书中所论述的：“开始时，我们对这些路线并没有感到有问题，他们也遵循同样的路线。然后，它们开始分岔了，而我们就必须在它们之间作出选择。历史或者习惯、社会效用或者某些逼人的正义情感，有时甚至是对渗透在我们法律中的精神的半直觉性领悟，必定要来救援焦虑不安的法官，并告诉他向何方前进。”参见卡多佐：《司法过程的性质》，苏力译，商务印书馆 2000 年版，第 24-25 页。

②[ 美 ] 温茨 :《环境正义论》, 朱丹琼，宋玉波译，上海人民出版社出版 2007 年版，第 424 页。

③ 我们所知道的自由裁量的发展及运用，大部分源于我们所知的法令和忏悔的事实。基督教忏悔录的施行对描述任何法律体制中自由裁量的作用都是非常有益的。神父们认为，在衡量刑罚的严厉性时应该考虑到特殊环境，如果要拯救灵魂并使犯罪者重归教会，神父必须注意的是犯罪者而非犯罪者的罪行。这就出现了一个大问题，而这正是由衡量适合于犯罪者的刑罚所引起的。参见 [ 美 ] 沃伦 :《政治体制中的行政法》，王从虎等译，中国人民大学出版社 2005 年版，第 386 页。

行政人员在处理案件时滥用不受限制的行政裁量。

## （四）结语

作为环境保护的重要手段，环境的刑法保护因其规范性与强制性而在诸环境保护措施中独树一帜。刑法规定了环境犯罪及其刑事责任，是一个国家打击环境刑事犯罪的有力武器。如何更好地发挥刑法的环境保护功能，在立法上须结合环境犯罪的自身特点、刑法规范的目的和环境时代的要求，完善环境犯罪的规定和刑罚的适用，强化环境的刑法保护，从而发挥刑法保障社会、经济、生态可持续发展的作用。

在面对行政自由裁量权问题上，既反对现有的不加思考地全盘采用，也不同意抛开行政裁量，另起炉灶，这不仅会引发社会管理上的衔接问题，而且在现有条件下，司法人员也无法胜任。即使司法权力与行政权力制衡得较好的美国也经历了一个转变过程，由20世纪60、70年代攻击行政技术裁量变成后来的尊重技术行政，服从行政专家的意见。这里面当然有行政管理者一些技术等方面的改进，但也反映了不同发展阶段权力之间制衡重心的变化。在环境犯罪中，还是应针对环境问题的特质，用尽各种正式与非正式的协商管理以及管制手段，最忌讳制度设计或执行的过程中，一味诉诸最有表象意味的刑罚，而忽视了环境问题的特征。应着重从生态恢复性、补偿性入手，创新运用训诫、赔偿损失、行政处分等经济手段、行政手段，肯定保护者的努力，给予破坏者以惩处，促进环境的长远保护和可持续发展。

# 第三节 环境民事诉讼

## 一、环境污染侵权中的要件事实构成

目前，要件归入式审判方法的运用已成为民商事审判的趋势。在这种审判方法中，归纳要件事实，以及对要件事实的证明是作出裁判的前提和基础。在环境侵权纠纷中，往往涉及到大量复杂的事实，这些事实的举证责任如何分配，哪些事实是对案件具有重要作用的，需要归入要件事实中，以及这些重要事实应当如何证明，对于这些问题我国的研究仍然比较分散，尚不能形成体系。依托于审判实践能对环境侵权案件中关于要件事实的归纳及其所适用的证明标准予以更好的剖析。

### （一）环境侵权责任的构成要件分析

按照我国民法学通说，一般侵权责任的构成要件有四：违法行为，损害结果，损害事实与违法行为之间存在因果关系以及当事人主观过错。由于环境侵权行为具有加害主体与受害主体地位的不平等性，环境侵权后果的严重性、潜伏性和渐进性，环境侵权损害过程的间接性、复杂性等特点[①]，如果使用一般侵权责任的四个构成要件处理环境侵权纠纷将会使受害人的权利不能得到有效保障。法律规定环境侵权责任是一种特殊侵权责任，应当适用无过错归责原则。《中华人民共和国侵权责任法》第六十五条规定，因污染环境造成损害的，污染者应当承担侵权责任。该条明确了我国环境污染侵权责任适用无过错责任原则，即不以侵害人有主观过错为侵权行为的构成要件，无论侵害人主观上有无过错，都要承担侵权责任。在无过错责任中，因果关系是决定侵害人责任的基本要件，只要侵害人的行为与损害结果之间具有因果关系，侵害人就要承担侵权责任。由此，我们可以得出结论：侵害人有无过错不是环境侵权责任的构成要件，侵害人

① 金瑞林：《环境法学》，北京大学出版社 1990 年版，第 209-211 页。

有环境污染行为以及侵害人的行为与损害结果之间具有因果关系是环境侵权责任的构成要件。那么，环境侵权责任是否以损害为前提，违法性是否是环境侵权责任的构成要件呢？

1. 违法性是否是环境侵权责任的构成要件

《民法通则》第一百二十四条规定："违反国家保护环境防止污染的规定，污染环境造成他人损害的，应当依法承担民事责任。"《环境保护法》第四十一条第一款规定："造成环境污染危害的，有责任排除危害，并对直接受到损害的单位或者个人赔偿损失。"从法律规定上看，《民法通则》规定环境污染应当是违反国家保护环境、防止污染规定的行为，而《环境保护法》中并无此要求。从法律位阶上看，《环境保护法》是新法、特别法，《民法通则》是旧法，一般法。依据新法优于旧法，特别法由于一般法的原则，《环境保护法》第四十一条第一款要优于《民法通则》第一百二十四条适用，该条没有将排污是否达标作为认定环境污染责任的规范性因素，即排污是否达标不影响环境污染责任的构成①。从环境污染特征上看，达标排污并不代表能完全避免环境污染损害的发生，是否达标排污与环境损害并无必然联系，在环境污染责任适用无过错责任原则的情形下，免责事由规定非常严格，一般仅限于不可抗力及损害完全由受害人故意导致，达标排污不应成为无过错归责原则下污染者的免责和减责事由。从侵权行为法角度来考察，环境侵权行为可能直接违反环境保护方面的法律法规，也可能不违反环境保护方面的法律法规，但是该行为侵害了他人受到法律保护的生命健康权以及财产权，因此，即使加害人的排污行为没有违反环境保护方面的法律法规，只要其排污行为污染环境造成损害后果，仍然应当承担相应民事责任。从保护受害人利益的角度来考察，由于环境侵权往往涉及深奥复杂的科技知识，加上侵权人常常以"商业秘密"为由，对其所用的原料、工艺及排放物的成分秘而不宣，以致让受害人证明行为人的违法性极为困难，且环境侵权通常是通过多种因素长时间复合累积形成的，其中单次的

① 奚晓明：《中华人民共和国侵权责任法条文理解与适用》，人民出版社 2010 年版，第 458-470 页。

排污或个别因素也许并非违法，但众多合法的排污行为却有可能造成损害结果，因此，以违法性为要件不利于保护受害人。综上所述，环境侵权行为不应以违法性作为要件。

2. 环境侵权责任是否以损害为前提

如前所述，环境侵权纠纷适用无过错责任归责原则，无过错责任是为弥补过错责任的不足而设立的制度，它是伴随着社会化大生产的迅速发展而产生和发展起来的，其设立宗旨在于“对不幸损害之合理分配”，即保障受害人得到及时有效的补偿，以实现公平[①]。其中，损害的客观存在是无过错责任的基本价值判断标准，无过错责任归责原则的依据，是已经发生的损害事实，有损害，则有责任，无损害，则无责任，因此，损害事实毫无疑问是环境侵权责任要件。然而，对于环境侵权责任中的损害事实应当如何理解？学术界及司法实践中对此问题有两种不同的理解：一种观点是，环境污染侵权中的损害事实应当指已经实际发生、对人身或财产造成客观损失的事实。这种观点认为既然环境侵权纠纷适用无过错责任原则，那么就应当以实际发生的损害结果作为基本依据，无损害发生则无责任；另一种观点则认为，环境侵权责任中的损害事实不仅仅包括实际损害，还包括现实威胁。这种观点依据无过错责任理论中的“危险责任论”对损害的外延进行了扩大解释。“危险责任论”认为，特定企业以及特定危险物及危险装置，是意外灾害的危险源，只有其所有人或占有人能够控制危险的发生，因而只能由他们就该危险负责[②]。依据“危险责任论”，环境侵权责任是危险责任的一种类型，环境侵权责任中的损害不仅包括实际损害，还包括可能造成实际损害的现实危险。笔者赞同第二种观点，由于环境侵权具有间接性、社会性、复杂性、潜伏性的特点，侵权人首先作用的是环境要素，然后通过环境要素这一中介作用于受害人，这种侵害涉及空间广，持续时间长，且大多数的侵害往往是经过长期的污染物累积、相互混杂复合造成的，在实施侵害行为的当时不一定会立即产生危害结果，因此，如

① 张璇：《论环境侵权的归责原则》，载《江苏广播电视大学学报》2000 年第 1 期。
② 张俊浩：《民法学原理》，中国政法大学出版社 1997 年版，第 824 页。

果仅仅以已经实际发生的损害为环境侵权的要件，就只能在损害结果发生后才可以采取补救性措施，而不能以预防性措施防止环境污染的发生，而环境污染一旦发生，势必造成严重后果，甚至花费巨大人力物力也难以恢复，因此，有必要将可能造成损害的现实威胁纳入到环境侵权责任中“损害事实”要件中来[①]。应当注意的是，构成损害事实的情形不同，救济方式也不同。基于侵权责任的损害填补特性，造成实际损害的，应当以造成的损害结果作为损害赔偿依据，赔偿受害人的实际损失；造成现实威胁的，应当依据《侵权责任法》第二十一条的规定请求救济，即请求侵权人承担停止侵害、排除妨碍、清除危险等侵权责任。

## （二）环境侵权纠纷要件事实的构成

法庭审判以权利请求为出发点、以实体法律规范构成要件分析为基本手段，依据基础规范归纳要件事实是庭审中必不可少的环节，准确归纳要件事实有利于理清审判思路，准确适用法律作出判决。虽然环境侵权纠纷具体要件事实是由具体案件中原告的权利请求所决定的，但是基于环境侵权责任的特点、构成要件及举证责任的分配，我们可以归纳出审理环境侵权纠纷应当查明的要件事实种类。环境侵权责任适用无过错责任，其构成要件为环境污染行为、损害事实、环境污染行为与损害事实之间的因果关系，其中因果关系的证明适用举证责任倒置。因此，我们可以将环境侵权纠纷的要件事实归纳为基础事实，因果关系及免责、减责事由三类。

1. 环境侵权责任的基础事实

（1）环境侵权责任基础事实的概念。《侵权责任法》第六十六条对环境侵权纠纷中的举证责任进行了分配，受害人对侵害人实施侵权行为及损害承担举证责任，侵害人就法律规定的不承担责任或者减轻责任的情形及其行为与损害之间不存在因果关系承担举证责任。基于该规定，受害人需要首先对侵害人实施了侵权行为以及造成损害的事实举证，以构成环境

① 奚晓明：《中华人民共和国侵权责任法条文理解与适用》，人民出版社 2010 年版，第 458-470 页。

侵权责任的基础，我们将侵害人实施侵权行为的事实及造成损害的事实归纳为基础事实，这部分事实是环境侵权责任的基础和前提，如果侵害人没有实施环境污染行为或者没有造成损害，那么就不构成环境侵权，应当驳回受害人的起诉或者诉讼请求，终止诉讼。

（2）认定损害事实时应当区分实际损害与现实威胁。基础事实中的损害事实既包括实际发生的损害也包括现实威胁，在认定损害事实时应当能够注意适用的标准不同。前已论述，违法性并不是环境侵权责任的构成要件，造成实际损害的环境污染侵权责任并不以违法性为必要条件。但是仅仅造成现实威胁的环境污染侵权责任是否也不以违法性为必要条件？由于环境污染与人类生产生活息息相关，每个人只要进行生产、生活都有可能给他人带来影响，如果不分轻重、片面强调“有害必究”，则可能滑向过分强调权利救济而忽视行为自由的极端，且从历史发展的角度讲，环境问题是与工业文明共生的产物，人类生产性行为所造成的环境破坏具有一定的道德非难性，因此，我们在认定环境污染损害时应当做到“妥善保护、适当追究”，既要保护受害人的合法权益，也要防止当事人滥用诉权。当损害为实际发生的损害时，往往损害大小及社会危害程度较容易确定，受害人合法权益的边界也比较明晰。而当损害为现实威胁时，如何衡量损害达到多大程度时才对他人构成现实威胁，需要承担侵权责任，往往难以确定。我们认为，虽然违法性并不是环境侵权责任的构成要件，但在处理现实威胁损害型环境侵权纠纷时还是应当适当考虑环境污染行为的违法性：当侵害人的环境污染行为虽然未造成损害的实际发生，但已经违反环境保护相关法律法规的规定时，就应当视为该行为已经对受害人造成了现实威胁。由于环境保护法规的立法目的即是保护和改善生活环境与生态环境，防治污染和其他公害，因此，违反环境保护法规规定的标准排污即是超过了法律所能容忍的最低限度，可以认定为对受害人造成了现实威胁。如果侵害人的环境污染行为并未给他人造成实际损害，亦未违反环境保护法规的规定，但仍给他人造成了不良影响，则应当借鉴忍受限度理论综合受害利益之性质及其程度，加害行为之样态、性质、程度及社会上的评价土地利用之先后关系等因素综合判断是否超过了社会上一般人可忍受之范围。

2. 环境侵权责任中的因果关系

因果关系是一个哲学概念。原因和结果是唯物辩证法的一对基本范畴。这对范畴以及因果关系概念反映的是事物、现象之间的相互联系、相互制约的普遍形式之一。其中，引起某一现象产生的现象叫原因，而被某些现象所引起的现象叫结果。客观现象之间的这种引起和被引起的关系，就是事物的因果关系。侵权责任构成中的因果关系要件，就是侵权法中的因果关系。它指的是违法行为作为原因，损害事实作为结果，在它们之间存在着前者引起后者、后者被前者所引起的客观联系[①]。有关因果关系理论主要有条件说、原因说、相当因果关系说等几种学说。由于环境侵权因果关系具有间接性、社会性、复杂性、潜伏性的特点，一般因果关系理论在环境侵权纠纷案件中难以充分发挥作用，因此一些国家在因果关系的证明标准上适用因果关系推定理论。因果关系推定指依据一定的事实，推定损害与行为人之间的行为有因果关系，人为污染行为就是受害人受损害的原因。纵观各国因果关系判断标准因果关系推定理论主要有优势证据说、间接反证说、事实推定说、疫学因果说等学说。

（1）优势证据说。这种理论是日本的加藤一郎教授在借鉴英美法的"占有优势证据"理论的基础上提出的，其认为法律上的证明程度可以因事而异。比如在刑事案件中，有必要必须作出不容怀疑的犯罪证明；而在环境民事案件中，在考虑公法的制裁规定或私法的救济情况时，不必要求以严密的科学方法来证明因果关系，可以从数字视角审视，只要一方当事人主张的事实"有超过50%以上的盖然性证明度，即可作出结论。"也就是说，只要法官认为加害人与受害人任何一方的证据优于对方时，就可判定因果关系存在。

（2）疫学因果说。这种理论是指就疫学上可能考虑的若干因素，利用统计的方法，调查各因素与疾病之间的关系，选择相关性较大的因素，对其作综合性的研究，以判断其与结果之间有无联系。疫学因果理论之所

① 杨立新：《侵权行为法专论》，高等教育出版社2005年版，第101-108页。

以被引入法学领域是因为疫学在探究致病因素时，“以合理之盖然说明为基础，即使不能经科学为严密之实验，亦不影响于该因素之判断。”一般来讲，疫学因果关系存在与否的判断标准有四个：第一，某因子在某疾病发病前已经存在并发生作用；第二，该因子作用的程度越显著则该病患者的比率越高或病情越重，即两者之间存在着量与效果的对等关系；第三，该因子在一定程度上被消除或被减少时，该病患者的比率降低或病情减轻；第四，该因子作为该疾病的原因，其作用的机理基本上能与生物学的说明相一致，不发生矛盾。只有在满足以上四个条件的情况下，疫学因果关系才成立。在认定环境侵权因果关系时，采用这样的因果关系推定理论，就被称为疫学因果论。

（3）事实推定说。按照这种理论，在环境侵权诉讼中，因果关系的存在与否无须进行严密的科学论证，受害人只要证明：行为人排放的污染物已到达损害地并发生了作用，该地有多数同样的损害发生，除非被告能够提出推翻全部因果关系存在可能性的反证，否则其就必须承担赔偿责任。在这种情况下，因果关系的判断须为法官在遵循经验规则的基础上作出确实的心证，以承担败诉责任的一方当事人认为没有提出反证为必要。

（4）间接反证说。“间接反证”原为德国民事证据法上的概念，引入到环境侵权案件中是指主要事实是否存在尚未明确时，由不负证明责任的当事人从反方向证明其事实不存在的证明责任理论。它并非是直接对另一方当事人举证事实的反驳，因而称为间接反证。这种理论认为，环境侵权因果关系涉及的因素很多，对其认定极为复杂，所以，负举证责任的一方可以证明其中的部分关联事实，剩余的部分事实可以推定存在，如果不负举证责任的另一方反证其事实不存在时，则认为因果关系不存在。这样，更符合法的公平正义之精神。基于此，因果关系推定制度在欧洲被称为可反驳的推定制度[①]。

我国适用的因果关系举证责任倒置规则与因果关系推定理论中的间接反证说类似，区别在于间接反证说受害人需要对其中部分关联事实举证，

① 王旸：《侵权行为法上因果关系理论研究》，载《民商法论丛》第11卷。

剩余部分事实可以推定存在，而我国的因果关系举证责任倒置规则受害人无需对就因果关系作任何证明，而是由侵害人对因果关系不存在举证。

3. 环境侵权责任中的免责、减责事由

环境侵权纠纷中的免责、减责事由均有法律明确规定，法官在审查免责、减责要件事实时应当严格依照法律规定审查。根据《侵权责任法》第27条、第29条、第66条、第68条规定，环境侵权责任中的免责事由只能是因不可抗力以及受害人故意，而将受害人过错、第三人过错排除在外，减责事由则是由《侵权责任法》第26条规定，该条确立了损益相抵规则，不论是受害人的重大过失、一般过失抑或是轻微过失，在法律没有明文规定的情况下，均可适用过失相抵。值得注意的是，我国《侵权责任法》仍然沿用《民法通则》的惯例，使用“不可抗力”一词，而《环境保护法》《水污染防治法》《大气污染防治法》《海洋保护法》却均使用“不可抗拒的自然灾害”，依据特别法优于普通法的理论，在环境污染侵权纠纷中法定免责事由的审查涉及“不可抗力”时，应当按照“不可抗拒的自然灾害”来理解①。

## （三）环境侵权纠纷中要件事实的证明

环境侵权纠纷中要件事实的三类，形成了逐次递进的三个层次。审判实践中，首先审查受害人是否能够证明环境侵权基础事实，如能够证明，再审查侵害人能否证明侵害行为与损害之间不存在因果关系，如不能证明，再审查其是否能够证明其具有免责、减责事由，如侵害人亦不能证明其具有免责、减责事由，则应当依法承担侵权责任。通过这种依次审查的方式，我们可以穷尽阻却承担侵权责任的事由，正确地作出裁判。而对于上述要件事实的审查，主要是依靠举证责任的分配以及确立证明标准来审查举证人是否能够达到证明要件事实存在或不存在来实现的。

---

① 朱鹤群：《“解释论”语境下的环境侵权私法救济》，载《重庆工商大学学报》2011年第1期。

1. 环境侵权纠纷中的举证责任分配

民事诉讼中的举证责任，是法律要求诉讼当事人对自己所主张的事实，提出证据加以证明的责任。“谁主张，谁举证”是举证责任分配的一般原则，而在科学技术高度发达、生产工艺技术极其复杂的情况下，要让无技术装备条件的受害人举出侵害人从事了何种侵权行为，其侵害行为与受害人所受损害之间有什么样的因果关系，以及侵害人主观上有无故意和过失的证据，将是十分困难的。为了保证污染受害人的损害能够得到法律的救济，实现实质意义上的公正，我国与许多国家一样在环境纠纷中规定了倒置的举证规则。举证责任倒置，是指在法律规定的特殊案件中，法官依法把通常由原告负担的举证责任要求被告来承担的一种举证责任的分配状态。《侵权责任法》第六十六条规定了因果关系举证责任倒置规则，这种规则要求侵害人对其行为与结果不存在因果关系进行举证，如不能举证证明不存在因果关系，则应当认定因果关系成立。值得注意的是，《侵权责任法》中所规定的举证责任倒置仅仅是指侵权行为与损害事实之间的因果关系倒置，而对于基础事实以及免责、减责事由，仍然是依据“谁主张、谁举证”的原则进行分配的。庭审中，首先依据“谁主张、谁举证”的原则由受害人完成对基础事实的证明，然后依据举证责任倒置规则由侵害人举证证明因果关系不存在，最后仍然依据“谁主张、谁举证”的原则由侵害人证明存在减责、免责事由。

2. 盖然性的证明标准在环境侵权纠纷中的适用

对要件事实的审查离不开证明标准的问题，证明标准是指证明主体认定案情、评定证据要达到的程度或标准。庭审中，只有明确了证明标准，才能够把握认定案件事实需要具备何种程度的证据，才能以之去衡量案件事实已经得到证明还是仍处真伪不明状态，决定是否有必要要求当事人进一步补充证据或是依法主动收集证据。

（1）盖然性优势证明标准应适用于基础事实及对当事人存在故意或过失的证明中。在英美证据法中，对民事诉讼证明标准只要求证据占优势或者占优势的盖然性。我国在《最高人民法院关于民事诉讼证据的若干问题规定》中对这一规则也作了规定。审判实践中民事案件的证明要求只要达到盖然性优势即可，而不必是必然性。这一证明标准要求诉讼请求权人提出的证据只要能够证明自己的权利主张具有真实性、关联性和合法性且形成证明优势即可，尽管对方当事人对诉讼请求权人的证据提出的怀疑可能在逻辑上具有一定合理性，但只要他无法推翻该证明人结论，法院就应当保护能够证明自己权利的当事人的合法权益。盖然性的证明标准建立在对抗式的民事诉讼规则基础之上，通过分析、比对以及自由心证来确定优势证据。按照这一标准，对特定的案件事实负有举证责任的当事人必须要提供足够的证据，达到“明显优势”的程度，才能卸除其举证责任，使法院作出对他有利的事实认定。这里的“明显优势”，不是100%的客观真实，而是一种相对真实，大概有51%至99%的确定性即可①。环境侵权纠纷的基础事实与免责、减责事由都是依靠“谁主张、谁举证”的原则分别由受害人和侵害人承担举证责任。由于环境污染行为具有间接性、社会性、复杂性、潜伏性的特点，受害人要想证明侵害人实施了侵害行为，除能获取环保部门的确切结论外，一般只能依靠自身力量通过观察、简单地采集样品、照相等手段来搜集证据，如果对受害人科以沉重的举证负担，让其对侵害行为的存在证明达到明确无误可以排除任何质疑的程度非常不切实际，受害人即使没有取得权威部门的确切结论，只要通过一般途径证明侵害人实施了侵害行为，而侵害人没能提出反证或者其提出的反证不足以推翻受害人的结论，则应当对侵害人实施侵害的事实予以确认。同样，侵害人对于受害人存在故意或者过失由于涉及受害人当时的主观心态，侵害人亦很难达到确定无疑的证明标准，因此，侵害人就受害人存在故意或过失的事实的证明只需要达到明显的证明优势即可。

（2）对于因果关系以及不可抗力的证明应当适用更加严格的证明标准。环境侵权纠纷适用因果关系举证责任倒置规则，即由侵害人对侵害行为与损害结果之间不存在因果关系承担举证责任，这意味着对因果关系的

① 叶明：《试论环境侵权因果关系的认定》，载《广西政法管理干部学院学报》2001年第4期。

证明是一种反向的证明，是在首先假定因果关系存在的基础上针对这一基础进行否定性求证过程。由于我国适用的举证责任倒置规则与因果关系推定规则不同，受害人无需就因果关系做任何证明，对于因果关系的认定是建立在侵害人一方对业已假定成立的因果关系的否定性证明的基础之上，侵害人需要达到的证明效果是对证明处于业已假定成立的因果关系锁链中的部分事实予以否认，这部分事实处于因果关系链条的关键位置，对其的否认会直接导致因果关系链条断裂，使得因果关系不能成立，因此，侵害人对这些事实不存在的证明应当是明确无误的，在逻辑上应当是不被质疑的，否则会使因果关系是否成立处于一种模糊的状态，况且设立举证责任倒置的初衷是由于环境污染行为所具有的复杂性使得受害人在因果关系的证明上处于弱势地位，为实现公平正义而将举证责任分配给侵害人，如果让侵害人仅仅提出相对优势的证据而非确切结论就迫使受害人不得不进一步采集证据以强化自身的证明优势，那么该规则对受害人的保护就成了一纸空文，无法实现，因此，对因果关系不存在的证明应当有权威机构出具的鉴定结论或者达到明确无疑或者非常接近明确无疑的状态。

前文已经论述，环境污染侵权中的不可抗力应当是指不可抗拒的自然灾害，由于不可抗拒的自然灾害是指一些明显的自然现象（如地震、台风、洪水、海啸等），而我国亦有完善的自然灾害监测制度，对自然灾害的影响、烈度都有明确的记录，对这一部分事实往往不存在疑问，且不可抗力作为免责事由，一旦成立，将免除侵害人的责任，因此侵害人需要对自然灾害的发生、影响以及对自身造成的损害做出详尽的证明，以证实其遭受的自然现象或社会现象达到了其不可抗拒的程度，因此，对不可抗力的证明也应当适用较严格的证明标准。

3. 关于对侵害行为与损害结果之间不存在因果关系的证明

我国的环境侵权纠纷适用因果关系举证责任倒置规则，由侵害人对侵害行为与损害结果之间不存在因果关系承担举证责任，而目前世界各国的因果关系推定理论都是围绕受害人如何对因果关系的存在举证这一问题展开的，对于因果关系不存在这一反向证明，目前理论上尚属空白。笔者认为，我国目前适用的因果关系举证责任倒置规则虽然不同于因果关系推定规则，但仍然是以因果关系推定理论为基础的，适用举证责任倒置的前提实际上是假定因果关系已经存在，因此，对于因果关系不存在这样的反向证明，我们可以通过对因果关系推定理论的反向适用来实现。因果关系推定理论主要有优势证据说、疫学因果说、事实推定说、间接反证说等几种，其中优势证据说、事实推定说实际上是盖然性规则在因果关系证明中的运用，前已论述，在因果关系的反向证明中，不宜适用盖然性规则而应当适用更严格的证明标准。因此，对于因果关系不存在的证明，主要通过对疫学因果说、间接反证说等理论的反向适用以及通过综合其他认定方法来实现。

（1）对疫学因果论的反向适用。该理论是利用统计的方法，调查其疫学上可考虑的若干因子与某种疾病之间的关系，从中选出关联性较大的因子，对此进行综合性的研究及判断。这一理论认为具备因果关系必须同时满足四个条件，这四个条件必须相互关联，并作出数量统计上的说明，即可成立因果关系。疫学因果论主要适用于环境污染造成人身损害的案件，因此，在这类案件中，对于因果关系不存在的证明，我们可以反向适用该理论，即若侵害人造成的致害因子在损害发生后才作用的，或该因子与损害结果之间不具有量与效果的关系的（该因子的增加与消除对病患程度、病患比例不造成影响），或者该因子起作用的机械论与生物学上的说明发生矛盾，对上述事实的任何一项若成立，则因果关系不存在，因此对上述事实的证明应当达到明确无疑的标准，最好能有权威的评估鉴定报告予以证明。

（2）对间接反证说的反向适用。由于疫学因果论主要适用于环境侵权造成人身损害的案件中，因此在财产损害等其他类型的环境侵权纠纷中，我们应当借助其他证明方法。间接反证论将因果关系作为复合的要件事实加以把握，分别予以认定，该理论将因果关系这一理论分为数个认定主题，如 A-B-C-D-E，受害人只需证明其中部分事实成立，其他过程则可以依据通常经验推定。对这一理论的反向适用，我们可以分为两种情况，第一，如果上述认定主题相互连接形成了一个紧密的因果链条，对上述部分关键事实的否定即可使得整个因果链条断裂，则侵害人对其中足以使得因果链条断裂的关键事实证明其不可能发生或未发生，即可完成对因果关系不存在的证明。第二，如果上述认定主题并非紧密连接形成因果链条而是可以相对独立的产生作用导致损害发生，则侵害人需要对上述各项逐一反证以达到其证明目的。

（3）综合认定方法。由于因果关系具有一般规律，如原因必须先于结果，如果相似的原因没能产生预期的相似结果，则说明这个原因不是那个结果的唯一的全部原因，因此，我们可以借助前述因果关系推定的反向证明方法，结合损害原因与损害结果的时间关系等各方面因素，综合认定因果关系是否存在。对于潜伏期较长、危害范围较广、历时久远、时过境迁而导致证据灭失以及对多数原因聚积、竞合而导致的环境损害赔偿，可以结合疫学因果说及间接反证说等方法的反向运用来综合确定其因果关系，对于较为简单的，一因一果类的因果关系，可以通过直接证明系其他原因引起或原因发生在结果之后等方式来证明因果关系不存在。

在我国，要件归入式的方法已经在审判实践中有了越来越广泛的运用，通过对环境侵权要件事实分门别类的归纳分析，有助于把握好环境侵权诉讼的审判脉络，理清审判思路，合理分配当事人双方的举证责任。另外，对于因果关系不存在的证明标准的理解，有助于将各个国家关于因果关系推定理论的研究成果灵活运用于我国的审判实践当中，帮助法官正确理解和运用因果关系举证责任倒置规则。法院在审理环境侵权案件时，应当将所查明的事实归入基础事实、因果关系、免责及减责事由三类中，合理分配举证责任，重点考察侵害人能否完成对因果关系不存在的证明，以保护受害人利益。

## 二、环境侵权案件的证明责任

从法律规定来看，无论是 2009 年颁布的《侵权责任法》，还是更早之前的《最高人民法院关于民事诉讼证据的若干规定》（2001 年）、《固体废物污染环境防治法》（2004 年修订）、《水污染防治法》（2008 年修订）等法律和司法解释的规定，都表明了在环境侵权案件中立法者对受害者设计了最轻的证明责任，特别是对因果关系实行举证责任倒置，即受害方只需要证明加害方存在污染行为和自己受到损害即可，而关于免责事由和因果关系不存在的举证责任则由加害方负担。法律对证明责任的这种分配若仅从理论上观察，受害者胜诉应当相当高，而若受害者胜诉率高，则加害者环境污染的成本将加大，环境污染将会较少。但现实情况却非如此，一方面环境污染日益恶化[①]，另一方面近年来我国环境污染纠纷以每年超过 20%的速度递增，但真正通过司法诉讼渠道解决的不足 1%。究其原因，主要在于很难证明污染行为与发生损害之间的因果关系，以及举证难、审判难等。[②] 那是否是现实司法实践与法律文本的规定出现了某种偏差？有学者指出，研究者应当将法律问题视为一种社会问题，不仅要关注“书本中的法律”，更要关注“社会生活中的法律”，也就是法律在社会中的实施状况。[③] 这提醒了我们应当对这种“书本上的法律”在现实中的运作状况（即“社会生活中的法律”）进行探究。

基于此，本书随机收集了 60 个涉及环境侵权的案件为样本进行实证分析，尽管数量有限，但这些案件所发生的地区具有分散性和广泛性，克服了单一地区案件来源的片面性，从而增强了本文分析基础的可靠性和分析结论的可接受性。

需要说明的是，在这 60 个环境侵权民事案件中，其中，46 个案件（均以民事判决书形式出现）来自于北大法宝数据库，另外 14 个案件来自中国知网（包括报纸和期刊）、中国审判法律应用系统（V3.0 版）和互联网。这 60 个案件均已排除同一被告同一污染行为所致的纠纷，即如果有 2 个

① 根据世界银行的数据，在全球环境污染最严重的 20 个城市中，我国就占了 16 个，http://www.impactlab.com/modules.php?name= News&file=article&sid=8462，2013 年 6 月 5 日访问。

② 严耕，杨朝霞，杨帆：《生态文明法制建设：理清因果突破瓶颈》，载《中国环境报》2013-01-04（第 2 版）。

③ 陈瑞华：《论法学研究方法：法学研究的第三条道路》，北京大学出版社 2009 年版，序言第 4 页。

或2个以上的原告针对同一被告的同一污染行为提起不同诉讼，则只选择其中1件作为样本。从案件所涉及污染源来看，涉及空气污染的有22件，涉及水污染的有31件，涉及磁场污染的有6件，涉及噪声污染的有1件。从损害后果来看，因财产遭受损失提起诉讼的有52件，因健康遭受损失提起诉讼的有8件。

## （一）环境侵权三要件证明的现状

环境侵权案件主要涉及三要件的证明，即侵权行为、损害后果、因果关系，尽管在个别案件中可能还会涉及对免责事由的证明，但其出现的几率非常小，本书所收集的样本中也未涉及到关于免责事由证明的案例。以下针对这三要件的证明现状分别进行考察。

1. 侵权行为的证明

环境侵权案件中被告的侵权行为主要是环境污染行为，因此，在侵权行为方面，原告首先需要证明被告存在污染行为。从收集到的案例样本来看，反映出的现状如下：

关于是否存在污染行为，在多数案件中是不存在争议的。有70%的案件中，被告对其排放污染物的行为并不予以否认。这些案件通常来说往往存在一些情形：污染行为是比较明显，并且也持续存在，原告及时的证据保全，被告因污染行为已受到环保部门的行政处罚，经过事先的协商处理。

有30%的案件中被告否认存在侵权行为（污染行为）。但对于一些无法通过肉眼观察，或者非持续性的污染以及造成污染的主体非单一时，被告往往会对其污染行为予以否认。特别是像噪声污染，由于其对环境的影响不累积，一旦声源停止发声，噪声也就消失，造成原告取证难。此外，在某些案件中，被告不否认其对污染物的排放，但被告通过提交相关证明材料证明其污染物排放量未超过国家标准或者装置合格达到国家标准或者其系无“三废”企业称呼获得者，从而否认侵权行为的存在，或者认为未超过国家排放标准，故而损害后果与其污染行为不存在因果关系。例如在张某某诉中国石化集团资产经营管理有限公司某某分公司环境污染侵权纠纷案中，被告某某公司提供国家环境保护总局发的批复意见复印件，证明烯烃厂的装置合格达到国家规定的排放标准[①]；在苏联芝与陈家才等鱼塘污染损害赔偿纠纷上诉案中，被上诉人南宁市农富复合肥料厂提出其属无“三废”企业称号，因而否认存在污染行为[②]；在隋平等十人诉中国石油天然气股份有限公司大庆石化分公司等环境污染损害赔偿纠纷案中，被告之一中国石油天然气股份有限公司大庆石化分公司抗辩称，其外排废水均实现达标排放，其中一些排放指标还远低于国家排放标准。[③]

从法院的判决结果来看，对于以排放符合国家标准为由进行的抗辩，除电磁辐射污染案件外，法院均未予采纳。法院所持的理由，大多如在隋平等十人诉中国石油天然气股份有限公司大庆石化分公司等环境污染损害赔偿纠纷案中，法院所引用的国家环境保护局《关于确定环境污染损害赔偿责任问题的复函》（[91] 环法函字第 104 号）中指出的，“承担污染赔偿责任的法定条件，就是排污单位造成环境污染危害，并使其他单位或者个人遭受损失。现有法律并未将有无过错以及污染物的排放是否超过标准，作为确定排污单位是否承担赔偿责任的条件。至于国家或者地方规定的排污物排放标准，只是环保部门决定排污单位是否需要缴纳超标排污费和进行环境管理的依据，而不是确定排污单位是否承担赔偿责任的界限。”因此，即使被告提出相关证据证明其污染物排放符合国家和地方标准，也不能推翻其行为构成环境侵权行为。但在电磁辐射案件中，法院对此问题则持相反观点。例如在原告张德新、吴小健与被告福建移动通信有限责任公司南靖分公司因电磁波辐射引发的环境污染损害赔偿案件中，被告提出本案诉争的移动通信基站的噪声及电磁波辐射经检测，均未超过国家规定的标准，不存在污染环境的侵权行为。后来法院支持了被告的这一抗辩，判决驳回

---

①湖南省岳阳市云溪区人民法院(2010)云民初字第910号民事判决书，北大法宝数据库。

② 参见广西壮族自治区南宁市中级人民法院（2000）南市民终字第 62 号民事判决书，北大法宝数据库。

③黑龙江省大庆市中级人民法院(2001)庆民初字第155号民事判决书，北大法宝数据库。

原告的诉讼请求。[①] 在其他涉及电磁辐射的案件中，法院均采取这种思路，即只要经检测辐射未超过国家规定的标准，则认为被告的行为不构成侵权行为或者认为被告的行为不是导致原告损害后果的原因。[②]

2. 损害后果的证明

（1）通过鉴定确定损失额。最常见的是通过鉴定确定损失，在 60 个案件中，共有 36 个案件是通过鉴定确定损失。在有些案件中，通过鉴定确定损失的前提是需要先确定相关养殖物的数量，但有时由于养殖物的数量在鉴定时已经因腐烂等原因无法确定，这时法院通常会适当降低原告的证明标准。例如，在邬良永等诉邬宗军等环境污染损害赔偿纠纷案中，虽然原告养殖的水产品实际损失数额无法进行准确的统计，但法院考虑本案的实际情况，认为七原告向宁海县海洋环境监测站所陈述的塘内养殖的各种水产品的数量都在合理的养殖密度之内，对其主张可予采信。根据宁波市科学技术咨询服务中心作出的鉴定结论，认定七原告养殖的水产品直接经济损失为 137 140 元。

（2）法官酌定损害额。在减轻原告对损害后果证明责任上，对于损失难以计算的，法院有时直接行使自由裁量权酌情确定损害额。例如，在九江市庐山区虞家河乡东光村村民委员会诉中国国电集团公司九江发电厂环境污染损害赔偿纠纷案中，法院在认为“关于原告的第二项诉请即要求被告赔偿恢复水源治理费、解决饮用水供应所需费用及经济损失费、人身伤害治疗及康复等费用 50 万元，原告未提供具体计算依据和有关证据”的同时，“考虑到损害事实存在，故可酌情判决被告赔偿原告 10 万元。[③]”在笔者收集的 60 个案件中，法官酌定损害额的案件有 4 件。

（3）法官估算损害额。对于损害额较少、启动鉴定程序不经济的案件，

① 福建省漳州市中级人民法院（2006）漳民终字第 66 号案，参见黄志雄，陈小玲：《污染环境侵权案件中的举证责任分配》，载《人民法院报》2007 -01 -10（第 6 版）。

② 参见胡昌林诉江西九江供电公司环境污染损害赔偿纠纷案，李景辉诉福建省厦门电业局排除妨碍案，南阳市鑫东海置业有限公司与穆大红等相邻关系环境污染侵权纠纷上诉案，叶蔚忠等与福建移动通信有限公司厦门分公司侵权纠纷上诉案等案民事判决书，中国审判法律应用系统 v3.0 版。

③ 参见江西省九江市中级人民法院（2004）九中民一初字第 31 号民事判决书。

法院有时会直接根据市场价格对损害额作出判断。在笔者收集的60个案件中，只有1个案件法院采取估算确定损害额，即刘伟南与广东溢达纺织有限公司环境污染损害赔偿纠纷上诉案。该案中，法院在确定污染以及受害人自身未开增氧机都可能造成死鱼的情况下，认为“鉴定报告，确认上诉人鱼死亡是由于缺氧造成，与被上诉人排放到河涌的污水的有机物消耗河涌水的氧气有一定关系。但因缺氧有多种原因，如上诉人未开增氧机也存在一定关系，在不能具体确定谁的责任的情况下，按照公平原则，被上诉人应对上诉人的鱼死亡承担一定的赔偿责任，故根据上诉人鱼死亡的数量及当时的市场价格以及上诉人起诉主张死鱼损失为5251.6元等情况，被上诉人以赔偿4000元较为适宜。”①

3. 因果关系的证明

（1）对因果关系证明责任的分配。根据本书前面所提的相关法律规定，环境侵权案件中侵害行为与损害后果二者之间的因果关系实行举证责任倒置，即由污染者就其污染行为与损害事实之间不存在因果关系承担举证责任。多数案件对因果关系的认定按照举证责任倒置的规定作出，但在有的案件中法院认为原告应当先行提供初步证据证明存在因果关系。例如，广东泺雅灯饰制造有限公司与谢赞添环境污染损害赔偿纠纷上诉案，法院在认为“被上诉人提供的证据已盖然性地证明上诉人实施的排污行为导致其鱼类死亡”，继而认为“上诉人应提供证据证明其存在法律规定的免责事由及其排污行为与被上诉人的损害结果之间不存在因果关系。”②而对于原告先行提供初步证据证明存在因果关系，则只需达到很低的证明标准即可，例如上述案件中，“被上诉人经营的本案所涉三口鱼塘分别于2003年11月、12月、2004年3月发生非正常死鱼现象，均在上诉人投产经营、开始超标排放污水之后”，法院即据此判断“被上诉人提供的证据已盖然

① 参见广东省佛山市中级人民法院（2003）佛中法民一终字第991号民事判决书。
② 广东省广州市中级人民法院（2005）穗中法民二终字第1770号民事判决书，北大法宝数据库。

性地证明上诉人实施的排污行为导致其鱼类死亡”。[①]

有的案件还以因果关系推定为由，认为受害方需要证明一般情况下污染环境行为能够造成这种损害，浙江平湖“蝌蚪”索赔案即为其例。浙江省高级人民法院在该案再审民事判决书中写道：“根据因果关系推定原则，受损人需举证证明被告污染(特定物质)排放的事实及自身因该物质遭受损害的事实，且在一般情况下这类污染环境的行为能够造成这种损害。本案原审原告所举证据虽然可以证实原审被告的污染环境行为及可能引起渔业损害两个事实，但由于原审原告所养殖青蛙蝌蚪的死因不明，故不能证明系被何特定物质所致，故原审原告所举证据未能达到适用因果关系推定的前提……由于原审原告据以推定的损害原因不明、证据有限，其所主张的因果关系推定不能成立，其遭受的损害无法认定为系原审被告引起，故要求原审被告承担侵权损害赔偿责任依据不足。”[②]

在刘芳钰诉钦州国星油气有限公司等滩涂污染损害赔偿纠纷案中，法院未完全适用因果关系证明责任倒置，而是按照心证比例分担。该案争议的焦点之一是原告（上诉人）的文蛤死亡是否是被告（被上诉人）的抽纱行为造成的，对此，法院认为“上诉人提交的广西区防疫站的检验报告仅说明文蛤带有病毒，但没有明确病毒的起因既可能是文蛤自身携带，也可能是水域污染、生态环境遭受破坏等原因所致。综上所述，被上诉人未能举出有关抽沙与文蛤死亡没有因果关系的证据，其所举的证据也不能证实抽沙与文蛤死亡没有因果关系。因为钦州市环保科研所作出的《环境影响报告书》《环境影响评价大纲》以及广西海洋监测预报中心作出的可行性研究报告只表明合法的抽沙不会对文蛤养殖造成影响，但两被上诉人的抽沙船有时越界抽沙，并靠老人沙养殖场较近，以上几份证据均不能排除这

---

① 广东省广州市中级人民法院（2005）穗中法民二终字第1770号民事判决书，北大法宝数据库。

② 浙江省平湖师范农场特种养殖场与嘉兴市步云染化厂、嘉兴市步云染料厂、嘉兴市步云化工厂等侵权赔偿案，参见浙江省高级人民法院（2000）浙法告申民再抗字第17号民事判决书，http: //www. fsou. com /html/test/fnl/1174923 /117492316. html，2014年5月30日访问。

些因素会对生态环境及附近的养殖业造成影响。因此，被上诉人依法应承担举证不能的法律后果，对上诉人的损失承担60%的赔偿责任。因其他因素如天气、病毒、养殖技术等造成的损失由上诉人自行承担。”①

（2）污染导致身体伤害（疾病）案件法院认定因果关系的现状。在收集的案件中有8件涉及因污染导致疾病而提起诉讼的情形，但这些案件中原告胜诉的只有1件。原告败诉的案件主要有以下几种情况：

第一种情况是法院以疾病（如癌症）的发病原因复杂为由，认为适用举证责任倒置缺乏事实依据。例如，在刘德胜诉湖南吉首市农机局喷漆污染案中，最高人民检察院作为第二次再审的抗诉机关支持再审申请人的主张，认为应适用举证责任倒置原则，如果市农机局不能证明其喷漆行为与刘德胜患癌病的损害后果之间不存在因果关系，就应该承担举证不能的不利后果而对刘德胜进行赔偿。事实上，市农机局也曾经对此做过许多努力试图证明不存在因果关系，均告失败。但是湖南省高级人民法院在再审判决书中认为：“市农机局在生活区进行喷漆作业，对刘德胜等附近居民的生活环境造成了不良影响，但刘德胜主张患上癌病是市农机局喷漆行为所致，由于目前无法准确界定各种癌病的起因，在此情况下，如果适用举证责任倒置原则，以市农机局举证不能为由推定本案所涉市农机局环境污染行为与刘德胜患癌病损害结果之间存在必然的因果关系，缺乏事实依据。”②

第二种情况是法院采用流行病学方法说明因果关系的不成立。例如，在吕某等与姚某等环境污染侵权纠纷案中原告吕某、王某的大儿子被市儿童医院诊断为患有结节性硬化症，二儿子王博乐被诊断患有白血病，后医治无效死亡，吕某、王某认为其孩子病因与废品回收站环境污染有关，遂起诉废品回收站的业主和出租经营场所的村委会，要求赔偿损失。本案的争议焦点是废品回收站的污染行为与原告孩子病因是否存在因果关系。该

① 广西壮族自治区高级人民法院（2002）桂民四终字第21号民事判决书，北大法宝数据库。

② 湖南省高级人民法院民事判决书(2006)湘高法民再终字第102号。参见该案代理律师曾祥斌的博客http:// blog.sina.com.cn/s/blog_4fbfc91a01000bft.html，2014年6月5日访问。

案中，一审法院认为，虽然废品回收站自2009年2月开始擅自从事废塑料粉碎和清洗加工，对厂区内的水和厂区附近的水井造成了一定的污染，但没有证据显示在2009年2月之后废品回收站对南门村的饮用水造成了污染，而王博乐因饮用了受污染的水患了白血病，并且在南门村还有其他孩子与王博乐一样患有同样的白血病。而根据上海市松江区疾病预防控制中心的调查报告显示，南门村的恶性肿瘤的发病率和死亡率在该“废旧回收站”落户前10年和后6年都处于车墩镇乃至松江区的低水平，虽然后6年该村的发病率和死亡率有所上升，但是上升的幅度明显低于松江区全区水平，也低于对照的联庄村。原审法院据此认定，王博乐患病、死亡与废品回收站没有因果关系。二审法院判决认为，王博乐患病死亡固然值得同情，但其病情证明中并无院方对其病因的判断，也无对病源作出明确诊断，因此从举证责任上看，吕某、王某尚未完成王博乐致死疾病源于环境污染之盖然性的举证责任，因果关系举证责任倒置的前提条件尚未成就。①

第三种情况是法院以原告的污染排放量达标为由否定因果关系的存在。这种案件主要集中在电磁辐射案件，在原告以电磁辐射造成其身体疾病为由提起的诉讼中，法院均以辐射量未超过国家标准为由，进而否定原告的疾病与被告设备的电磁辐射不存在因果关系。例如，在杨某诉某电业局一案中，杨某主张电业局的高压铁塔的电磁辐射导致其身体产生疾病，但鉴定表明高压铁塔周围电磁辐射的各项指标低于相关国家标准允许的限制或强度。法院因此认为该行为不具备未违法性，与损害后果不存在因果关系，驳回杨某停止侵权、赔偿损失的诉讼请求。②

在众多污染导致疾病的案件中，笔者仅收集到一件原告诉求获得法院支持的案件，而且该案系发生在中国立法贫瘠的1978年。该案原告王娟为被告员工，1978年7月1日，雷击导致被告工厂出现大范围氯气泄漏，附近10多名居民中毒，被送往医院医治。原告因吸入氯气中毒症状较为

① 上海市第一中级人民法院(2011)沪一中民一(民)终字第1243号民事判决书，北大法宝数据库。

② 凌潇，严皓：《法官的选择性司法——以环境侵权诉讼中的司法鉴定为例》，载《四川理工学院学报（社会科学版）》2012年第6期。

严重，住院治疗1年多时间。被告支付了原告所有的医疗费用，并赔偿了她的收入损失。原告后来被诊断出患有过敏性支气管哮喘，需要继续治疗。原告再次要求被告支付其医疗费用和收入损失，被告以过敏性支气管哮喘与污染事件不存在因果联系为由拒绝。青岛市中级人民法院于1979年受理了这起案件。法院经审理查明：第一，原告在此次患病以前从未患过过敏性支气管哮喘，并且其本人无此类疾病之家族病史；第二，医学实验证明氯气中毒可致人患过敏性支气管哮喘疾病；第三，原告患过敏性支气管哮喘疾病的时间正是在青岛市化工厂发生氯气外溢污染事故以后。法院据此判定，原告的过敏性支气管哮喘系青岛市化工厂氯气外溢污染事故所致，故被告应对原告负赔偿责任。最后，双方当事人接受了法院调解，达成了赔偿协议。①

## （二）对现状的反思与完善

### 1. 排放标准未超过国家标准与侵权行为的认定

从前文对现状的总结来看，对于电磁波辐射以外的污染行为，即使其排放量未超过国家标准，法院一般也不会据此认定不存在侵权行为，这种做法值得肯定。但是对于电磁波辐射案件，法院则采取相反的态度，以电磁波辐射未超标为由直接否定侵权行为甚至是因果关系的存在。那么，电磁波辐射是否具有不同于水污染、空气污染的其他特殊性，而使其需要做出与水污染、空气污染不同的处理思路？

在电磁波辐射的控制上，一方面国家需要满足公众通讯的需要，另一方面需要维护人体的健康，为此，相关法律围绕对二者的协调和平衡设定相应的规范。具体体现在：电信设施的辐射不能高于国家规定的辐射标准②，同时必须严格按照1997年国家环保总局发布的《电磁辐射环境保护

---

① 杜群：《司法在中国环境法治中的作用——基于对典型环境污染侵权案件的观察》，载《法律适用》2012年第5期。

②1988年，原国家环保总局就颁发了《电磁辐射防护规定》（GB 8702—88），其中规定功率密度小于每平方厘米40微瓦，这属于国家许可的、健康安全标准，该标准远低于欧洲、日本等国的标准。参见《科学认识通讯基站辐射》，载《浙江日报》2011-06-03。

管理办法》中规定进行建设前环境影响评价和建设后电磁辐射验收，已通过环境影响报告书（表）审批的电磁辐射设备，不得擅自改变经批准的功率，对于电磁辐射建设项目和设备环境影响报告书（表）确定需要配套建设的防治电磁辐射污染环境的保护设施，必须严格执行环境保护设施“三同时”制度。[①]

上述规则，为我们界定电磁辐射构成侵权行为提供了外在标准。首先，电信设施的辐射标准不能超过国家标准，一旦超过国家标准，即构成侵权行为。此外，考虑到电磁辐射的测量具有专业性，普通民众难以自行测量，而且由于存在时间差，不排除电信部门通过调整功率等手段规避测量，测量的时间点未超过国家标准不必然代表此前的辐射标准未超过国家标准。因此，需要结合其他外在标准来判断是否构成侵权。其中，可行的方法是通过审查一个外在的标准来确定电磁污染。根据上述《电磁辐射环境保护管理办法》的规定，对于存在下列行为之一的，均应当认定构成侵权：未于建设前进行环境影响评价；建设后未进行电磁辐射验收或者验收不合格的；擅自改变经批准的功率；对于电磁辐射建设项目和设备环境影响报告书（表）确定需要配套建设的防治电磁辐射污染环境的保护设施，未执行环境保护设施“三同时”制度。对于作为受害人的原告提出被告具有上述行为之一的，可以按照《最高人民法院关于适用〈中华人民共和国民事诉讼法〉若干问题的意见》第74条的规定[②]，即当原告提出的侵权事实，被告否认的，由被告负责举证。例如，原告主张被告未于建设前进行环境影

① 参见《电磁辐射环境保护管理办法》第16条、第18条、第20条、第22条等。“三同时”制度是指一切新建、改建和扩建的基本建设项目（包括小型建设项目）、技术改造项目、自然开发项目，以及可能对环境造成损害的其他工程项目，其中防治污染和其他公害的设施和其他环境保护设施，必须与主体工程同时设计、同时施工、同时投产。参见金瑞林：《环境法学》，北京大学出版社2002年版，第103页。

② 在诉讼中，当事人对自己提出的主张，有责任提供证据。但在下列侵权诉讼中，对原告提出的侵权事实，被告否认的，由被告负责举证：（1）因产品制造方法发明专利引起的专利侵权诉讼；（2）高度危险作业致人损害的侵权诉讼；（3）因环境污染引起的损害赔偿诉讼；（4）建筑物或者其他设施以及建筑物上的搁置物、悬挂物发生倒塌、脱落、坠落致人损害的侵权诉讼；（5）饲养动物致人损害的侵权诉讼；（6）有关法律规定由被告承担举证责任的。

响评价，被告应当提供证据证明其已于建设前进行环境影响评价，否则被告应当承担该事实认定（即认定未进行环境影响评价）的不利后果。

2. 损害后果证明中的酌定

根据前述对司法运行中对环境污染案件损害后果的认定来看，采用鉴定确定损害方法固然应当作为首选，但是面对许多案件中损害额的难以确定，绝对采用鉴定并非合理之举。因此，采用酌定或估算不失为可选择的方法。但是需要分析的是酌定、估算，特别是酌定这种认定方法的依据。

在我国现行法律和司法解释中，有明确赋予法院或法官直接确定（酌定）损害额的，只出现在知识产权法领域，最早出现在《关于审理涉及计算机网络著作权纠纷案件适用法律若干问题的解释》第10条第2款中[①]。此后修改的《著作权法》《商标法》和《专利法》也明确了法官酌定赔偿额的权利，这种制度也被称为法定赔偿制度，还有学者称其为损害赔偿数额确定或损害数额酌定，它指的是在损害赔偿诉讼中，如果损害事实确实已经发生，但权利主张者难以证明或无法证明具体损失大小的时候，从诉讼公平角度出发，赋予法官根据言词辩论情况和证据材料对该损害赔偿数额作出裁量的制度。[②]

司法运行中损害赔偿额的酌定给我们的启发是，该项制度需要及时在立法上予以确定，因为目前我国的法律只有在知识产权法领域才有明文规定法院的该项权利，在民事诉讼法层面尚未有规定。此外，需要注意的是，损害赔偿额的酌定的适用前提必须是鉴定困难或者鉴定成本高于当事人的请求金额或者与当事人的请求数额明显不相称，只有在这个前提下才能适用损害赔偿额的酌定。但从对当事人的程序利益保障来说，为了避免法官的突袭裁判，当法官有意采用损害赔偿数额酌定时，必须充分保障当事人的程序利益，即应由法官对当事人进行释明，让当事人有机会对是否具备损害额酌定条件以及损害额酌定范围进行辩论和发表意见，防止因法官的

① 该款规定："被侵权人损失额不能确定的，人民法院依被侵权人的请求，可以根据侵害情节在人民币500元以上30万元以下确定赔偿数额，最多不得超过人民币50万元。"
② 毋爱斌：《损害额认定制度研究》，载《清华法学》2012年第2期。

未释明造成突袭裁判。

3. 因果关系的认定中原告是否负担部分证明责任

在因果关系举证责任倒置的立法规定下，仍有部分判决书认为原告应当提供初步证据证明二者之间存在因果关系，在此前提下才由被告对污染与损害后果不存在因果关系负担证明责任。对部分判决书的这种观点如何看待？

从比较法的视角来看，在环境侵权因果关系的认定中，主要有三种模式：

（1）原告负担初步证据证明存在因果关系的可能，被告否认的，必须提出反证。例如，美国密歇根州《环境保护法》规定，原告只要提出表面证据，证明行为人已经或很可能导致环境污染，诉求即可成立，若被告否认，则必须提出反证。①

（2）因果关系推定。根据日本《关于危害人体健康公害犯罪处罚法》，如果某人排放了可能危害人体健康的物质，并且其单独排放量足以危害公众健康，而排污后公众健康事实上受到或正在受到危害，便可以推定该危害是由该排污者引起的。德国《水利法》和《环境责任法》对环境侵权责任作出了较详细规定。法院则在司法实践中对举证责任分配进行具体化，受害人只要提出证据证明已发生的损害，且证明该损害是某废弃物造成的，就可以推定该废弃物的排放企业是加害人，应承担连带责任，除非其证明因时间或空间等原因，该废弃物不会与环境发生反应而导致损害，或者即使发生反应也不会导致该损害。②

（3）因果关系证明责任倒置。正如本书前面所提及的，在我国，对环境侵权案件中实行因果关系举证责任倒置，即受害方只需要证明加害方存在污染行为和自己受到损害即可，而关于免责事由和因果关系不存在的举证责任则由加害方负担。与因果关系推定相比，在采用因果关系

① 肖爱，李昌杰：《论环境民事侵权诉讼中的举证责任倒置》，载《吉首大学学报（社会科学版）》2011 年第 2 期。

② 肖爱，李昌杰：《论环境民事侵权诉讼中的举证责任倒置》，载《吉首大学学报（社会科学版）》2011 年第 2 期。

证明责任倒置立法下，受害方无需证明损害是污染造成的，因此其更有利于受害人。

由于我国采取的是第三种模式，原告在因果关系的证明上，不需要负担任何举证责任。那种认为原告需要负担初步证据证明存在因果关系的观点和做法，不符合我国立法规定。在立法作出明确规定的情况下，有些案件仍然要求原告负担初步证据，实际上是法官主观上认为在个案中因果关系存在的可能性过小，为了避免直接适用因果关系证明责任倒置所带来的不公平，通过要求原告提供初步证据，以求得法律与现实的适当平衡。现在我们需要进一步研究这些个案的特殊性，如果在这些个案中，这种做法是妥当的，则说明我们的立法对所有环境侵权案件的因果关系采取“一刀切”的做法存在不合理性。通过研究，我们发现这些案件主要集中在环境侵权造成受害人健康损害，对于这个问题，在下文中我们还将继续论述。

4. 污染导致疾病的因果关系证明

在笔者收集到的60个案件中，污染导致疾病的案件只有8件。污染导致疾病发生的案件，从后果上的不同进行划分，具体可分为三类：一类是污染导致急性疾病的发生；一类是污染导致大规模同类疾病的发生；还有一类是污染导致慢性疾病的发生甚至演变为癌症。

从污染导致疾病发生的案件来看，上述三类案件具有明显的不同特点：

第一类案件原告比较容易胜诉。该类案件导致疾病的发生比较迅速，因果关系往往较为明显，法院一般会适用因果关系证明责任倒置的规定认定因果关系存在。例如前述的1978年氯气中毒案件。

第二类案件往往具有群体性特点，笔者目前尚未收集到该类案件，可能是由于这类案件往往涉及维稳问题，政府会通过行政手段或其他方式予以解决，导致司法中这类案件几乎找不到。在日本曾经发生过两起这种大规模的案件，一起是因食用受镉污染大米而导致的疼痛病，另一起是新潟水俣病案。

第三类案件原告通常难以胜诉。这类案件由于疾病的发生往往距离污染开始的时间较长，而且往往只是原告一人提出其受害，相邻的其他人未有相似的疾病发生。从目前医学角度来看，该疾病发生的原因多种多样，难以判断污染与疾病发生之间的因果关系。在这种情况下，法院也不会适用因果关系证明责任倒置的规定来认定因果关系存在。例如电磁辐射案件即属此种情况。

对于第一类案件，实践中发生的较少，一般都是生产事故造成，污染的气体或污染物毒性较强，致害后果较为迅速和严重，因此，因果关系往往比较明显。

对于第二类案件，在国外往往采用疫学因果关系证明法（或称流行病学因果关系证明法），例如，在日本四日市哮喘诉讼判决中日本富山地方法院于 1971 年 6 月 6 日和名古屋高等法院金泽地方法院支部于 1972 年 8 月 7 日所作出的判决[①]中对因居民因长期食用受镉污染的稻米而导致全身性骨折的“骨痛病”，采用了流行病学分析方法，即从地域、季节、患者等因素出发，考察该疾病的特点及规律，以确定疾病发生的病因。根据判例，疫学因果关系的证明必须满足四个要件：第一，该因子在发病的一定时期以前就有作用；第二，该因子的作用程度显著时，该疾病的发病率就增高；第三，减少或除去该因子时，该疾病的患病率会降低，并且在不具有该因子的集团内其患病率也非常第；第四，该因子作为疾病的病因、机制能得到所有生物学上的合理的说明。[②]

目前最值得研究的是第三类案件，由于疾病本身的产生具有多种因素，现有科学技术难以确定其中的具体缘由。[③]因此，即使法律对因果关系的举证责任实行倒置，在原告主张污染导致身体疾病案件中，对因果关系真

---

① 参见日本《判例时报》第 635 号，第 17 页；日本《判例时报》第 674 号，第 25 页。转引自毕玉谦：《民事证明责任研究》，法律出版社 2007 年版，第 497 页。

② 汪劲：《环境法学》，北京大学出版社 2011 年版，第 289 页。另可参见 Otto Wong, Using Epidemiology to Determine Causation in Disease, 3 Nat. Resources and the Env’ t 20, 20-21 (Spring 1988). A.B. Hill, The Environment and Disease: Association with Causation, 58 Proc. of the Royal Soc’ y of Med. 295 (1965)。

③ 尽管在国外，已经有关于通过 T 细胞研究来确定毒害案件中疾病发生与污染物关系的报道，但这项技术尚未得到普遍的认可。See Alan Levin & Vera Byers, Environmental Illness: A Disorder of Immune Regulation, 2 Occupational Med. 669, 676 (1987)。

伪不明时，法官要么通过认定污染物排放未超标否定因果关系不明，要么要求原告证明二者之间的因果关系。这种司法行为已经实际上改变了法律对因果关系倒置的规定。这类案件究竟应当如何处理，才能既保护到受害人的合法权益，又不会无辜追究到污染者的责任。在科学不确定性的情况下，由谁来承担科学不确定的风险更合理，不仅是实体法问题，也是程序法问题。

在美国，对环境污染导致疾病发生的案件，未采取因果关系证明责任倒置的做法，但法院采取其他方法来减轻原告的负担。例如，法院解释联邦证据规则允许统计证据和医学证据，从而为采用疫学方法奠定基础。①再如有的法院采用实质因素标准（substantial factor test），按照该标准，如果被告对原告的损害有很大的影响，即使是没有被告的行为原告的疾病也可能发生，被告也应当承担责任。换句话说，即使证据只是表面被告实质性增加原告损害（疾病）的风险，被告也应当承担责任。②

对比来说，我国立法对受害者采取最优的法律机制（即因果关系举证责任倒置）情况下，司法却在提高受害者的举证责任；而美国立法对受害者采取的并不是最优的法律机制，但司法通过其他方法在减轻受害者的举证责任。二者的实践告诉我们，在因果关系具有不确定性情况下，采取“一边倒”的做法未必是最令人接受的。既然上述第三类案件中环境污染与疾病的产生具有极大的科学不确定性，法律应当对这种不确定性进行合理分配。笔者认为，较为合理的方法是采取合比例的认定原则，即由法官综合案件的各种因素，包括受污染时间长短、污染量、与原告相邻其他人的受害情况等综合进行心证，按照心证比例确定被告负担的责任比例。该方法最早由日本的仓田卓次法官提出，针对的是法官心证未达到证明度的事实

①Michael Dore, A Commentary on the Use of Epidemiological Evidence in Demonstrating Cause-in-Fact, 7 Harv. Envtl. L. Rev. 429, 430 (1983). Miller v. Nat'l Cabinet Co. 168 N.E.2d 811, 813 (N.Y. 1960); Anderson v. W.R. Grace & Co, 628 F. Supp. 1219, 1225-26 (D. Mass. 1983). Anderson v. Beatrice Foods Co., 900 F.2d 388 (1st Cir. Mass.), cert. denied, 111 S. Ct. 233 (1990).

②See, e.g., Elam v. Alcolac, Inc., 765 S.W.2d 42, 174 (Mo. Ct. App. 1988), cert. denied, 493 U.S. 817 (1989).

处于真伪不明的情形，在该情形下法官内心一般也会存在着四六分或三七分的心证比例，法官根据相应的心证比例，在实体判决中对相应比例的请求予以支持。例如在仓田卓次判决的一起交通事故案件中就采用了该认定原则，该案中交通事故与后遗症因果关系的认定中，法官对肯定因果关系证据与否定因果关系证据形成的心证分别为七成与三成，由于肯定因果关系存在的心证度为70%，因此，法院对原告请求中的70%损害额予以支持。① 在环境污染案件中，采取按心证比例确定民事责任的，除了在污染导致疾病这类不易确定因果关系的案件外，在污染导致财产损害的案件中，如果涉及到可能是多因一果或者难以排除其他因果关系情况的，也可采用此种合比例的认定原则。例如，前文提及的刘芳钰诉钦州国星油气有限公司等滩涂污染损害赔偿纠纷案中，法院即采用的是此种方法。②

环境污染纠纷案件的立法采用了最有利于受害者的证明责任规定，但这一最有利的规定由于未区分具体情况而可能产生不公正性，司法实践者根据侵权的不同类型和特点自行探索了可能符合实质正义的一些做法，但同时在探索过程也产生了一些偏离实质正义的做法，特别是在如何对科学不确定性风险进行分配上，由一种极端走向了另一种极端。如何在立法上和司法上采取更加妥当的证明责任分配，是一个值得总结和研究的问题。通过对案件类型化，并根据不同类型案件分别采取适当的举证责任分配，以及在科学不确定性问题上，采取适当的合比例认定原则，应当成为将来立法和司法的发展方向。

## 三、环境侵权案件的因果关系

《侵权责任法》第六十六条规定："因污染环境发生纠纷，污染者应当就法律规定的不承担责任或者减轻责任的情形及其行为与损害之间不存

①[日]高桥宏志：《民事诉讼法：制度与理论的深层分析》，林剑锋译，法律出版社2004年版，第469-470页。

②广西壮族自治区高级人民法院（2002）桂民四终字第21号民事判决书，北大法宝数据库。

在因果关系承担举证责任”。该条规定明确了在环境侵权诉讼中适用因果关系推定，对于及时救济环境侵权受害人、维护社会的公平正义、提高民事诉讼效率以及促进环境保护具有重要的意义。但是该规定较为笼统，加之目前理论界和实践中对因果关系推定、证明标准、证明责任等的适用尚未形成定论，导致司法实践中对环境污染与损害后果之间的因果关系认定存在着诸多难以逾越的障碍。因此，有必要对因果关系推定在环境侵权诉讼中的具体适用进行探讨。

## （一）渊源与嬗变：从因果关系推定的概念展开

在传统的因果关系理论中，受害人负有证明因果关系成立的责任，若其不能举证使法官确信加害行为与损害后果之间存在因果关系，则受害人就应当承担举证不利的败诉责任。但是在环境侵权诉讼领域，鉴于环境侵害行为的间接性、复杂性以及当事人地位的不平等性等因素，由受害人证明因果关系存在极端困难：第一，环境污染侵害一般都具有潜伏性和滞后性，在正常的认知水平之下无法判断损害事实与侵权行为之间是否存在因果关系；第二，在当前的科技条件下，仍然有许多环境侵害机理的认知处于滞后的状态，特别是对于人体的伤害无法作出准确的、肯定的判断；第三，环境损害事实往往是在多重因子综合作用下而产生的，需要依赖相应的监测、鉴定等现代性科技手段才能对其进行认定，受害人仅仅依靠个人力量显然不足以发现和判定因果关系的存在。因此，如果依照传统的因果关系证明理论，对受害人而言是有违公平的。

正是因为人类认知的局限性和传统因果关系理论在环境侵权诉讼中的诸多弊端，许多国家开始在环境侵权领域寻求新的因果关系证明方法，因果关系推定理论随之应运而生。这一理论大大减轻了受害人证明侵权行为与损害结果之间存在因果关系的责任，旨在救济受害人无辜遭受的损害，是平衡社会利益的必然结果。所谓因果关系推定，即在环境污染损害事实发生后，受害人只需提供初步证据证明自己受到的损害是由污染者造成的，即可向污染者请求损害赔偿；如果污染者不能证明损害不是其造成的，那么就可推定其侵权行为与受害人所受损害之间具有因果关系，污染者应当承担民事责任[①]。

国外关于因果关系推定理论主要有优势证据说、间接反证说、事实推定说和疫学因果关系说等。优势证据说由加藤教授借鉴美国的诉讼原则提出，认为在环境侵权诉讼中，对于双方当事人主张的不同事实进行司法认定时，只要一方当事人主张的事实有超过50%以上的盖然性证明度，即可作出结论[②]。间接反证说指如果受害人能够证明因果链条中的部分事实，即可推定其余事实存在，并在该部分内由加害人负反证其不存在的责任。事实推定说认为在环境侵权诉讼中，受害人对因果关系的证明，只要达到某种程度的盖然性即可，相反污染者则必须提出推翻全部因果关系存在可能性的反证[③]。疫学因果关系说就是用疫学（流行病学或病因学）的方法来证明侵害行为与损害结果之间的因果关系。以上各种学说在日本的司法审判中得到了积极的论证，并成为适用因果关系推定的基本原则。而德国也通过立法明确规定了环境侵权的因果关系推定。根据德国《环境责任法》第6条第1款的规定："如果依照个案的具体情形，某一设备很有可能引起既有的损害，则推定该损害是由该设备造成"。德国联邦最高法院在环境损害赔偿案件中适用该条款时要求污染受害者仅对基础事实承担提出证据的责任，并使法官对此形成积极的内心确认；而排污者则对诉讼中因果关系不存在的事实负担提出证据的责任和说服责任，即倾向于减轻受害人对于因果关系之举证[④]。纵观国际上因果关系推定的理论学说与立法、司法实践，因果关系推定已经发展得相对成熟并广泛应用于实践之中，为我国因果关系推定的理论发展与司法适用提供了借鉴。

---

① 曹明德：《环境侵权法》，法律出版社2000年版，第176页。

②[日]加藤一郎：《公害法的形成和发展》，岩波书店1968年版，第29页。

③[日]公害问题研究会：《公害苦情商谈手册》(三订版)，财团法人日本环境协会1999年版，第49-50页。

④ 陈国义：《民法因果关系之理论、概念及举证责任在德国环境损害赔偿事件中的适用及其转变》，载《法学丛刊》1995年第160期。

## （二）博弈与配置：环境侵权诉讼的证明责任分配

环境侵权诉讼遵循公平、正义和效率的基本价值取向，旨在实现环境受害人与污染者之间利益的协调。笔者认为，如何协调受害人与污染者之间的博弈困局，如何实现侵权诉讼的核心价值和实效，都是因果关系推定适用的因由所在。因此，环境侵权诉讼中因果关系推定的适用应当首先明确受害人的证明责任和污染者的证明责任。

1. 受害人证明责任的基础限度

因果关系推定是建立在受害人就因果关系初步证明基础之上的推定，换言之，初步证明是因果关系推定的重要前提。事实上，《侵权责任法》的规定并不意味着完全免除受害人的证明责任，而仅仅是减轻了他的证明责任而已。这一规定实质上与德国环境责任中采取的“肇因适合”相似，受害人必须对肇因适合引发损害进行证明[①]。也就是说，因果关系推定的适用免除了受害人对因果关系的证明责任，但并没有免除其对基础事实的证明责任。既然受害人对基础事实负有证明责任，那么其对该事实的证明就必然需要达到相应的证明标准[②]，使法官对基础事实的存在获得心证，进而适用推定。因此，受害人的证明责任实质上就是从基础事实到推定事实的初步证明与认定。在具体环境侵权诉讼案件中，受害人需要证明两个基本条件：污染者具有污染环境的行为；受害人的人身、财产遭受侵害或者有遭受侵害之虞。

首先，受害人需要证明污染者具有排污行为，并且排放物影响了受害人的健康或财产。根据我国《环境保护法》第四十一条规定：“造成环境污染危害的，有责任排除危害，并对直接受到损害的单位或者个人赔偿损

---

① 德国法适用的“肇因适合”实质上就是指污染者的侵权行为与损害结果之间具有因果关系存在的可能性。参见周翠：《〈侵权责任法〉体系下的证明责任倒置与减轻规范：与德国法的比较》，载《中外法学》2010 年第 5 期。

② 当然，受害人的这一证明标准只须高于表见证明的证明度即可，它实质上是远远低于能够完全确信的尺度的。参见周翠：《〈侵权责任法〉体系下的证明责任倒置与减轻规范：与德国法的比较》，载《中外法学》2010 年第 5 期。

失”，可见环境侵权不以污染物的超标排放为前提条件。因此，污染者向环境排放污染物的行为是一种可以“事实自证”的客观性事实，受害人仅需依照相应的调查证据证明排放物到达其受害区域即可。例如，在水污染致渔业损害案件中，受害人需要证明：①受害人依法在河流下游或者引用河水灌入鱼塘进行渔业养殖；②污染者将污染物排放至河流中。那么，可以认定河流上游水流必然会到达下游养殖区域并发生作用。对于②项的证明，受害人可以依法定程序向相关部门报告，请求环境监测部门或其他专业机构进行现场取样、封存和鉴定等取证工作。

其次，受害人的人身、财产遭受侵害或者有遭受侵害之虞。在环境侵权诉讼中，受害人应该证明已经发生的人身、财产遭受的损害事实，或者存在可能会造成自身损害的危险事实。第一种情况是，当污染损害事实发生后，受害人应该对所造成损害的范围、程度和具体数额等进行举证。由于环境侵权案件具有复杂性，无法及时确定加害人，如果在侵权诉讼时受害人无法对自己所遭受的损害后果提供充分的证据，则无法请求加害人自愿赔偿，而且无法确定具体的赔偿数额。就财产损失来说，受害人应当在事故发生后按照法定程序向有关部门报告，做好取证工作，主动请求环保监测部门、医院等相关部门和专业机构对其所受损害进行监测或鉴定，必要时可请公证部门进行公证。就人身损害而言，受害人对损害后果可以依照公序良俗和一般的社会常识，证明自己损失的客观存在。第二种情况是，当受害人的人身、财产权利有遭受侵害之虞时，由其证明存在造成损害的潜在危险事实。环境侵权的成立，并不以发生实际损害为要求，受害人只需证明污染者排放物到达自己的区域并且这种排放物对环境或者对其人身、财产权益具有造成损害的危险盖然性即可。

2. 污染者证明责任的理性边界

根据《侵权责任法》第六十六条的规定，污染者应当就法律规定的不承担责任或者减轻责任的情形及其行为与损害之间不存在因果关系承担举证责任。由此可见，在环境侵权诉讼中，污染者应当从两方面举证来免除或减轻责任：存在法律规定的免责或减轻责任的事由；行为与损害之间不存在因果关系。

（1）免责或减轻责任的事由

我国现行不同法律对污染者不承担责任和减轻责任的规定不尽相同，如:《环境保护法》第四十一条第三款规定:“完全由于不可抗拒的自然灾害，并经及时采取合理措施，仍然不能避免造成环境污染损害的，免于承担责任”;《大气污染防治法》第六十三条规定:“完全由于不可抗拒的自然灾害，并经及时采取合理措施，仍然不能避免造成大气污染损失的，免于承担责任”；而《水污染防治法》第八十五条二、三、四款规定：“由于不可抗力造成水污染损害的，排污方不承担赔偿责任；法律另有规定的除外。水污染损害是由受害人故意造成的，排污方不承担赔偿责任。水污染损害是由受害人重大过失造成的，可以减轻排污方的赔偿责任。水污染损害是由第三人造成的，排污方承担赔偿责任后，有权向第三人追偿。”可以看出，《环境保护法》与《大气污染防治法》关于免责事由的规定是一致的，而《水污染防治法》则扩大了免责事由和减轻责任的范围。

总体来说，污染者免除或减轻责任的情形主要在于：不可抗力且采取合理的措施，免于承担责任；由受害人的故意造成的损失，免予承担责任；由于第三人过错造成的损失，污染者有权向其追偿；由受害人重大过失造成的，可以减轻责任。另外，当出现《侵权责任法》第三十、三十一条规定的正当防卫、紧急避险等法定事由时，污染者仍得以该事由请求免除或者减轻责任。

（2）行为与损害后果之间不存在因果关系

作为一种特殊侵权，根据我国《环境保护法》第四十一条和《侵权责任法》第六十五条的规定，污染者侵权责任的承担并不以违法性为前件。因此，在环境侵权诉讼中，无论污染者的行为是否具有可责难性，只要发生了事实上的损害后果，污染者理应承担责任。换句话说，污染者证明其排污具有合法性、排污达标是无法免除和减轻其责任的。因此，当不存在免责事由或减轻责任的法定事由时，污染者只能提出证据击断因果关系链条，证明受害人损害事实的成因，并对说明原因的事实举出证据。此时，污染者需要证明：第一，他没有从事污染环境的行为；第二，在存在排放污染事实的情形下，其排放污染物的行为不可能对受害人的人身或财产造成损害。

对于第一种情况，污染者需要提供证据证明其并未排放污染物或者其排放的污染物无法到达受害人人身或财产之上。这是一种可以事实自证的客观性事实，污染者仅需依照相应的调查证据证明即可。对于第二种情况，污染者需要提供科学的、具有普遍性的事实证明损害并非因其行为而发生。污染者可借助现代科技，通过监测、鉴定等技术手段充分证明其排放的污染物不可能造成损害后果的发生；同时，也可采取普遍性事实反证的方式，如在水污染案件中，当受害人所处相邻区域范围内相同的人身或者养殖生物并未出现损害的情况，能够充分证明受害人的损失属于偶然性个例，则法院也可视具体情况判定是否可以击断因果关系链条。当然，如果污染者不能举出证据或者举出的证据缺乏证明力，无法充分否定因果关系链条的存在，则法院即可适时进行因果关系推定，由污染者承担不利的法律后果。

### （三）审思与超越：因果关系推定的适用逻辑

环境侵权诉讼中的因果关系推定不同于传统侵权诉讼因果关系的认定方法，因此在适用时应特别注意遵循一定的方法、规则和思路。在司法审判中，当污染者能够证明存在免除责任、减轻责任的法定事由或者其排放的污染物并未及之于受害人时，此时不需适用因果关系推定；而当污染者证明其排放污染物的行为不可能对受害人的人身或财产造成损害时，由于环境侵权行为具有复杂性、间接性、潜伏性，无法直接、准确地进行判断，法院才会根据具体案件适用因果关系推定。笔者认为，因果关系推定的适用主要分为三步：受害人初步证明→污染者反证→推定。具体而言，首先应由受害人举示初步证据证明基础事实的存在，然后由污染者予以反驳。经法院审查，如果污染者提交的证据达到了从自然科学上证明因果关系不存在的高证明标准，则污染者的反驳成功，其行为与损害后果之间不存在因果关系；如果经其反证不能达到确实地从自然科学上证明因果关系不存在的高证明标准，污染者反驳失败，则推定侵权行为与损害后果之间存在因果关系。

1. 证明标准的定性选择与确证

目前，我国大量的环境侵权诉讼难以进入司法程序，而许多进入诉讼程序的案件却常常因为证据的原因，原告难以胜诉。证明标准不明确是造成原告在此类诉讼中难以胜诉的重要原因。由于环境侵权的极端特殊性，在确定原被告双方的证明标准时，需要引入“盖然性”这个概念。所谓盖然性规则，是指由于受到主观和客观上的条件限制，要求法官就某一案件事实的认定，依据庭审活动对证据的调查、审查、判断之后形成相当程度上的内心确信的一种证明规则①。当这种自由心证达到相当高度时，法官便可对某一案件的事实加以认定。笔者认为，鉴于环境侵权诉讼中诉讼主体诉讼能力不对等，为了实现利益衡平，应该对不同的主体、不同的证明对象适用不同程度的证明标准。具体而言，在因果关系证明方面，对原告适用较低程度盖然性标准，对于被告则适用高度盖然性标准；而在损害事实、损害后果等方面的证明则应对双方适用相同的证明标准。

2. 因果关系推定方法的区分与定位

环境侵权诉讼中适用因果关系推定的方法有多种，包括疫学因果关系推定方法、间接反证方法和事实推定方法等。我们知道，环境侵权纠纷案件纷繁复杂，环境侵权行为的种类、损害的原因、危害的表现形式更是多种多样，单一的因果关系推定方法容易导致审判实践中的机械套用。国外在审判实践中会根据案件的具体情况适用不同的因果关系推定方法。以之为鉴，我国在司法实践中也要注意区分案件特殊情况，有针对性地采用不同的因果关系推定方法。

第一，对于社会公众因工业生产、建筑施工、交通大气污染等引发的人身损害，可采用疫学因果关系推定方法。作为一种科学程度较高的证明方法，它要求针对某种疾病发生的相关原因，列出疫学上的若干因子，然

① 罗玉珍，高委：《民事证明制度与理论》，法律出版社 2002 年版，第 635 页。

后利用统计的方法，调查各因子与该疾病之间的关系。一般来说，这种推定方法要具备几个条件：①某种污染物向特定环境排放；②随着这种污染物的排放量增多，患这种病的人也越多；③此种污染含量较少的地方，得这种病的人也少；④上述统计结果同实验和医学的结论绝不矛盾。具备以上几个条件，则可推定污染行为与损害后果之间存在因果关系。事实上，我国法院在1980年“王娟诉青岛化工厂氯气污染”一案中，就已经采用了疫学因果关系推定方法来认定加害人的侵权行为与受害人人身损害之间存在因果关系。法院在审理中查明：①王娟在此次患病前从未换过过敏性支气管哮喘，并且其本人无此类疾病之家族史；②医学证明氯气中毒可致人患过敏性支气管哮喘疾病；③王娟患过敏性支气管哮喘疾病的时间正是青岛市化工厂发生氯气外溢污染事故以后。据此，法院认定王娟患病系化工厂氯气外溢污染事故所致。

第二，对于在涉及到工农业生产所造成的污染而导致受害人的种植业、养殖业等财产权益的损害时，可采用间接反证法。我国《侵权责任法》第六十六条关于因果关系推定的规定实质上更倾向和接近于间接反证法。该学说源于德国民事证据法，最早为日本新潟水俣病判决所采用。审判实践中法院在适用第六十六条时，应主要从受害人对基础事实的证明、侵权人反证、因果关系推定的适用等方面进行认证，并改变传统侵权案件的认知思想。具体而言，针对被告在生产过程中产生了有害物质、被告将有害物质向外部排出、有害物质经环境媒介扩散、有害物质到达了受害人财产之上、受害人有财产上的损害发生这样一些事实，原告只需证明其中的部分事实，如证明被告将有害物质向外排出和受害人有财产上的损害这样两个事实；当污染者不能提供证明充分的反证证明因果关系不存在，即可推定污染事实存在，则污染者应当承担相应的法律责任。

第三，对于历时比较久远的环境侵权案件，由于污染潜伏期较长、致害原因复杂多样，导致污染危害范围广泛，行为与后果时空差异较大，而且证据多已灭失无法重新收集完整。可以采取优势证据推定方法和事实推定方法，并结合其他多种推定方式综合确定是否可以推定因果关系存在。

对于具有较高盖然性且无法通过疫学或者间接反证击断因果链条的，即可推定因果关系存在，由污染者承担相应的法律责任。

3. 法院裁量的要素限定与约束

环境侵权诉讼案件中，判断污染行为与损害后果间是否具有因果关系，是确认污染者是否承担责任的关键所在，也是司法审判的难点。受制于证据收集不全、环境科技水平的限制等因素，大多数的环境案件都无法对因果关系作出直接证明。法院在裁量过程中应当适用因果关系推定，需要注意以下几点：

第一，法院在裁量过程中必须严格控制因果关系推定的适用范围。因为推定依赖于法官的自由心证，对于能够直接证明因果关系的不得适用推定，只有在提供的证据包括监测数据、鉴定数据等科学认定存在不确定因素时才可以适用因果关系推定。

第二，法院在裁量过程中必须分清自然科学上的因果关系与法律上的因果关系。很明显，前者是自然因素间的因果性联系，而后者则是法律上行为与后果之间的联系。一般来说，前者是构成后者的基础，而后者则通过法律将前者表现出来。当自然科学上的因果关系并不确定或与法律规定相悖时，法律应当以程序为基准，适时进行调整和判断，其直接指向的是法律上的因果关系应当反映客观的科学性因果关系的事实存在。

第三，法院在裁量过程中应该在查明事实和证据的基础上进行逻辑推理、证据证明和因果关系推定。法官应当依个案的经营过程，投入使用的设备，投入使用和排放的物质的种类和浓度，气象状况，损害发生的时间和地点，损害形态以及本案中支持和反对损害因果关系的所有其他情状作出判断[①]。也就是说，推定的首要基础是遵循客观性，以查明的案件事实为依据，而不是简单的主观臆断。因果关系推定的过程必须符合逻辑规则，运用直接和间接证据综合进行符合思维规律的推理和认定。

① 周翠：《〈侵权责任法〉体系下的证明责任倒置与减轻规范：与德国法的比较》，载《中外法学》2010 年第 5 期。

### （四）余论：制度规范协调的合理性

相对于传统的民事侵权审判实践，环境侵权诉讼在我国尚处于起步和摸索阶段，为了推动环境保护审判事业的发展，必须尽快健全与司法审判直接相关的配套制度措施。

第一，建立专门的环境保护审判机构。环境侵权诉讼案件与传统侵权案件不尽相同，需要具有专业素养和审判思维的特定环境案件审判人员，因此亟须建立专门的环境保护审判机构。目前，我国最高法院已经设立了环境资源审判庭，北京、云南、贵州、重庆、江苏、海南等地也设立了专门的环境审判庭，但是就全国范围来说数量与规模仍处于起步发展的阶段。为了应对日益增多的环境侵权现象及环境侵权的极端特殊性，设立环境保护专门审判机构已是大势所趋。

第二，建立独立、科学、有资质的鉴定评估机构。因为环境侵权的复杂性，环境侵权诉讼中更多地依赖司法鉴定评估机构为法院审判提供科学、客观的污染证据和事实认定。因此，应建立独立、科学、有资质的环境保护司法鉴定评估机构，对鉴定人实行严格的回避、保密和责任追究制度，确保环境侵权诉讼中鉴定的科学性和权威性。

第三，建立完备的数据资料系统。环境污染所具有的特殊性极易给事实认定带来很多困难，因此环境保护部门及其下属的监测机构应当做好环境监测尤其是对重点企业及气象、水文的监测工作，在此基础上建立起完备的数据资料库，以供当事人查询[①]。由各级环保部门及其下属的监测机构提供的科学、客观的监测报告，能为鉴定评估机构提供重要的基础数据以便其进行科学、客观的鉴定工作。

---

① 侯茜，宋宗宇：《环境侵权责任中的因果关系》，载《社会科学家》2006 年第 3 期。

# 第四节 环境行政诉讼

## 一、环境行政诉讼"理想图景"的法律构建

2014年4月26日，历经四次审议，被称为史上最严格的《环境保护法》终于面世，这为"十面霾伏"的中国环境保护、遏制日益恶化的生态环境提供了最有力的法律后盾。2014年7月，最高人民法院环境保护庭正式挂牌，为我国环境司法掀开了新的篇章。但是，如何充分发挥环境司法特别是环境行政诉讼的功能，亟须深入探讨。以环境司法裁判文书为样本，对我国环境行政诉讼的现状进行描述、对存在问题进行揭示并提出完善建议不失为一条有效的路径。

在环境危机日益深化的今天，环境管理日益成为环境保护最重要的手段，政府成为"环境"这一公共物品最主要的提供者。但是，政府的环境管理也面临着"规制俘获"、"政府失灵"的风险，而行政诉讼通过司法途径可以对政府环境管理进行有效监督并对公众受损权益进行合法保护。裁判文书是司法现状的重要载体，它不仅承载了利益相关方的权利主张，而且也体现了各方诉讼主体利益博弈的过程，更反映了真实的诉讼场景和法律适用。我们通过中国法院裁判文书库共收集到238件一审环境行政裁判文书，[①]这些裁判文书虽然数量较少，可是时间跨度长、发生地域广、案件类型全，具有一定的代表性，通过对这些裁判文书的深入分析和认真梳理，也可以"管中窥豹"、"一叶知秋"，大致掌握我国环境行政诉讼的基本情况及存在的问题，并针对这些问题提出解决对策。

① 笔者通过中国法院裁判文书库的行政诉讼库中，以"环境保护"为案由共检索到311件裁判文书，剔除相同及二审裁判，共筛选获得238件一审环境行政裁判文书，涉及到北京(6)、天津(3)、河南(12)、山东(6)、山西(3)、辽宁(6)、吉林(2)、黑龙江(1)、湖南(26)、湖北(26)、安徽(10)、江西(1)、贵州(1)、上海(49)、浙江(16)、江苏(4)、福建(9)、广东(12)、广西(3)、海南(3)、重庆(28)、陕西(2)、青海(1)、西藏(3)、新疆(13)25个省、自治区和直辖市。这些裁判文书制发时间从1993年6月到2013年6月，时间跨度为二十年。

## （一）现状：我国环境行政诉讼的实然描述

为了更好地分析问题，我们对收集到的环境裁判文书从形式和内容两个方面并使用不同方法进行分析，形式方面主要对案件数量、类型及当事人进行分析，方法上以定量分析为主；内容方面则对主要对以定性分析为主。

1. 形式上的环境行政裁判文书

（1）案件数量：为数不多

长期以来，受“民不告官”、“信访不信法”等观念影响，我国行政案件相较于民事案件、刑事案件显得格外冷清，受理案件数量极低。2012年全国各级法院共审结一审行政案件13.6万件，是行诉法实施22年来受案数最多的一年，但与民事案件（662.5万件）相比也是极不成比例，约为1∶50。[①] 而在行政案件中，公安、土地、城建、劳动保障居于主流地位，占据显著比例，相比较而言环境保护与交通、计生、工商均处于次要地位，所占比例比较低。据最高人民法院统计，2009年全国法院共受理一审环境行政诉讼案件2 647件，占全国法院审理的一审行政案件（120 312件）的2.2%。[②] 中国法院裁判文书库中收录的各类案件数据可以予以印证。该库收录的各类案件（包括民事、刑事、行政）有65.6万件，其中行政案件为3.1万件，而环境行政案件仅为238件，三者比率为2 800∶132∶1（详见表3-8）。

**表3-8 我国环境行政案件与行政案件及各类案件的比率表**

| | 全国法院受理一审案件数量（2009年） | 全国法院受理一审行政案件数量（2009年） | 全国法院受理一审环境行政诉讼案件（2009年） |
|---|---|---|---|
| 数量/件 | 11370000 | 120312 | 2647 |
| 比率 | 4295 | 45 | 1 |

①《中华人民共和国最高人民法院公报》2012年第4期。

②《2009年全国法院审理行政一审案件情况统计表》，http://www.court.gov.cn/qwfb/sfsj/201004/t20100408_3851.htm，2013年6月22日访问。

| | 中国法院裁判文书库收录案件总数 | 中国法院裁判文书库收录行政案件总数 | 中国法院裁判文书库收录环境行政案件总数 |
|---|---|---|---|
| 数量 / 件 | 666331 | 31429 | 238 |
| 比率 | 2800 | 132 | 1 |

司法是社会控制的重要手段，诉讼案件的数量直接反映社会秩序的稳定程度。一般情况下，案件数量少表明社会冲突程度较低。可是，在环境行政诉讼领域却并非如此。随着我国经济的高速发展，环境污染和生态破坏日趋严重，由此产生的环境纠纷居高不下。据统计，2010 年我国环境保护部共收到全国环境纠纷来信 70 余万件，来访 6.5 万人次[①]。环境纠纷高发而环境案件较少只能说明我国环境司法并未充分发挥其化解环境矛盾、恢复法律秩序、维护社会稳定的功能。

（2）案件类型：较为单一

在 238 件环境行政案件中，主要为对环境行政机关实施的行政处罚不服提起的诉讼案件，共计 164 件，约占所有案件的 68.9%。由于我国《行政诉讼法》是以行政处罚为模型进行立法设计，而我国《环境保护法》、《水污染防治法》中最早确立的也是针对环境行政处罚而提起的行政诉讼，[②]这种缺乏通盘考虑的制度设计导致我国环境行政诉讼类型较为单一，起诉环境行政处罚行为类案件占据环境行政案件的绝大部分。此外，对环境行政机关的行政许可决定不服提起诉讼的有 15 件，占比 6%，还有 15 件要求环境行政管理机关履行法定职责的案件，可见社会公众的环保意识在逐渐觉醒；另有 12 件向环境行政机关提出行政赔偿的，剩余其他类型的案件为 32 件（详见图 3-2）。随着我国环境状况的持续恶化，国家的环境管理职权逐渐膨胀，环境管理行为日益丰富，而这与司法实践中环境行政诉讼类型较为单一形成鲜明的差异。这说明司法作为社会的平衡器、减压阀，在环境行政保护领域并无作为。

① 杨朝霞，黄婧：《如何应对中国环境纠纷》，载《环境保护》2012 年第 1 期。
② 江必新：《完善行政诉讼制度的若干思考》，载《中国法学》2013 年第 1 期。

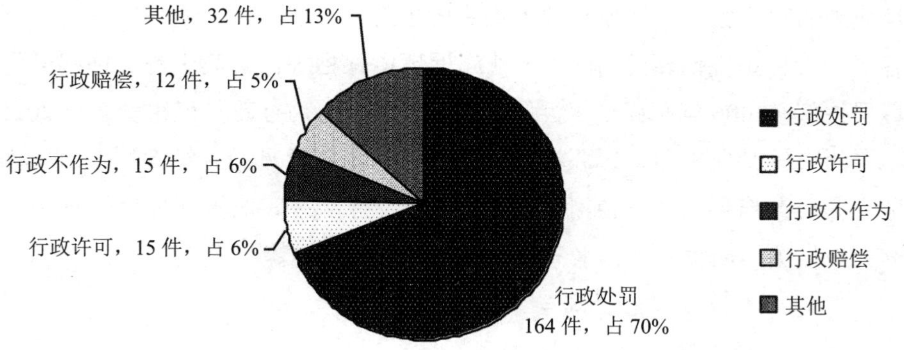


**图 3-2　我国环境行政案件类型分布图**

（3）当事人情况：较为固定

在收集到的环境行政裁判文书中，笔者对原告及其诉讼代理人、被告及其诉讼代理人情况做了统计（详见表 3-9）。

**表 3-9　环境行政案件诉讼当事人情况**

| 诉讼当事人的性质 | | | | |
|---|---|---|---|---|
| | 原告 | | 法人或其他组织 | 自然人 |
| | | 数量 / 件 | 154 | 84 |
| | | 比例 /% | 64.7 | 35.3 |
| | 被告 | | 环境保护部门 | 地方政府及其他管理部门 |
| | | 数量 / 件 | 177 | 61 |
| | | 比例 /% | 74.4 | 25.6 |

环境行政诉讼案件中，原告大多是公司法人、企业及个体户，约占 64.7%；而原告中自然人占比较低，约为 35.3%，其中有 3 件为集体诉讼[①]。原告为社会团体的案件非常稀少，仅有 2012 年中华环保联合会诉贵阳市修文县环保局环境信息公开案一起案例。原告为村民委员会或村民小组等村民集体的案件有 11 起，可见我国农村地区环境污染状况比较严重，

① 这三起集体诉讼案件分别是：2006 年安徽省望江县人民法院审理的赵同平等 31 人诉望江县环境保护局环保行政管理纠纷案，2006 年浙江省温州市龙湾区人民法院审理的邵时枢等 82 人诉温州市龙湾区环境保护局履行法定职责纠纷案，2001 年河南省平顶山市卫东区人民法院审理的孙大涛等 101 户农民诉平顶山市卫东区环保局行政不作为案。

环境矛盾较为突出。环境行政诉讼中的被告较为固定，一般为中央及地方各级环境保护部门，约有3/4案件起诉环境保护部门，其中有2件起诉环境保护部（2006年孔祥仁等诉原国家环境保护总局行政复议纠纷案与2011年锦州市某某乳制品厂诉环境保护部作出的验收意见函纠纷案），而起诉地方人民政府的有15件；同时，被告中还有一些其他履行环境管理职责的行政机关，如发改委、水务局、建设局、海事局等。

2. 内容上的环境行政裁判文书

（1）事实认定：证据单一推理不足

环境行政案件裁判文书在事实认定部分存在下列问题：①证据形式单一。证据部分一般只有法律文件和执法文书，而缺乏被诉具体行政行为据以作出的事实证据，比如行政相对人违法排污或不符合行政许可事项等事实的证明材料。②逻辑推理不足。一般只是简单罗列证据，而缺乏对证据的深入分析以形成逻辑严谨的证据链条。这些现象一方面显然与我国法官裁判文书撰写水平不高有关，另一方面则与环境案件专业性较强有较大关联。环境案件中的证据技术含量高，又有潜伏性、累积性、交叉性等特征，它们与待证的案件事实之间是否存在着客观联系，有时很难判断。以环境行政处罚案件为例，环保机关若要对排污企业进行处罚，就必须取得排污行为与损害结果之间存在必然性因果关系的证据，但事实上这样的证据很难取得。

（2）裁判理由：实体法律适用不够

综观全部裁判文书，下述两个方面现象值得关注：①侧重适用程序法律。裁判文书中援引法律频次最高的是《行政诉讼法》《最高人民法院关于执行〈行政诉讼法〉若干问题的解释》及《行政处罚法》，而大量的专门性环境法律法规的援引频次非常低（参见表3-10）。虽然，环境行政诉讼中大量出现程序法是一个必然现象，但违法事实认可、因果关系判断、法律责任界定等都必须依照实体法的规定作出。这反映出我国现行环境法律的可适用性较差，很多立法对法官来说“不好用”甚至“不能用”。

表 3-10　环境行政裁判文书援引法律的频次及比率

| 法律法规名称 | 程序法 | | | 实体法 | | |
|---|---|---|---|---|---|---|
| | 《行政诉讼法》 | 《最高人民法院关于执行〈行政诉讼法〉若干问题的解释》 | 《行政处罚法》 | 《环境保护法》 | 《水污染防治法》 | 《环境影响评价法》 |
| 比率 /% | 87 | 43 | 36 | 9 | 6 | 5 |

②适用地方法规规章、司法文件裁判现象比较普遍。一些裁判文书中大量适用地方法规规章，有的裁判文书则直接适用地方法院的司法解释性文件。比如在收集到的某省 3 件行政许可案件中，几乎全部援引了该省高级人民法院制发的《关于审理行政许可案件若干意见的通知（试行）》。这一现象再次对我国环境立法的可适用性提出了疑问，环境立法的科学性、合理性问题再次凸显。

（3）裁判结果：胜败比例较为悬殊

通过统计分析，一审环境行政案件中原告败诉率较高（参见表 3-11），占到 78%，而在环境行政处罚案件中原告败诉率更高，高达 92%。

表 3-11　一审环境行政案件裁判结果统计表

| 原告败诉 | | | 原告胜诉 | | | |
|---|---|---|---|---|---|---|
| 78% | | | 22% | | | |
| 种类 | 判决维持 | 判决驳回 | 判决撤销 | 判决变更 | 确认违法 | 责令履行 |
| 比率 /% | 43 | 35 | 16 | 0 | 3 | 3 |

胜败比例如此悬殊，显然与环境行政机关提高法治意识、规范执法行为、注重收集证据有一定关系。同时，在地方保护主义及 GDP 至上的社会背景下，法官是否有偏袒被告而通过维持被诉具体行政行为的胜诉判决来保障地方政府经济发展的嫌疑，引人深思。通过分析裁判文书的判决方式，也可以发现一些蹊跷。原告胜诉的裁判文书中主要为判决撤销或部分撤销具体行政行为，占到胜诉判决的 3/4，而确认被诉具体行政行为违法或责令行政机关履行职责的也占有一定比例。其中，直接判决变更被诉具

体行政行为的裁判文书则完全没有。可见，司法权对于行政权的“高度尊重”使得《行政诉讼法》规定的变更权几乎处于“备而不用”的状态。[①]

## （二）症结：我国环境行政诉讼的困境所在

无论是作定量分析还是作定性分析，我们发现一些问题反复出现，而这些问题中不仅是制约我国环境司法发展的瓶颈问题，也是揭示我国环境立法是否科学、合理的关键问题。

1. 原告诉讼资格限制较严

我国环境行政诉讼出现“门庭冷清”、“等米下锅”的尴尬局面主要原因在于原告资格限制较严而将很多原告拒之于司法大门之外。根据我国《行政诉讼法》第41条及最高人民法院《关于执行〈行政诉讼法〉若干问题的解释》第12条的规定，提起行政诉讼的原告是认为具体行政行为侵犯其合法权益的公民、法人或其他组织。这对行政诉讼原告资格提出了三个要求：①原告必须是合法权益受到侵害的行政相对人，除此之外的社会团体等第三人则无资格提起诉讼；②“合法权益”是指经过立法确认的人身权、财产权，而立法尚未确认且较为抽象的权益则不受保护；③要求合法权益受到的侵害是一种现实侵害，仅有侵害可能并不构成起诉条件。然而，环境权益是一种新型权益，它具有以下三个特性：①环境权益的享有主体是不确定的社会大众。由于环境是指大气、水流、土壤等“公共物品”，而公共物品并不具备专有性和排他性[②]，所以，环境权益的享有者为不确定的社会大众；②我国现行法律并未确认环境权。由于环境权益的内涵、属性争议较多，虽然法律界、学术界呼声很高，但是我国现行宪法及环境法律仍然尚未明确规定环境权益；③环境侵害救济应当注重“预防为主”的理念。很多环境侵害具有不可逆转的后果，一旦造成损害就无法修复，也无法挽回损失，所以环境司法不仅应当救济现实的环境侵害，更应当预

① 最高人民法院的统计数据也印证了这一现象。2010年全国法院审结的13万件一审行政案件中，裁判方式采用直接变更被诉具体行政行为的判决只有137件，仅占千分之一。参见何海波：《困顿的行政诉讼》，载《华东政法大学学报》2012年第2期。

②[日]宫本宪一：《环境经济学》，马中译，中国社会科学出版社2005年版，第22页。

防可能发生的环境侵害。可见，如果严格按照我国现行环境行政诉讼原告资格的限定条件，则大量受到侵害的环境权益很难获得行政救济，这也是环境行政诉讼“无人诉”、“无法诉”的主要原因。

2. 受理案件范围过于狭窄

受立法理念影响，[①] 我国行政诉讼的受案范围较为狭窄，结合《行政诉讼法》第 11 条、环境法相关规定及司法实践可知我国环境行政诉讼受案范围更为狭窄，主要有以下几项：①对环境行政处罚行为不服提起诉讼；②对环境行政许可行为不服提起诉讼；③对环境行政强制措施不服提起诉讼；④对环境行政不作为提起诉讼；⑤法律、法规规定可以提起诉讼的其他环境行政行为。目前，伴随我国经济高速发展而来的是我国环境污染事件频发、生态破坏情况严重，整体环境状况持续恶化，造成这种状况的原因很多，其中部分地方政府及行政机关在城市规划、资源利用及建设项目审批等行政决策过程中对环境保护考虑不周是重要原因之一。这些重大的环境规划、环境决策行为相较于单个企业违法排污造成的环境损害、生态破坏更具有全局性、整体性、长远性，可是，依据现行环境行政诉讼受案范围却无法对这些行为提起诉讼，也无法充分实现司法对于此类环境行政行为的有效监督和及时纠正功能。

3. 法官司法能力不敷使用

环境行政案件与其他环境案件一样，具有高度的科技关联性，环境侵害经常涉及“多因一果”的因果关系认定难题，而环境规划、环境影响评估也常常遭遇科学局限与决策风险。比如，在对臭氧层探测结果尚未发布之前，人们根本无法知晓用途广泛的氟氯化碳（CFCs）竟是罪魁祸首，而我国三峡工程的环境影响评价，至今仍然处于争议之中。由于法律适用是人的活动，法官的素养与能力直接决定着法律适用的水平。环境问题的复

---

① 原全国人大常委会副委员长王汉斌在《关于〈中华人民共和国行政诉讼法〉（草案）的说明》中指出：“考虑到我国的实际情况，行政法还不完备，人民法院行政审判庭还不健全，行政诉讼规定‘民可以告官’有观念更新问题，还有习惯、不适应问题，也有承受力的问题。因此，对受案范围还不宜规定太宽，而应逐步扩大，以利于行政诉讼制度的推行”。

杂性与环境纠纷的多样性决定了环境司法工作应当由具有高度专业素养和较强司法能力的法官才能胜任。可是，从目前我国的环境行政司法现状来看，法官的环境法专门知识、个体私益与环境公益的衡量技术、经济发展与环境保护的协调能力等方面都不能很好地满足解决环境纠纷的需要，对于已经建立的环境法律制度理解不透，对纠纷的事实认定与法律适用还存在认识偏差，这些对环境司法的公正性产生不良影响。因此，加强对法官的环境法知识培训，提升法官的环境司法能力也是当务之急。

4. 良好环境法律供给不足

司法活动是一种法律适用，良好的法律是公正司法的前提和根本保障。根据裁判文书分析可知我国环境法律的可适用性较差，环境立法对于司法的保障作用十分有限，司法中反映出来的诸多问题根源都在立法。尽管环境保护立法很多，但法官"无法可依"的现象仍然比比皆是，无论是实体法还是程序法都没有为法官提供良好的法律供给，"立案难、受理难、判决难、执行难"也就成为了一个真实的写照。此外，也有大量的案件因为缺乏法律依据而被拒之于司法大门之外。环境行政司法功能的发挥不足，立法难辞其咎。司法是法律权利实现的最后保障，环境立法不仅仅要重视权利的设定，更应该重视权利实现的方式、程序和保障条件。

## （三）比较：域外环境行政诉讼的借鉴之处

借鉴和吸收域外的法律制度及司法实践经验，对完善我国环境行政诉讼法律制度，指导我国环境行政诉讼实践具有重要意义。

1. 美国："公民诉讼"

美国1970年《清洁空气法》第55条规定"任何人如果认为联邦环保局局长未采取或履行依据本法不属于他的行政自由裁量权范围的行动或义务，皆可以自己的名义对局长提起诉讼。"这条规定正式确立了美国的公民诉讼制度，它赋权于任何美国公民或社会团体对于行政机构保护环境的措施不力，或对环境违法行为没有采取有力制裁或制止措施的行为可以提起行政诉讼。[①] 甚至，美国出现了"几乎所有的环境诉讼都涉及政府各机构间的争执诉讼，而非涉及私人间的争执诉讼"的现象。[②] 从司法实践来看，美国的环境行政诉讼的原告资格较为宽松，以 1972 年的"赛拉俱乐部诉莫顿案"为例[③]，该案确立如果一个组织的成员因行政违法行为而环境权益受损的话，该组织便取得原告资格；而在 2000 年的地球之友案件中[④]，联邦最高法院认为原告只需证明对违法行政行为进行司法审查能够减轻其所受的环境损失的"实质的可能性"即可提起诉讼。

2. 法国：越权之诉

法国的越权之诉是指当事人的利益由于行政机关的决定受到侵害，请求行政法院审查该项决定的合法性并撤销违法行政决定的救济手段。越权之诉的起诉条件包括：①只要申诉人利益受到行政行为的侵害就可以提起越权之诉，并不要求是申诉人的个人利益；②申诉人的利益不仅包括物质利益，也包括精神利益，比如审美与环境利益；③请求保护的利益不限于现实利益，将来的利益也可提起越权之诉。法国最高法院认为，只有在法律中明确规定不许提起越权之诉时，当事人的申诉权才受到限制，否则任何法律不能剥夺当事人提起越权之诉的权利。[⑤] 不仅行政决定的直接相对人可以提起越权之诉，如果第三人因为违法的行政决定而受到直接的利益侵害时，也可提起。在法国，各种社会团体十分活跃，当集体利益受到行政决定影响时，他们常常以自己的名义提起越权之诉。

3. 德国：团体诉讼

德国的团体诉讼制度起源于 1908 年的《防止不正当竞争法》，后来，它被立法者扩大到环境法领域。德国团体诉讼的起诉主体仅限于被官方承认的非政府环保组织，且他们只能就自然保护法上规定的可诉事项享

---

①See Steven Ferry, Environmental Law: Examples and Explanations, Aspen Publisher Inc., 2003, p.105.

②[ 美 ] 芬德利・R・W・法贝尔：《美国环境法简论》，程正康译，中国环境科学出版社 1986 年版，第 29 页。

③Sierra Club v.Morton，405 U.S. 727(1972).

④Ross v. National Wildlife Federation，497 U.S.871(1990).

⑤ 王名扬：《法国行政法》，中国政法大学出版社 1988 年版，第 667-681 页。

有起诉权。据2002年颁布的《联邦自然保护法》第61条规定："一个联邦或州认可的社会组织，在其权利没有被直接侵犯时，也可以对下列行为提起诉讼：①政府在自然保护区、国家公园、生物圈保护区和其他的环境保护区内实施的禁令或许可的行为；②对涉及自然景区的项目批准或颁发规划许可证行为。"[①] 德国团体诉讼判例中，针对环境行政机关的规划批准决定提起的诉讼最多，可以提起诉讼的规划批准决定包括道路的修筑和重大改建、有轨火车的建设、飞机场的建设和重大改建、永久性处置废物的土地、基础工业规划草案等。这些规划批准决定一般都是对环境影响较大的基础性建设项目，所以法律赋权社会团体通过行政诉讼进行司法监督。

4. 域外环境行政诉讼的启示

通过分析美、法、德三国关于环境行政诉讼的立法及司法实践，我们不难发现它们都旨在鼓励公众积极参与环境行政诉讼以达到有效监督环境执法行为的目的，具体包括下列举措：①不断放宽原告起诉资格。三国环境行政诉讼原告起诉资格的标准都呈现出逐步放宽的趋势，一般都经历了从保护法定权利—法律利益—事实利益的扩张路径。正如美国行政法学者施瓦茨所言："行政法方面的任何变化都没有原告资格方面的变化迅速。在最近几年中，原告资格的栏杆大大降低了。"[②] ②扩张解释"法律利害关系"的内涵。三国环境立法都对原告具有"法律利害关系"的内涵进行了扩张解释，认为它不仅包括人身权、财产权，还包括公众审美等环境利益，并将"法律利害关系"扩张至将来可实现的期待利益，实现了环境行政诉讼的预防目的。③抽象行政行为可诉。三国环境立法都确立了对抽象行政行为的司法审查制度，认为可诉的"违法行政行为"，既包括具体行政行为，也包括抽象行政行为。比如法国行政法院不仅可以审查政府机关的具体行政行为，还包括一些抽象的行政行为，有时甚至涉及环境行政规章的制定行为。[③]

---

① 高家伟：《欧洲环境法》，工商出版社2000年版，第220页。
②[美]伯纳德·施瓦茨：《行政法》，徐炳译，群众出版社1986年版，第419页。
③ 王名扬：《法国行政法》，中国政法大学出版社1988年版，第652页。

## （四）建议：构建我国环境行政诉讼的“理想图景”

针对上述我国环境行政诉讼存在问题，结合我国本土资源，借鉴和吸收域外环境行政诉讼立法和司法的先进经验，我们建议从以下几个方面来构建我国环境行政诉讼的“理想图景”。

1. 积极推行环保法庭

由于环境案件具有科技高度关联性和利益广泛牵连性等特点，我国现行环境审判存在着专业性不足等缺陷，严重影响环境司法的积极效果。2007年年底，贵州省贵阳市中级人民法院成立了我国第一家环保法庭，在最高人民法院的积极倡导下[①]，截至2013年3月，全国16个省（直辖市）的三级人民法院共设立了130个环境审判专业组织（包括审判庭、合议庭、派出法庭、巡回法庭等）。[②]这些专门设立的环境审判组织对涉及环境保护的刑事、民事、行政及执行案件实行“四合一”的审判执行模式，配备具有专业知识的审判人员，并给予制度、组织、经费等方面的保障。环保法庭的设置可以有效应对环境案件技术性强等特点，并有力推动我国环境司法的专业化发展。然而，各地环保法庭却普遍处于“无米下锅”的尴尬境地，案件数量少、法律难点多、程序规则不明、法官能力不足等瓶颈问题制约着环保法庭的良性发展。可以说，我国环保法庭仅仅发挥出一定的示范作用，而远未达到制度化、程序化和规范化运行的目的。所以，要想充分发挥环保法庭的理想效果，还必须有配套的法律制度和诉讼机制，就环境行政诉讼而言，至少需要确立环境公益诉讼、拓宽原告诉讼资格、扩大案件受理范围、完善环境立法等问题亟须解决。

---

①2010年6月29日，最高人民法院发布的《关于为加快经济发展方式转变提供司法保障和服务的若干意见》中明确表示：“在环境保护纠纷案件数量较多的法院可以设立环保法庭，实行环境保护案件专业化审判，提高环境保护司法水平。”这充分表明了最高人民法院对于设立专门环境审判组织的积极态度。

② 张宝：《我国环境保护审判组织概览》，http://ahlawyers.fyfz.cn/art/406851.htm，2014年6月26日访问。

2. 确认环境公益诉讼

2012 年 8 月 31 日最新修改的《民事诉讼法》第 55 条正式规定了对于污染环境的行为，法律规定的机关和有关组织可以向人民法院提起公益诉讼。然而，新《民事诉讼法》仅确立了环境民事公益诉讼，而环境行政公益诉讼则付之阙如。[①] 当前，部分地方政府在唯 GDP 政绩观影响下，以破坏环境为代价来发展经济，给地方生态环境和群众环境权益造成严重损害，比如 2004 年内蒙古自治区阿拉善右旗人民政府在没有进行任何可行性研究和环境影响评价的情况下，盲目引种新物种导致该地 2100 亩土地彻底沙化，而该地正是北京重要的风沙源之一，当地政府应当是这起生态破坏事件的第一责任人。[②] 为了督促地方政府或环境管理行政机关积极履行环保职责或监督、纠正其实施的侵害环境的行政行为，应当通过立法确认环境行政公益诉讼制度。环境行政公益诉讼至少有下述三个方面的功能：①有效监督政府环境行为。权力缺乏监督，就必然导致权力滥用。通过提起环境行政公益诉讼，社会公众可以对地方政府或环境管理机关有关环境决策、环境行为进行有效监督，督促地方政府采取可持续的经济发展方式。②提高公众环境法治意识。公众参与公益诉讼，必然要了解和掌握相关环境法律规定，而且法庭上律师、法官关于法律适用的辩论与解释必将大大提高公众的环境法治意识。③确立公众的环境法治信心。环境公益诉讼将唤醒公众的环境维权意识，使公众认识到可以通过法律手段来保护自己的合法权益，从而使其树立起对中国法治建设，包括环境法治的信心。比如 2003 年，在中国政法大学污染受害者帮助中心的法律援助下，北京市潘家园南里的 180 余户居民起诉北京市规划委员会的行政许可行为并获得胜诉，该案被媒体报道以后，有许多人打电话或者到中国政法大学污染受害者法

---

① 有学者将环境公益诉讼分为环境民事公益诉讼与环境行政公益诉讼，其中环境民事公益诉讼是指公民、法人或组织针对其他公民、法人或组织侵害环境公共利益的行为，请求法院提供民事性质救济的诉讼。而环境行政公益诉讼则是公民、法人或其他组织以行政机关的具体环境行政行为损害环境公共利益为由，向法院提起的司法审查之诉。参见别涛：《环境公益诉讼的立法构想》，载《环境保护》2005 年第 12 期。

②《北京风沙源内蒙古阿拉善 2100 亩土地撂荒调查》，载《新京报》2004-08027（第八版）。

律帮助中心咨询，表示要提起行政诉讼。[①]

3. 拓宽原告诉讼资格

根据我国的实际情况，在修改《环境保护法》《行政诉讼法》或制定相关司法解释时，对环境行政诉讼原告诉讼资格做出放宽的明确规定。具体包括：①放宽原告的起诉条件。具体指从“法律上的利害关系”向“事实上的损害”转变，后者不仅包括事实上造成环境损害、人体健康损害，还包括环境美学等损害；从“必然影响”向“可能影响”转变，为贯彻“预防为主”理念，规定如果被诉具体行政行为存在侵害原告环境权益“可能”的，也可提起诉讼。[②]②允许环保团体等利害关系人提起诉讼。提起环境行政公益诉讼不应仅局限于行政相对人，应当通过立法允许利害关系人特别是环保团体成为环境公益诉讼的重要原告。相较于单个公民，环保团体拥有组织严密、信息畅通及专业技术等优势，由社会团体提起环境公益诉讼更具可行性。③设置诉前告知程序。为了防止因原告资格放宽而产生滥诉的可能，不当影响行政机关的执法效率。可以借鉴美国“公民诉讼”设置诉前告知程序，在经诉前告知之后，如果环境主管机关便采取积极措施纠正违法行为或立即履行环保职责，那么行政诉讼目的便已实现。[③]

4. 扩大案件受理范围

行政案件受案范围的边界就是公民合法权益受司法保护和行政权得到司法豁免的临界点。然而，这个边界并不是一成不变的，它应当随着社会发展而不断变化。[④]当前，我国环境行政诉讼范围较窄导致我国环境行政案件类型比较单一，绝大部分为环境行政处罚案件，这与我国环境管理范围日益扩大形成明显反差，亟须扩大我国环境行政诉讼的受案范围，具体包括：①增加我国现行环境法律的可诉性。我国《行政诉讼法》第 11 条

---

① 王灿发：《一起环境行政诉讼透视出的环境公益诉讼的影响和作用》，载《世界环境》2005 年第 3 期。

② 高新华：《论我国行政诉讼原告资格制度发展的路径选择》，载《兰州学刊》2005 年第 2 期。

③ 叶俊荣：《环境政策与法律》，中国政法大学出版社 2003 年版，第 232 页。

④ 章剑生：《有关行政诉讼受案范围的几个理论问题探析》，载《中国法学》1998 年第 2 期。

第一款列举了八项可以提起行政诉讼的受案范围，第二款则为兜底条款，规定“人民法院受理法律、法规规定可以提起诉讼的其他行政案件。”这表明行政诉讼的受案范围不是封闭的，而是开放的，可以通过增加我国现行各项环境法律法规中的“可诉条款”来扩大我国环境行政诉讼的受案范围。比如2007年颁布的《政府信息公开条例》、《环境信息公开办法（试行）》中均规定了可对政府环境信息公开工作提起行政诉讼。之后，全国便出现了一些案例，例如2010年蔡某诉上海市某新区环保局环境信息公开答复案，2012年中华环保联合会诉贵州省贵阳市修文县环保局环境信息公开案。②将环境抽象行政行为纳入司法审查范围。我国《行政诉讼法》第12条将国家行为、抽象行政行为、行政机关内部行政行为等行政行为排除于受案范围之外，这导致环境行政机关作出的以城市规划、资源开发、重大项目建设等为内容的抽象行政行为不能接受司法审查，而这些环境抽象行政行为对于环境影响具有更大的破坏性，所造成的后果具有不可估量性。所以，我们建议应当将抽象行政行为纳入环境行政诉讼的受案范围之内。

5. 完善环境法律制度

从1979年颁布实施第一部环保法律《环境保护法（试行）》至今，我国环保法制建设已经历了三十年的发展。在这三十年里，我国陆续颁布了环境资源法律30多部，行政法规50余项，部门规章和规范性文件近200件，国家环境标准800多项，地方性法规和规章1 600多件，[①] 可以说我国环境立法框架体系已基本形成，这些法律的实施对控制环境污染和生态破坏、合理开发利用资源与能源都起到了非常积极的作用。但是，通过裁判文书分析可知我国环境立法仍然存在可操作性差、不够科学合理的缺点。因此，结合我国环境行政诉讼的问题，应当继续完善我国环境立法：①环评政府行政决策行为。近年来，我国政府一直大力提倡科学决策，我们建议将政府行政决策纳入我国《环境影响评价法》的适用范围，并将其

① 周生贤：“全面加强环境政策法制工作　努力推进环境保护历史性转变——在第一次全国环境政策法制工作会议上的讲话”，http://www.mep.gov.cn/gkml/hbb/qt/200910/t20091030_180610.htm，2014年6月27日访问。

列入环境行政诉讼的受案范围，这样将会从根本上杜绝由于决策失误而导致的大范围、长时间的环境污染和生态破坏情况的发生，对我国建设环境友好型社会带来广泛而深远的影响。②明确政府环保职责。我国现行法律对部分环境管理机关的环保职责设定过于模糊和宽泛，行政自由裁量权范围过大。所以，应当结合国家环境政策来具体细化政府各部门的环保职责。③增强环境立法的可实施性。我国环境立法仍然存在过于原则的弊端，应当以提高立法质量为目标，以增强立法可操作性为关键，以规范政府环境责任为保障，修改我国现行环境法律法规。

## 二、环境非诉执行案件

对行政非诉执行案件进行审查和执行是法院的重要职能之一。环境执法非诉执行，是指行政相对人未能在规定期限内履行法定义务，也未在法定期限内申请行政复议或者提起行政诉讼，法院依据环保部门的申请受理并强制执行的行为。司法实践中，很多环保非诉执行案件具有群体性、复杂性、紧迫性、不稳定性等特点，且由于相关法律规定滞后、欠缺或不明确，增加了该类案件执行的难度。新《民事诉讼法》第55条规定了环境民事公益诉讼制度，更是给环保非诉执行提出了挑战。

### （一）环保非诉执行难的表征

1. 环保非诉执行三方相互制约

环保非诉执行中，涉及三方当事人——环保局、法院、相对人。按照权力（权利）的来源和属性，可以将其分为公权主体和私权主体。前者包括环保局和法院；后者是相对人。根据“私权优于公权”理论，[①] 公权的存在是为了保护私权，其功能发挥的起点和归宿皆为私权的获得和行使。但事实上，不论是公权主体，还是私权主体，其首先考虑的要素必定是自身的“生存”，只不过“生存”的意义不尽相同。因此，当一项职能归为

① 郭明瑞：《权利冲突的研究现状、基本类型与处理原则》，载《法学论坛》2006年第1期。

一个具体的责任主体后，作为一个独立的利益集体或个体，“生存”是其第一要义，环保局、法院、相对人皆如此。作为法院，为了防止当事人上访而不得不“压”一下环保部门；为了和环保部门搞好关系，不会轻易发司法建议，这就是不得不考虑自身“生存”的需要。

2. 环保非诉执行审查难以把握

按照法律规定，法院对环保局的非诉执行申请需要进行合法性审查，做出是否予以强制执行的裁定。其审查标准应当具备《最高人民法院关于执行〈中华人民共和国行政诉讼法〉若干问题的解释》（以下简称《〈行政诉讼法〉司法解释》）第86条规定的申请要件和第91条规定的证据资料。

对于法律规定标准的把握和判断，各地法院存在很大的差异：一类是严格审查，其法律依据是《行政诉讼法》第54条，不仅审查其程序上是否合法，而且审查其实体内容是否合法。一类是形式审查，认为法院不同于检察机关，应当支持环保部门的行政执法，仅仅在程序和形式上审查，就已经足够，而且这样可以与行政诉讼的基本思路保持一致。一类是适度审查，认为严格审查和形式审查都有失偏颇，行政诉讼中要求的形式审查，其基础是建立在开庭、举证、质证等完整的诉讼程序之上的，而非诉执行并非诉讼程序，更多的是书面审查，所以不能是严格审查，但是如果沦落为形式审查，又不利于保护行政相对人的正当权益，与非诉执行制度的设置初衷相悖。

除此之外，影响法院掌握审查标准的因素还与经济社会发展情况、执行部门工作原则、执行人员法律素养以及地方保护主义等有关。

## （二）环保非诉执行的法律适用

1. 环保部门申请人民法院强制执行的期限

环保部门向法院申请强制执行的前提是，当事人在“法定期限内”不履行具体行政义务或行政处罚决定，又不提起诉讼。关于“法定期限”这一概念包括以下几种情形：一是当事人对环保部门所作出的行政处罚等具体行政行为不服，提起行政诉讼的法定期限，如《环境保护法》第四十条规定“当事人也可在接到处罚通知十五日内，直接向人民法院起诉”；二是当事人对环保部门所作出的行政处罚等具体行政行为不服，申请行政复议的法定期限，如《行政复议法》第九条规定：“公民、法人或者其他组织认为具体行政行为侵犯其合法权益的，可以自知道该具体行政行为之日起六十日内提出行政复议申请；但是法律规定的申请期限超过六十日的除外”；三是《行政诉讼法》第三十九条规定：“当事人直接向法院提起诉讼的期限为三个月，法律另有规定的除外。”上面三种情形中规定的“十五日”、“六十日”、“三个月”就是“法定期限”，《环境保护法》第四十条规定的“当事人逾期不申请复议，也不向人民法院起诉，又不履行处罚决定的，由作出处罚决定的机关申请人民法院强制执行”。此处的“逾期”，就是超过上述法定期限。2000 年 3 月 10 日实施的《最高人民法院关于执行〈中华人民共和国行政诉讼法〉若干问题的解释》第八十八条规定“行政机关申请人民法院强制执行其具体行政行为，应当自被执行人的法定起诉期限届满之日起一百八十日内提出。逾期申请的，除有正当理由外，人民法院不予受理。”全国人大常务委员会法工委 2001 年 17 号文明确规定了环保部门申请强制执行的期限，“如果当事人自接到环保部门的行政处罚通知之日起，超过十五日未起诉，超过六十日未申请复议，又不履行处罚决定的，作出处罚决定的环保部门即可申请人民法院强制执行。”综上，行政相对人逾期不提起诉讼又不申请行政复议，环保部门申请人民法院强制执行的时段为此具体行政行为生效之日起六十一日至二百四十一日终。环保部门此时段内未申请强制执行，除有正当理由外，人民法院不予处理。

2. 环保部门申请人民法院强制执行行政处罚案件前的准备工作

人民法院的环境非诉执行案，只能依环保部门的申请作出，其实质不是人民法院行使行政执法权，而是环保部门强制执行的延伸和继续。环境非诉执行是借助司法执行权来最终实现环境行政执法的目的。为此要做好以下五方面工作：首先，环保部门作出申请人民法院强制执行其具体行政行为的法律文书，附环保部门单位法人证明、委托授权书；其二，向法院提供据以强制执行的环保行政法律文书，这些环保行政法律文书是环保部门申请人民法院执行和人民法院采取强制执行措施的主要依据，并装订成册；其三，提供证明申请人民法院强制执行的具体行政行为合法的材料。这些材料主要指：法律法规和规章、环境标准和法律法规解释。该具体行政行为应是根据这些材料由环保部门作出的；其四，预先缴纳非诉执行案费用。环保部门申请人民法院强制执行环境行政处罚和其他具体行政行为，按照有关规定应当交纳有关费用，这部分费用可由人民法院在强制执行过程中向被执行人收取；其五，协助人民法院的强制执行。人民法院立案庭受理环保部门的强制申请后，由行政审判庭裁定作出是否准予强制执行，裁定期限不得超过30日。如果准予强制执行的，由人民法院内部负责强制执行非诉行政行为的执行局（庭）执行，环保部门要积极协助。

3. 行政复议或者行政诉讼期间环保部门申请强制执行的可行性

《行政处罚法》第四十五条规定："当事人对行政处罚决定不服申请行政复议或者提起行政诉讼的，行政处罚不停止执行，法律另有规定的除外"。"法律另有规定"即《行政复议法》第二十一条规定的四种情形：一是被申请人认为需要停止执行的；二是行政复议机关认为需要停止执行的；三是申请人申请停止执行，行政复议机关认为要求合理，决定停止执行的；四是法律规定停止执行的和《行政诉讼法》第四十四条规定的三种情形：①被告人认为需停止执行的；②原告申请停止执行，人民法院认为该具体行政行为的执行会造成难以弥补的损失并且停止执行不损害社会公共利益，裁定停止执行的；③法律、法规规定停止执行的。也就是说，除了上述情形之外，行政复议或者行政诉讼期间，不停止行政处罚的执行。笔者认为《行政处罚法》所确定的"复议或诉讼期间不停止行政决定的执行"中的"不停止执行"应当包括当事人的自动执行和环保部门的强制执行两种情形。在复议或者诉讼期间，环保部门申请强制执行的，人民法院应当予以受理。环保部门对当事人逾期不履行不处罚决定，申请强制执行，是维护国家法律尊严、维护社会公共利益、严格执法的体现，并非是对当事人合法权益的损害和弱化。因此，在行政复议或者行政诉讼期间，环保部门应当可以申请强制执行，而人民法院也应当受理并给予执行。

## （三）解决环保非诉执行难的对策建议

1. 完善相关法律制度

现行环保非诉行政案件审查中所遭遇的困境，很大程度上是由于法律规定不健全、不完善或法律缺位造成的，因此，必须完善环保非诉执行制度。

（1）对已经受理但又不完全符合条件的环保非诉申请，增加驳回申请裁定的结案方式。目前规定的是否准予的结案方式是针对完全符合法定条件的申请。实践中，予以立案的非诉执行申请并非完全符合条件，在不应受理的案件已经被受理的情况下，在审查中发现不符合条件时，无法采用现行结案方式结案。在此情形下，可以参照行政诉讼中对于不符合条件的起诉驳回起诉的结案方式，作出驳回申请的裁定。

（2）针对现行法院执行周期长，被执行人容易规避执行，增加执行难度的现象，建议完善执行程序及期限的有关规定。司法实践中，环保部门申请强制执行要到立案庭分两次立案，第一次立审查号，立案后由行政庭审查具体行政行为的合法性，作出是否准予执行的裁定，若裁定准予执行，则环保部门持该裁定再到立案庭立执行号，由执行部门执行。而目前关于行政非诉执行的期限仅体现在《若干解释》第93条“人民法院受理环保部门申请执行其具体行政行为的案件后，应当在30日内由行政审判庭组成合议庭对具体行政行为的合法性进行审查”的规定中，此外，执行号的非诉行政执行的期限是三个月。在采取分两次立案的情况下，并没有关于环保部门第二次立案的期限，环保部门再次立案不受时间限制，这样分两次立案本身不仅使执行程序复杂化，而且增加了执行的周期，被执行人可以轻易地采取措施规避执行，法院执行难度加大，因此有必要完善有关非诉执行程序及期限的规定。有两种途径可供选择，一是环保部门申请非诉执行时只需一次立案，行政庭作出准予执行的裁定后，应尽快将案件移送执行部门；若行政庭同时负责执行的，则其作出准予执行的裁定后尽快采取措施。二是若采取两次立案的方式，则应该对环保部门第二次立案的期限予以明确规定。

（3）完善审查方式，引入听政程序。对重大复杂类的非诉执行案件，可以考虑引入听证会的形式，召集双方当事人到庭就申请执行行政行为的合法性进行质证，以弥补书面审查方式的不足。

2. 加大法制宣传教育力度

这是一项综合性的工作，相关部门在各自领域都应注意对社会公众的普法宣传和教育，以提高其遵守国家法律规范、政策的自觉性。如环保部门在日常工作中，不定期就本部门经常适用的涉及相对人权利义务的法律规范以宣传手册形式向一定范围的相对人发放，使其知晓法律的相关规定，避免因不懂法而违法；在具体执法过程中，注意对有违法行为的相对人说服教育，使其对环保部门作出的行政行为口服心服，自觉执行。人民法院在非诉执行工作中，针对被执行人以不懂法作为抗辩的，要耐心细致地向被执行人说明有关法律规定，对于一些典型案例，如村民违法占地案件中，可在基层组织的协助下，组织村民到场，进行现场教育；基层政府、自治组织等采取有效措施，配合有关机关，增强公民的法律意识，如定期举办法制讲座，设立专门的法制宣传专栏等。

3. 切实提高依法行政水平

环保部门的职责不仅在于作出具体行政行为，还在于当其自身没有强制执行权时，出于维护行政管理秩序的需要，及时按照法定程序申请人民法院强制执行。鉴于在非诉执行审查中存在有关环保部门执法人员疏忽大意、缺乏执法责任感等行为，建议环保部门增强本部门执法人员的执法责任感，避免在非诉执行申请中出现问题，使具体行政行为得以顺利实现，维护良好的行政管理秩序。

（1）法院在立案时，要严格按照行政诉讼法及司法解释的规定进行审查，如严格要求申请机关提供被执行人详细住址、财产状况、企业登记等情况，若其不能提供则不予立案，以此督促环保部门对被申请人采取监督措施。

（2）行政庭在审查非诉行政行为时，要善于总结问题，并及时以不同的方式向环保部门通报有关情况，如提出司法建议、举办座谈会、专题讲座等，促使环保部门改进工作。

（3）环保部门建立相应的责任机制。追究因疏忽大意等原因导致具体行政行为无法执行的执法人员的责任，督促其树立较强的责任意识。

（4）加强调研和指导工作。鉴于现行法律制度对审查非诉行政案件的规定较为原则，实际运作中法官应注意总结经验，探索创新。同时要加强与环保部门的沟通和联系。

（5）加强协调工作，努力实现法律效果与社会效果的统一。在法律原则范围内，运用协调方式处理案件，尊重当事人对其权利的选择与处理，事实证明这是一种有效的结案方式，也可以达到案结事了的效果。

# 第四章
# 环境司法审判区域性模式的探索

## 第一节　我国环境司法审判区域性的现状、困境与出路

改革开放以来，经济持续快速发展，但也付出了较大的环境代价。近年来，随着人民群众环境意识的提高，环境损害纠纷呈上升趋势，有的甚至引起了较大规模的群体性事件，影响社会稳定。推进生态文明建设的法治保障，运用司法手段保护环境和自然资源，引导经济社会发展走资源节约型、环境友好型道路，是人民法院践行司法为民，服务发展大局的题中之义。然而，受多种因素制约，不少环境矛盾纠纷未能通过诉讼渠道加以解决，人民法院参与环境保护工作还面临“有力使不上”的悖论和尴尬，环境权益的司法救济机制有待进一步完善。

## 一、环境司法工作的现实与困境

近年来，为了促进环境纠纷的解决和环境秩序的维护，人民法院积极开展环境案件审判执行工作，决心和力度都是有目共睹的。以温州法院为例，2012 年以来，温州全市法院受理各类一审环境民事、刑事、行政诉讼案件以及非诉行政执行合法性审查、非诉行政执行案件共计 4 509 [①] 件，案件数量相当大。但是，通过对实践情况和相关数据深入分析，就会发现看似“漂亮”的数据还是无法遮盖环境司法工作面临的现实困境。

### （一）司法救济作用有待加强

上述 4 509 件案件中，民事案件 95 件，刑事案件 134 件，行政案件 4 件，三者相加也不过 233 件，占总数比例不过 5.17%。需要指出的是，95 件民事案件中有 94 件为乐清市法院受理的批案，是一企业非法排污造成耕地污染而被众多受害农民诉至法院，实际上两年多来只有两起环境纠纷选择通过民事诉讼解决。对比之下，非诉行政执行合法性审查案件为 2 254 件，非诉行政执行案件为 2 022 件，两者相加共计 4 276 件，占总数比例达到了 94.83%。

非诉行政执行合法性审查案件和非诉行政执行案件均由负有环境保护职责的行政机关向法院提起，诉讼和非诉讼案件数量的严重失衡，一方面说明行政机关还是环境保护的主要力量，确确实实采取了诸多措施制止环境违法，简单斥之为“不作为”并不公平。另一方面反映出法院环境司法工作的决心和当事人不愿意选择司法程序维护自身权益之间存在的落差和尴尬，也折射出受害人和群众自主维权的意识和能力还较为薄弱，以及公检法机关打击环境犯罪还不够强有力。

---

① 部分内容摘自浙江省温州市中级人民法院课题组，环境司法的困境、成因与出路。数据统计截止到 2014 年 2 月 22 日。需要说明的是，这里的环境司法应做宽泛理解，凡是与环境资源有关的各类案件均纳入统计范围，以此为基础开展调研。

## （二）刑事案件“轻刑化”

轻刑化反映在两个方面，一是对水污染、空气污染等群众意见比较突出和集中的环境犯罪问题，以及新类型的环境犯罪问题或是惩治打击力度不够，或是没有纳入刑罚惩治的视野，案件类型还是以传统环境刑事犯罪为主。全部134件环境刑事案件中，失火罪（造成森林火灾）案件78件，滥伐林木罪案件15件，污染环境罪案件14件，非法采矿罪案件8件，盗伐林木罪案件6件，非法占用农用地罪案件6件，放火罪（造成森林火灾）案件3件，非法收购濒危野生动物罪案件2件，非法猎捕杀害珍贵野生动物罪案件1件，走私珍贵动物、珍贵动物制品罪案件1件，而重大环境污染事故罪、擅自进口固体废物罪等新类型刑事案件没有收案。二是适用缓刑的居多，134件结案环境刑事案件中，105件适用缓刑，占比高达78.36%。虽然说在刑事审判中要贯彻“宽严相济”原则，不宜一味强调从严从重，但是对于部分严重污染环境，损害群众生命财产权益的刑事犯罪，过分从宽也是不恰当的，一定意义上是放纵犯罪，有违罪责刑相适应原则。

## （三）民事案件类型集中，调撤率低，赔偿金额低

从案件类型看，温州两级法院环境侵权案件中，一半以上为水污染纠纷，主要系制革、印染、电镀等企业排放的污水侵害下游水产养殖户的权益而引发的损害赔偿纠纷。从结案方式看，2012年以来的环境民事案件中撤诉3件，调解6件，撤诉率为2.33%，调解率为4.65%。剔除批案因素后，实际调撤率约为25%。而近年来，温州法院民商事一审案件撤诉率为18%左右，判决率为40%左右，调解率达35%以上。从判决标的额看，环境民事案件标的额普遍较小，2012年以来，环境民事案件的结案标的额总数为504.71万元，相当于平均每件案件的标的额仅3.91万元，低于同期民商事案件的平均标的额，对原告方的权益保护不够到位。

## （四）“执行难”较为突出

执行难既包括行政机关执行难，也包括法院执行难。从行政机关来说，主要受制于缺乏强制执行权的。除水利等少数部门外，大多数行政机关并未获得法律赋予的强制执行权，特别是环保部门也未获得法律授权，大量行政处罚案件需依法申请法院强制执行，严重制约了工作开展。在需要采取排除妨害、恢复原状等执行方式时，必须要申请法院执行，影响了行政效率，降低了对违法人的震慑力。

法院执行难，一是法院执行力量不足。法院执行力量本身配置有限，民商事执行工作本来就已经负担很重，现在还要再抽出精力去执行环保案件，进一步加剧了案多人少的矛盾。二是执行效果不佳。例如处罚决定中包含“责令停止生产”的内容，法院因执行力量严重不足等原因，客观上不可能对环保关停企业进行巡查，往往是案件执结后被执行人暗中又偷偷恢复生产。造成不少环境违法行为行政机关多次处罚，法院多次执行，这也是环境非诉执行案件数量居高不下的重要原因。三是针对行政区域交界处污染企业的非诉环保案件执行易受阻挠。个别地方政府和部门仍然没有摆脱传统的经济增长观和政绩观，过多支持本地的企业和经济而忽略了环境保护，法院在执行此类案件时，有时还会受到当地政府部门的强烈阻扰。四是相关部门对“裁执分离”实施的积极性不高，顾虑重重。上级法院明确提出要积极探索在环保关停等非诉案件中稳妥推进“裁执分离”模式，以期在执行重点领域解决执行难问题，并率先与环保部门达成了实施意见。瑞安市法院与瑞安市政府建立行政非诉执行案件“裁执分离”工作机制，目前已适用该模式裁决50余件，其中有3件已得到执行。但在实行过程中，遇到了不少的阻力，尤其是2013年2月发生一起因执行过程中造成人员伤亡导致相关负责人被追究刑事责任的事件后，瑞安市各乡镇街道担心以后在环保案件执行中遇到类似事件，故联合向法院提出意见，认为“裁执分离”机制依据不足，不愿实施相应的执行行为。

## 二、环境司法困境的原因审视

从诉讼案件数量看，似乎可以得出环境保护现状良好，矛盾纠纷较少的结论。然而进一步调研发现，受政策、观念、法律等多种因素的影响，大量的环境纠纷并未以诉讼的形式进入司法救济领域。

### （一）刑事案件侦查取证难

目前环境刑事案件中，取证一般有两种渠道，一是公安机关直接受理群众举报，并进行侦查取证；二是由行政机关在办理查处环境污染破坏行政案件中发现情节严重，先固定全部或部分证据后，将案件转交公安机关办理，由公安机关继续侦查取证。无论哪种取证方式，受制于环境污染的特点，再加上办案机关自身现场采样缺乏专业取证手段和技巧，监测数据时效不强，相关资料不全，取证设备落后，难以做到证据充足、确凿。例如企业往往采用埋设暗管排污，或利用夜间、休息日违法排放废水、废气。温州沿河企业众多，除非企业的排污暗管被发现，否则很难查实是哪家企业在违法排污。另外，废气很快会消散于无形，待有关部门着手查证时，往往已无从着手。温州制革、电镀等行业违法排污问题一直难以根治的原因就在于此。

### （二）民事案件当事人举证难

对于环境案件的受害人而言，要通过民事诉讼维护自身权益面临不小障碍，所以一般选择向行政机关举报的形式，借助行政力量维权。首先，确定侵权主体有难度。由于排污行为的隐蔽性和污染的易扩散性，加上群众又缺乏专业手段，在周边存在多个污染源的情况下，即便证实存在污染事实，也很难确定是何人实施了侵权行为。其次，证明损害事实难。认定环境违法事实的需要借助专门的监测、检验手段，而这些是普通群众难以掌握的，造成污染成本低、维权成本高。另外，一些污染侵权行为的后果是马上显现的，例如造成排放污水造成养殖鱼类死亡等，但不少侵害后果是潜藏的，如土地环境的变化需要长时间的监测才能得出成因，造成人体机能的损害需要数年乃至数十年才能显现。实践中只能就已经出现的直接损害进行判决，这是造成赔偿金额偏低的主要原因。再次，因果关系认定难。虽然《侵权责任法》规定污染者应就其行为与损害之间不存在因果关系承担举证责任，但实践中无论原告还是被告均存在着举证不能的尴尬。

### （三）司法审判事实认定难

而环境污染具有复杂性、多因性和长期性的特点，支持环境违法事实的认定是要有较强的专业性和客观特征性，需要以专门的监测、检验为手段，法定的环境监测机构检验结果、监测记录、鉴定结论，来作为认定环境违法事实的依据。同时，其侵权、犯罪事实尤其是因果关系的认定不仅需要专业的法律知识，还涉及水文、农林等多方面的知识，是一项高度专业性的工作，往往需要进行司法鉴定，但全浙江省只有浙江省环境监测中心一家机构能够开展环境检测和评估。经询问，该中心表示只能就监测对象的技术指证，例如重金属等污染物含量、化学需氧量等做出鉴定结论，至于侵权行为与损害结果是否有因果关系，无力也不愿意做出评判。最终，只能由法官直面难题。除了法院人手不足这一现实桎梏外，环境司法对法官解决环境问题的专业性提出了更高的要求。温州全市法院目前具有环保法专业背景的法官寥寥无几，目前也仅有瓯海区法院设立了环境案件合议庭。从审判实践来看，法院还要加强环境司法审判执行机构的建设，法官还需要进一步加强环保方面专业性知识的学习培训。

### （四）利益、观念因素制约

当前环境状况离人民群众期待还有一定距离，部分问题比较突出和尖锐，但从统计数据看，温州法院受理的绝大多数环境案件是非诉案件，系环保等行政机关申请法院执行的案件，环境民事案件总数很有限，说明社会公众很少直接通过司法手段维护自身环境权益。一方面这是由于通过民事诉讼方式维权存在费效倒挂的问题。原告方需自掏腰包取证，其中的大部分费用又不能通过诉讼费的形式转由被告方承担，加上诉讼周期较长，所获得的赔偿额又较低，使得群众视司法救济程序为畏途。而向行政机关举报，相应查证工作均由有关部门负责，自己只要关注进展即可，必要时再采取其他救济方式。部分群众还选择私力救济等手段，例如据某基层法院反映，当地因工程建设需要开采石方，对环境造成一定破坏，当地村民采取拉横幅、堵路等方式表达诉求，因为这种方式更有利迅速解决问题，获得更多甚至超出法定范围的利益。

同时，群众在面临环境侵权行为时，有时更多考虑的是获得相应的经济赔偿和补偿利益，如果施害方愿意掏钱“私了”，受害人就较少愿意通过诉讼制止侵权、恢复环境生态，以及追究施害方的刑事责任。

### （五）环境法律法规不健全

法律规定的滞后性也限制了社会力量参与环保与环境司法。现行民事诉讼法中将原告资格限于“直接利害关系人”，但很多环境污染与资源破坏行为并不直接针对特定人，也不影响特定人的具体利益，导致很多环境侵权行为无法通过司法途径加以制止。而公益诉讼主体目前尚不明确，在法律上还存在较大争议，导致环境公益诉讼难以开展，大部分法院迄今还没有环境公益诉讼类案件。

## 三、完善环境司法工作的出路

### （一）完善相关法律法规与司法解释

环境侵权不同于普通民事侵权，其成因具有复杂性、潜伏性、专业性的特点，建议首先细化侵权责任法关于环境侵权的规定，或是以专门立法的形式，或是以司法解释的形式，对侵权主体、损害后果和因果关系作出规定。环境污染侵权的种类本就众多，如水污染、大气污染、噪声污染等，且随着经济及科技的发展，难免会出现新类型的污染。鉴于不同污染形式具有不同特点，特别是损害后果表现形式各异、潜伏期各不相同、案件情况复杂多样，建议最高法院出台专门司法解释，进一步明确环境案件受案范围，细化举证责任分配制度， 根据不同类型环境污染，合理分配举证责任，平衡诉讼地位，提高环境司法的统一性，或发布更具有可操作性的指导性案例，加强指导。

另外，要修改有关环保行政法律法规，尽快给予环保部门强制执行权，弥补现有法规操作性不强和权威性不够的问题，解决环保部门行政处罚执行难、问责难的问题。同时加大处罚额度。对严重污染环境、造成环境污染事故的行为加大行政处罚力度，起到对违法者的震慑作用。还可考虑通过立法赋予环保部门责令赔偿的职能。许多环境污染事故，环保部门仅对污染企业进行罚款，而不涉及受害人更为关心的民事赔偿问题。如果此类民事赔偿一律通过诉讼解决，既耗费双方当事人的时间、精力，又浪费司法资源。特别是标的额较少的环境污染赔偿案件，诉讼不经济，且冗长的程序给污染企业转移资产提供了机会，导致民事赔偿即使判决，执行时亦会落空。因此，不少当事人宁愿选择信访途径，也不愿选择诉讼。故对一些事实清楚、案情简单、赔偿数额不大的案件，在事故处理阶段，建议立法赋予环保部门责令赔偿的职能，从而加快案件的处理，避免矛盾进一步激化，酿成群体性案件。

### （二）探索完善环境案件执行新机制

第一，进一步探索完善“裁执分离”工作机制。“裁执分离”机制可以充分利用各方优势，整合资源，综合运用各类手段，合力破解环保非诉行政执行难题。但现在“裁执分离”机制都是靠法院和地方政府来协调产生，没有在法律法规层面上有所规定，操作依据的刚性不足，具体实施部门不愿从事此项工作。建议出台高层面的规定来推动“裁执分离”工作。

第二，进一步加大环境非诉行政案件执行力度。在实践中，环保部门向人民法院申请非诉执行的情况主要有以下三种：一是行政处罚；二是征收排污费决定；三是责令停产停业等行政强制措施。鉴于法院案多人少矛盾突出，建议应适当增加执行人员配备，增加执行投入，提高执行效率，提升执行效果，以利于及时采取措施，避免环境污染不必要的扩散，减少经济损失和对群众健康的损害。责令停止生产非诉环保行政案件经法院强制执行结案后，环境行政部门仍应开展日常巡查，发现被执行人又偷偷恢复生产的，应及时报告法院执行机构，法院执行机构应依法综合运用罚款、拘留直至追究刑事责任等制裁方式对拒不履行义务的被执行人的法定代表人、主要负责人予以处罚。

第三，依法采取“代履行”及时遏制环境污染。根据《行政强制法》第五十条规定，行政机关依法作出要求当事人履行排除妨碍、恢复原状等义务的行政决定，当事人逾期不履行，经催告仍不履行，其后果已经或者将造成环境污染或者破坏自然资源的，行政机关可以代履行，或者委托没有利害关系的第三人代履行。全市法院执结的全部环保非诉行政案件中，很少发现环保部门已经采取了“代履行”措施。因此，如符合“代履行”条件的，环保部门应及时采取“代履行”措施，法院在办理案件中也应当及时发出司法建议，以改变现有行政机关被动执法的状态。

## （三）摆脱对鉴定意见的过分依赖

办理环境污染刑事、民事、行政案件，常常涉及污染物认定、损失评估等专门性问题，需要由司法鉴定机构出具鉴定意见。但当前实践中无论是鉴定机构数量还是鉴定能力，均远远不能满足实践需要。因此，在审理相关案件时不能强求一定要以鉴定结论为依据，应当允许使用其他种类证据来认定事实。2013 年 6 月 19 日起施行的《最高人民法院、最高人民检察院关于办理环境污染刑事案件适用法律若干问题的解释》对此有所突破，该司法解释第十一条已经明确规定刑事案件所涉的环境污染专门性问题难以确定的，由司法鉴定机构出具鉴定意见，或者由国务院环境保护部门指定的机构出具检验报告。县级以上环境保护部门及其所属监测机构出具的监测数据，经省级以上环境保护部门认可的，可以作为证据使用。但司法解释尚未明确民事、行政案件中是否也可以上述检验报告和监测数据作为证据来认定相关事实。实际上，在民事、行政诉讼中，由于具有环境污染鉴定资的机构少、费用昂贵，如果一味依赖鉴定意见来认定案件事实，则案件事实的认定将更加困难，当事人通过诉讼来维护环境权益的成本也将会更加高昂。我们认为，刑事诉讼实行最高的证明标准，既然上述检验报告和监测数据在刑事诉讼中可以作为证据使用，举重以明轻，在民事、行政诉讼中自然也可以作为证据使用。

### （四）建立环境损害补偿机制

随着全民环境维权意识的增强，利益纠纷日益增多，环境损害成为群体性事件的高发区。这些纠纷在法律规定的标准上或过低或没有法定标准，但相邻方的环境权利确实受到损害，其利益具有正当性和合理性，处理不慎，极易酿成群体性纠纷。显然，平衡这些人的利益诉求和标准之间的距离，用经济手段调节不同群体的利益，建立环境损害补偿机制很有必要，可通过建立环境补偿机制，以及完善工程、城建规划立法予以明确。

### （五）及时采取行为保全措施

环境侵权诉讼的最终目的不仅在于恢复、治理已经被污染和破坏的环境，还在于停止正在进行的环境污染和破坏行为。因此，基于预防原则的要求，在审理环境侵权诉讼案件过程中，当事人一方继续进行环境污染和破坏行为的，人民法院应当根据对方当事人的申请，依法及时裁定停止其正在进行的环境污染和破坏行为；当事人没有提出申请的，人民法院在必要时也可依职权裁定采取行为保全措施，避免环境的进一步恶化。

## 四、环保法庭的实践

为了应对日益频繁的环境纠纷，我国法院纷纷设置环保法庭。自 2007 年贵阳清镇市人民法院成立我国第一家生态保护法庭以来，迄今已有 16 个省（区、市）设立了 134 个环境审判专门机构，在环境资源专门化审判方面积累了有益经验。但现行环境法庭，大多是在地方党委和政府的推动下，由地方法院各自设立，缺乏系统性和规划性，缺乏统一推进的全局观，散乱无序。同时，我国环保法庭还普遍面临着“少案可审”，甚至“无案可审”的尴尬境地。[①] 探讨环保法庭的实践困境并为其发展寻找出路，显得尤为迫切。

## （一）环保法庭的实践困境

1. 现有法律不完善

案例 4-1：2007 年 12 月，福建省厦门市普通市民林雷以公交车尾气排放影响身体健康为由，将厦门市 3 家公交公司告上法庭。林雷在诉状中提出三项诉求：其一，判令被告立即停止所辖公交车超标尾气排放并保证尾气排放符合国家标准；其二，判令被告在媒体上公开赔礼道歉；其三，要求被告赔偿 1 元的精神损害抚慰金。2008 年 3 月，厦门市思明区人民法院以原告林雷提供的证据不足为由，一审驳回了林雷的全部诉讼请求。[②]

由此可见，诉讼还很难能成为公民个人维护自身环境权益的有效武器。近年来，环境投诉量的逐年递增与环境诉讼案件数量的增长并未成正比。环境污染案件进入司法途径的阻碍到底有哪些成为一个见仁见智的话题。云南省高级人民法院副院长田成有认为“这与我国环境保护立法和环境污染救济体系的缺乏有很大关系。”[③] 湖北省政协委员、得伟君尚律师事务所律师蔡学恩指出，长期以来，环境立法没有给予环境诉讼强有力的制度支撑，环境保护的法律制度不够完善。譬如起诉主体的限制过于严格甚至苛刻，使得很多公益诉讼难以启动；环境污染的违法成本低，法定赔偿标准不高；举证难；环境的修复成本无法索赔；等等。据统计，迄今为止，在最高人民法院颁布的 3 400 条司法解释中，仅有 18 条与环境有关，且这些有限的司法解释主要针对环境刑事案件，关乎环境民事案件和环境行

① 高原：《77 个环保法庭的尴尬》，载《法治周末》2012-06-13( 第 5 版 )。
② 徐林武，廖桂金：《维权卫士林雷又输了》，载《厦门晚报》2008 -03-14( 第 1 版 )。
③ 袁定波：《环境保护司法保障“软肋”亟待破除》，载《法制日报》2011-06-17（第 7 版）。

政案件的司法解释数量更是寥寥。① 因为立法的缺位，造成公民个人欲通过诉讼来维护自身环境权益变得异常艰难，如根据我国现行法律的规定，提起环保诉讼的主体必须“与案件有直接利害关系”，反而言之，与案件没有直接利害关系的公民、法人或其他组织就被排除在提起环保诉讼的主体之外。

2. 专项救济基金匮缺

案例 4-2：2010 年 6 月 21 日，昆明环保局向昆明中院环保法庭递交了一纸诉状，状告其辖区内的两养猪公司污染地下水源，致使附近 1 000 多名居民出现饮用水危机。此举打破了昆明环保法庭无人来诉的尴尬境地，但原告搜集证据的过程却更加引人深思。昆明市环保局在准备这次诉讼时，委托了一家具有资质的鉴定机构鉴定该区域被污染的地下水的水文走向，而鉴定机构提出了 33 万元的报价。这笔巨款使昆明环保局的环境公益诉讼变得不再轻松，能否顺利地打赢官司然后收回这笔巨款成了需要反复斟酌的问题。②

本案中，原告环保局作为国家机关，以财政力量的支持继续了这场诉讼，倘若原告是普通民众，要想启动并打赢这场官司将何其困难。此外，本案还只是一个诉讼难度相对不大，法律关系相对较为简单的案件，如果该公益诉讼是涉及金沙江，怒江和其他河流等，其诉讼困难程度将呈数倍放大。

3. 专业人才不足

案例 4-3：阳宗海砷污染系列案件，涉及环境、水文、地质等多科学领域，其审理过程和结果受到社会的广泛关注并引起了较大争议，一时成为舆论焦点。③

环保审判庭设立的理由之一在于其专业性。设立环保法庭的前提在于，各级法院已有或者可以培养适合审理环境案件的法官，并且要求陪审员和

① 高原：《77 个环保法庭的尴尬》，载《法治周末》2012-06-13（第 5 版）。
② 廖万军：《环保法庭“门可罗雀”在诉说什么》，载《特别关注》2011 年第 9 期。
③ 尹鸿伟：《阳宗海砷污染案风波再起　检测指数忽高忽低》，载《时代周刊》2009-02-12（第 1 版）。

律师等也要具有相应的专业水平。但中国的环保法律专业设置滞后，法官、律师等司法从业者理论知识的掌握均存在程度不一的欠缺。仅就法院来看，能满足环保案件审理的法官屈指可数，高校培养的环境法硕士或博士研究生数量有限，并且这些缺乏司法经验的高学历毕业生，如何达到环保审判庭所需要的专业性要求，亦成为一个亟待破解的难题。

4. 组织机构不健全

现有环境法庭在设置上有环境保护审判庭、环境保护法庭、环境保护巡回法庭和环境与资源保护合议庭等多种形式，都设在普通法院内部，人员编制、财政来源均依赖于普通法院或地方政府，审判工作在原有普通法院的工作体制内进行，一定程度上影响了环境法庭的司法独立性。另外，根据我国“两审终审”原则，环境案件的专门审应至少有对应的两级环境法庭。而现有环境法庭，只有贵阳市中院环境审判庭和其下辖的清镇市法院环境法庭的设置符合该原则。

5. 管辖范围不统一

环境问题的一个特殊性就在于其影响范围极其广泛，由于环境资源的自然属性无法依循人为的行政区划设置而被分割，这就会导致很多环境污染的污染行为地和污染损害结果发生地分属于不同的行政区域的情况时常发生。以水环境污染为例，水资源保护往往涉及的是跨越几个地区，甚至是跨省的问题（大气、土壤污染也如此），这就与法院受理案件以行政区划为界的传统规定发生了矛盾。此外，环境案件往往与地区经济有密切关系，保护环境的同时也可能是以牺牲其他地区的经济利益为条件的，在这种情况下，无论将案件指定给哪个法院审理，其他与之有利害关系的法院就会对此提出异议。如浙江与江苏的太湖污染物排放问题，无论是让哪个省管辖，对方都会有异议。因此，对类似流域污染及环境事故的案件受理，对大规模跨地域自然资源、能源的破坏问题的案件受理，法律必须有特殊的规定。

6. 诉讼机制不健全

审判机构的设置与相应的诉讼程序和机制应当相对应。我国《民事诉讼法》《刑事诉讼法》和《行政诉讼法》分别规定了民事诉讼、刑事诉讼和行政诉讼三大诉讼程序和机制，也使得现行的法院机构设置形成了民事审判庭、刑事审判庭和行政审判庭三大类型业务庭的基本格局。环境案件中，民事、刑事、行政三大法律关系往往相互交织，具有综合性和复杂性。虽然当前环境法庭采用的“三合一”和“四合一”模式，实际上还是适用传统的诉讼机制，难以适应环境诉讼的实际需要。因此，需要建立与环境诉讼相适应的独立诉讼机制。

## （二）环保法庭的出路

1. 理念层面——转变思维方式

思想是行动的先导，理念是实践的指南。任何一种制度的设计和实施都需要一定的理念作为支点，任何制度的贯彻与执行，关键在于人的意识和理念，环保法庭的建立也概莫能外。设立环保法庭的当务之急就是在思想上对于环保法庭的重要性要有正确的认识，“任何司法实践的根本目的都不应当是为了确立一种权威化的思想，而是为了解决实际问题”。①

虽然环保法庭在当下并未取得理想的法律效果，但这并不意味着环保法庭的设置就是不合理的、不必要的，设置环保法庭的社会效果有目共睹：它对于破解当下的环境司法难题，对于推动环境公益诉讼的制度化建设提供了一种全新的理念，对于动员全社会共同参与解决环境问题、保护环境资源提供了一种全新制度实践，具有重要的社会意义。特别是通过畅通民众的环保诉讼依法维权渠道，在促进环保事业本身发展的同时，也有力支持了中央的经济结构调整等政策，最终真正有利于社会的稳定与和谐。

2. 法律层面——完善立法

完善立法，有两点迫在眉睫：一是明确环保法庭的受案范围。从受案范围来看，涉及受案范围的判断标准问题，即什么类型的案件应该由环保法庭审理。随着社会的发展，环境纠纷案件与生态、自然资源、土地、住房等紧密联系，涉及到公民的人身权、财产权。如果将所有与环境有关的

① 苏力：《法治及其本土化资源》，中国政法大学出版社1996年版，第28页。

纠纷都归属环保法庭，会造成环保法庭的管辖范围过于宽泛，与民事审判庭、行政审判庭与刑事审判庭的受案范围发生管辖上的重叠。可以考虑将环保法庭的受案范围局限于“环境侵权”范围之内。当然环境侵权的案件，也可能会涉及公民人身权和财产权的双重侵害，根据“同一法律关系”或“同一法律事实”，从节约司法成本出发，可以考虑以“合并审理”的方式加以受案。二是明确公益诉讼原告。之所以严格控制公益诉讼主体资格，是为了避免出现因诉讼门槛过低而导致诉讼泛滥的局面。但是，由于环境问题影响人群的广泛性，原告的主体资格有更广泛的拓宽趋势，应该赋予与公共利益有关的环保团体原告资格，鼓励公民通过环保团体提起公益诉讼。无锡中院环保法庭对环保公益诉讼主体资格的扩展为我们提供了可供参考的成功范例，他们将包括各级检察机关、各级环保行政职能部门，非政府组织(NGOs)、环保社团、居民社区等均纳入环保公益诉讼的主体范围。同时，人民法院应发挥“司法谨慎主义”，谨慎确定受害者的范围、忍受程度等。当前，这些问题确定起来还有困难，法官可运用自由裁量权巧妙予以解决。

3. 外部层面——建立环境公益诉讼救济基金

司法实践表明，环境公益诉讼费用动辄数十上百万元，这笔庞大的费用要让作为公益起诉的原告一方来承担显然不太现实。从诉讼利益的归属来看，社会全体是环境公益诉讼的受益载体，因此，出于维护社会公益的需要，建立“环境公益诉讼救济基金”是其基本要义。建立环境公益诉讼救济基金的意义在于：通过解决起诉者诉讼过程中资金短缺的问题对于观望公益诉讼过程和效果的人们来说是一种莫大的安慰和鼓励，有利于带动更多的社会组织和个人参与环境保护事业，在全社会形成人人保护环境的良好氛围。环境公益诉讼救济基金的来源有三个方面：一是专项资金，以政府公共财政投入为主；二是弥补缺额资金，主要通过面向社会公开接受捐赠的途径获得；三是提留基金，主要从环境违法案件的行政罚款及对涉诉案件所处的罚金中按照一定比例抽取获得。环境公益诉讼救济基金由专门组成的环保基金会进行管理，基金主要用于环境公益诉讼案所涉及到的诉讼费用、调查取证、执行救济、鉴定评估和环境恢复等合理费用的支出。

4. 内部层面——加强法庭自身建设

目前，加强环保法庭的自身建设是当务之急。一是要选准人才，把合适的工作人员配备到业已批准成立的环保审判庭中去。二是要锤炼人才，加强对环保审判法官的专业知识培训，不断提高环保法庭工作人员的政治和业务素质，打造好环保法庭司法能力和司法水平的根基。三是通过政策倾斜及物质和荣誉上的奖励，督促环保法庭工作人员坚持自学，内强素质、外强业务，不仅把握好理论路线、政策法律、群众观点，还能熟练驾驭环保科学知识、环保法律业务，从而逐渐形成政治强、业务精、纪律严、作风正的专业法官队伍。四是鉴于环保涉及领域的广泛性和复杂性，审判人员专业知识不足问题的解决不可能一劳永逸，各地环保法庭还应根据实际需要，从各行业中吸收专业人士成立专家咨询委员会，以最大限度地实现案件审理的专业化和提高办案效率。

此外，需要进一步完善我国环境资源审判专业化路径。环境审判机构的专业化，不单纯意味着司法机关在机构设置上的变更、简单的案件分流和民事、刑事、行政、执行案件的集中审理，更关键是其必然带来一系列诉讼理念和诉讼程序的变更，进而对司法传统有一定程度的挑战。环境审判机构专业化主要包括建立专门的环境审判机构和环境诉讼制度两个方面，这将成为我国环境司法体制建设与改革的必然要求。

（1）建立专门环境资源保护法院

在普通法院内部设立专门的环境审判庭是我国目前普遍采用的形式，但通过实践分析，可以看出还存在很多问题，特别是面临着独立性和专业性不强的困扰。通过对国外环境法院和我国专门法院经验的考察借鉴，可以在已有区域环保法庭建设经验的基础上，建立跨区域环保法院。由专门法院统一审理环境案件，可以借助其公众影响力，更好地发挥司法审判的宣示和教育意义。如针对目前比较突出的水污染问题，由于水污染的流域性较强且引起的后果一般比较广泛，往往牵涉到几个不同地市省份，对此可以考虑打破行政区划的界限设立专门环境法院，由其集中受理流域内的环境案件。如在淮河流域可以成立专门的“淮河流域环境资源保护法院”。

（2）建立与行政区划适当分离的案件管辖制度

生态系统是一个不可分割的整体，水、空气等环境因素具有流动性，一旦出现环境污染，往往跨行政区划，而目前环境监管、资源利用是以行政区划为界限，行政权力配置与生态系统相割裂的冲突，导致跨行政区划污染不易得到有效解决。对此，最高法院在发布的《环境审判意见》中指出：“探索建立与行政区划适当分离的环境资源案件管辖制度。探索设立以流域等生态系统或以生态功能区为单位的跨行政区划环境资源专门审判机构，实行对环境资源案件的集中管辖，有效审理跨行政区划污染等案件。”在环境资源法庭建设座谈会上，中国政法大学教授王灿发也建议：“根据环境跨区域、跨流域的特点设立跨区域、跨流域的法院，从而打破地方对环境资源类案件审判的阻碍。”清华大学教授王明远提出：“可以考虑在大区层面建立专门的环境法院，对上与最高人民法院衔接，对下与中级甚至基层人民法院进行业务上的衔接。一方面在某种程度上可以满足环境司法的特殊需求，另一方面是对我们国家整个司法体制创新的一种开拓性的、在困境中寻求突破的尝试，可以说是一块试验田，其重要性不亚于上海自贸区在经济领域的探索。”目前，由于司法资源的有限性以及各地司法实践的复杂性，在全国范围内普遍设立环境法院并不现实。但是，通过扩大个别法院管辖权的做法解决跨区域环境纠纷的作用也很有限。现阶段，我们可以借鉴美国、澳大利亚等国的做法，在一个省，甚至更大的生态环境区域内建立环境法院。

（3）建立“三审合一”的审判模式

自2004年以来，为了更好地做好知识产权相关刑事案件和民事案件的审理工作，知识产权审判“三审合一”的试点工作自下而上广泛开展，并取得一定成绩。“三审合一”模式有利于司法统一，节约司法成本，培养专业审判人才，充分救济权利。从司法权运行上看，环境资源与知识产权都以审判专门化为发展方向，一些地方法院已探索将环境资源案件实行“三审合一”和立审执结合的功能模式，刑事、民事、行政案件均由专门审判庭审理，案件从立案到审判，再到执行，均由同一个庭负责，实现了立案、审判与执行的有效衔接。环境司法专门化已经成为一种发展趋势，待条件成熟时建立专门的环境法院，也在合理预期之内。[①]因此，在司法实践的基础上积极探索环境资源刑事、民事、行政“三审合一”审判模式，是优化审判资源，实现环境资源案件专业化审判的实践需要。

（4）培养专业审判队伍

环保法庭成立本身是不能自动解决环境案件专业性强的难题，还应该在人员配备、专业培训等方面进行相应的调整和更新。[②]国外关于环境审判机构组成人员的规定为我国环境审判机构在人员任用与结构方面提供了非常有指导意义的启示。比如，我们可以充分利用我国的人民陪审员制度，建立环境审判专家型陪审员，从环保专家、环保行政人员、环保组织成员中挑选，为环境审判机构职能的发挥提供人才保障。推广贵阳市中院设立的环境保护审判专家咨询委员会制度，制定并细化环境保护审判专家咨询委员会及人民陪审员参与诉讼规则，使其参加诉讼制度化、程序化和规范化。

## 第二节　环境司法审判区域性之福建法院模式

中国共产党第十八次全国代表大会首次将生态文明建设纳入中国特色社会主义“五位一体”总布局，建设“美丽中国”成为时代赋予的光荣使命，并在实现“中国梦”征程中持续升温、全面推进。生态文明建设成为我国未来发展转型的重要基础和重要保障，生态环境保护日益成为全社会关注的焦点问题，时代呼唤司法保护环境正义。2008年以来，福建省法院系统

① 明志:《从知识产权审判看环境审判专门化》，载《人民法院报》2014-07-07（第2版）。
② 李挚萍:《美国佛蒙特州环境法院的发展及对中国的启示》，载《中国政法大学学报》2010年第1期（总第15期）。

在省高院马新岚院长等院领导的领导下，紧紧围绕服务保障生态省建设大局，围绕生态文明建设的热点难点问题，创新生态环境资源审判工作机制，努力进行改革尝试，取得了社会各界的广泛认同，打造了生态司法的福建法院模式，为保障福建生态文明先行示范区建设贡献力量，为全国环境资源审判的司法改革提供了有益借鉴。

## 一、时代呼唤生态环境资源司法

八闽和谐富裕，生态环境优美。习近平总书记提出的“生态资源是福建最宝贵的资源，生态优势是福建最具竞争力的优势，生态文明建设应当是福建最花力气的建设”成为了鼓舞八闽人民生态建设的时代强音。2014年3月国务院印发了《关于支持福建省深入实施生态省战略加快生态文明先行示范区建设的若干意见》，福建成为全国第一个生态文明先行示范区，使地方决策上升为国家战略，是福建生态建设的里程碑。福建自2001年起就提出了生态省建设的战略，生态文明建设起步早、力度大。多年来，福建节能降耗水平和生态环境状况指数始终保持全国前列，特别是在2013年森林覆盖率达65.95%，连续37年冠居全国，成为全国唯一一个水、大气、生态环境全优的省份，优良成绩离不开福建法院生态环境审判机制前身林业审判工作的全力以赴，离不开林业审判对保护生态环境陆地主体森林资源的长期努力。

福建省域面积是“八山一水一分田”，生态司法保护的水平和质量，直接关系到社会生活的方方面面，生态司法工作的开展，首先要立足于福建省情，面对严峻的环境形势，生态司法专门化是解决问题的良善之道，设立单独的生态环境审判机构，培育专业司法人员，锻炼接地气的一线法官，有力打击破坏环境犯罪，有效化解生态环境民商事纠纷，有为调节生态环境官民关系，才能使得每一个生态环境资源案件实现公平正义，有效回应公民和社会对环境保护的诉求，有效保障生态文明建设大局。

生态建设成为推动福建发展的一个重要引擎，多年来，全省法院系统牢固树立“保护生态环境就是保护生产力、改善生态环境就是发展生产力”的理念，依法有效履行司法职责，为建设“美丽中国、美丽福建”贡献力量，不断加强生态审判工作创新实践，坚持司法为民，更加注重发挥法治在生态环境保护和治理中的重要作用，准确把握推进生态文明建设的切入点、着力点，为实现福建省委提出的“百姓富”、保持“生态美”提供有力、有为、有效的司法保障。

## 二、福建法院开展生态司法的创新实践

改革创新探索永无止境，司法助力生态文明建设。改革开放以来，福建各级法院在省高院指导下积极探索，以生态司法守护八闽青山绿水，进行了长期的生态环境审判工作改革创新。“保护青山绿水，修复生态环境，司法大有作为”。福建省各级法院不断深化涉林审判改革，通过发挥司法调节、保障和服务的功能，努力从更深层面构筑生态环境司法保护屏障，为建设海峡西岸“生态优美之区”提供有力保障。

探索经历了敢为人先的改革历程。1982 年，福建在全国率先成立覆盖全省林区的林业审判庭，打击毁林犯罪，保护森林资源，保障集体林权制度改革，为守护中国最绿省份筑牢法治屏障。2014 年 4 月，福建省高院依法成立了生态环境审判庭，为全面拓展生态司法工作打下坚实基础。

探索经历了从林业到生态的理念转变。2001 年以来，随着生态省建设战略构想的实施，福建法院开始探寻林业审判单纯的保护森林资源拓展到全面的生态环境保护，持续创新“补种复绿”、生态司法品牌建设、联动互动、纠纷化解等工作机制，不断丰富和提升生态司法保护内涵。2008 年起，福建省高级人民法院党组更加重视生态司法保护工作。全省法院生态环境法官着力从诉前至判后的全程化解矛盾纠纷，着重生态环境的修复培育，努力打造生态司法保护“福建样本”。

探索经历了从基层到高院的点面改革创新。2007 年“国家级生态示范区”落户福建省宁德市柘荣县，柘荣县法院在省法院指导下于 2008 年 5

月成立生态环境审判专门合议庭，于2009年7月在全国率先成立生态环境审判庭，率先对涉及生态环境案件实行“四审合一”。① 此后，漳州、龙岩、泉州、三明、南平等设区市法院，陆续成立专门的生态资源审判庭，集中审理涉及森林、环保、矿产、水土资源和大气、土地、水资源污染等与生态环境紧密联系的刑事、民事各类案件和森林、环保等行政诉讼和非诉执行案件。生态环境资源审判专业化改革持续推进，生态环境资源案件“四审合一”模式在全省全面推广开来。经过坚持不懈的努力，2014年4月经过中共福建省委编办的批复，2014年5月经福建省人大常委会任命生态环境审判正副庭长，福建高院生态环境审判庭正式亮相，② 更名后的生态环境审判庭将依法对破坏生态环境的刑事案件，涉及海域使用权、采矿权纠纷和环境污染责任等民事案件以及与生态环境紧密相关的行政案件进行归口审理，至此，福建三级法院已设生态庭56个、专门合议庭14个，生态环境审判人员289人。2014年内所有林业审判庭都将更名为生态庭，保障生态司法工作的顺利开展。

## 三、生态环境资源司法的福建法院模式

福建法院的生态司法工作经历了长期探索、指导尝试、推进推广的各个阶段，成为在全国有一定影响的生态司法模式。具体做法如下：

### （一）坚定开展观念性生态司法

福建法院坚持“长谋生态司法、护卫美丽中国”的科学发展方向。2012年4月，福建省高级人民法院在全国率先出台《关于推进生态省建设

① “四审合一”是指生态环境审判庭审理涉生态环境资源刑事、民商事、行政和非诉执行案件。

② 参见祝昌霖：《论设立生态环境审判庭的必要性与可行性》，见《东南司法评论》2009年卷，厦门大学出版社2009年7月版，第236-237页：所谓生态环境审判庭，是指以宪法和有关生态环境保护等法律规范及相关司法解释的规定为依据，依法审理与生态、森林、环境等有关的刑事、民商事、行政和非诉执行案件的专门审判机构。生态案件特征：1. 专业性强。2. 影响面广。3. 调整的法律关系复杂。

提供有力司法服务保障的意见》，服务保障生态省建设大局。2013 年 5 月，福建高院召开全省法院生态司法保护工作调研座谈会，院党组书记、院长马新岚提出坚持“绿色导向”“绿色转型”“绿色福利”“绿色发展”的生态司法“四绿”理念，强调“努力打造一支政治、业务、责任、纪律、作风都过硬，绿色、生态、无污染的高素质法官队伍”，对法院的绿色司法价值理念提升、法官的绿色司法价值信仰提出了要求。2014 年 5 月 16 日，福建高院出台《关于加快福建生态文明先行示范区建设提供有力司法保障的意见》，进一步明确生态司法保护工作的思路举措、目标任务和发展方向。福建法院贴近时代要求，孜孜以求，以绿色观念指导生态司法各项工作，不断改革创新，取得了一定成效。

观念性生态司法明确了生态环境审判发展的正确方向，树立“生态环境案件无小案”观念，努力把每一个生态环境案件都办成精品案，确保每一个生态环境案件都经得起历史检验。找准司法服务保障的关键点、切入点、着力点，主动服务、靠前服务、全程服务、优质服务，打造生态司法保护“升级版”。

## （二）依法开展法治性生态司法

依法开展法治性生态司法，就是要充分发挥生态环境审判职能作用，依法惩治破坏生态环境犯罪活动，妥善化解各类矛盾纠纷，使人民群众在每一个生态环境司法案件中都感受到公平正义。坚持依法独立公正行使审判权，确保程序正当、实体公正，运用法治思维、法治方式加强和创新生态司法保护工作，做学法尊法守法用法和依法保护生态环境的表率。近年来，全省法院高度重视、切实加强生态司法保护工作，不断推进工作机制创新，大力拓展司法职能作用，依法惩治破坏生态环境犯罪活动，妥善化解各类矛盾纠纷，各项工作取得了新进展新成效。2009 年至 2014 年 8 月，全省法院共审结涉生态环境刑事、民事、行政案件 14332 件，结案数年均增长 10%，所审结案件法律效果和社会效果较好。

为取得良好的法治效应，福建法院积极探索生态环境诉讼制度的有效运行，体现在推进生态环境诉讼制度“三三制”内容的落实(以生态环境刑事案件、修复被破坏环境为例)。①

1. 坚持“三理三查”靠前司法

一要讲法理，调查生态环境毁坏程度。通过生态法官实地查看及专家认定，依法查清被告人破坏生态环境的违法犯罪行为给生态环境安全造成的损失程度。二要讲道理，调查有无修复环境可能。即通过了解被告人家庭（或者单位）状况，通过明法释理，掌握被告人及家庭是否有履行修复生态环境的劳动能力或者有交纳生态环境恢复补偿履约保证金的能力。三要讲情理，调查社会各界对其评价。向当地党委政府、法人、其他组织和人民群众了解被告人的一贯表现以及对案件处理所持的看法和态度。

2. 做到“三进三实”靠近司法

通过在林区、矿区、水区、景区、海上设立生态巡回审判庭或者审判点等方式贴近人民群众开展生态环境审判工作。一是进林区和海区，落实生态修复协议。生态法官要深入实地，查清被告人是否有与被害人签订“补种复绿”等协议和是否愿意对“补种复绿”等作出承诺，并向林业、环境保护等部门交纳生态恢复补偿履约保证金，确保“补种复绿”得以落实。对盗伐林木、滥伐林木、森林失火等涉生态环境犯罪被告人已进行“补种复绿”等措施，或交纳相应生态恢复补偿履约保证金用于恢复森林生态环境的，从轻处罚，并对符合法律规定缓刑条件的，可依法适用缓刑。二是进矿区和社区，落实有无真诚悔过。生态法官要每案必须深入案发地，了解和掌握被告人对自己的违法犯罪行为造成了生态环境破坏是否有真诚悔过的言行，并以适当的方式教育广大群众。三是进景区和村区，落实生态修复措施。生态法官要深入案件所在地了解实际情况，采取多种方式方法

① 福建省长汀县人民法院认真贯彻落实习近平总书记关于推进长汀水土流失治理工作的重要批示精神，根据中央、省委和省法院的部署要求，以2012年6月在长汀召开的全省法院生态资源审判工作座谈会为契机，扎实推进生态司法品牌建设，创新实行生态审判“三三”工作机制。长汀的先行先试做法取得较好成效，得到社会各界肯定，龙岩市中级人民法院以岩中法〔2014〕112号文件转发《长汀县人民法院生态资源审判工作“庭前三调查、判前三落实、判后三到位”的实施细则》福建高院向全省法院推广长汀法院经验。

修复被破坏的生态环境。如对于既无履行“补种复绿”劳动能力又无交纳生态恢复补偿履约保证金能力的老弱病残类被告人，在依法暂予监外执行或适用缓刑时，要落实其是否能自愿承诺作出相应的行为表示悔过。如愿意承担保护生态环境、建设美丽村居的义务宣传员；利用禁火期到林区进行护林防火义务宣传等。

3. 实现“三督三效”靠实司法

一是督促“补种复绿”的落实情况，审查法律效果实现程度。生态法官要定期或不定期地实地查看判后对被告人签订“补种复绿”协议的开展情况，督促指导被告人如约履行，努力实现法律效果最大化。二是督促社会矫治的落实情况，审查社会效果展现程度。对于被判处缓刑人员必须保证以一定行为考察其悔罪表现的，若没有认真履行的，生态法官将与当地司法所共同督促其履行并向社会公示。三是督促司法建议的落实情况，审查政治效果辐射程度。在审理生态环境案件中，往往比较敏感，针对发现的问题向有关行政主体等单位发出司法建议的，督促相关主体予以落实，进而促进行政主体提高水平，树好形象。①

生态法官深入开展送法接地气活动，切实保护好公民身边的生态环境资源，提高基层群众环境法治意识。如 2014 年 5 月 20 日南平建瓯市法院生态资源审判庭在建瓯市水源乡开展巡回法庭活动，现场对 5 起生态环境刑事案件进行审判，使当地老百姓受到生动的法治教育。通过人民法院的审判活动，加强对生态文明建设、环境资源保护等的法制宣传，增强全民节约意识、环保意识、生态意识，形成合理消费的社会风尚，营造爱护生态环境的良好风气。

## （三）渐进开展探索性生态司法

在总体思路上，随着环境资源约束趋紧，涉及生态各类案件日趋复杂，原有林业审判庭收案范围较小，除林业外的其他涉生态环境资源各类案件

① 作者祝昌霖于 2014 年 9 月 18 日在江苏省常州市召开的第四届环境司法论坛上作了题为《福建生态司法的“三三制”》的发言，得到与会者的肯定。

分散在刑事、民事、行政审判庭审理，囿于司法尺度不易统一、不专业，司法保护功能的合力难以聚集，有鉴于此，推动生态环境资源案件“集中受理、专业审判”的改革思路呼之欲出，并从过去的林业领域拓展到生态保护层面。

最高人民法院副院长奚晓明于2014年4月在云南调研时强调：“各地法院也要根据本地情况积极探索，有所作为”。按照最高法院的最新要求，笔者认为可渐进开展探索性司法，即尝试开展“五审合一”模式，构建职能集“立案、刑事、民商事、行政、非诉执行”于“五位一体”的生态环境资源审理模式，目前福建法院已经做到了除立案外的“四审合一”。

1. 在生态案件立案审查上

由于生态环境资源案件的特殊性，探索将生态环境资源案件立案受理由生态环境资源审判庭专属管辖，交由具备有专业知识和丰富实践经验的生态法官进行审查，保障生态案件审理的专业高效。最高人民法院副院长奚晓明于2014年6月在江苏调研时强调：“实行对环境资源案件的跨区域集中管辖，有效解决跨行政区划污染，切实提高环境资源审判质效。”为了贯彻这一改革要求，要积极开展探索，在集中管辖上，如设生态环境资源审判区，可在一定区域设必要的生态庭集中管辖，以破除地方保护主义，在取得一定成效后，再逐步推广。

2. 在生态刑事案件审理上

传统案件主要集中在失火（森林）罪、盗伐林木罪、滥伐林木罪、非法占用农用地（林地）等案件，近几年随着生态环境资源审判职能的拓展，加大了对破坏森林、野生动植物资源和海洋等生态环境资源的违法犯罪活动的惩处力度，污染环境罪，走私珍贵动物、珍贵动物制品罪，非法猎捕、杀害、收购、运输、出售珍稀野生动物及制品罪等开始占一定比例。增加非法转让、倒卖土地使用权罪、重大环境污染罪、非法占用农用地罪、非法采矿罪、破坏性采矿罪等破坏生态环境的31类刑事案件。新类型案件涉案金额高、社会影响大，如非法开采稀土刑事案件，目前一吨稀土价值数十万元，受利益驱动，不法分子铤而走险，使得此类案件数量迅速增长。

3. 在生态民商事案件审理上

原来主要审理林业民事纠纷，随着经济社会的发展，大气污染、噪声污染、光污染、水污染、油烟污染、室内装修污染纠纷等案件的比例逐步上升，数量虽然不多，但专业性强，牵涉面广，有的涉及国家基本建设和社会公共事务管理，有的关系到群众日常生活和生存环境。增加探矿权、采矿权、环境污染侵权纠纷和环境公益诉讼等与生态紧密联系的案件。涉及大气、水、噪声、放射性、土壤等环境污染责任和海域使用权、采矿权等 18 类民事纠纷案件。通过审理生态环境民事案件有力制裁侵权损害生态环境的行为，促进生态环境保护和自然资源合理开发利用，鼓励和引导资本向节能减排绿色新兴产业转移，促进经济社会永续发展。

4. 在生态行政案件审理上

主要审理不服林业、环保等与生态环境资源紧密相联系的行政主体有关涉及生态环境管理的行政行为或不作为的行政诉讼案件以及由此产生的行政赔偿案件。随着环保等职能部门开展专项环境整治活动，环保行政案件将有较大幅度增长。

5. 在非诉执行案件审查上

主要审查政府及其相关生态环境资源职能部门生效行政行为的执行。如林业、环保等与生态环境资源紧密相联系的行政主体申请人民法院强制执行的涉及生态环境资源管理方面的非诉行政执行案件。探索由生态环境审判庭审查非诉执行各类生态环境资源案件，协调各个环节，能够提升司法审查水平，提高司法审查效率。

## （四）着力开展预防性生态司法

要积极开展预防性司法，就是要加强研讨生态环境审判实践疑难问题和生态环境司法实践中的新情况、新问题，总结审判经验，注重从审判和执行生态环境资源案件中发现、研判影响经济可持续发展和生态环境的突出问题，及时对环境风险作出研判和评估，采取有针对性的化解措施，促进建立健全群体性环境保护纠纷预警排查机制，从源头上减少环境保护案件的发生。福建高院监督指导所属法院要坚持党委领导、人大监督、政府主导和各方参与，加强与检察、公安、林业、环保、海洋与渔业、国土资源、水利等部门的协调配合。建立审判机关与有关部门联系制度，确定联系点、联系人和联系内容，形成部门之间横向、纵向沟通联系网络，建立联席会议、信息通报、回访互通等制度，共享生态环境保护信息，联动参与生态资源保护与环境综合治理，强化工作合力，提高整体效应。

形成部门之间横向、纵向沟通联系网络，五年多来联合制定121份预防性、规范性文件。2011年5月，福建省高级人民法院与福建省林业厅印发《关于建立健全涉林纠纷“大调解”机制的意见》的通知（闽高法〔2011〕209号），全省法院针对生态环境纠纷日益多元化、利益难平衡的特点，福建各地法院综合各方力量，积极探索纠纷化解新模式，建立矛盾纠纷诉（访）前化解工作机制。以涉林为例，全省51个法院和当地林业主管部门联合建立涉林纠纷“大调解”工作机制，三年多来诉前化解矛盾纠纷3573件，调解撤诉结案1976件，调撤率达39.2%，使大量涉生态环境民事矛盾纠纷案件更多以和谐方式得到解决。由于生态法官精心指导，诉前化解工作成效显著，南平市30%的乡镇近三年来未发生涉林民事诉讼。三明法院联动公安、检察、司法和林业部门制定规范涉林刑事案件技术鉴定的意见，严格缓刑适用标准，统一裁判尺度，并与司法、林业等部门联合在城市公园、国有林场和旅游景区等地建立社区、林区矫正基地10余个，组织12批被判处缓刑的人员到矫正基地补植、管护取得良好效果。泉州中院与环保、公安、检察等部门建立打击环境污染违法犯罪联席会议制度，指导监督全市查处、移送、侦办、审判环境刑事犯罪案件工作，依法严厉打击环境污染违法犯罪行为。

### （五）大力开展修复性生态司法

2014年5月8日，在总结多年实践经验的基础上，福建省高级人民法院印发《关于规范“补种复绿”建立完善生态修复司法机制的指导意见（试行）的通知》（闽高法〔2014〕175号），对修复森林资源提出15条规范性、指导性意见。

1. 先行先试

福建法院坚持节约优先、保护优先、自然恢复为主的方针，积极推进从森林延伸到空气、水流、海域、滩涂、矿产资源等领域的生态司法保护和修复模式，重点加强近岸海域典型受损海洋生态系统修复，促进建立“陆海统筹”的生态系统保护修复和污染防治区域联动机制。继续完善修复性生态司法的实施跟踪机制、结果验收机制和专项报告等制度，实现监督主体和验收程序的规范化。福建省漳州市华安县法院于2000年3月在全国率先积极开展修复性生态司法，对部分破坏林木等生态环境刑事案件，以“补植林木”等方式，责令被告人在案发地或指定区域补种林木、恢复植被，法院将被告人“补种复绿”等情况作为量刑情节，依法适用刑罚。五年多来，全省法院审理毁林案件适用“补种复绿”516件782人，共发出“补植令”、“管护令”等500余份，缴纳履约保证金295.13万元，责令涉林刑事被告人补种、管护林木面积6万余亩，有效修复了被破坏的生态、森林环境，得到最高法院领导的肯定。2010年3月中央电视台邀请最高人民法院领导黄尔梅等对福建柘荣法院“补种复绿”的做法予以专题报道，引起广泛关注①。

2. 逐步拓展

全面推广推进修复性司法，坚持大念“山海（水）经”。不仅仅局限在做好保护森林资源的文章，在取得陆地、森林修复环境经验基础上，大力拓展到保护好水资源、矿产资源等，向水资源改善方面延伸。在省法院指导下，2014年6月5日世界环境日，漳州龙海市法院依法审理一起中华环保联合会诉陈某非法排污环境公益诉讼案，龙海法院通过官方微博直播开庭审理被告人陈某犯污染环境罪一案。2013年4月底，被告人陈某（系某电子有限公司法定代表人）为节约排污成本，指使周某某等人在污水收集池至厂房北侧九龙江龙海市海澄镇水域滩涂预埋一条排污暗管。同年6月，被告人陈某指使周某某等直接排放含有六价铬、总镍、废酸液等有毒

① 参见福建省高级人民法院党组成员、副院长王成全于2014年5月23日在福建法院生态司法保护工作的新闻发布内容。

物质的电镀生产废水至九龙江水域，造成总镍（第一类污染物）和 pH 超标排放，严重污染环境。经法院审理认为，被告人陈某违反国家法律规范规定，私设暗管排放有毒物质，严重污染环境，其行为已构成污染环境罪。鉴于陈某有自首情节，且积极对九龙江生态环境进行修复，当庭以污染环境罪判处陈某有期徒刑一年六个月，缓刑两年，并处罚金 10000 元。该院邀请省法院、省环保厅、漳州中院、漳州市人大城环委、市政协人口资源环境委、市环保局及环境监察大队等 10 余家单位有关人员旁听该案庭审。宣判结束后，环境公益诉讼案经调解陈某自愿赔偿 6 万元购买了有净化作用的 28.2 万尾鱼苗，于当日由司法、执法和社会各界人员在九龙江龙海水域段放养，以修复和改善九龙江被破坏的水资源环境，这种水修复性司法在全国尚属首例，开创福建省水污染公益诉讼先河。福建日报、人民法院报、福建电视台等 8 家媒体进行报道，修复性司法工作成效明显。

3. 实现“三赢”

即从“一判三输”到“一判三赢”。我们未建立生态环境司法专业化之前一般情况下是就案裁判，案结事未了；被破坏的生态环境没有恢复；老弱的被告人刑罚执行难，可谓“一判三输”。针对上述情况，我们采取“恢复性司法实践＋专业化审判机制”，对符合条件的被告人适用非监禁刑，但判令他们支付恢复生态环境的资金并长时间承担艰苦劳作“补种复绿”的效果远胜于入狱劳改；被毁林木产权人的经济损失以林木再造的方式得以挽回；国家的生态环境资源得以修复，可谓“一判三赢”，取得了良好的生态环境效益。

## （六）积极开展公益性生态司法

在环境公益诉讼相关法律规定尚未明朗、诉讼主体尚不明确情况下，福建漳州、三明等地就积极探索生态环境公益诉讼，守护八闽青山绿水。福建省有的法院与检察机关、环保职能部门联合制定规定、意见，完善办案程序，探索尝试生态环境公益诉讼，尝试以环保公益组织、社会组织、林业主管部门等作为原告提起生态环境公益诉讼，从而解决实践中“谁执公益诉讼敲门砖”的难题。2013年4月，新民事诉讼法实施后，福建法院准确理解和适用《中华人民共和国民事诉讼法》和《环境保护法》关于环境公益诉讼制度的规定，采取有力措施畅通诉讼渠道，鼓励、推动环境公益诉讼有序开展，健全完善受案范围和诉讼程序，保护公共环境和公民环境权益，首起生态环境公益诉讼在永春县法院尘埃落定。

我们认为，生态环境公益诉讼有以下几个具体问题需要进一步研究探讨：

一是生态环境公益诉讼是否受诉讼时效限制？我们认为鉴于生态环境公益诉讼的特殊性，不应受到诉讼时效限制。

二是生态环境公益诉讼费用、鉴定费用是制约提起诉讼的瓶颈，应当如何解决？我们认为，基于当事人申请，可依法减免或者缓交受理费用、鉴定费用。一般情况下，生态环境资源公益诉讼鉴定费用由被告负担。

三是人民法院能否在生态环境公益诉讼案件中判处由致害主体承担原告的律师代理费？我们认为应当由致害主体承担原告的律师代理费。

四是在生态环境公益诉讼案件审理中，为了防止、制止、停止环境资源继续受侵害，应当适时发出“禁止令”。

五是被破坏的水资源等流动性生态环境如何恢复原状？值得进一步在实践中不断探索。

全力推进生态环境公益诉讼制度，还要认真研究环境公益案件的受理标准、诉讼特别程序和证据审查认定、责任分担等制度体系的构建与完善，裁判方式等。充分发挥环境公益诉讼损害赔偿制度的作用，加大损害赔偿的判决力度。积极推动设立环境公益诉讼基金制度，鼓励环保等社会组织积极参与环境公益诉讼。

### （七）全力开展品牌性生态司法

全力加强得到人民群众认可的生态司法品牌建设，鼓励和尊重基层首创，创新和拓展司法品牌，提升生态司法保护整体水平。2009年永春法院依托涉林纠纷诉前调解机制，与当地林业局及相关乡镇密切配合，共对47

起涉林纠纷介入调解，受到福建高院的重视，福建高院院长马新岚专门作出批示予以肯定，同时要求相关部门加强指导，完善推进，努力把这一化解于诉前的多赢纠纷机制打造成福建生态司法的集群品牌，为加快建设海西“生态优美之区”服务。

在实现司法为民中，近年来，福建法院在生态司法方面不断推进机构设置、职能规范、先行先试、机制创新等方面走在了全国法院的前头，形成生态司法品牌整体、群体、总体效应，生态司法已成为福建法院的一个重要司法亮点工作。如积极推广“一院一品”做法。在全省法院全面推广龙岩中院、永春县法院等地的经验做法，立足实际，因地制宜，顺势而为地开展“一院一品”、“一年一品”做法，形成生态司法品牌整体效应，全面丰富和提升福建省生态司法品牌建设，使各级法院有特色的小品牌汇聚成全省法院响亮的大品牌。借鉴宁德市、福州连江县法院海岸线巡回审判等海上生态司法保护新举措，念好生态司法的“山海经”，保护好山海生态环境。

### （八）适时开展建议性生态司法

针对办案中发现的问题，适时开展建议性生态司法。

1. 注重专家建议

为加快全省生态环境审判人才培养，提升办案质量，福建高院在全国率先聘请了一批12名来自福建省环境科学研究院、厦门大学、福州大学等科研机构、高校的专家学者，组成全省生态环境审判技术咨询“智库”，以高质量的专家意见建议服务生态环境审判工作。福建高院首创全国首家省级生态环境审判技术咨询专家库，将充分发挥专家学者在生态环境案件中建议性意见作用，将试行生态环境审判技术咨询专家选任为陪审员和特约调解员参与生态司法审判工作，推进生态司法的专业化、科学化，提升司法公信力。

2. 适时发出司法建议

坚持保护优先、发展为主，严格执行环境影响评价制度，加强对环境保护行政执法的薄弱环节、突出问题的分析和把握，及时向党委、政府及相关部门、行业提出防治环境污染、保护改善环境、维护生态文明的司法建议，促进整改，防范和堵塞生态治理漏洞，促进地方政府环保政策的有序实施和环保执法的有力开展，切实优化法治环境。龙岩中院注重紫金山矿业特大环境污染事故判后效果，多次实地走访紫金矿山、铜矿冶炼厂等地，发现问题及时提出司法建议，有效督促后续整改工作。5年多来及时向党委、政府及相关部门、行业提出防治环境污染、保护改善生态的司法建议187条，防范和堵塞生态治理漏洞。

3. 注重司法建议效果

福建法院努力发挥司法建议功能，推动生态司法工作。如2014年7月3日福建省高级人民法院向省林业厅作出闽高法建〔2014〕7号《司法建议书》，针对福建省多数法院在审理涉林刑事案件中发现作为证据的林业物证鉴定是由森林公安局委托林业部门的工程师进行鉴定，并以个人署名的方式出具鉴定意见书。该鉴定方式不符合《中华人民共和国刑事诉讼法》有关证据的规定。因此，福建高院建议省林业厅督促森林公安局在刑事侦查中按照《中华人民共和国刑事诉讼法》《最高人民法院关于适用〈中华人民共和国刑事诉讼法〉的解释》和《全国人民代表大会常务委员会关于司法鉴定管理问题的决定》的有关规定，设立有资质的林业物证鉴定机构，进行司法鉴定。此事引起省林业厅高度重视。

## （九）竭力开展亲和性生态司法

1. 便民司法

在竭力开展亲和性生态司法中，坚持未穷尽社会力量化解、未完全落实便民措施、未落实生态环境保护措施，生态法官不轻易下判。积极开展生态环境案件巡回审判工作，在重点林区、景区、矿区、自然保护区、海域等设立海上生态巡回法庭，山上生态移动法庭，诉前生态靠近法庭及办案点、服务站139个，定期或不定期地利用节假日、休息日、农闲时间等开展巡回办案活动，就地立案、就地开庭、就地调解，方便群众诉讼，通过以案说法，达到审理一案、教育一片的效果。

2. 文化司法

坚持为广大老百姓提供亲和司法、为民司法。以世界地球日、环境日以及全国植树日、节能宣传周、低碳日等主题宣传活动，加强对福建省法院生态司法功能的宣传，提高人民群众支持生态司法、关心绿色司法的积极性，促进绿色意识的培养和绿色消费观的形成，引导全社会参与生态文明建设，打造“清新福建”品牌。为了让更多的人民群众了解生态司法工作效果，福建法院开展了形式多样的宣传工作。

3. 从我做起

通过人民法院审理生态环境案件、发挥审判职能作用，向全社会宣传亲和司法、生态司法、美丽司法的理念，促进公民保护好美丽家园。笔者建议从细节上，推动公民从低碳生活、节能减排、文明行为等点滴做起、现在做起、从每个人做起，呼吁公民养成呵护环境的“三不”习惯：不乱扔垃圾和废物；不浪费生产、生活、生存的各类资源；不破坏身边的环境。带动公民养成低碳生活的“三要”习惯：要节约用水、要节约用电、要节约用纸。汇聚点滴正能量，最终实现“携手节能低碳，共建碧水蓝天”。

## （十）长期开展导向性生态司法

1. 切实加强生态环境资源案件审理的指导

实行涉生态环境资源重大案件专案专报制度，确保对每个大要案件进行及时跟踪指导。福建高院先后发布23个指导性生态环境资源案例，加强生态环境典型案例的收集、评析、发布工作，统一司法尺度，注重发挥生态环境典型案例在厘清裁判思路、把握裁判尺度、倡导价值取向等方面的示范指导作用，提高社会影响力，引导人民群众认知“可以如何行为、应当或必须如何行为、禁止或不得如何行为”。

2. 促进全社会生态价值导向形成

福建法院倡导生态司法导向工作思路，切实在生态司法中维护最广大人民群众利益。生态法官每办“一件生态环境案件，都要办成精品案、导向案”，努力实现办好一件，教育一片，影响一面。使全社会共同关注生态环境，让保护生态环境观念深入人心，以促进保护生态环境价值观的形成。在生态环境资源案件审判中，福建法院从实际出发，针对具体的案情，制订出合乎实际的处理方案，以最大限度地维护社会整体利益，在重要的节点上注重价值导向作用，以司法的力量推动全社会的生态保护理念完善，如在生态环境诉讼中，因涉及公共利益且影响意义较大，而原告往往处于相对弱势，福建法院注重保护诉讼双方的程序性权利和实体权利，保证证据充分，逻辑分析严密，适用法律精准。

3. 指导推广长汀法院经验

在基层法院实践中，长汀县法院为形成良好的价值导向，在生态环境刑事、民事、行政审判中采用“三三机制”，即指“庭前三调查”、“判前三落实”、“判后三督促”，在全省法院推广，着力实现从“先行先试”到“进则全胜”。2012 年 1 月，习近平同志就长汀水土流失治理作出重要批示：长汀曾是我国南方红壤区水土流失最严重的县份之一，经过十余年的艰辛努力，水土流失治理和生态保护建设取得显著成效，但仍面临艰巨的任务。长汀县水土流失治理正处在一个十分重要的节点上，进则全胜，不进则退，应进一步加大支持力度。要总结长汀经验，推动全国水土流失治理工作。为了落实习总书记的重要指示精神，福建省法院持续多年进行生态司法创新，几无先例可循的一场“先行先试”。在不断斩获创新成效的同时，司法创新也被自身推到了“进则全胜，不进则退”的节点，面临全省层面实现生态司法统一的“大考”。所以，福建高院党组提出要打造生态司法可复制、可推广的“福建样本”，努力实现“进则全胜”的目标。

# 第三节 环境司法审判区域性之江苏模式

中共十八大报告正式将生态文明建设作为建设中国特色社会主义“五位一体”总体布局的一部分，充分凸显了生态文明建设已经上升到国家整体发展战略的层面。而生态资源地理分布的广泛性、资源利用的跨区域性、生态环境的整体性要求对环境资源的保护不能仅仅局限于一区之域、一城之地，污染的扩散性、治理的综合性，要求更为系统、更为宏观地统筹兼顾的谋划。作为环保资源保护和生态文明建设最后保障的环境司法审判，随着最高法院环境资源审判庭的成立也进入了一个新的发展阶段。国家生态文明建设的整体推进，必将对当前主要以地区为主的环境司法审判提出了新的工作要求。结合无锡两级法院环境司法实践，我们认为这些新的要求包括：

## 一、环境司法审判应充分解放思想、鼓励司法创新

2007 年 11 月，贵州清镇市设立专门的环保审判庭，2008 年 5 月无锡中院紧随其后，之后各地法院纷纷跟进。屈指一算，我国专门的环境司法审判也已经六年多，各地“摸着石头过河”，甚至在河里没有石头的情况下也进行了积极大胆的探索，逐步形成了一些具体审判规则和习惯做法；但是六年后的今天，在最高法院已经设立专门环境资源审判庭的情况下，对于环境司法审判应如何有序、科学开展依然存在极大争论，对某些问题甚至还有巨大的分歧，比如环境公益诉讼如何认识的问题？公益诉讼放开可能导致滥诉的弊端和放开公益诉讼可能对环境资源保护的益处到底应如何取舍？等等。如何解决上述争议，实际上就是一个思想是否解放的问题，也是检验是否真要采取一切可以采取的措施治理污染、保护生态、建设生态文明的试金石。对于环境司法审判，在起步之初并没有相应的裁判规则可以依照，多属于地方法院在实践中自行发布的一些规范性文件，如果严

格进行法律审查，确实存在合法、适法性问题，这也是不少专家，也包括一部分法官认为这些环境司法审判是在“胡搞”的根本原因。但是，既然是探索、创新，就要允许有所突破、有所不同，只要审判目的是为了环境治理、生态保护、维护被害人的合法权益，就应该给予鼓励。在全国整体推进建设生态文明的大背景下，最高法院、上级法院应该对此种环境司法创新行为给予大力扶持、鼓励，而不是处处设卡。只有全国法院从上到下，真正解放思想、认识到环境司法审判的特殊性，客观认知环境司法的能动性和创新实践，加强环境司法审判的力度和强度，才能在整体上推进国家生态文明的建设。

另外，在起草涉及环境司法解释的过程中，我们认为，无论是学者还是司法审判人员，均应坚持实践出真知的基本原则，绝不能固守原有的理论并用其作为攻击现实环境司法实践的武器；鉴于我们国家的环境司法实践尚在创建的初级阶段，很多问题处于探索过程中，有些环境司法实践活动不符合原有的理论，或者在现有理论体系中无法找到相应的依据，这都是非常正常的，只要这种实践活动的根本目的是为了或有利于环境安全和健康，那就是现在社会所需要的。此时，在理论与实践发生冲突的地方，不是实践服从现有的理论，而是相反，因为实践才是检验真理的唯一标准。

## 二、环境司法审判应以“生态环境修复”为根本价值取向

《刑事诉讼法》目的是“惩罚犯罪、保护人民、保障国家安全和社会公共安全、维护社会主义秩序”，通过对人的惩罚实现对受害人合法利益和社会秩序的保护；《民事诉讼法》的任务是“保护诉讼当事人权利……确认民事权利义务关系、制裁民事违法行为，保护当事人的合法权益”，表面这是典型的保护私人权益的行为规范；《行政诉讼法》目的是“保护公民、法人和其他组织的合法权益，维护和监督行政机关依法行使职权”，是通过对具体行政行为的合法性审查保护私人的合法权益。环境司法审判的价值取向应该是什么呢？当前，环境司法审判无论是否采取“三审合一”

的审理模式，均依照上述三大诉讼法进行审理，环境司法审判与一般的刑事案件、民事案件或者行政案件似乎并无区别。但是实际上，环境污染或破坏无论是否有具体的受害人，均会对环境资源造成有形或无形的损害，而且一旦造成很难再恢复原状。如果遵循一般的诉讼模式，涉及刑事追究的环境资源类案件，法院直接根据案情依法定罪量刑；涉及侵权赔偿的环境资源类案件，法院直接根据案情依法裁定被告人停止侵权、赔偿损失；涉及行政诉讼的环境资源类案件，法院直接根据案情依法审查行政机关具体行为是否合法。如此处理，依现行法律没有任何问题，犯罪人得到了制裁、受害人得到了赔偿救济，甚至环保行政机关也被判败诉，但是已被污染的环境、已被破坏的生态依然存在，甚至还在继续。我们可以说治理污染、保护生态资源不是法院的职责，但是既然污染环境、破坏生态资源的案件已经进入到司法程序，法院作为维护社会公平正义的最后一道屏障，有责任也有义务对此作出回应。对此，我们认为，环境案件中无论公诉机关、当事人是否有环境修复的要求或请求，法院均应主动在环境资源类案件审理中将“生态环境修复”作为环境司法审判的根本价值取向；如果在每个环境资源类案件中均实现了生态环境的修复，则将对整体的生态文明建设作出巨大的贡献。

## 三、环境司法应以“跨区域审判”“集中审判”为机构构建、改革的基本路径

鉴于治理环境污染、保护生态资源往往和当地政府对 GDP 的追求目标相冲突，因此目前主要以行政区划创建环境司法审判机构的传统做法显然不能适应环境司法审判的现实需要，毕竟环境资源分布以及环境污染、资源破坏多具有跨区域性的特征，也正因为这样，各地逐步在探索打破原有行政区划，采取环境资源类案件集中管辖的制度。比如无锡地区，2008 年 5 月中院设立专门环保庭的同时，在下属九个市、区基层法院均设立了专门的环保合议庭，效果并不好；从 2014 年开始，无锡地区采取了环保

资源类案件的集中管辖，确定滨湖区法院、江阴市法院、宜兴市法院和锡山区法院四家基层法院的环保合议庭分别管辖无锡地区九个市、区的环境资源类案件，在无锡地区一定程度上打破了行政区划的限制。此种地方自行采取的集中管辖的做法，放到建设生态文明的高度其彰显的效果尽管非常有限，但毕竟代表着环境司法审判的一种发展路径和趋势，这种路径和趋势也得到了最高人民法院的肯定。

最高人民法院在 2014 年 7 月 4 日发布的《关于全面加强环境资源审判工作 为推进生态文明建设提供有力司法保障的意见》中对目前基层法院采取的集中管辖的审判模式给予明确肯定："逐步改变目前以行政区划分割自然形成的流域等生态系统的管理模式，着眼于从水、空气等环境因素的自然属性出发，结合各地的资源案件量，探索设立以流域等生态系统或以生态功能区为单位的跨行政区划环境资源专门审判机构，实现对环境资源类案件的集中管辖"。

## 四、环境司法审判应采取"三审合一"外加立案、执行的综合审判模式

目前，各地先期设立的环境司法审判机构多采取了刑事、行政和民事"三审合一"，或行政、民事的"二审合一"，有些地方，如无锡中院，也将环境资源类裁判的执行放到了环保庭。应该说，如此构建环境司法审判模式有其内在的道理，毕竟环境资源审判与传统的刑事、民事和行政审判均存在一定的特殊性，往往在一个环境资源类案件中三种责任交织、相互关联，如上所述环境司法审判的根本价值追求是生态环境的修复，因此无论要求被告人承担刑事责任、行政责任抑或民事责任，最终应以所污染的环境、破坏的生态能尽可能得到修复为核心目标。为实现这一根本价值追求和核心目标，环境司法审判采取"三审合一"的综合审判模式是必然选择。实行"三审合一"的综合审判模式也有利于集中环境资源审判力量、尽快积累环境司法审判经验、储备环境司法审判人才。对此，最高人民法

院在 2014 年 7 月 4 日发布的《关于全面加强环境资源审判工作 为推进生态文明建设提供有力司法保障的意见》给予了明确肯定："结合各地实际，积极探索环境资源刑事、民事、行政案件由环境资源专门审判机构归口管理，优化审判资源，实现环境资源案件的专业化审判。"

环境污染和资源破坏类案件，往往具有紧急性、即时性以及难以恢复的特点，这对环境司法审判的效率，尤其对前期证据保全、行为保全的办案时效提出非常苛刻的要求，因为一旦污染事故发生，后果难以计量，而且在很多情况下，污染、破坏的证据可能很快消失。正是鉴于环境司法审判的特殊性，为提高效率，更及时有效地实现环境司法审判的价值追求和核心目标，环境资源类案件的立案以及执行也应并入环境资源审判庭。

但有些美中不足的是，最高人民法院在 2014 年 7 月 3 日宣布成立的环境资源审判庭的职责依然局限于环境资源民事类案件审判领域，但是考虑到环境资源审判庭未采用最初的民事审判庭第五庭的称呼，也说明最高审判机构也为环境资源类案件的集中管辖留下了余地和想象的空间，尤其是最高法院环境资源审判庭是在立案二庭基础上创建的，也保留了一部分涉及环境资源类申诉案件的审查立案职能，因此未来全国的环境资源类案件最终实现刑事、行政、民事外加立案、执行程序的"五合一"综合审判管理模式并不是一个遥不可及的梦。

## 五、环境司法审判应宽松对待"环境公益诉讼"

生态文明建设已经提到国家发展战略的层面，但是生态文明建设的整体性、艰巨性意味着生态文明建设成功的异常艰难性，为此，放开环境公益诉讼主体资格限制，充分调动公民、社会组织的力量参与环境诉讼应是上述逻辑的必然选择。在前几年环境公益诉讼实践的基础上，2012 年修改的《民事诉讼法》和 2014 年修改的《环境保护法》均将公益诉讼置于其中，从而为我国公益诉讼提供了明确的法律依据，结束了之前环境公益诉讼整体处于"非法"的境况，但是目前涉及公益诉讼的法条对提起诉讼的主体又施加了种种严格的限制，甚至直接将公民个人排除在公益诉讼主体之外，显示了环境立法理念的严重滞后。

为此，最高人民法院副院长奚晓明2014年7月9日在人民法院报发表的《环境资源审判专业化之实现路径》中明确指出“凡法律规定的机关以及符合环境保护法第五十八条规定的环境保护类社会团体、民办非企业与公益性环保基金会提起公益诉讼的，人民法院均应依法受理，环保法规定之外的其他组织的主体资格，也不宜限制过死，可在实践中进一步探索”。鉴于环境诉讼的特殊性和生态环境状况的不断恶化，环境司法审判应该给予环境公益诉讼更多的绿灯，而不是设置更多的红灯，对环境公益诉讼的司法审查标准宜宽不宜紧，一切应遵从是否有利于环境保护与生态文明建设。具体而言，尽量放低公益诉讼门槛，允许更多类型的诉讼主体进入公益诉讼领域，为公益诉讼研究提供更多的一手素材和数据；放宽审级，认真评价试点法院审判成果，避免以层级判断代替专业判断，挫伤地方环境司法积极性；放开司法审查范围，允许更多案件进入实体审理，不断扩大案件审理范围。

生态文明建设的整体性对当前的环境司法审判提出了新的挑战、新的要求，而这些挑战和要求并非不能实现，只要我们解放思想，给予环境司法创新更多的理解和鼓励，坚持“生态环境修复”为环境司法审判的根本价值追求，打破地域封锁和地方保护主义，实行集中管辖，采用“三审合一”基础上“五合一”审判模式，宽松对待环境公益诉讼，则环境司法审判尽管不能完全摆脱区域性、个案性的特点，但必将对环境资源保护和生态文明的建设提供更为有利的司法保障。

# 第四节　环境司法审判区域性之云南模式

地处我国西南边疆的云南玉溪市历来被称为“高原水乡”，天蓝水清，宛如碧玉，是滇中经济发展中心。2008年，玉溪发生了震动全国的“阳宗海水体砷污染事件”。为保护环境，遏制环境污染，当年底玉溪法院开展环境司法试点工作，先后审理了“阳宗海砷污染重大环境事故”等一批环境资源保护案件，引起了法学界和媒体的关注。以玉溪环境司法试点模式为视角，探讨基层法院环境司法现状、困境，分析其成因并提出应对举措对我国环境审判机构的设立大有裨益。

## 一、玉溪实践环境保护审判的主要方式

玉溪环境司法实践立足于环境保护和经济社会可持续发展有机统一的科学发展观要求，积极发挥司法力量参与生态文明建设。在生态立市战略路线图中，坚持环境优先司法价值观念，积极试行“三专”常态化环境司法机制，采取严打环境资源犯罪与环境污染源头治理结合、阳光司法与环境法制教育结合、环境司法与合力治理结合，探索庭前证据交换、专家咨询制度、环境公益诉讼等机制，促进环境司法专业化、规范化发展。

### （一）树立环境保护审判理念

1. 深化环境保护战略地位认识，树立环境保护审判大局意识

随着玉溪经济快速发展和生态城市建设进程的加快，环境保护与环境资源开发利用的矛盾越来越尖锐，环境法律问题成为社会关注的热点和重大民生问题。能否及时有效、公正稳妥地解决环境问题，事关经济可持续发展，事关社会和谐稳定，事关人民群众的健康生存。对此，玉溪两级法院主动摆正审判与环境保护的关系，把环境保护审判放在抓稳定、促发展、建和谐、保民生的首位，利用社会关心关注“阳宗海砷污染重大环境事故”

及其他环境问题，抢抓机遇，领先成立环境保护审判庭，用审判权对环境资源给予保护。

2. 深化环境法治形势认识，及时树立环境优先的司法保护意识

法律是环境管理的一个最基本手段，依法管理环境是控制并消除污染、保障自然资源合理利用并维护生态平衡的重要措施。玉溪市地处滇中腹地，湖泊众多，森林、矿产和水资源丰富，多年来一直依靠较单一的行政处罚为主的环境保护手段处理日益增多的环境保护案件，不能有效地执行国家的环境保护法律法规，难以充分发挥法制手段在环境保护工作中的作用，环境保护中的一些新情况、新问题不断反映到司法中来，如涉及破坏生态、破坏资源、破坏环境、违反环境资源保护法律法规的犯罪案件和由环境污染及资源开发引发的矛盾比较突出，涉诉案件和各种纠纷也不断出现。2008 年涉及到环境保护诉讼案件 24 件，2009 年增至 37 件。由于人民法院审案范围较广，大量的刑事、民商、行政案件的审判及执行给人民法院带来极大的工作压力，人少案多的矛盾突出，对环保案件难以做到专业化，制约了环境司法的法律效果。阳宗海砷污染事件暴发，暴露出玉溪市环境执法能力薄弱、环境监管力度不够等问题。确立生态环境法制化管理道路将是带动和促进玉溪经济社会跨越发展重要保障。

3. 深化对审判机关功能认识，树立作为环境保护建设者、捍卫者的审判理念

生态文明建设不只是政治、经济、民生问题，也是一个司法问题。司法对生态文明的驱动和保护作用是不可替代的，只有建立在法治基础之上，生态文明建设最终才能稳步发展。为此，玉溪法院围绕生态文明建设任务，转变环境执法理念，扭住生态文明建设对环境司法的新期待，把环境司法置于审判工作的重点，给自己的工作和作用定位，抓紧角色转换，切实担负法院建设和捍卫环境正义的主体责任，进而形成新的环境司法行动，打击破坏环境行为，妥善处理环境资源开发利用和保护的矛盾，保证生态文明建设顺利进行。

## （二）建立环境保护审判专门机构、组建专门审判队伍，承担专门职责

为确保环境资源保护案件的审判，提高环境司法能力，调整好日益尖锐的经济建设与环境保护之间的冲突和矛盾，保障经济发展方式的转变，适应生态建设的需要，建设碧水蓝天的生态家园，玉溪市中级人民法院于2008年12月25日率先成立了环境资源保护审判庭并挂牌开展工作，2009年1月15日澄江县法院随即成立环境资源保护审判庭并挂牌开展工作，随后华宁、通海、江川县法院和红塔区法院环境资源保护审判庭相继成立。全市两级法院争取编制共计21人。成立后的环保庭主要承担审理涉及破坏环境资源类犯罪案件；空气污染、水污染、资源破坏、噪声污染及其他环境资源保护方面引发的各类纠纷案件；涉及环境资源保护国家赔偿案件；办理涉及环境保护非诉行政案件；参与环境资源保护综合治理，积极提出司法建议，加强以案释法，教育公民、法人和其他组织增强环保意识。

## （三）创建集刑事、民事、行政审判“三审合一”及其相配套环境司法新机制

成立环境保护审判庭后，玉溪中院积极探索环境资源司法审判的有效途径和方法。①迅速提出环保审判司法性意见，及时界定职责明确任务。规定环境资源审判集刑事、民事、行政审判“三审合一”，负责办理涉及环境资源保护的各类案件，严厉打击环境违法犯罪活动，保障和服务生态文明建设。②规范司法程序，方便群众提起环保诉讼。建立环境资源保护案件绿色通道，制定《环境资源保护案件案由分类和案号编写的意见》，快立、快审、快结、快执涉诉环境资源保护案件，并编写《关于环境非诉行政案件申请执行的相关问题释明和法律依据汇集》，方便环保行政执法机关向人民法院申请执行。③与市检察院共同制定《关于办理环境资源民事公益诉讼案件若干问题的意见》，明确检察机关、环保社团组织率先尝试行使环境公益诉权，倡议设立玉溪市环境资源民事公益诉讼救济资金专

户，开启环境公益诉讼之路。④推行庭前证据展示、专家出庭作证、鉴定意见作为定案依据制度。如，“阳宗海砷污染案”在庭前进行了证据展示，依法委托云南省环境科学研究院对阳宗海污染原因进行鉴定并出庭作证，采信了环境、化学、化工、水文、地质等相关领域13名专家的鉴定意见[①]。⑤尝试环保司法指导机制，法院对行政机关拟作出环境决策前提出事前建议和合法性论证，拓展环保审判职能。⑥探索建立与公安局、检察院、司法局在环境资源保护工作中的联合协作执法机制，制定联合执法意见、互通信息和相互协作。

### （四）严厉打击环境违法犯罪，维护国家环境法律尊严

1. 坚决追究“阳宗海砷污染重大环境事故”责任人的刑事责任

依法以重大环境事故罪判处直接责任单位云南澄江锦业有限责任公司罚金1 600万元及其公司高管李大宏有期徒刑四年、罚金30万元，李耀鸿、金大东有期徒刑各三年，罚金各15万元。该案是云南省自1997年我国刑法中规定重大环境污染事故罪以来首例环境污染重大事故罪案件，不仅受到社会关注，也成为环境污染案件审理具有代表性的案例。

2. 严惩环境保护失职、渎职等违法犯罪

及时、高效、公正地审理了李树岗环境监管失职、受贿案，马红芬环境监管失职、受贿案，许绍武环境监管失职、受贿案，马德芳环境监管失职、受贿案，以环境监管失职罪、受贿罪判处李树岗有期徒刑一年，马红芬有期徒刑十个月，许绍武有期徒刑一年零一个月，缓刑二年，马德芳有期徒刑一年零一个月，缓刑一年零六个月。

3. 严厉打击环境保护滥用职权行为

被告人佘继荣应对世界自然遗产澄江帽天山动物化石地周边被封停的矿山履行监管职责，但其不但不制止，反而为矿石开采户提供环保行政执法机关巡查矿山的消息，致使帽天山周边的磷矿石被多点、多次盗采，破坏了帽天山自然保护区周边的矿产资源和生态环境。2010年12月6日，

① 田永德：《玉溪中院环保审判庭服务生态建设》，载《玉溪日报》2013-01-04（第2版）。

玉溪中院环境资源保护审判庭终审以犯滥用职权罪判处其有期徒刑一年零六个月。

4. 打击非法猎捕、杀害珍贵濒危野生动物非法收购、运输、出售珍贵濒危野生动物植物制品，非法狩猎，非法占用耕地，非法采矿，非法采伐珍贵树木，盗伐滥伐林木，非法收购盗伐滥伐林木等故意破坏自然资源的严重行为，打击森林失火等过失破坏自然资源的严重行为。妥善处理水污染侵权、矿产资源破坏侵权、林业资源破坏侵权、农业资源破坏侵权等民事纠纷案件

2009—2011 年，玉溪两级法院受理审理上述案件共计 72 件。分别对被告人判处刑事责任、判令采取补救措施、限期恢复原状或治理，赔偿损失等方式处理。

5. 支持和监督环境保护行政机关依法行政

玉溪中院编写了《关于环境非诉行政案件申请执行的相关问题释明和法律依据汇集》，方便环保行政执法机关向人民法院申请执行。2009—2011 年，玉溪两级法院审查非诉行政执行案件 111 件。

## 二、基层法院环境司法实践模式发展困局及其原因

基层法院环境司法实践模式的发展，助推环保司法治理结构逐步完善。但也遇到了一些问题。主要是普遍存在案少、审判资源分配和利用不合理、生存状况不良等情形，一直被一个怪现象所困：一方面成立环境资源保护庭深得人心，受到社会的热捧；另一方面，环境资源保护庭无案可办，成了摆设甚至是累赘。

这一困局下，出现下列几种情形：第一，环境司法较为孤立，发展力量非常弱小。放眼来看，基层法院环境司法多数有特殊背景，试点的地方都是发生过环境污染事故或环境污染十分严重的地方，差不多是特殊事件的特殊产物。绝大多数基层法院无意开展环境司法。第二，环境司法步履蹒跚。从玉溪法院环境司法试点来看，5 年来实际审理环境污染案件总计

5件，加上环境监管失职罪、滥用职权罪案件总计不足15件，其余的多为环境资源型传统案件和环境行政机关申请执行案件，环保庭因无案源几乎以办理其他案件保留牌子，有的干脆合并到行政庭或刑庭，有的完全就像一个民庭。环保法庭成立时的批复要求是，玉溪市中级人民法院环境资源保护审判庭人员编制为6人，下辖的5个基层法院环境资源保护审判庭人员编制为3人，但至今的实际情况是，玉溪中院环境资源保护审判庭仅有5人，5个县级的环保法庭有一个法院配齐一个合议庭，三个法院仅有庭长1人。第三，环境司法名为解决环境污染，实际主要审理资源保护案件。玉溪环保案件多为资源保护案件，为解决水环境污染成立的6个环保庭所审理的环保案件，不及处于林区、矿区未成立环保庭4个法院的三分之一。这与开展环境司法的初衷不符，对此有的基层法院没有恒心，泄了气。

玉溪法院调研分析认为，基层法院环境司法形成“有价无市”的原因主要是：第一，思想不解放，没有及时树立环境优先的司法理念。确切地说大多数法院仍处于犹豫、彷徨、谨小慎微中，“三有三没”的现状，即“有心动没行动，有认识没共识，有突破没深耕”，与生态文明建设需要不相适应。受传统环境执法思想影响，主要着眼于“通过计划、规划及各种管理手段，采取防范性措施，防止环境损害的发生”。[①]“在环境与资源的保护的实践中，仍应当发挥环境行政管理以及运用市场方法的主要作用……不应当片面地过度强调刑罚措施在环境与资源保护实践中的地位和作用”。[②]束缚了环保审判工作。第二，案源不足，功能过窄，影响环境司法工作发展。第三，未科学合理设立环保庭、配置人员，沿袭传统，违背环境司法运行规律。司法对环境管理区别于行政，不宜对生态功能和生态流域区切割、分散治理，而宜整体性给予司法保障和法律服务。玉溪当时设想重点应对水环境污染，一时之间便在面积216.6平方千米的抚仙湖5个沿湖县区建立环境司法一、二审机构，这种受传统审判思维影响下设置的环保庭，有诸多欠妥，导致了后来环保庭生存状况不良。首先，一、

① 金瑞林：《环境法学》，北京大学出版社2002年版，第86页。
② 汪劲：《中国环境法原理》，北京大学出版社2000年版，第371页。

二审机构脱离实际，缺少案件基础。其次，一时找不齐具备开展环境司法的人，唯抽调人员充数。第三，一审五个庭共管一个生态功能区域，受到了行政区划、案量、生态功能差异、司法人员结构等多种因素制约，影响办案质量和效果，形成司法资源浪费。第四，开展环境司法的社会环境条件不全。最突出的是环境法律法规相对缺位、可操作性相对薄弱、人民群众环境法制观念相对淡漠，环境资源审判氛围尚未形成。第五，环境司法诉讼难。包括以下几种情况：一是群众不知道那些事情可以向法院告，有的知道可以告，但不敢告、不愿告，不会告；二是阻力大。以牺牲生态环境为代价发展经济的传统势力以种种方式阻碍环境纠纷进入诉讼。三是法院受理案件有顾虑。现实生活中，造成环境污染和资源破坏的企业一般是所在地的利税大户，是地方政府税收收入的主要来源。法院往往在人财物等方面受制于地方政府，如果受理了该类案件会面对地方政府的巨大压力。四是环境污染案件专业性强，具有不特定性、多样性、复杂性、广泛性、漫长性，取证、举证艰难，有关环境证据鉴定成本高，权利主体提起环境保护诉讼难度较大。

## 三、进一步做好环境资源保护审判工作的对策

### （一）更新理念，加大环境资源保护审判工作力度

党的十八大把生态文明建设放在突出地位，纳入社会主义现代化建设总体布局，对“加大自然生态系统和环境保护力度”作了强调部署。环境保护成为了国家重要的政治意愿，关系人民福祉、关乎民族未来的长远大计。党中央对环境保护战略上的发展和创新，为新时期环境法制管理指明了方向。基层法院环境司法不能停留在前瞻性状态上，别再“外热内冷”、“零敲碎打”。要从传统的角色中走出来，本着保障和服务生态文明建设的环境司法职责使命，对传统审判进行一场重组的司法改革，在与原有的审判环境、审判观念、审判价值、法官自身和条件等产生的矛盾和冲突中，果敢作出科学合理的选择，建立具有环境司法新观念、新精神、新机制的

审判体系。最近最高法院成立环境资源审判庭，出台环境资源保护审判工作指导意见，主导环境司法的纵深发展，凸显了环境司法是未来司法体制改革和审判工作发展的重点。“风正好扬帆”，基层法院环境司法要顺势大步前行。

### （二）单列省管基层环境资源法院和设立环境资源派出法庭，为地方环境保护提供强有力的司法保护

环境资源审判机构的设置要兼顾环境区域性、流域性、资源集中性等特点，最好以适应区域环境保护体系需要来建构，由省级法院统筹计划，在区域性、流域性生态保护区、资源聚集区主要功能分布地区成立环境资源法院，跨地区直接受理一审所有环境资源保护案件；在环境保护任务较重的个别基层法院设立环境资源派出法庭或巡回审判点。试点环境资源审判的中、基层院原环保庭适合单列环境法院的转为基层环境资源法院，其余的一律改、撤、并、关。避免环境保护各自为政的隔阂，有效防止地方保护主义，减少审判资源浪费，提高环境保护审判效率，全面加大环境司法力度。

### （三）配备具有相关专业背景的法官从事环保案件审理，选任环保专家、环保志愿者担任人民陪审员，强化环境保护业务培训，从专业和技能上保证案件审判质量

### （四）分类立案，专项审理

生态文明建设系统庞大，因而环境司法面对环境问题也十分繁杂，但不是所有的环境问题都由司法来解决。环境诉求是维护环境权益的关键，基层法院在环境司法中，要特别注重环境诉权的保护。界定环境资源受理案件范围，让环境权益受害者知道哪些环境行为可诉，哪些不能诉求。确立环境资源案由，由环境资源法院专司负责审查环境资源案件立案，只设立环境资源审判庭的法院开置环境资源立案窗口，方便群众诉讼。环境资

源法院、环境资源保护审判庭专门审理涉及环境资源保护的各类案件、涉及环境资源保护的国家赔偿案件、涉及环境资源保护的非诉行政案件，提出环境资源保护司法建议。统一司法尺度，形成合力导向。

## （五）大力开展环境资源案件阳光司法、巡回审理工作

环境资源诉讼案件专业性、技术性集中，社会和公众不易接受了解，影响环境司法工作开展。基层法院可大力开展环境资源阳光司法工作，把审理的每一起环境资源案件全过程让媒体立体、全程跟踪，法院全方位彻底公开，邀请市县乡人大代表、政协委员、市(区、县)的环保局行政执法人员及基层组织人员旁听，组织案发地群众旁听。庭审结束后，审判长现场就案件事实及判决内容进行以案说法、判后释疑，并向公众问卷调查，让公众参与到环保案件审判过程中，提升环境司法的震慑力和公信力的外在传播，积极引导公众参与环境资源监督管理。云南澄江县法院、玉溪中院审理阳宗海砷污染案进行阳光司法，收到了良好的效果。与此同时，还可结合森林失火、土地违法、矿山开采等案件多发易发的实际，采用巡回审理的方式集中审判，以案释法，提高公民的环境保护意识，扩大环境司法的宣传效果。

## （六）健全机制，推动环境司法的创新发展

建立快速反应机制，依法快立快审快判，从重打击；确立环境侵权民事赔偿制度，积极通过检察机关、环保组织向法院提起诉讼，司法救济受害人；健全环保司法指导机制，法院对行政机关拟作出环境决策前提出事前建议和合法性论证，指导行政执法机关调处环境保护矛盾纠纷；建立与当地党委、政府及有关机关生态建设工作环节相配套的环保司法服务体系；推行专家咨询制度，请专家学者等相关社会人士参与到环保审判工作中，向人民法院提供环保专业咨询意见，促进司法决策科学化、民主化，提高审判效率，降低诉讼成本。

## （七）丰富环境司法功能载体，拓展环境司法职能

以环境司法实例实效、采取司法建议等方式推动制订有利于生态文明建设的法律规范，修订完善和制定地方性环境保护法规，解决法律之间相互冲突、脱节、重复、罚则偏软等问题，增强法律法规的可操作性。改变过去由于法律制度不完善，公众参与途径不多，公众保护环境要求缺乏法制化表达途径的制约，拓宽公众参与环境保护的途径；精心编写精品案例、法治小品、环保警钟等司法文化宣传，利用环保司法展板、环保法律知识有奖问答等形式向群众介绍生活中的环境违法犯罪行为，引导全社会参与环境司法保护的积极性；针对群众关心的环境保护热点难点问题开展法律咨询活动，唤起公众保护生态环境、节约资源能源，共建和谐家园的法治意识。开创环境司法发展的新天地，展现新作为。

## （八）突出重点，建立、推行环境公益诉讼制度

当今环境资源问题公益化的趋势日益明显，如果仅按照传统诉讼制度则不能有力地保护环境资源公益，其结果必然淡化人们维护公共利益的热情，同时也将影响公众参与环境资源事务的积极性。新修订的《民事诉讼法》规定有关组织和机关可以提起环境公益诉讼，为环境保护提供了更强有力的法律支持。笔者认为，可采取适度放宽原告起诉资格、逐渐扩大受案范围、合理分配举证责任，尽量降低环境诉讼费用、建立公益诉讼基金、建立应对滥用环境公益诉讼的约束机制等原则推进环境资源公益诉讼制度构建的进程。

# 第五章
# 环境司法审判的区域性疑难问题探索

## 第一节　环境司法审判区域性的域外经验及其借鉴

### 一、环境司法区域化审判模式的比较研究

最高人民法院 2013 年 6 月 23 日发布了《最高人民法院关于全面加强环境资源审判工作　为推进生态文明建设提供有力司法保障的意见》（以下简称《意见》）。该《意见》是最高人民法院旨在充分发挥人民法院审判职能作用，为推进生态文明建设提供有力司法保障的指导性文件。《意见》为环境司法确定六大目标和任务，分别是：①环境资源纠纷司法救济渠道畅通；②环境资源源头保护、损害赔偿、责任追究制度得到落实；③环境公益诉讼、环境资源案件管辖等制度不断完善；④环境资源刑事、民事、行政、执行等司法保护体系更加健全；⑤环境能够资源法官队伍专业化水平和司法能力显著提高；⑥环境资源审判工作全面加强，职能作用充

分发挥。[①] 为了实现这六大目标，《意见》提出有序推进环境资源司法体制改革，其中要“合理设立环境资源专门审判机构，积极探索环境资源刑事、民事、行政案件归口管理，探索建立与行政区划适当分离的环境资源案件管辖制度”。[②] 为了支持这一体制改革的探索，我们有必要对国外对环境资源案件集中管辖，特别是区域性管辖的实践、运行情况、成效进行比较分析，吸取其成功经验，结合我国的具体情况，对我国的环境司法体制改革提出建议。据 Pring 教授的研究，截至 2010 年，世界上 41 个国家已经建立了 380 个专门的环境案件审判机构（Environmental Courts and Tribunals, 简称 ECTs）。[③] 历史最为悠久并被公认为取得很大成功的澳大利亚新南威尔士土地与环境法院的首席法官 Brian J.Preston 总结了专门的环境案件审判机构需要取得成功应具备的 12 个特征。Preston 法官认为其中最重要的一个特征是该专门的环境审判机构应该具备综合而集中的管辖权（comprehensive and centralized jurisdiction）。[④]

根据 Pring 和 Preston 法官的研究，我们选取具备拥有综合及集中管辖权并被认为是成功典范的三个发达国家的专门环境审判机构，分别是瑞典的土地与环境法院、新西兰的环境法院和澳大利亚新南尔士的土地与环境法院以及印度的国家绿色法庭作为比较研究的对象。印度的国家绿色法庭是在 2010 年成立，其成效还有待观察，但鉴于印度与我国相似，同为发展中国家的大国面临巨大的保护环境的挑战，其环境法庭的审判模式值得关注。

---

① 最高人民法院：《最高人民法院关于全面加强环境资源审判工作 为推进生态文明建设提供有力司法保障的意见》，http://www.chinacourt.org/law/detail/2014/06/id/147914.shtml，2014 年 6 月 19 日访问。

② 同上。

③George Pring，CatherinePring， Increase In Environmental Courts and Tribunals Prompts New Global Institute[J].Journal of Court Innovation，2010，3(1)：11 -21.

④Hon. Justice Brian J Preston，Characteristics of successful environmental courts and tribunals,Presentation to the Eco Forum Global Annual Conference Guiyang 2013：The 3rd Environmental Justice Seminar，2013.

## （一）四个环境审判机构区域性审判模式比较

1. 四个环境审判机构的简要介绍

（1）瑞典环境法庭[①]

瑞典的《环境法典》自1999年生效以来一直是瑞典最为重要的环境立法，该法的总体目标是促进可持续发展，以保证当代和未来子孙后代享有一个健康安全的环境。该法授予了环境法庭民事和行政案件的管辖权以及广泛的执法权力。保证瑞典环境法典得到遵守的核心是环境许可制度。环境法典及其实施细则强制超过5000项活动或工程运作必须获得许可证才可以开展，并须按照许可证的规定运行。许可证审批机构需要考虑拟开展的活动对土壤、空气和水造成的影响来作出是否予以批准的决定，还需要设定许可证的具体要求。瑞典共有5个区域环境法庭，分别属于瑞典5个地区民事法院；有1个高级环境法庭，即环境上诉法庭，属于斯德哥尔摩上诉法院的一个审判庭。瑞典的环境法律执法系统还包括20个区域委员会和大约250个地方环境决策机构。当事人对于环境区域委员会和地方机构作出的决定不服的可以起诉到相应的区域环境法庭。环境法庭的法律管辖权包括土地利用、规划和环境问题的民事执法和行政案件，但不包括刑事案件。环境法庭可以对区域委员会和地方机构的决定做合法性和实质性审查。自2011年5月开始，环境法庭将更名为土地与环境法庭，同时审理适用土地与建筑法的案件，包括审查地方土地利用规划和建设许可。环境法典规定每一个区域环境法庭应有一个由一位法官，一位环境技术顾问和两位普通的专家组成的合议庭。区域环境法庭主要审理对区域委员会决定不服的案件，主要包括以下问题：危害环境活动的许可证和许可条件，废物处理以及清理污染的命令。瑞典的公共机构可以命令公司采取措施或者停止某些活动以避免对公共健康造成负面的影响，对这些命令不服可以

① 本部分内容主要参考了 Ulf Bjällås： Experience of Sweden's Environmental Courts, Journal of Court Innovation， Volume 3，Winter 2010（作者为瑞典斯德哥尔摩环境上诉法庭前首席法官，任期为1999年到2010年）。

向法院提起诉讼。法庭还可以审理有关自然保护和保护地的案件。区域环境案件审理的初审案件包括以下三种主要类型：

①可能对环境产生严重影响的活动（A类活动）的许可；

②水资源利用项目的许可，包括在水上建设的项目，例如水电站、水库等；

③个人、团体、NGO或者政府提起损害赔偿的诉讼。

环境上诉法庭审理不服5个区域环境法庭上诉判决的上诉案件。环境上诉法庭由4位受过法律训练的法官组成。针对个案审理时，其中一位法官可以由有相关技术背景的专家所取代。如果初始决定是由区域委员会或地方机构作出的，环境上诉法庭作出的判决就是终局判决；如果是区域环境法院的初审案件，终局裁决机构是瑞典的最高法院。环境上诉法院的开庭更像是一个圆桌会议，而不像一般的庭审对质。通常庭审时在一个会议室完成的，法官在会议桌上听取非正式的证人证言。法庭一般会到争议所在地了解情况，争议方和当地的居民可以向法庭提出意见和建议。法庭还可以要求地方、区域和中央政府机构就案件给出意见。法庭还可以请独立的技术机构就案件给出意见。

（2）新西兰环境法院①

1991年颁布1996年修订的《资源管理法》是新西兰在环境保护领域最主要的法律，它是一部将自然资源与环境管理融为一体的综合性法律。在《资源管理法》的整体框架下，环境法院作为一个专业性的法院，发挥着独特的功能。新西兰环境法院的法律管辖权包括：①规划和政策（Plans and policy statements）。法院有权对根据《资源管理法》制定的规划和政策进行审查。任何人只要提交过书面意见就可以提起诉讼启动司法审查程序，法院可以在审理过程中直接要求地方当局修改区域或区级规划，也可以要求地方当局修改政策的某一条款，在修改前需要向公众公示；②不服

① 本部分的内容主要参考了胡斌：《国外环境法院初探》，http://www.xchen.com.cn/lylw/hjflw/648518.html； 以及Malcolm Grant，The Environmental Court Project，Final Report，Department of Environment，Transport and the Regions，2000。

资源许可的上诉。资源许可包括该海岸使用许可，水利用许可、排污许可或者该项目是否符合区域规划许可等；③不服为了公共工程征地的上诉，例如不同意垃圾填埋场、污水处理厂的选址等。另外，在《资源管理法》的整体框架下，涉及环境问题的决定，绝大部分是由地方市政局做出的，这其中很大部分是有关资源许可的申请。但是，有一些申请是直接由环境法院受理的，而不用经过地方市政局。另外一种情况是，当环境部认定某项申请具有全国性影响时，环境部就会向环境法院提起申请。环境法院直接受理的申请主要是资源许可申请、改变许可条件的申请、请求告知的申请；④宣示管辖权（解释权）。法院有权根据申请解释《资源管理法》规定中的权利、权力和义务；或者确定规划和政策有冲突的地方；⑤发布执法令。任何人有权向法院提出执法申请。法院可以根据申请，依据《资源管理法》作出执法令，要求停止违法行为、作出补救的措施减缓违法行为造成对环境的负面影响，赔偿第三方因采取减缓措施所付出的费用。法院还可以做出撤销或修改其资源许可的决定。如果被告没有立即采取减缓措施，法院可以要求第三方代行，由被告支付相关的费用。执行令是促使他人遵守《资源管理法》的一种常用的手段。执行令只能由环境法院发出，这一点和削减通知书（abatement notice）有所不同，整改通知书用于命令相对人在通知书规定的期限内达到《资源管理法》的规定，它类似于我国环保部门发出的限期整改通知书。整改通知书只能由市政局发出，通常是命令相对人停止或开始某项工作。相比整改通知而言，执法令是一种更为严厉的法律手段。

（3）澳大利亚新南威尔士州的土地与环境法院[①]

其为世界第一家环境法院新南威尔士州是澳大利亚人口最多、经济最发达的州，自 20 世纪 70 年代以来，随着经济的快速发展，该州的环境、土地和规划纠纷日益增多，当时环境与规划事务涉及诸多不同的法律并分散到不同的法院和行政法庭管辖，这些机构在管辖权上又存在重复与交叉，

① 本部分内容主要参考了谷望舒，杨蕾：《国外环境法院是如何运作的》，载《法治周末》2014 -06 -10。http://www.legalweekly.cn/index.php/Index/article/id/5275。

造成司法实践中的一系列问题，如案件审理混乱和低效率等。为此，新南威尔士州进行了一系列的立法和司法改革，土地与环境法院就是改革所促成的一项成果。根据 1979 年的《土地和环境法院法案》，该法院于 1980 年开始运作。建立土地与环境法院的目的主要有两个：一是使土地和环境案件的审理合理化和专业化；二是为环境、规划和土地案件提供“一站式”处理。新南威尔士州的土地与环境法院拥有州内环境、规划与土地案件管辖权。新南威尔士州土地与环境法院具体受案范围包括：对于政府环境规划行政决定进行上诉；涉及林木和矿产的民事纠纷；涉及环境规划和环境保护的民事执行；对政府环境和土地规划等决定的司法审理及执行；对土地与环境法院委员作出的决定进行上诉等。该法院管辖权涉及行政、民事、刑事和执行案件。在行政诉讼中，法院可对行政机关的决定进行实质审理，进入这一程序后，法院具有与最初决策者相同的权力与职能，可以改变原决定并做出新决策。

（4）印度国家绿色法庭[①]

2010 年 10 月 18 日印度国家绿色法庭根据《国家绿色法庭法》设立，常驻地新德里，负责管辖北部地区的环境资源案件，并在四个城市设立四个区域法庭，分别在金奈（管辖南部 7 个地区）、博帕尔（管辖中部 3 个地区）、普纳（管辖西部 6 个地区）和加尔各答（管辖东部 7 个地区）。[②]

《国家绿色法庭法》的立法目的为快速有效地解决与环境保护、森林和其他自然资源保护有关的案件，包括任何与环境相关的法定权利的实施，对人身、财产的损害及其他相关或偶然发生事项提供救济和补偿。

印度国家绿色法庭的法律管辖范围是与《国家绿色法庭法》附件 I 规定的 7 部法律实施相关的所有民事和行政案件。这 7 部法律分别是：《1974

---

① 本节参考了蔡守秋，文黎照：《印度 2010〈国家绿色法庭法〉评介》，载《法学杂志》2013 年第 11 期，http：//www.civillaw.com.cn/article/default.asp?id=62448；Praveen Bhargav， Everything you need to know about the National Green Tribunal (NGT)，http：//www.conservationindia.org/resources/ngt 。

② 有关印度国家绿色法庭各巡回法庭的地域管辖范围的通知：http://www.conservationindia.org/wp-content/files_mf/NGTJurisdiction.pdf。

水（污染防治）法》《1977 水（污染防治）税法》《1980 森林（保护）法》《1981 空气（污染防治）法》《1986 环境（保护）法》《1991 公共责任保险法》《2002 生物多样性法》。这意味着与违反这些法律的行为，或者依据这些法律作出的政府决定都可以由国家绿色法庭进行审理。值得注意的是，印度《1972 年的野生动物保护法》和其他一些由州通过的环境法的问题都不能由国家绿色法庭审理。印度国家绿色法庭受理的民事案件分为两大类，诉请解决纠纷和申请救济赔偿，诉请解决的纠纷指与上述七部法律相关的环境纠纷，损害赔偿指对因环境污染包括危险物质造成的损害的赔偿救济申请。损害（a claim for compensation）可分为三大类，对污染受害者造成的损害、对财产造成的损害和对公共健康和环境造成的损害。绿色法庭管辖十类行政案件，指行政机关依据《1974 水（污染防治）法》《1980 森林（保护）法》《1981 空气（污染防治）法》《1986 环境（保护）法》《2002 生物多样性法》制定或做出的命令、决议、指令、决定，任何人认为其权利受到这类行政行为的侵犯，可向绿色法庭提起上诉。绿色法庭没有一般刑事案件的管辖权，只有在当事人拒不履行绿色法庭的裁定、判决和决定，根据《国家绿色法庭法》须承担刑事责任的案件（可能被判处 3 年以下监禁，并处或单处罚金）才有管辖权。

2. 审判模式和重要案件比较

通过对四国专门环境审判机构的简单介绍，可以看到四国都分别根据自己的国情对专门的环境审判机构在环境监管、环境资源法律实施体系中的地位和作用有比较明确的定位。瑞典和新西兰都是在其环境基本法中对环境法院 / 法庭的设置、管辖权、诉讼程序等作了规定；澳大利亚新南威尔士和印度则是通过特别的建立专门法院 / 法庭的法案来改革已有的环境法实施体系，使司法机构扮演更为重要的角色，澳大利亚新南威尔士土地与环境法院更是充当了为环境、规划和土地案件提供“一站式”处理的平台，把有关经济发展和生态保护的争议问题置于司法程序来解决。

（1）“综合且集中”的区域性审判模式

四国的环境专门审判机构基本都实行了“综合且集中”的审判模式。

Preston法官认为“综合”是指专门环境审判机构享有审判因实施本地区（国内）所有环境法所产生的所有争议，这些争议包括[①]：①促使行为人遵守环境法的民事执法案件（可由政府或私人部门提起）[②]，法院可以发出执法令/禁令和判处罚金。民事执法案件是专门环境法庭的主要案件案类型，政府行政机关虽然可以判处行政处罚，但是通过向法院提起民事执法案件，会获得对违法者更严厉的处罚，并且可以形成先例，起到震慑的作用。②追究因违法导致财产、人体健康、环境损害的损害赔偿案件。在新西兰，美国佛蒙特州环境法院等国家因污染造成人体健康和财产损害不一定由专门环境审判机构来审理，而由一般民事法庭来审理，主要原因是该国法律规定侵权案件（torts）在当事人申请下可以由陪审团认定事实或者其他特别的程序要求使得不适宜由专门环境审判机构来审理。③对行政机关作出的行政决定进行司法审查的行政案件。四国的环境审判机构对行政机关行为进行司法审查的包括土地利用规划、政策决定、具体的资源利用许可、排污许可、环境影响评价许可等决定。④对行政机关的决定进行实质性审查（Merits Review），也就是对行政机关的决定是否符合环境法的原则和环境法的具体规定，例如预防原则，重新进行听证，使利益相关方能够就具体决定的合法性合理性进行辩论。⑤刑事案件，追诉违法者的刑事责任。[③]

除了案件类型，“综合”还包括有关环境资源的范围应该是全覆盖，包括公共和私有的自然资源、生物多样性、自然遗产和生态系统的整体性，在程序上应该包括环境信息公开、环评的公众参与、环境许可的公众参与决策、公众参与执法等。按照这一标准，印度只把国家绿色法庭的管辖范围局限在7部环境法律有其局限性。“集中”的审判模式是指专门环境审判机构享有比基层法庭更广阔的地域管辖权，也就是在一般行政区划的更

①Hon. Justice Brian J Preston，Characteristics of successful environmental courts and tribunals, Presentation to the Eco Forum Global Annual Conference Guiyang 2013：The 3rd Environmental Justice Seminar，2013，p.13。

② 我国没有对应的民事执法案件的类型，较为接近但又不同的是非诉执行的案件和由社会组织提起的环境公益诉讼案件。

③ 同样由于一些国家对刑事程序的特别要求，尤其是陪审团的要求，不少环境专门审判机构并不审理环境刑事案件。

高尺度上设置环境审判机构，使得环境审判机构可以获得足够数量的案源、免于地方政治的干预、能够从生态系统尺度上看待案件。与综合的案件受理范围携手使得环境审判机构有可能从多角度处理环境问题的争议，并达到一定的经济量使得案件的审理可以比散落在不同法院的案件案审理更能实现可持续发展的目标。因此新西兰、澳大利亚新南威尔士、瑞典和印度在设置本国本地区的环境审判机构时都采用了区域性集中管辖的审判模式。当然集中的地域管辖为了使各自环境审判机构的综合且集中的审判模式能够有效运行，本研究中的三国一地区的法律还对环境审判机构的诉讼主体资格、诉讼程序、非诉讼纠纷解决机制等问题作了专门的规定，详细的比较分析见表 5-1。①

**表 5-1　四个环境审判机构的比较**

| 机构设置、审判模式、诉讼程序等基本要素 | 新西兰环境法院 | 澳大利亚新南威尔士土地与环境法院 | 瑞典土地与环境法庭 | 印度国家绿色法庭 |
|---|---|---|---|---|
| 法律依据 | 《资源管理法（修订）》（1996） | 《土地与环境法院法令》（1979）和《环境规划与评估法》 | 《环境法典》（1999） | 《国家绿色法庭法案》（2010） |
| 机构设置（地域管辖权） | 独立的专业性法院，司法权限相当于当地的地区法院，地域管辖范围是全新西兰 | 独立的专业性法院，司法权限相当于州最高法院（州内最高法院为最高上诉院），地域管辖范围是澳大利亚的新南威尔士州 | 5 个区域环境法庭，分别属于瑞典 5 个地区民事法院；1 个高级环境法庭，即环境上诉法庭，属于斯德哥尔摩上诉法院的一个审判庭 | 独立建制的法庭，但不是法院（court）；2010 年 10 月 18 日国家绿色法庭设立，常驻地新德里，并在四个城市设立四个巡回法庭，分别在金奈、博帕尔、普纳和加尔各答 |
| 人员组成 | 环境法官和环境专员（技术专家）组成 | 1 名首席法官和其他 6 名法官以及 9 位技术专家组成 | 区域环境法庭由 1 位法官、1 位技术专家和 2 位普通专家组成。环境上诉法庭由 4 位受过法律训练的法官组成 | 主席法官，10～20 名法官及技术专家组成 |

① 参考了 Bharat H. Desai and Balraj Sidhu， On the Quest for Green Courts in India， Journal of Court Innovation， Volume 3， Winter 2010, pp.90-91。

| 机构设置、审判模式、诉讼程序等基本要素 | 新西兰环境法院 | 澳大利亚新南威尔士土地与环境法院 | 瑞典土地与环境法庭 | 印度国家绿色法庭 |
|---|---|---|---|---|
| 法律管辖权 | 对地区或区级规划、政策和资源许可决定进行司法审查和实质审查的案件；受理土地使用、海岸使用、水资源使用、排污许可的申请；民事执法案件 | 与规划、土地利用、矿产资源开发和环境有关决定的实质性审查、司法审查、违法情况的民事执法、刑事案件案 | 土地利用、规划、建筑许可和环境问题的民事和行政案件；可以对区域委员会和地方机构的许可决定做合法性和实质性审查 | 与《国家绿色法庭法》附件 I 规定的 7 部法律实施相关的所有民事和行政案件 |
| 主体资格 | 任何人（对于某些案件，需要决定作出前提交过书面申请） | 任何人 | 必须在决策阶段提交过书面意见或参加过听证，并且以保护环境为目的并在会员人数和运营时间符合最低标准的 NGO 或者可能会受影响的个人 | 任何人或组织认为决定、决议或污染环境的行为可以起诉至国家绿色法庭 |
| 诉讼程序 | 不需要遵循证据法的规则（法院内的专家专员的意见本身可以作为证据） | 不需要遵循证据法的规则（法院内的专家专员的意见本身可以作为证据） | 由环境法典规定 | 不需要遵循印度 1872 年的证据法规则，需要受自然争议的原则引导 |
| 非纠纷解决机制（ADR）的运用 | 鼓励由环境专员主持的调解和仲裁 | 非常支持运用调解、和中立评估等 ADR | 支持使用 | 没有规定 |
| 不遵守法院 / 法庭命令的处罚 | 两年监禁或不超过 20 万美元的处罚；继续违法每天 100 美元 | 可以判处监禁或罚金 | 可以判处监禁或罚金 | 不超过 3 年的有期徒刑或者罚金 |
| 上诉 | 针对法律问题向高院上诉 | 只有就法律问题可以上诉至上诉法院 | 上诉至环境上诉法庭 | 上诉至最高院 |

（2）近期典型案件的介绍

以上的比较分析显示四个环境审判机构的很多相似性，为了更好地理解其实际运作，本部分分别介绍四个环境审判机构近期作出的比较重要的案件判决，以期揭示其审判模式在该国 / 地区扮演的角色和发挥的作用。

①澳大利大新南威尔士土地与环境法院审理的狩猎人环境游说协会诉规划部案（Hunter Environment Lobby Inc vs Minister for Planning [2011] NSWLEC 221）①

Ulan 煤矿公司向新南威尔士的规划部整合允许煤矿开采的 27 个开发许可，同时继续开采 20 年，并要求允许从地下开采到地面开采，开采的最大量也从 10Mtpa 到 20Mtpa。2010 年 11 月 5 日规划部根据《环境规划与评估法》第 75 条（J）同意了该申请。反对人狩猎人环境游说协会根据该法 75（L）向土地与环境法院对规划部的决定提起上诉。这是一个全新的上诉（de novo），也就是说法院可以对规划部的决定进行实质性的审查（而不是司法审查），可以撤回或者改变其决定。一开始反对人的立场是要去驳回 Ulan 公司的申请，后来改变立场，请求法院对许可增加额外的条件，其中包括对气候变化产生影响的温室气体排放的控制，采取额外的措施避免开采对地下水和生物多样性的影响。2011 年 11 月 24 日，法院作出判决许可了 Ulan 的申请，但同时增加了许可条件，即 Ulan 公司在日后的开采中要按照许可规定的各样条件进行运作。这些额外的条件包括采取措施控制温室气体的排放（附有具体的实施和监测方案），避免对地下水产生影响的措施（包括不再向附近两条河取水，法院要求两被告在判决生效后拿出具体方案）。法院要求 Ulan 公司增加对温室气体排放控制的条件为以后对气候变化产生影响的重大项目获得许可形成先例。

②新西兰环境法院审理的 Gavin H Wallace Ltd &Ors vs Auckland Council 案 2012] NZEnvC 120②

2007 年 Manukau 城市委员会和奥克兰区域委员会（后来合并为奥克兰委员会）通过三项新规划，其效果是导致位于邻近奥克兰国际机场

①Peter Briggs and John Taberner，Climate Change and Major Projects –Important Land and Environment Court Decision，2012，http：//www.herbertsmithfreehills.com//media/Freehills/A3101123%207%2011%2021%2023%2029%2030.PDF.

②新西兰环境法院审理的案件可以在以下数据库获得：http://www.nzlii.org/nz/cases/NZEnvC/recent.html；本案的案件分析参考了 Bronwyn Carruthers，case notes of Gavin H Wallace Ltd &Ors v Auckland Council [2012] NZEnvC 120：NZEnvC 120，http：//www.rmla.org.nz/casenote/view/id/18。

西部和 Stonefields 保护区的三块地块日后不能进行城市化开发。Gavin H Wallace Ltd. &Ors 公司是该三块地块的土地所有权人，他们提起诉讼要求环境法院驳回这些影响其土地使用权的规划决定。这三块地块规定为农村土地，新规划以保护保护区的景观为理由，没有把这三块地块纳入城市规划中。争议的焦点是位于历史自然遗产保护区附近的土地是否可以被永远保护起来，不得进行城镇化开发。受争议的地块被公认为是 Kiwi 鸟的栖息地，属于保护区的景观范围。但法院认为奥克兰委员会在作出规划的决定是并没有充分考虑争议地块可能作其他用途的情景，保护区周边是一个充满动力的社区，在合适的规划和设计技术下进行合理的开发是有可能保护争议地块的文化、建筑和景观价值，实行完全严格的保护未必是最佳方案。法院 2012 年作出的决定：撤销新的规划，要求委员会根据规划程序重新制定使争议地块可在谨慎的设计上进行开发的方案。

③印度国家绿色法庭审理的 Paryavaran Mitra 诉 Gujarat 州污染控制局案（Application no. 131/2013, Paryavaran Mitra Vs Gujarat State PCB）①

申请人控诉位于 Nakravadi 村庄的 Rajkot 市政府固体废物处理和填埋场严重污染当地的地下水、农地和牧场、造成严重的损失。该固体废物填埋场由 Rajkot 市政府公司和 Hanjer Biotech Energies Pvt Ltd. 公司负责管理，HanjerBiotech Energies Pvt Ltd. 公司是承包商，Rajkot 市政府公司获得 Gujarat 州污染控制局的许可，需按照许可和 2000 年固体废物法的要求保持填埋场的卫生清洁。申请人主张两家公司对填埋场的不当管理是造成污染的原因，虽然向州污染控制局投诉多次，控制局也下达整改要求，但情况未得好转。申请人诉讼请求包括：关闭填埋场，市政府应该另行选择新址，评估填埋场对村庄公共资源、村民的公共健康、禽畜和水源造成的损失进行评估并且根据评估结果赔偿损失。被申请人州污染控制局表示已经采取

① 印度国家绿色法庭的判决可以在以下数据数据库获得：http://www.greentribunal.gov.in/judgement.php；本案的案件分析参考了 Gujarat Social Watch: Assessment of Working of National Green Tribunal, withspecial refernce to the cases from Gujarat and Western Region Bench of Pune，http：//www.socialwatch.org/sites/default/files/swindia/Gujarat-Social-Watch-Report-2014.pdf.

多方行动，要求两家公司采取措施按照规定管理填埋场，但是结果不佳。市政府公司则主张填埋场运作已经超过5年，申请人提出申请的时效已过。法院的审理认为因为申请人中的村民多次反映意见控诉等，因此时效没有过。经调查查明，目前填埋场处理垃圾的能力已经超过设计能力，需要使用更新的技术或者扩大范围，目前的状态是未能及时处理的垃圾与雨水混合，随意排放，造成严重污染。法院认为关闭填埋场不是解决问题之道，短时间内市政府也不能马上开启新的填埋场。但是根据“污染者负担”的原则，市政府和两家公司应该赔偿村民的损失。法院最终裁决是两家公司应赔偿填满场500米内所有村民2万卢比，合计100万卢比左右，并且公司应该按照法律规定理解管理好填埋场。

④瑞典土地与环境法庭审理的风电场案[①]

土地与环境法庭许可一个风电场的建设，将有80个风机建设在瑞典的沿海地区(被称为Thone)。生活在风电场11～12千米以外的土地所有权人和一个环境NGO向土地与环境上诉法庭，及后到最高院提起上诉。上诉法庭认为11～12千米以外的土地所有权人因没有受到法律意义上的影响，不符合起诉资格驳回起诉。其中一家NGO因为成员不足10人且运营年限不足2年被认为未能获得公共支持，也被驳回起诉。

3. 成功经验及对我国的借鉴

“综合且集中”审判模式无疑是新西兰、瑞典和澳大利亚新南威尔士环境法庭/法院成功的关键之处，印度也是借鉴了它们的经验决定采用这种全面、整合的区域性审判模式。是否把各种已有的可能和环境与资源相关的案件纳入专门环境审判机构，并且把一个较大地区，比如流域或某一

---

① 瑞典土地与环境法庭的案件可以在以下数据库获得：http://www.lexadin.nl/wlg/courts/nofr/eur/lxctzwe.htm； 参考Anders Bengtsson：Access toCourt in Environmental Law Matters Lisbon 7 October 2013，http：//www.ejtn.eu/Documents/About%20EJTN/Independent%20Seminars/EU%20Environmental%20Law%20Seminar%207-8%20October%202013/Implementation_EU_Environmental_Law_National_Report_Sweden_Bengtsson _Anders.pdfDecision from the Supreme Court， 18/12-2012，Ö 4925-11 with reference interalia to the codified EIA Dir 2011/92/EU and the DLV case C 263/08，C 240/09, brown bear and C 115/09 Trianel. 由于瑞典的案例主要是用瑞典文撰写，所获得的资料非常有限。

生态系统、生态功能区的地域管辖范围也纳入专门环境审判机构，就一定能取得理想的效果吗？

Preston 法官认为还需要具备其他 11 个要素，分别是：机构的地位及权能（ Status and authority），独立于政府并客观公正（Independent from government and impartial），有知识丰富并专业能力强的法官与成员（Judgesand members are knowledgeable and competent），能提供多种 ADR 纠纷解决方式（Operates as a multi-door courthouse），提供专业和技术专家（Providesaccess to scientific and technical expertise），促进司法救济渠道畅通（Facilitates access to justice），实现公平、快速和便宜的纠纷解决（Achieves just, quick and cheap resolution of disputes），回应真正的环境问题（Responsive to environmental problems and relevant），发展环境司法理论（Develops environmental jurisprudence），实现潜在的精神和使命（Underlying ethos and mission），灵活、创新和提供增加价值的功能（Flexible, innovative and provides value-adding function）。① 除了 Preston 法官提到的其他 11 要素以外，还有一点尤其值得我国关注并借鉴——明确的定位：可持续发展的护航者。

新西兰、瑞典、澳大利亚新南威尔士这三家环境法院 / 法庭的成功与它们在本国、本地区的环境监管、执法体系的地位和作用有明确的定位密切相关。新西兰的《资源管理法（RMA）》把公共利益实现可持续发展的判断权先交给地方当局（council），然后是环境法院。环境法院在不少的案件审理中要判断资源应该如何使用、发展、保护和分配已经可以接受的对环境的潜在影响，在很大程度上这种判断权是评估环境风险，在尽可能获取信息的情况下做出符合保护优先、可持续发展、实现当代和后代公共

①Hon. Justice Brian J Preston，Characteristics of successful environmental courts and tribunals, Presentation to the Eco Forum Global Annual Conference Guiyang 2013：The 3rd Environmental Justice Seminar，2013.

利益的决定。①

为可持续发展护航也是瑞典环境法庭的定位，环境法典允许环境法庭采用一个全面、整合的方式来处理案件，最突出的例子是环境法典授权污染活动的许可证可以是区域环境法庭的初审案件，这样就创设了一步到位的机制，避免先行政、后司法两步走的程序，并且环境法典规定的程序尤其适合环境案件管理的特点。瑞典环境上诉法庭 Ulf Bjällås 法官认为由于环境法庭是环境监管体系的重要角色，特别是可持续发展的把关者，那么一个对公民友好的开放的“庭审”是良好的环境治理的一个表现形式，能够促进公正公平地解决环境争议。根据他的庭审经验，他听的最多的话是“非常感谢您能够来听我们的意见”，利益相关方需要能够向法官陈述自己的意见。他曾被问到“一位环境法官和一位刑事法官有什么不同？”他的回答是“刑事法官一般是往后看，努力找出证据证明过去发生了什么事；然而环境法官通常是往前看，看我的决定将会对未来造成什么样的影响”。②

正因为它们在环境监管、执法体系的定位，我们就不难理解为什么它们所处理的典型案件都与行政决策与执法有关。它们所面对的当事人有政府、企业、环境 NGOs、社区、公民，使他们的意见，诉求得到表达，而由于环境法庭都配有技术专家，帮助法庭不仅就行政决定的合法性进行审查，还可以对决定的实质内容进行审查。技术法官与法律法官一同工作的有效性帮助法庭取得公众的信任。

反观我国的环境监管、执法体系，自我国的 1979 年《环境保护法（试行）》实施以来，法院在其中的定位是不明确的。这主要由我国当时的法律和政治体系决定。在过去的 30 多年里，法院在环境执法的作用非常有限，只有在环境行政机关申请的非诉执行案件执行环境行政机关的决定，并没有实施太多的判断权。主要根据《民法通则》、《侵权责任法》追究污染

①Bret Birdsong：Adjudicating sustainability： New Zealand’s Environmental Court and the Resource Management，Act， http：//www.fulbright.org.nz/wp-content/uploads/2011/12/axford1998-birdsong.pdf.

②Ulf Bjällås： Experience of Sweden’s Environmental Courts，Journal of Court Innovation， Volume 3，Winter 2010（作者为瑞典斯德哥尔摩环境上诉法庭前首席法官，任期为 1999 年到 2010 年）。

者的环境污染侵权责任案件，污染者遵守环境法并不能免除侵权责任，并且根据中华环保联合会的研究，不到1%的环境污染民事纠纷进入司法程序。自1996年我国刑法增加了环境污染事故罪的罪名后，根据原环保总局公布的数据，截至2010年，每年不超过5件。

2013年民事诉讼法规定环境公益诉讼制度，最高人民法院、最高人民检察院公布《最高人民法院、最高人民检察院关于办理环境污染刑事案件适用法律若干问题的解释》，2014年全国人大修订后的环境保护法进一步明确环境公益诉讼，2014年6月最高人民法院设立环境资源审判庭、发布《意见》，这一系列的举措显示出立法机关和司法机关都在对法院应在我国环境资源法律实施中发挥什么样的作用进行重新定位。与此同时，我国的人民法院改革也进入到“四五”阶段，在体制改革的方案设计上将“司法权是判断权和裁量权”、“司法权是中央事权”两个重大理论表述确定为改革的理论基点，把“让人民群众在每一个司法案件中都感受到公平正义”确定为核心价值和终极目标。[①] 此轮以“去行政化”、“去地方化”为重点的司法改革为我国环境司法能够在环境监管体系中找准定位，并进行相应的体制和法律改革提供了契机。

如果我国学习国外成功的经验，把专门环境审判机构定位为可持续发展的护航者，“促进和保障环境资源法律的全面正确施行”[②]，那么采用“综合且集中”的审判模式是一个必然选择。在法律管辖上，除了把现有环境行政、民事和刑事案件归口管理，实行“三审合一”模式以外，还需要发展环境民事公益诉讼制度，使其成为有震慑力的“民事执法”武器和追究污染者和生态破坏者违法及造成生态环境损失的制度，并且还需要推动《环境影响评价法》中项目环评和规划环评司法审查的改革以及行政诉讼法的修改，扩大行政诉讼的主体资格范围，使得引起公众关注，将会影响生态系统的发展的决定由可能置于中立、透明和专业的审判机构中得到审理。

① 贺小荣：《人民法院四五改革纲要的理论基点、逻辑结构和实现路径》，载《人民法院报》2014-07-16，http://rmfyb.chinacourt.org/paper/html/2014-07/16/content_84800.htm?div=-1。

② 同上。

在地域管辖上，可以通过设立专门环境审判机构或指定管辖的方法，对环境资源案件进行区域化集中管辖。目前贵州省“145”集中管辖模式和江苏省的区域化集中管辖试点都值得跟踪关注，为日后更大范围的体制改革积累经验。

## 二、当前我国环境资源审判模式的主要优势、瓶颈问题及域外经验

### （一）当前环境资源审判模式的主要优势

环保法庭在地方法院试点的工作，已经开展了很多年。最早是1989年，湖北省武汉市硚口区人民法院设立环保法庭。根据有关媒体的不完全统计，目前我国已经有130多个环境保护法庭、合议庭或者巡回法庭①，依法审判了一批有影响力的环境资源类案件，在环境资源专门化审判方面积累了有益经验。

（1）设置生态环境专门审判机构是对司法改革的积极实践探索，是司法对公众期盼的主动回应，对于建立适合解决环境纠纷的司法程序规则、统一案件实体裁判尺度、形成专业化法官队伍、克服地方保护主义、实现环保案件审判的高质高效等都具有十分重要的意义。

（2）“三审合一”、“审执结合”模式突破了传统案件管辖思维，结束了长期以来环境审判权分散行使的状况，整合了审判资源，提升了工作效率，实现了环境资源审判的专业化，提高了案件审判质量，有效避免了传统的分庭审理模式弊端，如环境资源案件存在多重法律关系交织现象，分庭审理带来的诉讼拖延，案件事实认定和法律适用不统一等。

（3）目前在个别地市区划内将案件集中到一个县区法院或中院“集中管辖”，充分考虑到了自然环境的连续性、整体性和不可分割性等特点，

---

① 从山东省的情况看，2010年，青岛市城阳区人民法院设立山东省第一个环境保护审判法庭；2011年11月，东营市中级人民法院成立省内第一个具有正式编制的环境保护审判法庭。

降低案件处理难度，提升了工作效率，也有利于克服地方保护主义的影响。特别是对于实践中经常发生跨行政区域的污染事件、水污染和空气污染等流动性污染事件，其积极作用尤为明显。

（4）环境污染侵权的专业性、间接性、潜伏性特点，法官难以凭借日常生活经验对环境污染侵权案件事实作出准确判断。环境科学领域的相关专家参与到环境纠纷解决之中，无论是作为证人出现、作出鉴定，还是作为人民陪审员、咨询委员会委员，都能够帮助解决法官在环境科学技术专业领域的知识短板问题。

（5）生态修复理念是环境资源审判的先导，将环境的生态价值作为环境司法追求的独立价值和首要价值，符合生态文明建设最基本的要求。该理念是将生态文明在环境资源案件审判机制的具体落实，确立了环境资源案件审判机制的价值导向，重新塑造了环境案件审判机制的追求目标：即保护环境的生态价值，维护公民的生态权益，从而真正实现司法为民的政治号召。①

（6）环境资源审判工作秉持司法能动主义，着眼于追求实质正义，强调解释对法律进行细化和补充，对生态文明建设作出及时、积极的回应。人民法院通过在环境资源案件中解释法律，积极投身到人权保障和公共事务中。②

（7）人民法院积极争取领导机关、环保执法部门、环保社会组织以及广大人民群众的关心、支持和帮助，扫除了新制度诞生可能遇到的障碍，工作得以行动迅速、扎实有效地开展。环境保护工作艰难繁重，单靠法院自己，或者单靠负有环境保护职责的某个行政机关，又或者单靠环保 NGO 等有关组织，都难堪重任。

---

① 王灿发，陈懿：《塑造中国式“绿色法官”和“绿色法庭”》，载《中国政协新闻网》http://cppcc.people.com.cn/n/2013/0415/c34948-21130503.html2013，2014 年 6 月 3 日访问。
② 某种程度上，学者的观点不无道理：具体到环境权的救济，如果立法者不通过积极立法对宪法规定的环境权进行具体的构建和保护，法院可以通过判例法承担立法的职责，对环境权进行具体的保护。毕竟，权力分立是手段，人权保障是目的，岂可僵硬地固守权力分立原理而舍本逐末。引自王树义等著：《环境法基本理论研究》，科学出版社 2012 年 6 月版，第 175-176 页。

（8）环境资源案件极其复杂，在不涉及公共利益的案件当中，作为权利受侵害的原告，往往在证据保存、法律适用、经济实力、时间精力等方面处于弱势，有时调解恰恰能够弥补其诉讼能力不足，更好地保障当事人的诉讼权利和实体权益，尽快修复被损害的社会关系。

## （二）环境资源审判工作的瓶颈问题

制约环境资源审判工作开展的问题有很多，从人民法院体制机制方面来看主要存在如下问题：

1. 区域性审判机构设置的规划性问题

从动机上看，多是由于当地党政政府重视，为了解决短期内的环境污染问题，[①] 并不是出于长远考虑。有的环保法庭设立之后，依法审理一批当地经济社会发展的棘手案件，然后就长期处于无案可审的状态，很多媒体对此作出负面评价和报道，社会影响较差。从运行看，目前，环境资源审判机构广泛分布在四级法院，这种设置不尽合理：有的审判庭审理案件的水平不高、效果不好，影响力较差；有的审判庭形同虚设，人员不到位，案件少，特别是基层法院的案件量更少；有的审判庭重视宣传、重视争取编制职数，轻视实际需求、轻视构建运行机制。

2. “三审合一”、“审执结合”、“集中管辖”、“跨区司法”等模式的统一性问题

目前，据媒体报道，环境资源审判工作有“贵阳模式”、“昆明模式”、“无锡模式”[②] 等提法。这几大典型以及其他一些法院各自的实践，在具体做法上有差异，主要是涉及审判组织的确定，刑事、民事、行政案件是分别审理还是集中处理，级别管辖、地域管辖如何通过指定管辖而改变，不同行政区划、不同类型案件、不同裁判价值追求、不同责任追究方式等因素之间如何协调和衔接，以及怎样创制适合环境资源审判工作的新诉讼程序

① 如 2007 年五六月间爆发的太湖蓝藻污染事件，造成无锡全城自来水受到严重污染，引起当地党政领导的高度重视，直接催生了无锡市中级法院环保审判庭的成立。

② 余东明，孟伟阳：《“东营模式”创司法保护环境新路》，载《法制日报》2013-01-15（第 5 版）。

等问题。这些问题处理不好，不但不会提升、相反还会降低案件审判质效，混乱的局面亟待统一和规范。

3. 指导环境资源审判工作的裁判理念的合法性问题[①]

理念是行动的先导，有什么样的理念，就会有什么样的行动。但实证研究发现，环境资源审判却是先有了行动，理念至今尚未有充足的法律规范依据和法学理论基础。这与环境权尚处于发展阶段不无关系。由于受传统自由权和社会权二分法的影响，环境权一度被视为抽象性权利而不具有可诉性。大约从 20 世纪 90 年代开始，环境权的可司法性才逐渐得到许多国家的承认。摆在环境资源审判实践面前的任务具有实践和理论的双重意义，或者说，现状给人民法院提供了一个通过实践反哺立法、推动环境权发展[②]、参与生态文明建设的机遇和挑战。在澳大利亚，土地与环境法院的实践表明建立具有专业知识的专门环境法院，导致环境案件不断增多，更可能发展较为系统的环境法理。法院的裁决已经发展出了实质正义、程序正义、分配正义、恢复性正义和治疗性正义。[③]

---

① 对“合法性”一词的理解，可参考最高人民法院法官刘树德博士关于司法改革的合法性分析，载刘树德：《司法改革：小问题与大方向》，法律出版社 2012 年版，第 161-163 页。

② 在杜文、慕米良、钟建立等三百多名市民状告青岛市规划局一案中，法院认为，目前人们使用的环境权概念，还仅限于学理讨论阶段，环境权的享有主体、环境权的内容以及相关权利之间的界限等问题，尚不明确，环境权还不是一种法定权利。参见姜培永：《5 市民状告青岛规划局行政许可案——兼论我国建立公益诉讼制度的必要性与可行性》，载《山东审判》2002 年第 1 期。

③（a）实质正义：法院引领了生态可持续发展原则（一体化原则，风险预防原则，代内和代际公平原则，保护生物多样性原则和生态完整原则，外部性内化原则，包括污染者负担在内的环境成本原则）、环境影响评价、公众信托、环境犯罪量刑等相关法理的发展；（b）程序正义：通过消除诉格等公益诉讼障碍、中间禁令、诉讼保全、懈怠抗辩和诉讼成本等程序规定确保司法公正；（c）分配正义：代内和代际公平、污染者负担原则、公私利益与责任的平衡；（d）修复性正义：犯罪人——受害人和解、污染者承担环境刑事责任；（e）治疗性正义：采用法院规程提高起诉者的福利，并增强可及性。参考 [ 澳 ] 布莱恩·普雷斯顿：《环境法庭的运作：新南威尔士土地与环境法院的经验》，蔡标翻译，王欢欢，李挚萍审校，载曾晓东、周珂主编：《中国环境法治 2012 年卷（上）》，法律出版社 2012 年版，第 136 页。

4. 法官队伍素质与环境资源审判需求之间存在差距

环境资源问题具有很强的专业性，涉及到环境、水文、地质等多学科领域。审判法官面临着新挑战：在对环境案件进行定性时，不能仅依据一般的法律规范和伦理规范，还必须参照专业技术指标，在现有法律规定不足时，需要在环保理念和思维的指引下，选择和适用符合环境保护宗旨的裁判规则。而实际上，目前法官普遍欠缺审理环境资源纠纷案件所应具备的专业知识和能力。法官处理环境纠纷专业性的不足，限制了环保法庭专业职能的发挥。环境科学技术领域专家只能是发挥辅助作用，培养具有一定环境科学知识的“绿色法官”和“绿色法庭”十分必要和迫切。①

5. 环境资源审判机构仍属于普通法院的内设部门

目前，环境资源审判庭或者合议庭，虽然在全国范围内如雨后春笋般出现，但是，还是在各级法院内部进行，而且，有些审判机构并没有正式的编制，仅是在原来某个审判庭加挂一块牌子而已。审判组织内的法官主要是来自民庭、刑庭、行政庭，有的人员是固定的，有的是临时借用，并不像海事法院、知识产权法院等专门法院的审判组织和人员一样直接区别于普通法院。在这种情况之下，由于普通法院内部本身人员的流动和安排，导致环境资源审判人员变动的可能性较大。

6. 诉讼程序规则及证据规则等具体操作依据问题

环境资源审判缺乏专门的诉讼机制和诉讼规则，只是将传统的三大诉讼的实体规范和诉讼规则杂糅在一起适用，而三大诉讼的价值追求各异，诉讼中当事人的权利义务也各不相同。传统的、被动的司法机制也难以对环境诉讼中的“优先性”以及“容忍程度”等问题作出合理判定。②从长远来看，环保法庭的发展需要一套专门的环保诉讼机制作为制度支撑，正如学者指出，需要尽快建立并完善相应的诉讼规则，甚至可以考虑制定专门的环境诉讼法来规范这一极具专业性和科学性的司法活动。”③

---

① 王灿发，陈懿：《塑造中国式“绿色法官”和“绿色法庭”》，载《中国政协新闻网》http://cppcc.people.com.cn/n/2013/0415/c34948-21130503.html2013，2014年6月3日访问。
② 张璐：《我国环境司法的障碍及其克服》，载《中州学刊》2010年第3期。
③ 胡新桥：《破解环境司法困境需完善诉讼规则》，载《法治日报》2012-01-20（第4版）。

## （三）对构建我国环境司法审判模式的建议

环境审判区域性审判模式的设计，应该针对上述瓶颈问题，立足于我国已有环境资源审判工作基础，充分借鉴世界上其他国家已有的经验，进行本土化的改造和发展。

1. 发挥区域性审判模式的优势[①]

建立与行政区划适当分离的环境资源案件集中管辖制度，国外已有成功的典范。独立的环境法院、法院内设的环境法庭等专门审判机构具有许多优越性，如实现实质性审查、司法审查和刑事、民事诉讼的一站式解决；汇聚具有环境法知识和专业背景的成员（法官及非法律从业的其他专家），打造环境法智库，便于交流与协作；可任命不同学科出身的成员，使法院能组成有相关专业背景的合议庭，促进跨学科决策；加强参案律师和听审法官在环境法律和环境问题方面的专业知识；通过综合管辖与跨学科决策实现环境问题的综合解决；发展创新机制和程序，促进包括公益诉讼在内的诉讼权的实现；推动环境补偿机制和环境问题解决的创新；更可能构建统一的判例和环境法理论；更快地解决疑难环境法律案件，增强效率并减少诉讼的总成本；减少其他法院的积案，更有效地解决与环境相关的案件。[②]

2. 保障环境法院拥有较大的司法权限

许多国家的立法赋予环境法院或法庭比较大的权力，如新西兰环境法院，《资源管理法》赋予其调整中央政府与地方自治体在政策以及具体规划上矛盾冲突的权限，还有权对地方自治体的行为批示，可以要求地方自

---

① 需要进一步补充说明的是，专门化是大势所趋，但是，并不意味着要盲目乱设立、多设立，而是要有序设立、根据需求设立，否则，环境法庭的正当性将受到威胁。反面教材有，奥地利和芬兰等国正在考虑取消本国的环境法庭，而牙买加和巴哈马等国有可能不再运作本国的环境法庭。

②See generally,UNEP,Judicial Training Modules on Environmental Law: Application of Environmental Law by National Courts and Tribunals,2007,pp,179-180. 转引自［澳］布莱恩・普・雷斯顿：《环境法庭的运作：新南威尔士土地与环境法院的经验》，蔡标译，王欢欢，李挚萍审校，载曾晓东，周珂主编：《中国环境法治 2012 年卷（上）》，法律出版社 2012 年版，第 112 页。

治体支出采取预防措施所需的补助金，对于不服从判决的当事人，环境法院有权追究其刑事责任，并直接在环境法院展开刑事审讯判处刑罚。这样做的突出作用表现在，一是司法权威性强，不管是管辖权还是裁决权，法院都有很强的权威性，有权处理环境法所涉及的几乎所有类型的案件；二是审判质效高，专门法院（法庭）统一审理环境案件，解决了人民群众有环境纠纷时不知找谁的困惑，避免了各审判庭之间互相推诿的情况，也有利于法庭在尽可能短的时间内积累大量的实践经验，以便以后更好地解决纠纷。

3. 为环境法院设立及运行提供法律保障

当环境保护问题凸显时，立法、司法协同跟进，法律制度的完善为司法运行提供合法性基础。有的法律为环境法院设立提供法律依据，有的法律专门为解决环境法院在实践中遇到的问题而制定。如澳大利亚新南威尔士州环境法院依据《土地和环境法院法案》和《环境规划与评估法》设立并运行；新西兰于1996年修订的《资源管理法》正式确立“环境法院”名称，并对司法实践问题作出系统规定；1999年生效的《瑞典环境法》环境法典用了大量篇幅对环境法院设置、管辖范围、诉讼程序、诉讼费用等做了比较详细的规定；巴西于1985年7月制定的《公益民事诉讼法》解决了环境民事公益诉讼的程序问题。

4. 尊重环境法院渐进发展的客观规律

环境法庭或法院在设立初期，都经过了一段低迷时期，最后都通过经验总结得到逐步完善。环境法庭的设立，彰显司法对于生态环境保护案件的态度，增强当事人对于司法的信心，最终将引导当事人更多地使用司法途径解决纠纷。佛蒙特州环境法院1995年成立时只有一名法官，一名法庭职员，一名文件管理职员。2004年以后，由于法院的受案范围扩大，案件增加，办案人员不足。2005年增加了一名法官，法庭职员也成倍增加了。瑞典先是成立了解决水权纠纷、保护水环境的水法院，瑞典环境法典的颁布实施后，环境法院才全面取代水法院，成为审理生态环境案件的专门法院，《水法》被整合到环境法典中，水法院的相关成熟规定也就被整合到环境法典中。这个渐进过程，还有一层意思，即受案范围也是不断扩大，大部分环境法院没有“发展”到像我国现在比较流行的“三审合一”，一般都将刑事审判排除在外，即使有刑事案件，也只是很少一部分环境类犯罪。

5. 对传统的立案管辖模式进行改革创新

美国佛蒙特州环境法院由议会赋予新的审判管辖权，“集中管辖”全州的环境案件，环境法院没有上诉法院，其上诉案件直接由州最高法院受理。澳大利亚、新西兰、瑞典也都没有按照行政区划在每一个地区都设立环境法院，也没有严格按照级别管辖原则设立众多环境法庭。通常一个法院被授予跨行政区域的管辖权，负责处理一个特定地理区域内的环保纠纷。这主要是因为自然生态环境具有连续性、整体性和不可分割性的特点，实践中经常发生跨行政区域的污染事件。审级较高的专门法院统一审理环境案件的做法，可以借助其集中效应，产生较大的公众影响力，从而发挥司法审判的宣示和教育意义。

6. 采取多种措施确保司法的可进入性

各国环境法庭采取了一系列措施来确保司法的可进入性，包括地理上的可及性，设计残疾人进入法院的途径，提供援助和信息，为没有代理人的当事人提供指引，引入替代性纠纷解决机制和促进公众参与等。一些国家调整了诉讼费用转移的规定，如根据南非1998年颁布的《环境管理法》第32条第2款规定，个人或者公民组织提起环境诉讼，如果败诉，只要法院认为这些个人或者公民组织关注公共利益或者环境利益的行为是合理的，并且已经通过合理的努力去寻求过其他合理可得的救济途径，法院可以决定不将诉讼成本赋加于他们身上。[①] 许多国家立法支持鼓励个人或者组织捐款支持环境保护的活动，一些环保组织成了环境公益诉讼的主力军，这些组织不仅自己进行诉讼，还支持环境受害者打官司。

7. 发挥调解等替代措施在案件处理中的作用

在国外，调解被广泛应用到环境案件的审理中。在案件受理后，除非

① 转引自李挚萍:《外国环境司法专门化的经验及挑战》，载《法学杂志》2012年第11期。

有充分的理由认为案件没有必要经过调解程序，否则主审法官都会对案件下达一个调解令，被下令调解的案子必须经过调解程序。调解加快了纠纷解决的速度，节省了诉讼当事人的成本，同时也节约了司法资源。案件在训练有素、经验丰富的调解员主持下寻求替代的和解方案，同时也保持了主审法官的中立性。调解有利于他们在协商中解决问题，维持将来的合作或者相邻关系。即使调解不成功，它也有助于将争议问题收窄，方便法院更有针对性地解决争议。在调解之外，国外注重发挥诸如调停、中立评估等替代性纠纷解决程序的作用。

8. 通过司法解释厘定新的诉讼程序和裁判规则

佛蒙特州最高法院为环境法院制定了新的程序规则，即《佛蒙特环境法院程序规则》，有效保障了案件的审理公平、公开、高效、便利及可负担。许多国家在环境立法、判例、司法解释、法学理论等中确立了永续发展、环境保护优先、共同责任、污染者负责等原则，成为指引法官作出裁判时的恢复性、预防性、公益性、能动性等司法原则。新西兰环境法庭在诉讼程序与非诉程序的衔接方面制定了完善的规则，新南威尔士州土地与环境法院围绕 2006 年底修订的《土地与环境法院法案》修改制定了新的实务指南。

9. 提高环境司法的物质保障和队伍素质

美国等国家为环境法庭的运作，提供充足的经费和办公场所，严格审判人员准入制度，保障审判人员的职级待遇，对在职法官进行持续的专业培训，建立技术专家辅助审判制度等。如在印度，为了保障公正审理环境纠纷案件，对司法工作人员和司法专家的任职资格作了审慎的安排：“若非最高法院的法官或者高级法院的首席法官，其他一切个人均无权通过任命成为绿色法庭的主席或司法工作人员。”[①] 其技术专家成员来自生命科学、物理科学、工程学或技术方面等领域，必须具有不少于五年的实践经验或不少于十五年处理环境事务的管理经验。

---

①The National Green Tribunal Act，2010 (of India)， sec. 5（1）.

# 第二节　环境污染案件涉及的刑民界限问题

市场经济环境下，经济发展速度急速向前，环境污染事故频繁发生，究其原因，与片面追求经济发展与GDP增长而忽视环境保护有很大关系，同时也凸显了环境保护司法手段滞后于经济发展的问题。面对这些造成巨大经济和环境损失的污染事故时，如何正确使用司法手段进行惩罚与预防是要迫切解决的问题。从大连康菲石油污染事件为视角切入，分析其中存在的法律责任承担问题，进而通过对现有环境保护法律规定的梳理，找到环境污染案件涉及到的刑民界限，为在环境污染案件中如何正确适用刑法与民法找到解决途径。

## 一、康菲漏油污染事件中的刑民责任法律分析

### （一）事件概况及评析

2011年6月，康菲石油渤海油田两次出现漏油，媒体又称“康菲中国漏油事件”。同年11月11日，联合调查组公布了事故原因调查结论，原因在于康菲石油在生产作业过程中违反总体开发方案制度和管理上存在明显缺失，且出现事故征兆后没有采取必要的防范措施，最终导致漏油污染海洋面积达6200平方千米，造成严重污染，这是我国历史上海洋环境污染最大的一次重大责任事故。事后，由于其规模的巨大及相应处理的不合理，康菲公司漏油事件引起了中国社会各界的广泛关注。

对于此次环境污染事件，从司法角度来看，目前有这样几种情况：行政责任方面，国家海洋局根据《海洋环境保护法》，对康菲公司开出20万元的罚单；民事诉讼方面，山东渔民、养殖户早于2011年11月18日已向青岛海事法院递交起诉状，但青岛海事法院收到起诉状后，却拒绝受理；河北省乐亭县29位渔民、养殖户起诉中海油及康菲公司，并索赔3.3亿元

人民币，此案已由天津海事法院受理，至今仍未开庭审理[①]；公益诉讼方面，律师贾方义向中海油和康菲中国提起公益诉讼，并对国家海洋局的监管不作为提起了行政诉讼；而国家海洋局也发布公告表示将代表国家向康菲公司提起海洋损害索赔的诉讼；刑事犯罪方面，我国检察机关并未对此次事故的责任人提起公诉。

在康菲石油发生如此重大的污染事故情况下，我国政府有关部门如国家海洋局，只对康菲公司做出了20万元的行政处罚[②]，作为控股股东的中海油也丝毫没有受到此次事故的影响。我们已经习惯了行政处罚代替法律追责，但是从同年发生在美国墨西哥湾的BP公司漏油事件的解决结果来看，我国运用司法手段正确解决此类重大环境污染事件的情况令人堪忧。我们重视经济的发展，但是绝不能把“唯GDP”等谬论置于法律与公共利益之上，而是应把处理康菲漏油等重大污染事件看成推动国内环境保护法律法规发展的契机，进一步完善相关法律规范，并找到解决此类污染事故的正确法律途径。

## （二）刑事法律责任分析

康菲公司漏油事件中，没有造成人员伤亡，但是其污染范围和后果已经对海洋生态环境造成了严重破坏，致使公私财产均遭受重大损失，从理论上讲不排除追究其刑事责任，但是至今我国检察机关并未对此次事故的相关责任人提起公诉。纵观我国环境司法保护有关刑法的规定，《刑法修正案（八）》中明确规定，“违反国家规定，排放、倾倒或者处置有放射性的废物、含传染病病原体的废物、有毒物质或者其他有害物质，严重污染环境的，处三年以下有期徒刑或者拘役，并处或者单处罚金；后果特别严重的，处三年以上七年以下有期徒刑，并处罚金。”《中华人民共和国环境保护法》第四十三条规定：“违反本法规定，造成重大环境污染事故，

① 郄建荣：《请求依法追究康菲石油责任人刑事责任》，载《法制日报——法制网》2013-04-18。

② 基于本文重在研究环境保护法律制度中刑法与民法的界限，故此次漏油事故中责任方应承担的行政法律责任不在本文中再做论述。

导致公私财产重大损失或者人身伤亡的严重后果的，对直接责任人员依法追究刑事责任。”《中华人民共和国海洋环境保护法》第九十一条也有相关的规定：“对造成重大海洋环境污染事故，致使公私财产遭受重大损失或者人身伤亡严重后果的，依法追究刑事责任。”由此可见，如此重大的污染事故事件显然已达严重污染程度，检察机关应当依法追究康菲公司相关责任人的刑事责任，发挥刑法惩罚犯罪与保护环境的职能。

## （三）民事法律责任分析

此次漏油事故发生后，漏出的原油在海和风的作用下，不断在渤海湾中扩散，环渤海海岸均发现油污，河北、山东沿海地区养殖户所养的海产品也出现了大面积的死亡。此次污染事故不仅给国家海洋生态环境造成巨大破坏，也给环渤海周围的渔民、养殖户造成了巨大经济损失。结合我国现有环境保护法律制度来看，《侵权责任法》第 4 条规定“侵权人因同一行为应当承担行政责任或者刑事责任的，不影响依法承担侵权责任”，故我们认为此次漏油事故除可以追究责任方的刑事责任外，其还可以引起以下两种诉讼：

1. 普通民事诉讼——针对渔民养殖权益及捕获权益的损害赔偿

作为普通渔民与养殖户，此次事故导致了其所有的海产品大面积死亡，受到损害的单位或个人作为普通民事主体，是直接利害关系人，可以作为适格原告向污染者提起民事赔偿诉讼。根据《中华人民共和国侵权行为法》第六十五条规定：“因污染环境造成损害的，污染者应当承担侵权责任。”第六十六条规定：“因污染环境发生纠纷，污染者应当就法律规定的不承担责任或者减轻责任的情形及其行为与损害之间不存在因果关系承担举证责任。”由此可见，侵权行为法要求污染者承担举证责任，如果污染者都无法证明其行为与损害之间不存在因果关系，那么污染者就应该承担侵权责任。

2. 民事公益诉讼——针对国家海洋生态环境及渔业资源等财产的损害赔偿

《海洋环境保护法》第90条规定："对破坏海洋生态、海洋水产资源、海洋保护区，给国家造成重大损失的，由依照本法规定行使海洋环境监督管理权的部门代表国家对责任者提出损害赔偿要求"，显然，国家海事管理部门有权代表我国政府对海洋污染事故造成的生态损失及渔业资源等财产损失向致害者行使索赔权，现国家海洋局已经发布公告称将向渤海溢油事故责任方提起海洋生态损害索赔诉讼。另据《新民事诉讼法》第五十五条的规定："对污染环境、侵害众多消费者合法权益等损害社会公共利益的行为，法律规定的机关和有关组织可以向人民法院提起诉讼。"在环境污染侵害社会公共利益时，法律规定的机关如检察机关，以及有关组织如环保组织也可以向人民法院提起公诉，这是我国环境保护公益诉讼制度的重大发展，用法律的形式明确了提出公益诉讼的主体，对我国生态环境司法保护有重大积极意义。

## 二、涉及环境污染方面的刑事、民事法律规定现状及不足

### （一）环境刑事法律现状

1.1997年刑法规定的重大环境污染罪

1979年刑法没有关于环境污染犯罪的规定，至1997年修订刑法前，关于环境污染犯罪的规定主要散见于非刑事法律中。随着我国经济社会的快速发展，人口数量的持续增长及工农业生产的蓬勃发展，环境污染事故频发，环境污染对人类生存与发展带来危害日趋彰显，对污染的防范和治理日益受到重视。1997年修订刑法时，就增加了关于"破坏环境资源保护罪"的规定，其中第三百三十八条即为重大环境污染事故罪。

2.2011年刑法修正案（八）的重大修改

2011年5月1日实施的《中华人民共和国刑法修正案（八）》对原《刑法》第三百三十八条"重大环境污染事故罪"做了较大修改，其中规定："违

反国家规定，排放、倾倒或者处置有放射性的废物、含传染病病原体的废物、有毒物质或者其他有害物质，严重污染环境的，处三年以下有期徒刑或者拘役，并处或者单处罚金；后果特别严重的，处三年以上七年以下有期徒刑，并处罚金。”在这一条中，原来的刑法条文中的“造成重大环境污染事故，致使公私财产遭受重大损失或者人身伤亡的严重后果”修改为“严重污染环境”，也就是说只要造成了重大环境污染，无论是否属于污染事故，都将被追究刑事责任；将排放、倾倒或者处置的物质，由“危险废物”修改为“有害物质”，范围大大拓宽，有助于降低环境刑事犯罪的门槛；删除了“向土地、水体、大气”排放、倾倒或者处置的规定，删除这一限制，使第三百三十八条的适用范围更宽，无论是否向土地、水体、大气排放、倾倒或者处置，都可以构成犯罪；将原来的“重大环境污染事故罪”改为“环境污染罪”。[①] 对于该条在理解与适用时需要注意的是，现实生活中，由于非人为原因而发生环境污染事件并不罕见，例如由于雷击、泥石流和地震等自然灾害而使化工厂储存有毒化学药品的容器被毁坏，使有毒化学药品流入饮水源，造成重大财产损失或人员伤亡等。这些意外事件不具有构成犯罪的主体和主观方面要件，即使造成严重污染后果，也不能以刑事犯罪论处。

3.2013 年《关于办理环境污染刑事案件适用法律若干问题的解释》

为确保法律准确、统一适用，依法严厉惩治、有效防范环境污染犯罪，最高人民法院、最高人民检察院会同公安部、环保部等有关部门在深入调研的基础上，对迫切需要解决的法律适用问题进行了认真梳理，经广泛征求意见并反复研究论证，制定了新的司法解释。2013 年 6 月 18 日，最高人民法院、最高人民检察院公布了《关于办理环境污染刑事案件适用法律若干问题的解释》，与现行标准相比，这部司法解释大幅降低了环境污染的入罪门槛，规定致一人以上重伤、中度残疾即可定罪。司法解释将该“污染环境罪”的定罪标准由 6 项扩充为 14 项，包括：在饮用水水源一级保护区、

① 张军：《刑法修正案（八）条文及配套司法解释理解与适用》，人民法院出版社 2011 年版，第 323 页。

自然保护区核心区排放、倾倒、处置有放射性的废物、含传染病病原体的废物、有毒物质的；非法排放、倾倒、处置危险废物3吨以上的；私设暗管或者利用渗井、渗坑、裂隙、溶洞等排放、倾倒、处置有放射性的废物、含传染病病原体的废物、有毒物质的；致使乡镇以上集中式饮用水水源取水中断12小时以上的；致使一人以上重伤、中度残疾或者器官组织损伤导致严重功能障碍的等。而按照之前的标准，污染环境致一人以上死亡才入罪，新的司法解释加大了打击力度。该解释自2013年6月19日开始施行。

### （二）现有环境刑事法律的不足

从国外环境保护刑事立法看，一是将环境法益作为刑法所应独立保护的客体的观点开始得到越来越多国家的赞同，传统的人本主义法益观也逐渐向人类法益与环境法益并重的保护观转变。例如：德国1998年在其修订的《刑法典》第324条污染水域罪中规定："未经许可污染水域或对其质量作不利的改变，处5年以下自由刑或罚金。"再如，1996年《俄罗斯刑法典》第251条污染大气罪第1款规定："违反向大气排放污染物质规则或破坏各种设施、构筑物和其他客体的运营使用，如果这种行为造成空气的污染或自然性质的其他变化的构成此罪。"二是国外有些国家的环境刑事立法已有依环境对象的不同而分设不同环境犯罪的立法例，使环境污染犯罪更加体系化。三是各国学界和实务界对在环境刑事立法中规定危险犯的内容普遍表示认同，并付诸立法实践。德国、日本、瑞典、奥地利、西班牙、葡萄牙、挪威、丹麦等国均在刑法典中规定了环境污染犯罪的危险犯。与此相比，我国环境刑事立法还有很大的发展空间。

### （三）环境民事法律现状

1.《侵权责任法》中规定的环境侵权责任

在民事诉讼领域，《侵权责任法》的出台完善了我国的环境责任条款，第六十五条规定：因污染环境造成损害的污染者应当承担侵权责任。针对环境污染的社会危害性和专业性，该法第六十六条规定了举证责任倒置原则，即污染者应当就法律规定的不承担责任或者减轻责任的情形及其行为与损害之间不存在因果关系承担举证责任。

2. 新民诉法中关于环境公益诉讼主体资格的规定

新民事诉讼法第五十五条规定："对污染环境、侵害众多消费者合法权益等损害社会公共利益的行为，法律规定的机关和有关组织可以向人民法院提起诉讼。"这是新民事诉讼法为保护社会公共利益特别规定的一项新制度，该条法律规定首次确认了环境公益诉讼的原告主体资格，扩张了诉讼当事人的范围，这不仅是对现有民事诉讼制度的创新，更是我国环境公益诉讼的新突破。普通民事诉讼是为解决民事主体之间的纠纷，直接目的是维护个体利益；与普通民事诉讼相比，环境公益诉讼有其保护的特殊法益，其目的是为了维护公共利益。

### （四）现有环境民事法律的不足

尽管新民诉法对环境公益诉讼作出了原则性规定，但是如何确定管辖法院，原告范围应为多大，诉讼请求该如何限定，原告收集证据的权利有多少，环境损害鉴定如何进行，要不要缴纳诉讼费用，原告能否放弃诉讼请求或者与对方和解，法院能否调解，能否发布禁止令，裁判的效力范围多大，裁判文书如何执行，都需要进一步明确、细化，否则将妨碍环境公益诉讼的进一步开展。

## 三、环境污染案件中的刑民交叉与界限

### （一）刑事和民事法律规定的交叉

刑民交叉指的是因同一法律事实同时侵犯了刑事法律关系和民事法律关系，从而构成刑民案件交叉。此类交叉实质上是源于法规竞合，由于刑法和民法都对该项法律事实作了相应规定，且竞相要求适用于该法律事实，从而造成刑民案件的交叉。环境污染案件中出现刑民交叉现象要符合的条件为：一是要有损害行为的发生；二是发生了相应的损害后果；三是该种

侵害行为产生刑事责任和民事责任，可以同时被刑法及民法进行调整。这种情况不能简单地适用“先刑后民”原则、“刑民并行”原则或“先民后行”原则，因为三者都不可能涵盖此类案件的所有类型，不可能解决此类案件的全部问题。

## （二）刑事、民事责任承担的界限

环境污染侵害的民事责任，是指公民、法人因其排污行为（产生环境污染和其他公害的行为）造成他人权利侵害时应当依法承担赔偿损失或者恢复原状等的责任。从法律规定来看，对污染致人损害的民事责任的归责原则实际是区别于无过错责任原则的严格责任。《环境保护法》第四十一条规定：“造成环境污染危害的，有责任排除危害，并对直接受到损害的单位或者个人赔偿损失。赔偿责任和赔偿金额的纠纷，可以根据当事人的请求，由环境保护行政主管部门或者其他依照法律规定行使环境监督管理权的部门处理；当事人对处理决定不服的，可以向人民法院起诉”；《海洋环境保护法》第 90 条规定：“造成海洋环境污染损害的责任者，应当排除危害，并赔偿损失；完全由于第三者的故意或者过失，造成海洋环境污染损害的，由第三者排除危害，并承担赔偿责任。对破坏海洋生态、海洋水产资源、海洋保护区，给国家造成重大损失的，由依照本法规定行使海洋环境监督管理权的部门代表国家对责任者提出损害赔偿要求”；此外，《水污染防治法》《大气污染防治法》《固体废物污染环境防治法》及《环境噪声污染防治法》也基本上作了与《环境保护法》相似的规定。

污染事件频发，污染事故损害程度不断加大，传统的民事、行政法律责任对于处罚环境污染案件越发凸显出不足，只有加强对环境污染的刑事责任追究，才能起到有效的惩罚和威慑作用。在某些环境污染案件中，行为人污染环境的行为，通常伴随着高额的利润收入，民事赔偿和行政罚款可能对其盈利来说是九牛一毛，在利益驱使下，就会有人铤而走险，以污染环境为代价换取高额回报。根据《刑法》的规定，环境污染犯罪主要包括三个罪名：一个是污染环境罪，按照刑法第三百三十八条的规定，最重可以判七年有期徒刑。一个是非法处置进口的固体废物罪，根据刑法第三百三十九条第一款规定，最重可以判处十五年有期徒刑。一个是擅自进口固体废物罪，根据刑法第三百三十九条第二款的规定，最重可以判十年有期徒刑。但是根据“两高”发布的环境污染司法解释第八条的规定，对于违反国家规定，排放、倾倒、处置含有毒害性、放射性、传染病病原体等物质的污染物，同时构成污染环境罪、非法处置进口的固体废物罪、投放危险物质罪等犯罪的，依照处罚较重的犯罪定罪处罚。那么，对于违反国家规定，排放、倾倒、处置含有毒害性、放射性、传染病病原体等物质的污染物的行为，有可能适用刑法第一百一十四条、第一百一十五条的规定，以投放危险物质罪定罪处罚。致人重伤、死亡或者使公私财产遭受重大损失的，可以处十年以上有期徒刑、无期徒刑或者死刑。①

## 四、完善环境污染案件司法应对机制的建议

### （一）刑事：完善环境污染罪

目前，社会主体环境保护的法律意识还比较薄弱，面对频繁发生的环境污染事故，只有加大环境污染刑事犯罪的打击力度，才能有效遏制此类案件的发生。在环境污染案件中，依法追究刑事责任的并不多，大多依靠行政罚款来进行处罚，这并不能起到很好的威慑作用，从根本上放纵了环境污染行为。有些学者认为，目前如果像国外一样在我国实行环境污染犯罪的严格责任制度，对于一些主观上并无过错，或者有过错但尽了注意义务的被告人，打击力度太大，违反了刑法的谦抑性原则。我们当然承认用刑罚手段惩处严重危害环境行为必须严格遵循环境刑事法治的底线准则，但对那些明知污染物排放标准而故意为之，造成公私财物重大损失、人员重大伤亡的行为，应该适用严格责任。同时，可考虑在污染环境犯罪中引入危险犯，使一些以牺牲环境以换取高额利润的个人或企业有所畏惧，在

① 韩耀元：《谈环境污染刑事案件司法解释与打击渎职犯罪》，载《人民网》2013-06-27。

一定程度上能达到预防犯罪的目的，且不违反刑法的歉抑性原则。

## （二）民事：完善环境公益诉讼制度

建立多元化的原告主体制度：一是环境行政机关。从我国现有法律规定来看，目前只有《海洋保护法》中关于将海洋环境监督权的部门作为诉讼原告的具体规定，应该在其他相关的部门法律中对各种环境行政机关的职责加以详细规定，如对《森林法》《水污染防治法》《大气污染防治法》等相关条文进行修订，指明可以提起诉讼的具体行政机关，这样在起诉时才能做到有法可依。二是检察机关。新民诉法第五十五条中，尚未明确写明“有关机关”中包括检察机关，但通过各地的司法实践看，当发生污染环境等损害社会公共利益的行为时，检察机关可以依法履行职权维护社会公共利益，实现监督法律实施和保护国家社会公益的统一。一些地方省市如江苏、重庆、海南在出台的地方规范性文件中明确指出检察机关是提起环境公益诉讼的重要主体，在新民诉法解释中，应明确“有关机关”包括检察机关，以确定其原告地位。三是环境保护组织。可对该类主体提起诉讼作出必要限制条件，具体包括：首先，必须是依法设立或登记的组织，在组织的规模、职能、资金等方面设定一定门槛，保证必要的诉讼能力。其次，该组织必须是环境保护组织，不能是与环境保护无关的其他组织。最后，由有关行政机关对符合起诉条件的社会团体进行特殊登记，定期公布名单，定期更换增减，这样既可以利用现有社会团体的优势保护环境公共利益，也可以通过筛选避免恶意诉讼和滥诉。四是公民。随着公民环境保护意识的增强，公民个人势必会成为一股重要的环保力量。但是，在赋予公民公益诉讼原告资格的同时，也要用法律对其作出必要的限制。首先，作为私权利主体的公民必须是为了保护公共利益才能提起公益诉讼。其次，公民必须提前告知政府部门或违法者，若其在规定的期间内仍未采取行动或行动不恰当时，才能提起诉讼。最后，为避免滥诉，公民只能是环境公益诉权的最后顺位行使者。

## 第三节　海域污染民事审判中的问题、原因及对策

海上或者通海水域的污染，是环境污染的一个重要区域。根据最高人民法院《关于海事法院受理案件范围的若干规定》第 4 条、第 5 条和《中华人民共和国海事诉讼特别程序法》第七条第（二）项之规定，船舶排放、泄漏、倾倒油类、污水或者其他有害物质；海上或者通海水域的航运、生产、作业或者船舶建造、修理、拆解或者港口作业、建设，造成水域污染、滩涂污染或者他船、货物及其他财产损失的损害赔偿纠纷案件，由海事法院专门管辖，并由污染发生地、损害结果地或者采取预防污染措施地海事法院专属管辖。

以宁波海事法院管辖的浙江海域为例，自 2001 年起至 2014 年上半年止共受理涉及海域污染损害赔偿纠纷案件 46 件，涉及 14 起事件。具体情况见表 5-2 ～表 5-6：

**表 5-2　年度分布情况及所涉事故次数**

| 年度 | 2001 | 2002 | 2003 | 2004 | 2005 | 2006 | 2007 | 2008 | 2009 | 2010 | 2011 | 2012 | 2013 | 2014 |
|---|---|---|---|---|---|---|---|---|---|---|---|---|---|---|
| 件数 / 件 | 20 | 1 | 1 | 0 | 0 | 2 | 2 | 1 | 4 | 5 | 2 | 0 | 7 | 1 |
| 事故数 / 件 | 3 | 1 | 1 | 0 | 0 | 1 | 1 | 1 | 2 | 1 | 0 | 1 | 1 | 1 |

备注：① 2001 年度其中 1 个污染事故引发 18 个案件；② 2007 年度的其中 1 个案件由 2006 年度的事故所引发；③ 2009 年度的其中 1 个案件由 2007 年度的事故所引发；④ 2011 年度的 2 个案件由 2009 年度的一个事故所引发；⑤ 2012 年度的案件由 2011 年度的事故所引发；⑥ 2013 年度的 7 个案件由 2012 年的事故所引发；⑦ 2014 年上半年的案件由 2013 年度的事故所引发。

**表 5-3　污染来源情况**

| 污染源 | 陆地排污 | 港池及航道疏浚排浆 | 养殖塘排污 | 船舶漏油 |
|---|---|---|---|---|
| 件数 / 件 | 19 | 2 | 3 | 22 |
| 事故数 / 件 | 2 | 1 | 3 | 8 |

备注：其中 1 个事故导致的 7 件船舶漏油案件，同时泄漏了船载农药。

表 5-4 诉讼主体情况

| 诉讼主体 | 自然人 | | 法人或组织 | | 公益诉讼主体 |
|---|---|---|---|---|---|
| | 原告 | 被告 | 原告 | 被告 | |
| 件数 / 件 | 24 | 33 | 22 | 13 | 7 |

备注：①有法人或组织与自然人作为共同被告的，统计为法人或组织；②公益诉讼主体为：省、市级海事局、海区渔政局、省海洋与渔业厅、县海洋与渔业局、镇人民政府。

表 5-5 诉讼请求内容

| 序号 | 诉讼请求 | 件数 / 件 |
|---|---|---|
| 1 | 纯污染损害索赔 | 39 |
| 2 | 纯污染损害赔偿追偿 | 1 |
| 3 | 其他财产损害索赔及污染损害赔偿追偿 | 6 |

表 5-6 案件处理情况

| 处理方式 | 撤诉 | | 调解 | 判决或裁定 | | 未结 |
|---|---|---|---|---|---|---|
| | 和解 | 其他 | | 驳回 | 支持 | |
| 件数 / 件 | 20 | 6 | 11 | 4 | 4 | 1 |

备注：撤诉的其他原因有：①诉讼对象错误；②不能证明污染物系被告所排放；③不能证明损失数量且被告举证证明没有因果关系；④公益诉讼两原告的诉讼请求重复，其中一原告申请撤诉；⑤原告拒不到庭按自动撤诉处理。

判决驳回诉讼请求（2 件）的理由：①被告举证证明没有因果关系；②原告不能证明侵权行为及损害事实存在。

裁定驳回起诉（2 件）的理由：宁波海事法院不方便管辖。

## 一、审判中存在的问题

从宁波海事法院历年审理的涉及海域污染损害赔偿纠纷案件的情况来看，存在着以下几方面的问题：

### （一）当事人举证环节

《最高人民法院关于适用〈中华人民共和国民事诉讼法〉若干问题的意见》第 74 条明确了环境污染损害赔偿诉讼实行举证责任倒置原则。《最高人民法院关于民事诉讼证据的若干规定》第四条第一款第三项则将该原则明确为：因环境污染引起的损害赔偿诉讼，由加害人就法律规定的免责事由及其行为与损害结果之间不存在因果关系承担举证责任。但在诉讼中，我们发现不少案件存在如下问题：

1. 原告缺少遭受污染的证据

受害人对污染侵权人提起诉讼，首先必须举证证明侵权人的污染物质污染了其水域或养殖区域，必要时，还要进行“油指纹”比对，以证明该污染物就是侵权人泄漏排放的，这是要求污染侵权人承担责任的基础。一旦当事人无法提供此类证据，法院将难以支持其主张，如（2007）甬海法事初字第59号案件，当事人就是提供不了这样的证据。

2. 原告缺少遭受损害的证据

在上述举证的前提下，受害人还必须举证证明其养殖物死亡了多少、生产经营受到了多大损害、生态资源受损情况及恢复费用的多少等，法院据此才能确定污染侵权人赔偿多少损失。比如养殖物死亡损失，较好的证据就是请相关机构对死亡情况进行抽样清点记录，形成可信的客观证据。但一些案件的原告却提供不了这样的证据证明自己的损失，法院也难以支持其诉讼请求，如（2007）甬海法事初字第59号案件。

## （二）法院认证环节

在涉及污染损害赔偿纠纷案件的审理过程中，对原告能够提供的证据认定，也存在着这样那样一些问题：

1. 当事人提供的费用清单的认定

这主要是对海事局作为公益诉讼主体就应急处置费用所提供的证据，其内容除了围油栏、吸油毡、溢油分散剂等材料的使用数量和价格外，还有参与应急处置的船舶数量和人员以及使用价格及工资报酬等。对该清单，法院除了要求原告提供围油栏、吸油毡、溢油分散剂等材料的购买价格，如果参与应急处置的船舶是社会船舶，还可要求原告提供合同依据或结算依据外，其他很难要求原告再提供什么证据了。原告作为国家机关，法院应当相信其提供的清单是真实的，但在污染侵权人责任限制的情况下，原告是否会通过虚增损失的办法，以获取足够的清偿，承办法官难免产生合理怀疑，而与污染事故大小并不相称的巨额应急处置费用，更加深了承办法官的合理怀疑。然而在审判中，承办法官对这种证据的审查又显得无能为力，如（2009）甬海法事初字第31号、（2011）甬海法权字第2号案件。

2. 鉴定结论替代客观证据的认定

侵权人泄漏排放的污染物质污染了多大范围的海域，这是可以监测的内容，监测报告应是该事实的客观证据。但由于污染事故发生后，相关海洋管理部门未组织监测，以致进行索赔诉讼时，缺少污染范围的客观证据。为索赔需要，相关海洋管理部门却以侵权人泄漏排放污染物质的数量为据，委托鉴定机构参照类似污染事故的监测结果进行理论推算，以鉴定结论替代客观证据提供给法院作为污染范围和损害结果的证据。由于污染范围和损害结果的影响因素众多，承办法官对这种证据难以形成内心确信，如（2009）甬海法事初字第32号案件。

此外，关于养殖物的死亡损失，也存在用鉴定结论替代可观察记录的客观证据的情况，如（2009）甬海法事初字第32号案件。

3. 关联单位所作鉴定结论的认定

目前，我国的污染损害鉴定机构绝大多数隶属于海洋渔业管理部门，这对于海洋渔业管理部门的公益诉讼来讲，诉讼当事人与鉴定机构就有了一定关联性。对原告提供的由关联机构作出的鉴定报告，不但被告持有异议，对法院的证据采信也有相当的影响。由于油污损害鉴定的复杂性和专业性，承办法官又很难发现鉴定方法和鉴定结论上存在的问题，客观上产生污染损害该不该赔，赔多赔少均由鉴定机构说了算的现象，从而产生海洋渔业管理部门在污染损害赔偿案件中“既当运动员，又做裁判员”的现象。如（2009）甬海法事初字第32号案件，该案的原告为中华人民共和国东海区渔政局，鉴定单位为农业部东海区渔业生态环境监测中心，其鉴定资格证书由中华人民共和国渔政局签发。

## （三）法律适用环节

污染损害赔偿案件的法律适用，也存在不少问题，主要是：

1. 国内船舶油污损害赔偿的法律适用问题

我国是《1969年国际油污损害民事责任公约》及《〈1969年国际油污损害民事责任公约〉1992年议定书》（以下简称《1992油污责任公约》）的成员国，当不适用该公约的国内油品运输船舶发生泄漏货油事故时，该如何适用法律，便有许多不明确的地方，比如责任人享受的是普通的海事赔偿责任限制，还是要参照《1992油污责任公约》另设油污损害赔偿责任限制？国内油品运输船舶与非油品运输船舶如果泄漏燃油，是否与国内油品运输船舶泄漏货油享受同样的损害赔偿责任限制等。各海事法院的观点和做法均不统一。[①] 在明确的法律规定出台前，根据《海商法》第二百零八条第（二）项的规定，似乎不适用《1992油污责任公约》的船舶发生漏油事故（包括泄漏货油和燃油），均应适用普通的海事赔偿责任限制，但这又显得不尽合理。

2. 船舶碰撞造成油污损害的责任承担问题

海事审判中较为典型的是船舶碰撞漏油造成海洋污染损害赔偿案件，对于非适用《1992油污责任公约》的船舶碰撞造成一船漏油，是由漏油船承担油污赔偿责任，再进行追偿，还是由碰撞双方承担连带赔偿责任或按碰撞责任比例承担赔偿责任，理论上和审判实践中各有主张，莫衷一是。参照公约“谁漏油，谁赔偿”是一种观点，毕竟船舶碰撞与污染损害属于

① 典型的两个相反案例是青岛海事法院“烟救油2”油轮碰撞案和广州海事法院“闽燃供2”油轮碰撞案，同为国内航线2000总吨以下油轮，污染水域都是中国水域，案情基本相同，但法律适用却截然不同，导致裁判结果迥异。其中“烟救油2”油轮碰撞案，青岛海事法院认为：1992年《油污责任公约》不适用国内航线2000总吨以下油轮，责任人不得享受责任限制，应适用我国《海洋环境保护法》和《民法通则》，故判决船东全额赔偿。山东省高级人民法院予以维持。最高人民法院提审撤销一、二审判决，认为该案不适用1992年《油污责任公约》，但可适用《海商法》的责任限制。对于“闽燃供2”油轮碰撞案，广州海事法院认为：我国《海洋环境保护法》和《防治船舶污染海洋环境管理条例》等国内法律、法规并没有排除2000总吨以下航行国际国内航线的油轮适用1992年《油污责任公约》，《海洋环境保护法》规定环境保护实行国际公约优先原则，1992年《油污责任公约》是环境保护有关的国际公约，我国参加时未作出保留，故裁定该案适用1992年《油污责任公约》，责任人享有公约规定的责任限制权利（转引自《中国环境法治》2011卷下《关于审理水资源污染案件相关法律问题的调研报告》，法律出版社2012，第75页）。

不同性质的侵权行为，适用不同的归责原则，不能混同。但在我国目前法律制度下，由碰撞双方承担连带赔偿责任或按碰撞责任比例承担赔偿责任，更有利于保护受害人的合法权益，这又是一种观点。而该观点显然不利于航运业的发展。如何平衡两者的利益，的确值得慎重考虑。审判实践中还出现了受害人直接起诉非漏油一方，要求其承担油污损害赔偿责任的案件，如（2009）甬海法事初字第32号案件。

3. 清污费用的优先受偿问题

在（2011）甬海法权字第2号案件审理过程中，原告中华人民共和国宁波海事局提出其清污费用应当在责任人的海事赔偿责任限制基金中优先受偿，其依据是国务院《防治船舶污染海洋环境管理条例》第五十五条关于“发生船舶油污事故，国家组织有关单位进行应急处置、清除污染所发生的必要费用，应当在船舶油污损害赔偿中优先受偿”的规定。此处的优先受偿，显然不是针对船舶拍卖款的，而是针对油污损害赔偿款或者说就是针对海事赔偿责任限额或赔偿责任限制基金的。但在非适用《1992油污责任公约》的情况下，《海商法》第二百一十条第一款第（四）项所规定的在责任限额中能够优先受偿的海事请求，并不包括因应急处置、清除污染所发生的必要费用的请求。因该条例的规定与法律规定相抵触，原告的主张不被法院所支持。

## （四）公益诉讼环节

公益诉讼是2012年《民事诉讼法》修改中新增加的内容，[①] 重点解决民事公益诉讼原告的主体资格问题，其含义包括两个方面的内容：公益诉讼的案件范围和原告资格。

1. 公益诉讼的主体问题

对于污染海洋环境损害公共利益的行为，属于公益诉讼的案件的范围，这是没有争议的。但对谁是污染海洋环境案件的公益诉讼主体，审判实践

① 《民事诉讼法》第五十五条规定：对污染环境、侵害众多消费者合法权益等损害社会公共利益的行为，法律规定的机关和有关组织可以向人民法院提起诉讼。

中的看法并不一致，笔者在对诉讼主体进行分类时就碰到这个问题。

《民事诉讼法》第五十五条将公益诉讼的原告范围指向了其他法律，实际上为我国民事公益诉讼确立了“基本法 + 单行法”的制度模式。[①]但目前我国立法关于公益诉讼原告资格的规定仅见于《海洋环境保护法》第九十条第二款，该条款规定：对破坏海洋生态、海洋水产资源、海洋保护区，给国家造成重大损失的，由依照本法规定行使海洋环境监督管理权的部门代表国家对责任者提出损害赔偿要求。

据此，根据《海洋环境保护法》第五条[②]之授权，我们可以基本确定下列部门和单位为海洋环境污染公益诉讼的主体：

（1）国家海洋行政主管部门，即国家海洋局；

（2）国家海事行政主管部门，即国家海事局；

（3）国家渔业行政主管部门，即农业部渔业局（国家渔政渔港监督管理局）；

（4）各直属海事局；

（5）各地方海洋与渔业（厅）局；

（6）沿海县级以上地方人民政府。

军队环境保护部门由于只负责军事船舶污染海洋环境的监督管理及污

① 奚小明：《〈中华人民共和国民事诉讼法〉修改条文理解与适用》，人民法院出版社 2012 年版，第 89 页。

②《海洋环境保护法》第五条规定：国务院环境保护行政主管部门作为对全国环境保护工作统一监督管理的部门，对全国海洋环境保护工作实施指导、协调和监督，并负责全国防治陆源污染物和海岸工程建设项目对海洋污染损害的环境保护工作。国家海洋行政主管部门负责海洋环境的监督管理，组织海洋环境的调查、监测、监视、评价和科学研究，负责全国防治海洋工程建设项目和海洋倾倒废弃物对海洋污染损害的环境保护工作。国家海事行政主管部门负责所辖港区水域内非军事船舶和港区水域外非渔业、非军事船舶污染海洋环境的监督管理，并负责污染事故的调查处理；对在中华人民共和国管辖海域航行、停泊和作业的外国籍船舶造成的污染事故登轮检查处理。船舶污染事故给渔业造成损害的，应当吸收渔业行政主管部门参与调查处理。国家渔业行政主管部门负责渔港水域内非军事船舶和渔港水域外渔业船舶污染海洋环境的监督管理，负责保护渔业水域生态环境工作，并调查处理前款规定的污染事故以外的渔业污染事故。军队环境保护部门负责军事船舶污染海洋环境的监督管理及污染事故的调查处理。沿海县级以上地方人民政府行使海洋环境监督管理权的部门的职责，由省、自治区、直辖市人民政府根据本法及国务院有关规定确定。

染事故的调查处理，且军事船舶隶属于国家，故其不能成为海洋环境污染公益诉讼的主体。

从《海洋环境保护法》第五条的规定看，只有沿海县级以上地方人民政府才能作为海洋环境污染公益诉讼的主体。然而，审判实践中却出现了镇人民政府起诉海洋污染责任者索要组织力量开展污染防控所产生的费用460余万元的案件，即（2013）甬海法权字第32号案。镇人民政府是否有权提起公益诉讼？应否改由区人民政府提起公益诉讼？就值得研究。毕竟镇人民政府行使的是政府的职能，追索的是财政支出的费用，具有公益诉讼的性质。

2. 公益诉讼获赔款项的归属问题

在我国，海洋资源属于国家所有并由国家机关予以监督管理。因此，海洋环境监督管理部门代表国家对责任者提出损害赔偿要求所获得的款项，理应收归国家所有。但从我院审理的由相关职能部门提起的公益诉讼案件的裁判来看，均未明确获赔款项上缴国库。这难免会使案件当事人和社会公众对获赔款项的去向和用途产生种种猜测。

尽管海事局在海洋污染损害公益诉讼中获得的赔偿，绝大多数支付给了受命参与防污、清污的单位和个人，但从国家机关的收支两条线的要求出发，获赔款项也应上缴国库，再由国库向受命参与防污、清污的单位和个人支付。

3. 防污、清污费用的诉讼问题

防污、清污费用的索赔请求，是海事局作为公益诉讼主体的主要诉讼请求。但海洋污染损害的防污、清污费用的索赔，审判实践中有两种诉讼形式：一是由海事局向责任者提出索赔请求，如（2009）甬海法事初字第31号案；二是由海事局指令参与防污、清污的单位和个人直接向责任者提出支付请求，如（2013）甬海法权字第39、40、42、43号案件。这在法律上是值得讨论的。

显然，防污、清污费用如由海事局向责任者提出索赔，则属于公益诉讼的范畴；防污、清污费用如由海事局指令参与防污、清污的单位和个人直接向责任者提出索赔，则不属公益诉讼的范畴，因为这些单位和个人不是法律所规定的行使海洋环境监督管理权的部门，不能成为公益诉讼的对象。

从防污、清污费用的性质来看，它是国家为防止污染损害而支出的费用，尽管其中相当大的一部分是支付给了受命参与防污、清污的单位和个人，但其性质上仍属于国家公共利益遭受的损失，应由海事局作为公益诉讼主体向责任者提出索赔请求，而不应由受命参与防污、清污的单位和个人直接向责任者提出索赔。

## 二、存在问题的原因

产生上述问题的原因是多方面，主要是：

### （一）当事人法律意识缺乏

具体表现在以下两个方面：一是不能正确理解污染损害赔偿诉讼的举证责任倒置制度。当事人误以为污染损害发生后，受害人只需提出索赔，无需举证，至于有没有侵权，有没有损害，侵权行为与损害结果有没有因果关系，都应由被告一方承担举证责任，因而怠于取证和固定相关证据，以致诉讼中无法提供相关材料，或以鉴定结论替代应有的客观证据，难以维护自身的合法权益。二是过分依赖与污染责任人的非诉调解。（2007）甬海法事初字第 59 号案件的污染事故发生后，因海洋渔业管理部门已出面代表各受害方与油污侵权责任人进行赔偿协商，因而也忽视了其遭受油污侵害证据和养殖物死亡证据的取证和固定，以致在提起诉讼时，提供不了相关证据。好在该事故最终由海洋渔业管理部门代表各受害方与油污侵权责任人达成了赔偿协议，原告最后撤回了起诉。据称，其通过政府调解获得的赔偿只有实际损失的 10%。

## （二）现行管理体制缺陷

具体表现：一是污染事故的应急处置没有相应的财务保障。海事管理机构一方面承担维护社会公共安全的职能，另一方面却没有相应的财政支付作为履职的保证，也没有相应的污染事故应急处置基金提供财务支持，导致海事管理部门在采取应急处置措施后，为弥补材料费用的支出，足额偿付调用社会船舶的费用，在油污责任人享有海事赔偿责任限制的情况下，难免产生与其他部门、单位和民众争利的现象。二是授权的公益诉讼主体与鉴定资质审批管理机构重叠。这就产生了海洋渔业管理部门在污染损害赔偿公益诉讼中"既做裁判员，又当运动员"的现象。

## （三）油污法律制度不完善

审判中的法律适用问题，其根源：一是缺少相应的非适用国际公约的油污责任法律规定。这就产生了审判中的无法可依、无法必依、法官造法、司法混乱的现象。二是没有建立船舶污染损害强制保险制度和污染事故应急处置基金制度。一方面使船舶油污损害的赔偿因责任限制而严重不足，另一方面又使海事管理部门的应急处置费用得不到相应的财务支持，从而产生恶性循环，使海事管理部门所承担维护社会公共安全的职能大打折扣。三是相关法律规定不衔接并相互矛盾。关于清污费用应否优先受偿的争议，根源就在于条例和法律规定的冲突和矛盾。

## （四）公益诉讼制度刚刚确立

近年来，社会对公共利益保护的关注度日益提高。《民事诉讼法》确立公益诉讼制度之前，由于专家、学者们不遗余力地研究推介国外公益诉讼理论和实践，并积极探索尝试，我国不断出现一些广为关注的公益诉讼，其中包括海洋污染公益诉讼案件，宁波海事法院的审判实践也是如此。现我国的公益诉讼制度虽已建立，但法律规定仅有一条，还缺乏具体的配套规定，有待今后不断充实和完善。

## 三、可采取的相应对策

针对存在的问题和原因，提出如下建议：

### （一）加强相关法律的宣传和学习

通过宣传和学习，提高船舶的安全生产意识，提高人们的环境保护意识，提高污染受害单位和个人依法维护自身合法权益的意识和能力。

### （二）构建污染事故和污染损害通报指导制度

海事法院与海事、海洋渔业管理部门要加强沟通联系，互通污染事故和污染损害信息。海事法院还应贯彻能动司法精神，认真指导受害人收集和固定证据，协助相关部门做好非诉调解工作，积极维护社会公共利益和当事人的合法权益。

### （三）尝试“公益赔偿入库制度”

“公益赔偿入库制度”是指公益诉讼主体因提起公益诉讼获赔的款项，应判决上交国库，因污染事故采取应急处置措施而应支付给相关单位的报酬费用、为恢复自然资源而应支付的育苗费等，由国库支出并由财政部门监督的制度。这是针对现行公益诉讼获赔款项判决支付给公益诉讼主体而言的，有利于防止公益诉讼主体滥用公益诉讼获赔款项，提高公益诉讼主体因采取应急处置措施而需支付报酬费用的偿付能力，杜绝公益诉讼主体虚增损失的行为。

### （四）建立船舶污染损害强制保险制度和污染事故应急处置基金制度

建立船舶污染损害强制保险制度，可以提高污染损害的赔偿能力，使受害人得到较充分的补偿。而建立由财政投入为主，船舶尤其是油品运输船舶经营单位、油品生产和经营单位等共同投入的污染事故应急处置基金制度，实现污染事故应急处置费用由基金支出，公益诉讼获赔的款项进入基金的良性循环，这同样可以起到防止公益诉讼主体滥用公益诉讼获赔款项，提高公益诉讼主体因采取应急处置措施而需支付报酬费用的偿付能力，杜绝公益诉讼主体虚增损失行为的作用。

### （五）改变污染损害鉴定机构的管理体制

鉴于《中华人民共和国海洋环境保护法》第九十条将海洋自然资源损失的公益诉讼主体授权给了海洋渔业管理部门的状况，可将渔业生态环境监测中心等类似鉴定单位设置在环保部门、高校或科研机构，其鉴定资格证书由国家有关部门签发，这样就不会产生海洋渔业部门“既当运动员，又做裁判员”的现象了。这种与案件当事人没有关联的鉴定机构所作出的鉴定结论，中立性强，可信度高，容易被当事人所接受，易被法院所采信。

### （六）健全污染损害赔偿法律体系

从逻辑上讲，海洋污染可分为陆源污染和船舶污染两大类。陆源污染损害赔偿适用《民法通则》和《侵权法》的一般规定，不存在法律适用问题。而船舶污染损害赔偿应适用海商法，有其特殊性。船舶污染又可分为有毒有害货物泄漏、货油泄漏和燃油泄漏三大类。其中货油及油轮燃油泄漏所造成的损害、非油轮泄漏燃油所造成的损害，都只有一部分属于《1992 油污责任公约》和《2001 年国际燃油污染损害民事责任公约》调整的范围。由于我国没有加入《1996 年国际海上运输有害有毒物质损害的责任和赔偿公约》，对于非公约调整的货油及油轮燃油泄漏所造成的损害、非油轮泄漏燃油所造成的损害以及有毒有害货物泄漏所造成的损害，我国均没有明确的法律规定，尽管最高人民法院于 2011 年 6 月 15 日公布了《关于审理船舶油污损害赔偿纠纷案件若干问题的规定》，但仍需尽快健全海上污染损害赔偿法律体系，以便做到有法可依，统一司法。

# 第四节　专家在环境司法审判中的作用

环保审判中不可避免地要面对大量的技术性难题，但通过司法鉴定的方式来解决这些技术问题既不经济也不高效，特别是有些鉴定项目面临不需鉴定、不宜鉴定、不能鉴定、不便鉴定的现实困难，因此，有必要在环保审判中引入专家参与诉讼。但在现有的民事诉讼制度中专家参诉存在职责不清、程序不明、名义不顺、作用不定的现实问题。我国要构筑专家参与环保诉讼的审判机制不能照搬西方国家的专家证人制度，而必须结合我国的诉讼文化传统、近年的司法改革方向以及现有的人民陪审员制度，从而构筑起以“专家库”为基础，以专家参诉规则、陪审程序、审判方式等为主体的完整审判体系。传统的民事诉讼囊括了婚姻家庭、民间借贷、买卖合同等与市民生活紧密相关的领域，其特点在于诉讼的经验性，一个优秀的法官能够将深厚的法学功底和多年的生活经验相结合，并据此判断当事人的诉争真相，从而达到定纷止争的效果。但在环保诉讼领域，诉讼的经验性被技术性所取代，大量的技术知识充斥其间，使得传统的经验性审判格局被打破，审判的基础技能从“法律＋经验”升级为“法律＋技术”，其中，经验的获取源于市民生活，相对容易，而技术的获取源于多年的知识积累，相对较难，故而环保法官的审判能力受到挑战，而专家成了弥补法官“技术”欠缺的重要补充。

## 一、“环保专家”亮剑司法的必要性与重要性

“环保专家”在环境司法中的必要性与重要性始源于“环保专家”的“专业优势”与法官的“专业漏缺”的正反诱因组合，而“环保专家”与“法官”在两性上并非完全割裂，而是不同领域功能发挥在“美丽中国”梦想上的高度汇聚。

### （一）环保诉讼内容的专业需求

环保问题具有很强的专业性和科学性，其所涉及的内容复杂多样，表现形式各异，环保诉讼涉及自然资源的科学分析认定，往往涉及物理、化学、生物、医学等众多学科知识。同时新类型环境保护纠纷层出不穷，除传统的大气、水污染外，噪声、光、油烟、室内装修、电磁辐射等不可量物引发污染的新类型案件日益增多，相对于可量物，不可量物所造成的环境污染专业性更强。同时无论是可量物引发污染，抑或是不可量物引发污染，环境污染的可见度是模糊、隐性的，其对环境所造成的损害大多是“蚕食”而非“鲸吞”，因此环境诉讼案件的鉴定、评估、调查表现为长期性、持续性、深入性，而非“头疼医头，脚疼医脚”的短暂性和表象性。然而，在环境诉讼调查等一系列活动中，“环保专家”即是医者，而非法官所能，“环保专家”会通过“望闻问切”对环境污染进行病理分析，对病症和类型进行认证，对损害程度和赔偿标准进行认定，从而为法官裁判提供“专业认定”支撑。

### （二）环保“三审合一”审判模式要求

“三审合一”环保审判模式要求实现对民事、刑事、行政案件的集中管辖，其目的是统一司法尺度，降低诉讼成本，节约司法资源。然而，民事、刑事、行政案件在对环保高专业需求的背后是迥异的司法价值追求与错综的法律关系，其中民事多涉及污水排放、烟雾污染、噪声污染、电子辐射污染等环境污染侵权案件，数量虽然不多，但涉及面甚广，从广度和深度上威胁群众的日常生活和生存环境；刑事案件主要集中在盗伐、滥伐林木，非法猎捕、杀害、收购、运输国家重点保护的野生动物，毁坏珍贵之物，非法捕捞水产品，涉及生态环保的玩忽职守，非法采矿、非法占用农用地等犯罪案件，案件数量占绝对多数，且此类案件主观恶性较大、社会危害严重；行政案件多涉及土地、森林、矿产资源等类型，其中以不服行政机关行政处罚案件为主，非诉行政案件占行政案件总数的绝对多数，大多案情简单，诸如环保局申请执行的排污费征收案件、国土局申请的土地违法处罚强制执行案件等。环境诉讼所涉内容宽泛，专业性较强，同时要在同一审判模式下实现民事、刑事、行政案件的集中解决，在法官综合素养缺陷的情形下，应当实现对传统司法制度理念解决环保诉讼纠纷的突破，引入能准确把握环保规律，精通环保技术的“环保专家”，在对案件进行分析评价的同时引导法官加强对环保诉讼规律的认知，增强对环保知识和技能的积累。

## （三）法官自身的专业缺陷限制

法官的专业缺陷决定了其在环保诉讼中势单力薄，而导致其在事实认定和法律适用中的尴尬态势。法官虽作为公正的天平，而公正价值的维系，需要准确的事实认定、证据采信、法律适用，以上“三元素”的任何缺漏都必然导致法律底线失守。法官对专业性、技术性之外的普通事实认定和证据分析采信基本不存在障碍，而环保诉讼作为新课题、新领域，其诉讼内容的复杂程度、宽泛程度、专业程度，已然超出了法官的驾驭能力，其一，法官的环保理论知识不足，专项的教育培训不能在短期内奏效，从而割断了法官的知识链条，技能亦受阻却；其二，法官对“三审合一”模式相对陌生，环保法庭之外的法官大多分属不同的庭室，刑事、民事、行政案件互无联系和从属，即便是刑事附带民事、行政附带民事案件的审理的涉及相对浅显，难以形成与环保诉讼相适应的专业素养。因此，在法官自身限制，而教育培训又不能一蹴而就的情势下，“环保专家”的引入势必成为明智之举。

## （四）环保专家的特色优势

“环保专家”的特质决定了其与法官专业的互补，决定了其在环保诉讼中的角色定位。其一，“环保专家”的专业技术优势。来自政府环保部门或高校、研究院的“环保专家”分属环保行业的不同领域，诸如环境科学、环境工程、市政环境、环境监测、环境管理等大专业领域，水污染控制、大气污染控制、固废控制等小专业领域，其在具备高水平的环境污染与防护、治理专业知识和技术水平的同时，环境分析、监测、治理等实践经验丰富。因此，“环保专家”参与环境司法能够突破“专业瓶颈”，畅通司法审判程序，提高审判质量和效率。其二，“环保专家”的“非本土”优势。“环保专家”的“非本土化”是指环境保护专家独立于司法审判领域之外，排除在当事者利益纠葛之外，而仅仅是立足案件事实，通过专业分析和认证作出客观公正的审查结论。同时“环保专家”虽具备特殊专业背景，但是“环保专家”多以普通民众的身份出现，与涉案当事人归属同一群体，而又立足利益纷争之外，在司法公信缺失的情势下，涉案当事人更容易接受排除“本土”影响的客观分析与认证，涉案当事人在利益纷争面前会对“环保专家”的审查结论作理智的分析和更大程度的接受。

总之，“环保专家”的缺失不仅是“鉴定评估实质审查”的缺失，更是司法民主和公信的缺失，无论是基于“环保专家”专业特质的考量，抑或是基于“环保专家”“近民角色”的分析，在存有认定瑕疵或或然性的鉴定评估结论面前，涉案当事人都会以“环保专家”的认定为基准，并以此来权衡法官裁判的公正程度。

## 二、千呼万唤：专家参诉的紧迫与期待

在环保诉讼中，专家出庭的诉讼需求与实践供给之间存在紧张关系，一方面是法庭与当事人对专家在诉讼程序中的期待值较高，希望专家能够在诉讼纠纷中通过专家意见释明技术难题；另一方面，在现有诉讼制度设计中，专家的地位尴尬，导致专家参诉的案件数量畸少、比率畸低。以重庆市 Y 区人民法院为例，自 2012 年起设立环保法庭以来，两年总结审结环保纠纷 512 件，其中邀请专家参诉仅 2 件，其主要原因在于专家参诉机制的缺失。因此重新梳理专家在环保诉讼中的作用，让专家依法、合法参诉成了环保审判需要解决的重要课题。

在普通诉讼程序中，对于有些具备一定技术要求的事项，法院可以按

照民事诉讼法的相关规定通过司法鉴定程序来解决，如工伤等级鉴定、笔迹鉴定、指纹鉴定等。但在环保审判领域，很多技术问题存在不需鉴定、不宜鉴定、不能鉴定、不便鉴定的现实问题，如果硬性要求当事人通过司法鉴定程序予以判断，反而会增加当事人的诉累。

一是不需鉴定。有些诉讼纠纷技术含量不高，其所涉及的专业性问题并非高深莫测，只是由于欠缺专业知识，导致法院在合议、裁判的过程中犹豫不决，这时，法庭仅需要相关专业人员提供专业性的咨询意见即可解决，如果硬性要求司法鉴定，虽然可以突出司法鉴定规范性强、信服度高的特点，但也会降低诉讼效率、增加鉴定成本。

案例 5-1：原告王正国（正国公司）自 2005 年开始承包重庆市渝北区红花水库（面积 25 亩），利用该水库养鱼和大雁。绿水河公司自 2010 年开始，在红花水库上方的大风垭养殖场饲养生猪。2013 年 7 月，渝北区突降暴雨，致使生猪养殖场沼气池残留沼液混合雨水流入山下的水塘。造成红花水库生化需氧量大幅提升，导致鱼类大面积死亡，现正国公司诉请法院判决：绿水河公司赔偿因污染造成的鱼类损失等费用共计 95037.50 元。绿水河公司辩称：该水库是封闭性的，正国公司养殖大雁，也会产生粪便污染，故不能认定鱼类损失完全是由生猪养殖造成的。为了查明正国公司在 25 亩水库中养殖 500 只大雁是否会导致水库污染问题，法院走访了司法鉴定人员。得知，大雁的粪便排泄量较低，红花水库实行综合养殖，根据肥水养鱼原理，有利于促进鱼类的生长；在水库里，一亩水面大约可养殖三十只鸭、雁，不会对鱼类生长有不利影响。法院据此认定，正国公司在池塘养殖大雁不会对养鱼产生影响，故判决绿水河公司赔偿正国公司 95037.50 元。绿水河公司不服，向重庆市第一中级人民法院上诉，市一中法院判决：驳回上诉，维持原判。以此案为例，合议庭在合议过程中，也曾考虑过是否有必要通过司法鉴定方式来解决庭审中所遇到的技术难题，即在 25 亩水库中饲养 500 只大雁是否会导致水库污染问题，但合议庭考虑到该问题并非技术含量很高，仅需要相关专业人士提供专家意见即可解决，故通过走访咨询方式进行处理。但这种走访咨询方式也存在一定的弊端，容易让当事人产生法院暗箱操作的怀疑，与法院司法公开的基本要求相悖，不利于矛盾纠纷的和谐化解。

二是不宜鉴定。有些诉讼纠纷技术难度高，不易鉴定，即便要进行司法鉴定，也面临耗资巨大、程序复杂、诉讼周期长的特点。

案例 5-2：原告徐祯祯（女，22 岁）与段刚系同小区的邻居，共用一面墙体。2012 年 3 月，移动公司与段刚签订《房屋租赁合同》，约定移动公司租用段刚房屋设立通信基站，租期 5 年。移动公司在该房屋施工建设后，将基站投入使用并经验收合格。2014 年 4 月，原告徐祯祯到重庆市中医院门诊，临床诊断为睡眠障碍、心肝血虚，心电图诊断载明窦性心律不齐，现向法院起诉要求移动公司停止侵权，拆除通信基站，赔偿相关损失并登报道歉。法院审理认为移动公司涉案基站取得了无线电台执照及重庆市电磁辐射环境验收合格证。故不能认定被告存在环境污染侵权行为，据此判决：驳回原告徐祯祯的诉讼请求。在该案中，尚无科学方法能够检测出基站的辐射对居民身体造成的损害程序，即便通过一定的程序对当事人的身体进行检测，也会面临耗时长、花费大、结果不理想的风险。

三是不能鉴定。有些案件技术性极强，没有该方面的鉴定机构。

案例 5-3：被告远上机械制造公司于 2003 年搬迁至北碚区柏林村，主要从事铸造加工，用废钢铁生产汽车铸件，排放污染物为废气、粉尘等。原告王莉（女，15 岁）自幼居住在柏林村。远上公司围墙距王莉家住宅约 1.7 米，其围墙距排烟管道（烟囱）底部距离约 25 米。与周围其他村民比，王莉家住宅距公司生产车间的距离最近。2011 年 8 月，王莉因反复咳嗽便到医院治疗，诊断为支气管肺炎、支气管哮喘。当月，北碚区环保局对远上公司进行现场检查，发现其非法排放废水、废气。该局制作处罚决定书，责令停止排污并处罚款。现王莉向渝北区法院起诉，要求远上公司赔偿医疗费等共计 3 万余元。

在诉讼过程中，远上公司申请对王莉病因是否系遗传以及与该公司排放行为是否存在因果关系进行司法鉴定，经法院查询，国内尚无具有资质的此类鉴定机构，鉴定申请被退回后，该公司自行联系司法鉴定机构，但未在法院指定期间内完成联系工作。经法院走访和联系市、区卫生行政主管部门、重庆医科大学附属儿童医院呼吸科专家，均表示王莉患病与环境、遗传、体质有关系。法院据此判决，被告远上公司向原告王莉一次性赔偿住院医疗费等共计 7 875.49 元。被告远上公司不服，向重庆市第一中级人民法院提起上诉，市一中法院判决：驳回上诉，维持原判。

在该案中，对于机械制造公司的粉尘污染与王莉的支气管肺炎、支气管哮喘之间有无因果关系，法院和当事人都曾经在诉讼中积极地联系咨询鉴定机构，但遗憾的是，在国内尚无权威机构能够对此进行鉴定。于是法院不得不采取走访的方式，通过专家咨询来推定两者之间有因果关系，最终化解此案。

四是不便鉴定。在环保审判中，大量的诉讼纠纷都发生在现代科技领域或者生物研究领域，很多内容都已经超出了普通法官的生活经验范畴，需要专家出具意见的事项非常多，如果凡是环保纠纷均通过鉴定来解决，也不符合环保诉讼的高效、经济的价值追求。

专家参诉与鉴定人制度虽然有着迥异的制度表现形式，但二者对于发现事实的渴望却是完全一致的，专家参诉的特点在于其独立性，而司法鉴定人是在中立法官的主导下完成鉴定工作，相比较而言，司法鉴定更注重。但司法诉讼程序以公平正义为基本价值取向，而迟来的正义等于非正义，司法诉讼必须兼顾诉讼的经济和效益价值。如果因司法鉴定导致诉讼程序的过分迟延，则反而有悖于司法诉讼的目标取向，甚至会导致部分当事人因诉致贫。所以，在环保诉讼过程中，在面临大量的非司法鉴定所能解决的困难过程中，需要一种全新专家参诉方式来解决这个问题。

## 三、环保司法困境：“环保专家”缺漏下的“尴尬态势”

生态环境案件审判因其新颖性、专业性、多样性、复杂性等特点决定了其在司法实践中的尴尬态势，诸如启动司法程序困难、认定案件事实和适用环保法律困难、环保与经济效益难以兼顾等。“环保专家”因其专业性、针对性等特点成为克服环境司法窘态的必要之选，亦因此“环保专家”的缺漏直接或间接导致了环保司法尴尬的整体态势。“环保专家”缺漏下的尴尬主要表现为以下几个方面：

## （一）审理难度大，结案周期长

环境司法所涉及的环境污染、破坏等行为具有跨区域性、潜伏性、持续性、不固定性等特点，且环保纠纷多涉及群体利益，多表现为群体性诉讼，加之具体案情及所涉及法律关系复杂，审理环节多、难度大。同时因环境污染等提起的损害赔偿纠纷，涉及对污染源是否超标、具体损害结果、污染行为与损害结果是否存在因果关系等问题的专项鉴定，而现行具备司法资质的鉴定评估机构一则数量较少，二则鉴定水平和评估能力较低而导致鉴定评估结论的非排他性。法官虽作为案件的最终裁判者，但是基于环保司法案件的专业需求和可行性鉴定结论的缺失，法官在无“环保专家”辅助的情形下延长审期也是无奈之选。

## （二）“三审合一”功能离设置预期相差甚远

环境司法“三审合一”模式目前虽从形式上实现了对环保案件的集中管辖，实现了对同类案件司法尺度的统一，但是民事、刑事、行政诉讼价值追求各异，当事人的权利义务也不尽相同，“三审合一”节约审判资源、降低诉讼成本，提高审判效率，维护行政机关权威，打击环保犯罪等实质功能尚未得以真正发挥。在当前环保司法尴尬整体态势下，“环保专家缺漏所带来的是当事人举证难、诉讼成本高、诉讼效果不佳等问题，受害人多因投诉无门或惧怕诉讼而选择“弃诉”或“投诉”，诸如“重庆市渝北区法院 2012 年环保庭共[①]受理各类环保案件 154 件，仅占该院同期受理案件总数 25 581 件的 0.6%。而同期重庆市 12369 环保热线受理投诉 41 288 件，受理群众来信来访 2 087 件，接待上访群众 117 批 287 人；2012 年渝

---

① “三审合一”是环境司法民事、刑事、行政案件统一集中审理的审判机制，其做法是将涉及环境保护纠纷的民事、刑事、行政案件全部集中到环保审判庭统一审理。

北区 12369 环保举报热线受理投诉 5 000 多件”，环保法庭呈现“无米下锅”的尴尬，民事、刑事、行政等案件结构有失平衡，即非诉多、诉讼少，刑事多、民事少等特点，诸如“2011 年 12 月至 2013 年 4 月，万州、渝北法院环保法庭共受理环保案件 326 件，其中刑事案件 73 件，所占案件比例 22.4％，民事案件 57 件，所占案件比例 17.5％，行政案件 196 件（非诉行政案件 189 件，所占比例 96.4％），所占比例 60.1％”、“江西省法院 2007 年至 2011 年共审理各类资源与环境保护案件 5 463 件，其中刑事案件 2 635 件，所占比例 48.2％，民事案件 75 件，所占比例 1.4％，行政案件 2 753 件（非诉行政案件 960 件，所占比例 34.87％），所占比例 50.4％”。

### （三）民主专业程度不够，服判息诉效果不佳

“三审合一”模式下的法官应具备扎实的理论功底和丰富的实践经验，应具备环境法专业素养及一定的环境科学知识，然而法院在选拔和培养复合型法官队伍，充实环保法庭，提升环保法庭综合审判错综复杂环保案件能力的同时却忽视了“借用外脑”，即吸收“环保专家”以陪审的角色定位参与到环保司法。“环保专家”的缺漏造成“案件事实分析、证据和因果关系认定、损害程度与赔偿标准认定等”失去了“专业特质”支撑，再者“环保专家”即便是列入合议庭，而仅仅系“编外法官”，其平民身份更易与民众形成共融和共鸣，其论断或结论更具代表性和说服力，然而“环保专家”的缺漏导致民主、专业、近民失去存在的空间和生长的土壤，直接或间接导致案件久调不解。

## 四、临渊羡鱼：专家参诉的局限与困窘的原因剖析

由于环保审判中所面临的技术问题无法全部通过传统的司法鉴定程序予以妥善解决，故有必要通过我国民事诉讼程序的重新研究，在环保审判中引入技术专家，从而解决环保审判中的现实困难。

我国民事诉讼法首先在法律层面认可了专家参与诉讼的合法性，[①]《最高人民法院关于行政诉讼证据若干问题的规定》也对专业人员的出庭程序和资格进行了规定。[②]《最高人民法院关于全面加强知识产权审判工作为建设创新型国家提供司法保障的意见》（以下简称意见）全面和规范地表述了要在知识产权审判过程中引入专家陪审员，注重专家证人和专家咨询的作用。《最高法公布对网民31个意见建议答复情况》（以下简称答复）中，更为明确地要将专家在诉讼程序中的作用分为专家证人、专家咨询人员和专家陪审员三类。但在环保审判实践中，专家参诉制度依然存在使用频率低、效果差、不规范的现实问题，其主要原因在于：

一是专家参诉职责不清。民事诉讼法和行政诉讼证据规定中都规定了专家参诉制度，但对于专家参诉的诉讼地位却未予明确，专家到底是为法庭服务还是为当事人服务，一直是困扰法庭的一个重要因素。如果由当事人邀请专家，并向法庭申请由该专家出庭作证，则该专家无论如何也难以摆脱与该方当事人之间的利害关系；如果专家由法庭直接邀请，则一方面难以调动法庭邀请专家出庭的积极性，另一方面也容易使当事人对法庭产生不信任感，从而加大法庭与当事人之间的对立情绪。

二是专家参诉程序不明。首先是哪些人可以定义为“专家”，虽然民事诉讼法把具备专门知识的人定义为专家，但何为“有专门知识的人”又成为司法审判中面临的一道新题目；其次，专家如何参与诉讼，在专家证人、专家咨询人、专家陪审员之间如何选择最恰当的方式让专家介入诉讼程序成为法庭审理的一道门槛；第三，专家身份和专家咨询意见、专家证人证言是否需要当事人的举证质证存疑，特别是专家咨询意见，按照答复中对于专家咨询意见的定义：“专家咨询意见是直接应法官邀请作出，一般持

---

①《中华人民共和国民事诉讼法》第七十九条规定，当事人可以申请人民法院通知有专门知识的人出庭，就鉴定人作出的鉴定意见或者专业问题提出意见。

②《最高人民法院关于行政诉讼证据若干问题的规定》第四十八条规定，对被诉具体行政行为涉及的专门性问题，当事人可以向法庭申请由专业人员出庭进行说明，法庭也可以通知专业人员出庭说明。必要时，法庭可以组织专业人员进行对质。当事人对出庭的专业人员是否具备相应专业知识、学历、资历等专业资格等有异议的，可以进行询问。由法庭决定其是否可以作为专业人员出庭。专业人员可以对鉴定人进行询问。

中立立场。”在这种情况下，专家咨询意见很容易被当事人看做是法院的暗箱操作，对专家咨询意见、合议庭的廉洁性乃至对民事诉讼程序都产生不信任感。

三是专家参诉名义不顺。民事诉讼法把专家定义为“有专门知识的人”，《最高人民法院关于行政诉讼证据若干问题的规定》将专家定义为“专业人员”，意见中把专家称之为专家证人、专家咨询人、专门知识人。答复中把专家归结为专家证人、专家咨询意见、专家陪审员三类。不同规范中对专家的界定完全不同。

四是专家意见作用不定。从民事诉讼法及相关规定、答复的表述来看，除非专家以人民陪审员身份担任合议庭组成人员，否则专家意见的主要作用在于“咨询”，从该表达来看，法庭既可以采信专家意见，也可以否决专家意见，这没有统一的标准，完全在于法官的内心确认。在这种情况下，当事人与其找专家提供咨询意见、提供专家证言，倒不如通过其他方式影响法官判断，故专家意见在现有的环保诉讼程序中的真正作用并未完全发挥出来。

## 五、返躬内省：专家参诉的借鉴与反思

为了解决环保诉讼纠纷所面临的大量专业技术问题，有必要通过规范的诉讼程序引导专家参与到环保诉讼的过程中来，这既可以提高法院裁判的说服力和公正性；又可以进一步扩大司法的影响范围，引导更多的社会精英力量关注司法动向，更符合时代的要求，有利于推进“美丽中国”的建设进程。

首先，专家参诉的方式不能踏入西方国家专家证人的老路。事实上，专家参与诉讼在国外已经极为普遍，而且经历了从兴盛到改革的反复进程。以英国专家证人制度（Expert Witness）为例，虽然有专家证人的聘任制度、适格制度、开示制度等制度保障，但专家证人制度依然面临很多始料未及的“负效应”，如专家证人的聘任制度使得专家证人产生了对聘请方当事

人的倾向性，从而偏离了挖掘案件真实信息的本源；再如，由于专家证人的劳动报酬与其参诉精力、时间、诉讼结果密切相关，导致专家参诉案件变得越来越复杂，专家报告越来越隐晦，法官不得不邀请专家证人出庭就某些细节问题进行特别解释，造成诉讼周期的拖延，从而严重影响诉讼效率。在有些诉讼中，当事人为了赢得诉讼，不惜重金聘请一个甚至多个一流专家证人，造成高水平的专家证人身价暴涨，形成了所谓的“诉讼支援行业”，正如沃尔夫勋爵在《接近正义》的报告中所论述“民事案件对专家证据的可采性的放任是一种严重的弊病，它造就了一批获取高额报酬的专家，他们根据聘请他们的当事人的需要出具专家意见，这种做法的代价就是阻碍了司法公正的实现。”

其次，专家参与诉讼应当注重与我国传统文化和司法制度相匹配。中国传统文化历来重视法官在审判过程中的主导作用，直到如今，大量朴素的群众在参与诉讼的过程中总会提到一句话：我这个事情是无辜的，希望法官给我做主。在近些年的司法变革过程中，纠问式审查逐渐向对抗式审查过渡，其突出表现就是民事诉讼证据规则的出台和实施，法官的调查取证权受到极大限制，过度的调查取证可能会被认定为程序错误而被发回重审。在这种情况下，专家参与诉讼制度必须要审慎考虑，既不能像西方国家一样，让当事人按照证据规则的规定通过聘请专家证人来履行举证义务，否则就陷入了专家诉讼的痹症；但也不能单纯依赖法官主导，否则容易引起当事人与法院意见的冲突。建议通过双向选择方式，允许当事人和法庭同时聘请专家参与诉讼，在庭审过程中引入法庭专家和当事人专家的对抗制度，从而使需要解决的法律难题在充分的辩论中变得明确。

第三，专家参诉必须要与人民陪审制度相衔接。我国的人民陪审员制度独具特色，周强院长多次强调“我国人民陪审员制度全面实施，使越来越多的人民群众直接参与审判活动”，全国已经有人民陪审员 8.7 万人，其总数已经超过基层法院法官人数的 1/2，参审比例已经达到了 71.7%。无论如何，人民陪审队伍已经成为推进我国法制进步的重要组成部分，也成为法院吸收各界社会精英参与审判的重要媒介。在环保审判面临大量复杂技术难题的同时，通过人民陪审机制建立起专家陪审队伍，从而将大量技术专家引入合议庭之中，赋予其审判参与权也是推动解决环保审判专家参诉困惑的有力渠道。

第四，专家参诉应当多采用专家证人制度。专家证人制度最大的优势在于，专家证人可以通过庭审的举证、质证环节让专家在充分地表达专家意见的同时，接受双方当事人的质证和质疑，法庭甚至可以允许不同当事人所聘请的证人同时出庭，相互就对方陈述不一致的地方进行诘问，从而进一步向法庭陈述技术焦点。相比而言，专家咨询制度缺少庭审举证质证环节，容易造成当事人对咨询内容的质疑。因此，专家参与环保诉讼必须构建起一整套制度体系，从而确保专家参诉制度的正常运行和正确方向，避免操作过程中的随意性。

1.“专家库”制度

西方有些国家采取“宽进严出”制度，允许当事人自我聘请专家，凡当事人聘请的专家均要在庭审中接受专家身份质证，包括专家的资质证明、资格情况、学术专长、学术权威、荣誉证书以及获得社会认可的情况等，在专家身份经过双方庭审质证无异议，或者经法庭允许以后才可以作为专家出庭作证；另外有些国家建立了类似于我国的“鉴定人”制度的“专家制度”，通过地方法院、地方政府机构的权威选举，分专业领域选择一批专家形成“专家库”，一旦遇到需要专家出庭作证的情形，则允许当事人从“专家库”中协商确定一位专家出庭作证，一旦选定专家，则对专家的作证能力给予高度的信任。相比而言，后者与我国的鉴定机构制度具有相似性，也更容易融入现有的审判体系之中，一方面，可以避免在社会上形成一批以赚取高额专家费为生的专业专家，避免专家制度违背公平诉讼的目的；另一方面，我国传统的法律文化倾向于注重发挥法官的权威，提高法官在诉讼过程中的主导型。

2. 专家参诉地位

为了避免专家根据“聘请他们的当事人的需要出具专家意见”，则应当将专家定位于法庭的工作人员，专家作证的最直接目的是揭示技术上的可操作性及因果关系，在环保审判实践中，应当通过法律或者司法解释的方式明确专家出庭提供专家意见必须对法庭负责，对事实负责，而不是对当事人负责。

3. 专家资格制度

在“专家库”制度下，专家的身份由地方法院根据地方政治经济发展情况，结合专家出庭参诉的便捷性进行遴选，同时应当重点考虑以下四个因素：一是专家对相关技术领域的专门知识、专门技能，专家是否经过专门的培训，如专家的学历证明、学位证明等；二是专家的工作经历，是否在相关的技术领域具有履职所需的必要工作经验；三是专家证人的证明能力，是否能够通过深入浅出的证据证明自己的相关意见或者结论的科学性；四是专家证人的表达能力，是否能够将相关技术领域的难题通过正常的表达方式表达给法庭。

4. 专家出庭规则

在涉及到环保法庭专家出庭的诉讼案件中，应当通过明文规定的方式明确专家参诉的程序规则，避免庭审中操作的任意性。一是应当在面对法庭方向设立环保审判专家席，允许当事人聘请的专家与法庭安排的专家一同出庭应诉；二是赋予专家查阅卷宗的权利和了解案情的权利，避免专家意见偏离案情；三是提前聚焦技术焦点，将技术焦点及双方意见提前交专家研读，避免随庭询问，现场思考；四是在质证规则和顺序上，应当允许专家首先就需要待证实的事实发表专家意见，其后再允许当事人对专家意见进行询问，再次允许不同当事人聘请的专家进行相互询问；五是应当仿照法官、检察官、书记员、鉴定人员一样，建立专家出庭回避制度，避免专家在与其有利害关系的诉讼中提供专家意见，从而影响专家意见的中立性。

5. 专家意见书

专家出庭必须以提供专家意见书为前提，由于我国诉讼程序设计的举证规则，举证不能责任由“举证责任方”负担，因此，如果专家在庭审中的口头意见模棱两可则不利于法庭审理，也不利于法庭查明事实，故专家出庭必须以客观翔实的专家意见书为前提。专家在其提交的意见书的基础上解释专家意见的形成过程、主要论据，允许其他专家提供相反的专家意见书，并允许有不同意见的专家在庭审过程中相互质证、相互辩驳，从而充分展示各自的意见。

6. 专家陪审制度

法官的专长在于通过对案件事实的审查，依照现有的法律法规规定作出司法价值判断，而在环保审判领域，不可避免地涉及到大量的专业技术，法官成为司法领域的专家已属不易，如果硬性要求法官成为环保技术领域的专家并不现实。因此，可以借鉴一些国家“技术审查官”的设置，结合我国现有的人民陪审员制度，予以辩证吸收，进行改造。

“技术法官”是德国法院系统中的独有设置，其具有与普通法律法官相同的权利义务，其规定，被任用技术法官的人必须是在德国或者欧盟境内的大学或相关科研机构毕业并通过技术或者自然科学相关方面的国家级或学院级考试，且至少在自然科学或者技术领域有 5 年以上的工作经历，并具有相应的法官资格，经历法律专业学习和考核。一般情况下，技术法官从德国专利商标局的自身技术审查员中选任。

德国知识产权审判技术法官制度能够在一定程度上弥补法律法官在技术审判领域的不足，从而大幅减少特殊技术领域的鉴定时间与频率，从而提升涉及专项技术领域案件的审判效率。在我国现有的司法体系框架内，可以通过完善人民陪审员制度，邀请特殊技术领域专家作为法院的人民陪审员参与审判，来解决这一问题。人民陪审员的具体范围可以包括：环保局的技术人员、司法鉴定中心的司法鉴定人员或者热衷于社会环保事业并拥有特殊技术领域专长的人员。同时，要注重人民陪审员参与审判的积极性和主动性，确保这些特殊的人民陪审员能够有时间、有精力、有责任参与诉讼，能够为庭审提供中肯、客观的裁判意见，相信通过完善人民陪审员的人员技术构成，能够有效解决环保审判技术认定难的问题。

## 六、“尴尬破解”的应然路径：构建“专家专用”审判模式

### （一）“专家专用”模式之：咨询专家

环保专家咨询专家制度的构建主要是基于发挥“专家智囊团”作用与保障决策科学化、民主化的考量。首先，环保咨询专家的选任。环保咨询专家的选任受其专业需求的限制，而非不加区别地“海选”，因此环保咨询专家最基本的要求应当是来自环保专业领域或环保法律领域，当然基于咨询意见质量和可接受性程度考量，环保咨询专家应来自省市环境保护、生态资源等政府部门，大专院校、科研院所、国外知名院校机构等教育科研部门，并在环境管理、环境工程、水污染控制、环境监测、生态保护、环境影响评价、环境规划、环境法律法规等领域有一定影响力的专业人士。其次，环保专家咨询的“独立性”。环保专家以“专家”身份开展咨询工作，独立发表咨询意见，不受任何单位和个人的干涉。环保专家的“独立性”主要表现为以下两点：一方面，环保专家就审判实践中所涉及的环保、农业、土地等专业性问题，向审判合议庭发表自己的认定结论和意见考量；另一方面，“环保专家”可以根据案件审理需求或专业认定需求向法院提出现场调研要求，并对特定事项独立开展社会调查。最后，环保专家咨询意见的参考性。环保专家经过专业分析认证或者现场特定事项调查结论对合议庭判决的作用应定为“参考”，而非定案的必然依据，环保专家作出咨询意见后，庭审法官要从事实和法律的层面对案件进行综合分析，对环保专家的咨询意见与环保鉴定评估机构的结论进行认真比对，分析并记录两者的一致性意见和不同意见，分歧不大且不影响案件审理的可以吸收作为定案依据，分歧较大的应再次启动咨询程序，做更深层次的分析和认证。

### （二）“专家专用”模式之：陪审专家

环保专家陪审员的引入主要是基于环保专家的专业优势和陪审员的社会角色考量，这一制度的构建能够在化解专业难题的同时，增加案件审理的透明度和公开性，从而扩大司法民主。首先，“专家陪审员”的选任。

"专家陪审员"的选任对象与"环保咨询专家"选任对象是一致的，其出发点都是为了保证案件质量和效率。然而专家陪审员的范围要适当比环保专家的范围要宽泛，在环保专家来源部门之外应扩大到县、乡镇、乃至村社的环保专业和环保法律从业人士。其次，"专家陪审员"的抽用。环保型陪审员的抽用依据遵循随机抽取的原则，但是环保专家陪审员要实行分类的细化管理，并分属不同的环保小专业需求和环保区域需求，其中普通环保案件中陪审员抽用不区分类别，实行"大库型"管理和抽用，在涉及环保细化专业领域的案件中陪审员的抽取实行"定向小库型"管理和抽取，这样在保证专家陪审广泛代表性的同时，也保证了案件审理的质量和效率。最后，"专家陪审员"意见的独立性和定案依据性。相较于环保专家的咨询意见，"专家陪审员的功能是与法官共同裁判事实，运用法律，虽其核心任务是协助法官认定专业性问题，但专家陪审员是享有同法官一样的权限，他本身就是合法的裁判者，拥有最终裁决权"，因此，如果说"环保专家"的咨询对法官裁判的影响是或然性、参考性的，那么专家陪审员对法官裁判的影响就是必然性、决定性的。专家陪审员在庭审中的权力是独立的，法官不能干涉或摆布陪审员的事实认定和评议意见，无论是在庭审内外法官都应尊重陪审员的权力，保证陪审工作落到实处。

## （三）"专家专用"模式之：专家证人

"环保专家证人"设立的必要性之一即是当前鉴定机构公信力的缺失，鉴定人在案件审理过程中的社会认同感和可信度降低。专家证人作为源自英美法系的一项制度，其引入主要是为了弥补法官在专业知识上的缺陷，帮助法官化解专业难题，同时亦是为了弥补鉴定制度本身和实施存在的诸多弊端。其一，明确专家证人的法律地位。环保专家证人的法律地位是证人而非鉴定人，其与普通证人一样不具有任何的特权和优势。然而环保专家证人又不是法律意义上的证人，"专家证人不能被现有的证人概念所涵括"，根据法律规定："凡是知道案件情况的单位和个人都有作证的义务"，由此可见，"证人是在诉讼开始之前了解案件情况的人"，而环保专家证人通常是在诉讼开始后而获悉案件具体情况。其二，专家证人的选任。

1. 资格和能力方面

专家证人的资格和能力要求有广义与狭义之别，其中英美法系采广义说，即"只要经过学习、实践获得了专业的知识、经验或技能的人都是专家"，大陆法系采狭义说，即"专家是具备相应学历、职称，并经过主管部门核准登记的专业人员"。立足我国专家证人的法律定位及其价值功能预期，环保专家证人所应具备的条件可以归结为以下几点：须具有某一领域的知识、技术或经验，且该专家无需要求是某领域的权威，正如美国法学家麦考密克所言"问题不在于该证人在这一领域是否比其他的专家更有资格，而是该证人是否比陪审团和法官更有能力从事实中作出结论"；专家的知识、技术、经验对法院解决环境专门纠纷存有实质效果期待性；结论或认证的作出是基于专业知识和技术、方法的准确应用，而非普通人所明晰的常识；需能够对自己的结论、评价、推定提供合理的肯定程度的证明；需具备保持中立性、公正性、客观性，排除外界干扰和社会舆论评价的能力等。

2. 选任主体方面

在获取专家帮助的方式上主要存在英国模式和法国模式，其中英国模式是当事人自己聘请专家证人来了解专门知识，并由专家证人向法官提供资料和信息；法国模式则是通过法官聘请中立的专家来解决专门性的问题。立足本土实践并吸取成功精华，环保专家证人进入诉讼程序应采取当事人自行聘请和法院依职权聘任相结合的途径。其中当事人自行聘请环保专家证人的权利应予以一定的限制，诸如限制聘请专家证人的时间阶段，法官享有是否聘请专家证人决定权和对专家证人资格的审查认定权；法官依职权聘请环保专家，应出于查明案件事实需要，同时应赋予涉案当事人参与专家证人选任程序，在保证司法公开、民主的同时形成对法官的外部监督，封堵法官权力寻租的空隙。其三，专家证人的职责与证言采信。环保专家证人的职责是双边的，然而无论是对当事人还是对法庭的职责基本都可以归结为提供建议或结论性意见、分析解释专门性问题、帮助确定诉讼争议焦点、出庭作证等。环保专家证人具备普通人的特质，其所提供的证言也会存在误差和瑕疵，也应进行审查、鉴别、质证。环保专家作证应保证其对抗性，在一方当事人的专家证人提出证言后，准许对方当事人或者对方当事人所聘的环保专家证人针对其所证明的内容提出反对意见和证据。当然，即便是经过质证的环保专家证人证言也并非是定案的依据，环保专家证人的证言与环保咨询专家的意见的定性是趋于一致的，而非绝对的定案依据，都需要法官经过综合分析的认定。

环境司法作为一个新生课题，在法官队伍环保专业知识和能力缺陷的情形下，遭遇环保专业性瓶颈即是必然，然而环保专业素养的提升并非一蹴而就，环境司法纠纷又日益增多且呈现复杂化、多样化趋向，环保专家的引入，“专家专用”模式下的咨询专家、陪审专家、专家证人以不同的角色地位，聚焦在环保庭审中，势必形成化解环保司法难题，提升司法质效和公信的合力。

# 第六章
# 特殊环境问题对环境司法审判区域性实践的挑战

## 第一节　小生境生物相克损害的多元化救济研究

近年来，环境问题给人类造成的损害日益严重，对于环境损害的救济已成为环境法学界讨论的重要话题，环境侵权领域的讨论尤为突出，相关法律也在不断修订，但是，简单的几则条文难以解决千变万化的环境侵权案件。比如《侵权责任法》中明确规定了环境污染的侵权责任，却忽略了生态破坏类的环境侵权责任，致使有些受害人在遭受侵权后，利益无法得到补偿。以2004年武汉市东西湖区发生的梨锈病案①为例，法院认定，交

①2004年，某市2227户梨农起诉某市交通委员会等七被告，诉称：原告梨子的收成一直居全省前列。但自从1997年被告在穿行该区的国道路段栽种桧柏后，梨子的收成逐年下降。2003年春末夏初大面积爆发梨锈病1913.76公顷约115.13万株梨树全部绝收。经省内外专家考察后认定，该灾害系因国道栽种的桧柏所致，且经此严重的梨锈病侵害，该地区的梨树2004年依然绝收，对2005年的产量仍将产生影响，以后必然再次爆发此种灾害。科学检验表明国道桧柏却又梨锈病孢子寄生，极可能是此次灾害的主要原因。参见吕忠梅：《环境法案例辨析》，高等教育出版社2006年版，第83-86页。

通部门种植桧柏的行为不是环境污染行为，且因果关系认定困难，不能适用《侵权责任法》的严格责任，当地梨农巨大的经济损失无法得到救济。又如2013年9月23日，长沙县松雅河水面上水葫芦[①]再次泛滥成灾，由于紧邻星沙供水公司的取水点，该公司便担起了河道清理的任务，以保证供水公司水质。这并非偶发事件，据公司负责人介绍，公司每年要花20多万元来清理水葫芦，供水公司的损失更是连侵权责任人都无从找起。梨锈病案发生以后引起了学界和理论界的关注，对于案件的定性和论证过程和判决结果都有一定的讨论。水葫芦由于泛滥灾害频繁发生更是无法确定加害人，虽无人就此提起诉讼，但损失却巨大。这两则案例的相同点在于，都造成了巨大的损害，而由于法律关系复杂，受害主体的损害都得不到填补，这也正是环境法和侵权法在小生境生物相克损害民事救济领域存有空白的结果。

## 一、小生境生物相克损害概念及性质

### （一）小生境生物相克损害释义

小生境是一种特定环境下的生存环境，某一生物特有的生存环境即为一个小生境，这一概念多用于生物进化计算，在此引用小生境概念，从微观角度探讨特定生存环境下生物相克损害的救济。自然界生态系统是一个各种生物相互联系，相互依存的大生境，而每种生物都有其特定的生存环境，即小生境，自然界这一大生境是由许多交叉重叠又相对独立的小生境组成。小生境在一定程度上具有封闭性，与外界保持着相对的独立性，各种生物在其特定的生存环境中保持着相对的稳定，但这种稳定关系并非牢不可破，它往往由于一种外生因素的变化，或一种不为人们重视的生物繁衍受到干扰和限制，造成一连串生态的不平衡，进而形成经济生物的大量

① 水葫芦，又称凤眼莲，原产地南美，是20世纪初人为引入中国的物种，适量养殖可以净化水体，但其繁殖速度极快，在中国南部水域广为生长且难以控制，水葫芦泛滥，不仅会阻塞水上交通，还会与水中生物争夺氧气、遮挡阳光，会导致水中生物大量死亡，水葫芦腐烂后还会造成水体污染。

减产，或有害生物的更加猖獗[①]。比如梨锈病案中，梨树天敌的转寄主桧柏进入梨树生存的小生境后造成的损害；水葫芦案中，具有强繁殖能力的水葫芦进入某一水域后对其他生物的冲击，这些现象即生物相克损害现象。小生境生物相克损害是指由于自然或人为原因导致小生境良性生态系统结构的破坏，从而造成的损害，主要是指财产损害和生态破坏。造成小生境生物相克损害的原因多种多样，典型的有以下几种：

1. 生物入侵

传统意义上的生物入侵是指外来物种自然传入或人为引种后对引入地生态系统造成危害的现象。入侵物种缺乏自然天敌，会迅速繁殖并抢夺其他生物的生存空间，进而导致生态失衡及其他本地物种的减少和灭绝，不仅造成经济损害，还严重危及地区乃至整个国家的生态安全。在小生境概念下的生物入侵是指外来生物进入小生境后与生境物种不相容而破坏生态平衡造成损害的现象，梨锈病案是小生境生物相克损害的典型代表，水葫芦事件是传统意义上的物种入侵。

2. 生物“个体相克功效”利用不当

局域、生境尺度中的生物相克问题，是生物“个体相克功效”问题，这一问题并非决然造成损害；“个体生物相克功效”合理利用是可以化害为利、加以运用的，比如其在生物防治中的应用[②]。在农业中，生物相生相克关系可以被利用来进行病虫害防治，作物增产等有益行为。比如常绿树和落叶树，针叶树和阔叶树间种的混交林，可以控制松毛虫、天牛等害虫的猖獗是生物相生关系利用的典型；再比如桑 / 蚕 / 鱼 / 人 ( 即以桑养蚕，以蚕沙养鱼，再以鱼供人食用 ) 食物链一例，又是一种扩大意义的共生关系。各种生物“个体相克功效”利用不当，很有可能破坏当地的生态平衡，导致生物相克损害。

3. 其他环境行为或自然原因

实践中，还有许多因人为或自然因素导致相对稳定的生态系统被破坏

---

① 叶谦吉：《生态农业》，载《农业经济问题》1982 年第 11 期。

② 王树义：《环境法前沿问题研究》，科学出版社 2012 年版，第 170-171 页。

导致损害的现象。人为因素方面，由于人类乱砍滥伐、乱捕滥杀行为，以及其他环境建设或改造行为，生态系统的稳定结构破坏，最终导致小生境生态结构的破坏，引起一系列的环境及经济的损害。自然因素方面，例如，气候原因引发的虫灾，也会造成严重的生物相克损害，蝗灾就是此类损害的典型代表。2013 年七八月份，由于持续晴热干旱天气影响，湖南省益阳、常德等多地发生竹蝗灾害，对当地农作物造成严重损害。

## （二）小生境生物相克损害的性质——生态破坏型损害

我国环境立法所控制的环境问题主要包括环境污染和生态破坏。环境污染是指由于人类在工业生产、生活活动等过程中，将大量污染物质以及未能完全利用的能源排放到环境之中，超出了环境的自净能力，致使环境质量发生明显不利变化的现象。生态破坏是指由于人类不合理开发利用自然资源，以及从事大规模建设活动或其他对环境有影响的活动而给环境带来显著不利变化的现象[①]。小生境生物相克损害是一种生态系统结构变化导致的损害，并不以污染的存在为前提，因此应当属于生态破坏型损害。根据环境问题的分类，环境侵权也应当包含环境污染侵权和生态破坏侵权两方面。梨锈病案作为有明确原因行为人的损害，应当属于侵权损害。桧柏种植是以有益于环境为初衷的建设性行为，行为本身并未向环境释放任何累及环境自净能力的物质，而且本案行为属于对小生境造成冲击的建设性活动，造成的损害应属于生态破坏型损害。

水葫芦是人为引入的物种，造成的损害亦可称之为侵权损害。水葫芦本身不是一种污染物，其借助一定自然力进入某个水域，泛滥成灾，造成损害，而这种损害是通过破坏小生境的生态平衡完成的，因此，也是一种生态破坏型环境损害。

① 吕忠梅：《环境法学（第二版）》，高等教育出版社 2008 年版，第 89 页。

## 二、小生境生物相克损害的特点及责任认定

### （一）小生境生物相克损害的特点

小生境生物相克损害不同于一般的环境污染类损害，其具有以下几个方面的特点：

1. 原因行为的不可谴责性

一方面，小生境相克损害不同于传统排污，后者在排放污染物时就应当明确知道其造成环境污染的结果，尽管对可能造成的具体的损害程度仍不能确定。小生境生物相克致害往往具有一定的隐蔽性和滞后性，防治必须要具备相当专业的知识，一般主体在行为时很难预见，因而难以认定行为人有主观过错（在此暂不讨论行为人故意造成相克损害的行为），要求行为人对于主观没有认识的行为承担责任，违背了现代民事法律立法精神，也有悖于现代法律的公平观。案例中，相关交通部门种植桧柏的行为属于公路绿化，是履行其行政职责的行为，是合法行为，且桧柏是交通部门长期使用的树种之一。由于原告没有充足证据证明交通部门存在过错，法院的最后处理结果是判决驳回原告的诉讼请求。水葫芦事件亦是如此，其物种引入本是以养殖并作为家畜饲料为目的的，其在后来造成的损害的严重性及持续性都是行为主体在当时难以预料的。

2. 因果关系的复杂性

小生境生物相克致害因果关系认定的复杂性是由于该法律关系的自然属性决定的。小生境生物相克是此生物对彼生物的影响，是抽象的，难以量化的影响，且一种损害结果的发生经常是多种因素的复合累积而逐渐形成的，经常形成多因一果的损害现象，因此对因果关系的认定往往成为案件的焦点。而且小生境生物相克致害由于专业性较强，对于因果关系的认定需要涉及深奥的科技知识，要借助相关的生物学理论。比如，在梨锈病案件中，国道桧柏的存在仅是梨锈病发生的条件之一，天气等因素也是十分重要的，而且梨锈病也只是原告梨树减产的原因之一，梨锈病可防治而受害人未采取防治措施亦有过错。在水葫芦事件中，水污染导致的水体富

营养化、天气因素，引入者的过错，水域管理者的管理失职，多重主体都与灾害有关，致使侵权责任的认定十分困难。

3. 损害后果的严重性

自然界生物群体中，彼此间存在着相生相克的关系，一般保持着相对的生物生态平衡状态。由一个生态系统相对平衡状态到平衡破坏的过程，可以是为时很短暂的，但是其造成的损害却可能是巨大的，不仅仅是其直接造成的经济损失，被破坏的生态系统的维护，往往需要消耗大量的人力物力，而且是一个漫长而复杂的过程。小生境生物相克损害正是这样一种损害严重，难以修复的生态破坏，如上例中，两行桧柏的种植竟导致了上万亩梨树的绝收，水葫芦物种泛滥成灾，无法根除，已为害二十余年且仍在继续。

4. 行为主体的复杂性

生物相克致害有可能是由人为原因造成的：一方面公民、法人、其他组织都有可能成为生物相克损害的侵权主体，可能是民事主体亦可能是行政主体，不同性质的行为主体，其注意义务、专业技术、预见能力和赔偿能力等方面都各有不同，面对不同加害主体的不同特点，对其处理方式也会有所不同。另一方面，行为主体内部亦有复杂性，同一侵害可能存在多个责任主体，比如多因一果，不同主体之间权利义务关系、责任分配是十分复杂的问题。梨锈病案六个行政主体为被告，不同行政主体存在职能交叉，责任界限不清晰。生物相克致害也有可能是由自然原因造成的，不存在加害主体或加害主体的作用在严重的损害面前显得过于渺小。这时无法确定责任人，受害人也无法获得补救。

## （二）小生境生物相克侵权责任的认定

《环境保护法》第 41 条规定“造成环境污染危害的，有责任排除危害，并对直接受到损害的单位或者个人赔偿损失”。法条直接表明规范对象为环境污染类案件。《宪法》《民法通则》《侵权责任法》中的规定也大都如此，可见在我国，传统的环境侵权体系是以环境污染为中心进行构建的，其法律法规大都不适宜生态破坏类案件。因而对于生态破坏类侵权案件只能依据一般侵权责任的过错归责原则认定。以梨锈病案为例，我国《公路法》《建设项目环境保护管理条例》《交通建设项目环境保护管理办法》《公路环境保护设计规范》中都有公路工程建设项目要做好环保设计工作，综合考虑当地的生态环境、避免建设行为对当地生态环境造成损害的规定。① 而桧柏与梨锈病菌的关系并非过分专业的问题，在专业人士中更是十分普遍的知识。因此，交通部门对梨锈病灾的发生若不能证明自己已尽到注意义务仍未能避免灾害，则应当承担侵权责任。另外，“梨锈病”一案中柏树的存在是否与梨树感染“梨锈病”有因果关系也曾经一度成为案件争议的焦点。原告方提供了权威报告、专家意见等证据，证明交通部门种植桧柏的行为是梨锈病灾害发生的必要条件，并极大地提高了灾害发生的风险，这已足以证明案件基础关系。但被告方以桧柏种植非梨锈病爆发的必然条件为由反驳，并得到了法院支持，案例表明法院对原告方提出了很高的因果关系证明要求，使得法律对此类案件受害者的保护极为薄弱。一般过错责任的适用和原告方负有因果关系证明责任导致了“梨锈病”案看似显失公平的处理结果，因此，一套适合小生境生物相克损害案件的救济体系的建立成为必要。

## 三、小生境生物相克损害的个别化救济措施

### （一）个别化救济的内涵

环境侵权的个别化救济是指在环境侵权责任已经确定或者可以确定的情况下，通过确定责任人，由责任人自己承担损害赔偿责任的一种损害救济途径②。救济方式主要是侵害排除和损害填补。侵害排除是事前的预防性救济，目的是停止正在发生的侵权和将来可能发生的侵害；损害填补是事后的补救，旨在补偿已经造成的损害。救济的内容包括环境公益救济和

① 刘国涛：《从“梨锈病案”看生物相克损害的法律规制》，载《中国环境法制》2006年。
② 贾爱玲：《环境侵权损害赔偿的社会化制度研究》，知识产权出版社2011年版，第35页。

环境私益救济。环境公益救济主要是对公共利益的救济，比如对受到破坏的生态环境的救济，而环境私益救济主要是对受害人个人的损失进行补偿、赔偿的救济[①]。

## （二）小生境生物相克损害个别化救济的实现

小生境生物相克损害类案件的个别化救济，既包括侵害排除又包括损害填补，具体而言，包括排除造成小生境破坏的风险和排除对具体人的损害的危险；对已造成的小生境破坏进行修复，并对相应地受到具体损害的民事主体进行赔偿。

1. 生态破坏型侵权纳入《侵权责任法》保护范围

法律的完善是法律救济得以实现的前提，因此，要完善我国《侵权责任法》关于小生境生物相克损害保护的相关规定，将生态破坏型侵权纳入《侵权责任法》保护范围，建立适合其特殊性的环境侵权救济体系。

2. 过错推定的归责原则

大多数相关法律的规定都集中在环境污染类侵权领域，在归责原则方面，《侵权责任法》也仅规定环境污染类侵权的归责原则是无过错原则，对于生态破坏类案件没有明确规定，并不能想当然适用无过错责任原则。小生境生物相克损害，往往涉及专业性较强的生物科技或其他技术知识，其损害的可预见性和可避免性难以控制。而由于生物科技本身的高风险性，采用无过错责任原则规则过于严苛，然而，也正是由于其涉及高深的科技，受害人举证困难的现象普遍存在，容易导致侵害人逃避责任，受害人利益无法得到救济的问题。小生境生物相克损害侵权案件应采用过错推定原则，由加害人一方就其没有过错承担举证责任，这有利于保护受害人利益，又在一定程度上维护了侵权行为人有益行为的积极性，不致违背公平原则。

3. 因果关系讨论

传统环境侵权民事责任的构成要件主要是危害事实，环境侵权行为与损害事实具有因果关系。《侵权责任法》并未将环境污染行为的违法性作

① 李劲：《环境侵权论》，长江出版社 2006 年版，第 77-78 页。

为其构成要件之一，并且采用了因果关系推定、举证责任倒置理论。理论界对于环境侵权案件的危害事实要件认识比较统一，但在小生境生物相克损害案件中，因果关系要件则需要进一步讨论。小生境生物相克损害案件的因果关系往往十分复杂，涉及的科学技术知识也较为丰富，证明极为困难，将这一证明责任加之于作为受害主体的普通人，无疑是在受害人实现救济的路途上增加了一道高高的坎。因此，在因果关系上，可以参照环境污染案件证明标准，实行因果关系推定，原告证明达到盖然性占优的标准时，若被告不能提出足以否定因果关系的反证或反驳，则推定损害与被诉行为之间存在因果关系。但是，司法实践中对受害方仍然是有一定因果关系证明责任要求的。尽管侵权人应当对其行为与损害结果之间不存在因果关系承担证明责任，也并非全然免除受害人的证明责任，受害方基础关系的证明责任仍然是必要的。

4. 法律责任的承担方式

我国《环境保护法》第 41 条第 1 款规定：“造成环境污染危害的，有责任排除危害，并对直接受到损害的单位或个人赔偿损失。”排除危害和赔偿损失是主要的责任承担方式。关于赔偿损失理论界争议不大，而对于排除危害，理论界大多认为包括停止侵害、排除妨害和消除危险。这些责任承担方式在小生境生物相克损害案件中都有适用的空间。

此外，作为造成生态破坏的案件，其重要特点在于造成的生态损害的持续性，环境自我修复极为缓慢，甚至可能无法实现自我恢复，因此恢复原状也是重要的责任承担方式。以梨锈病案为例，在法律责任健全的情况下，交通部门承担的责任应当包括梨农的直接经济损失，还应当除去影响范围内的桧柏树，此外，还对治愈当地梨树的梨锈病负有责任。

## （三）小生境生物相克损害个别化救济的不足

小生境生物相克损害的特殊性注定了单纯个别化救济无法完成被侵权人救济的使命。一方面，传统的司法程序受案范围的限制，小生境生物相克损害案件往往与自然因素有着千丝万缕的联系，因而被认定为自然灾害、意外事件等，排除在司法救济的范围之外；另一方面，小生境生物相克损害往往具有严重性，责任主体可能缺乏履行环境侵权损害赔偿责任的能力，甚至有责任主体缺位的情况，损害责任难以落实，救济无法实现。另外，许多此类案件原因行为往往不具有可归责性，通过个别化救济要求行为人对于损害结果承担赔偿责任有违社会公平。

## 四、小生境生物相克损害的社会化救济

### （一）社会化救济的内涵

社会化救济是指将损害填补责任由危险行为人以外的人全部或部分地分担的救济方式，社会化救济是为了弥补传统环境侵权救济的不足而出现的，是传统侵权救济的有力补充。

社会化救济在生态损害领域的适用范围应当包括两方面：一是生态损害发生后，生态损害填补不能通过责任人赔偿完全实现的，二是无法根据生态损害填补法律责任构成制度确定具体的直接责任主体的，即责任人不明或无责任人的。对于社会化救济途径，理论界已有一定的研究，主要围绕环境损害责任保险制度、损害赔偿基金制度、财务担保制度等。

### （二）小生境生物相克损害社会化救济的途径

由于个别化救济的本身的局限性，小生境生物相克损害需要社会化填补的救济方式。在自然原因引起的生物相克损害，以及行为人没有过错或行为人无力承担损害的案例中，可以通过责任保险制度、预防、治理基金制度分散风险，实现救济目标。作为与农业相关性较强的小生境生物相克损害，农业保险也是其社会化救济实现的重要途径。

1. 健全农业保险机制

小生境生物相克，造成的损害也多是生物方面的，与农业有着紧密的关系，因此，将其纳入农业保险的承保范围是对受害人进行救济的重要手段。我国《农业保险条例》第 2 条规定，农业保险，是指保险机构根据农

业保险合同，对被保险人在种植业、林业、畜牧业和渔业生产中因保险标的遭受约定的自然灾害、意外事故、疫病、疾病等保险事故所造成的财产损失，承担赔偿保险金责任的保险活动。可见农业险的承保范围是没有侵权人的损害风险。小生境生物相克法律损害是否能够归入《农业保险条例》的规范范围呢？前文提及其原因大体有三类：生物入侵、生物相生关系利用不当、其他环境行为或自然原因。这些原因中可能有明确的侵权行为人、也可能没有，没有明确侵权人或侵权人不具有法律上的责任的案件，可归入自然灾害、意外事故等种类，应当可以纳入承保风险的范围。

由于小生境生物相克损害的严重性，许多有具体侵权人的案件都由于侵权人无赔偿能力而使损害无法得到补偿，农业险承保范围可以适当放宽，为其他无法得到救济的受害人提供帮助，这也是符合农业险设立宗旨的。小生境生物侵权相克损害的种类十分多样，且在不同地区各有不同，当地保险公司可列举当地典型的生物相克损害种类，纳入农业险承保范围。我国目前农业保险行业的发展水平仍然不高，原因在于，农业自然灾害发生频率高、范围广、损失大，导致农业保险的费用大、损失率高、费率也高，而作为农业保险消费者的农民的收入水平很低，使得以商业性保险为主的传统农业保险出现了保额过高会超出农业生产收入无人参保或保额过低保险公司无盈利无从发展的矛盾局面。为解决这一矛盾，《农业保险条例》规定国家支持发展多种形式的农业保险，健全政策性农业保险制度，坚持政府引导、市场运作、自主自愿和协同推进的原则发展农业保险制度。同时，还要通过保费补贴、经营管理费用补贴、再保险补贴、农险基金亏损补贴和税收优惠等方式支持我国农业保险事业的发展，完善保险事业，也为小生境生物相克损害的救济提供保障。水葫芦事件是一种自然原因引起的生物相克损害，受害主体求诉无门，通过保险来分散损害是十分有效的救济方式。

2. 引入责任保险制度

我国《保险法》第 49 条第 2 款规定：“责任保险是指以被保险人对第三者依法应负的赔偿责任为保险标的的保险。”环境责任保险是基于投保人（环境侵权人）与保险人之间的责任保险合同，由保险人在保险风险事故（环境侵权损害事实）发生的情况下，向受害人（第三人）负损害赔偿责任的一种民事救济方式[①]。从本质上讲环境责任保险制度反映的是当今社会对待环境问题的一种价值倾向的转变，过去那种“损害个人承担”转向“损害社会分担”。保障了在侵权人赔偿不能或无法确定时，受害人也能得到及时、充分的救济，弥补了传统侵权法在环境损害赔偿方面的不足，也有利于强化保险公司对企业等相关主体保护环境、预防环境损害的监督。环境责任保险制度在我国环境污染领域已有了一定程度的实践，比如 2007 年国家环保总局与保监会联合制定了《关于环境污染责任保险工作的指导意见》，在此文件的指导下，我国展开比较成功的环境责任保险试点工作，新修订的《环境保护法》第 52 条规定：“国家鼓励投保环境污染责任保险。”但是，环境责任保险制度在生态破坏领域鲜有涉足，梨锈病案和水葫芦问题表明小生境生物相克损害也是不容小觑的环境问题，环境责任保险制度引入小生境生物相克损害领域十分必要。面对我国现代社会市场经济发展迅速，环境侵害归责困难（尤其在小生境生物相克损害领域）的现状，政府应当实行以强制责任保险为原则、以自愿责任保险为例外的投保方式。根据风险的发生几率对责任人提出不同程度的投保要求。物种引入者、生物相生关系利用者及其他有较大的造成生物相克损害都应当纳入环境责任保险的范围。同时还要进一步发展保险机构，完善商业性环境责任保险机构和政策性保险机构以及再保险机构。

3. 建立预防和治理基金

在环境侵权领域，基金制度设立主要是为了实现环境损害行为人不明、损害超过致害行为负担能力或保险人保险责任限额及其他无法通过责任人直接救济的环境损害救济。生物相克损害通过破坏原有的平衡的生态系统而导致的损害，受害人损害外，更重要的是原有生态系统的破坏，因此通过基金保险等方式，除了给予受害人补偿外，更重要的是生态系统的恢复与重建的费用。建议设立相应的相关风险的预防、治理基金，用于实现物

① 贾爱玲：《环境责任保险制度研究》，中国环境科学出版社 2010 年版，第 64 页。

种引入造成的生物相克损害的预防、救济和生态恢复。政府在小生境生物相克损害领域设立预防、治理基金，其财政主要来源包括：政府补贴、行为人的生态保护税费、其他环境保护税费的一定比例、司法相关罚款罚金、社会捐赠、基金孳息等。还要进一步完善基金的发放和使用制度，使其切实成为小生境生物相克损害救济的最后保障。

## 第二节　环境群体性事件对环境司法审判实践的挑战

近年来，环境群体性事件在我国频繁发生，直接影响到社会的稳定和发展。深刻剖析我国环境群体性事件，不难发现，行政失效之后的司法失效是引发环境群体性事件的原因之一。有学者指出："公害纠纷的存在本身并不是问题，有问题的是既有的纠纷处理体系是否有化解纠纷的能力"。[①] 正是由于我们缺乏合理的制度来引导环境公共事件，没有为公众提供一种正当的疏发渠道，才迫使其选择非理性手段，从而引发了与法律秩序之间的剧烈冲突。所以，在深刻剖析我国环境群体性事件本质的基础上，在"多元共治"语境下提出司法应对环境群体性事件的根本之道，"借以调和利益冲突、促进民主政治发展，及改善政府的决策品质"[②] 势在必行。

### 一、环境群体性事件的本质分析

环境群体性事件是指"因环境污染所引发的，进一步而言，是由于地方政府兴建的公共服务设施或者支持兴办的企业对当地的生态环境可能产生或者已经造成既定的生态破坏或环境污染而威胁到当地居民的生存和健

① 叶俊荣：《环境政策与法律》，台湾约旦出版社 1993 年版，第 305 页。
② 叶俊荣：《环境政策与法律》，台湾约旦出版社 1993 年版，第 93 页。

康而引发的集体抗争和体制外维权。”①根据外在形态，可将环境群体性事件分为两种：温和型（表 6-1）和暴戾型（表 6-2）。

**表 6-1　温和型环境群体性事件**

| 时间 | 事件 | 导火索 | 自力前的尝试途径 | 自力救济形式 |
| --- | --- | --- | --- | --- |
| 2007 年 | 厦门 PX 事件 | PX 项目（国务院批准立项）建设危及市民生存环境 | 上访请求 | 网络＋散步 |
| 2008 年 | 上海磁悬浮事件 | 悬磁浮建设影响市民生活 | 上访请求 | 市民集体散步 |
| 2009 年 | 广州番禺散步抗议事件 | 项目建设缺乏论证且影响市民的生活环境 | 上访请求 | 市民集体散步 |
| 2009 年 | 东莞南城石竹新花园隔街变电站事件 | 变电站影响居住环境，存在潜在风险 | 上访请求 | 大横幅＋集体散步 |
| 2011 年 | 大连 PX 事件 | PX 项目建设危及市民生存环境 | 上访请求 | 游行 |

**表 6-2　暴戾型环境群体性事件**

| 时间 | 事件 | 导火索 | 自力前的尝试途径 | 自力救济形式 |
| --- | --- | --- | --- | --- |
| 2007 年 | 广西岑溪波塘事件 | 中泰富纸业有限公司肆意排污污染当地生态环境 | 上访请求 | 围堵公司，警民冲突 |
| 2009 年 | 湖南浏阳镉污染事件 | 湘和化工厂排放有毒物质镉污染当地土壤和水源，影响村民生产生活 | 上访请求 | 围堵当地政府和派出所 |
| 2010 年 | 浙江嘉兴桐乡汇泰污染事件 | 汇泰科技有限公司排放有害化学物质污染当地土壤，秧苗出现烧苗现象 | 上访请求 | 砸厂区办公室 |
| 2012 年 | 启东王子事件 | 日本王子制纸之制纸排海工程项目选址在启东引发当地居民的环境污染焦虑 | 上访请求 | 警民冲突 |
| 2012 年 | 什邡钼铜事件 | 宏达钼铜多金属资源深加工综合利用项目被曝有负面环境影响 | 上访请求 | 警民冲突 |

不管是从环境群体性事件的定义来分析，还是从环境群体性事件的典型事例来看，在环境群体性事件中，政府、企业、公民三者之间形成了“剪不断理还乱”的关系（图 6-1）。

① 史杰：《环境群体性事件的治理模式转型——基于多中心治理理论视角的分析》，南京大学 2013 年硕士学位论文。

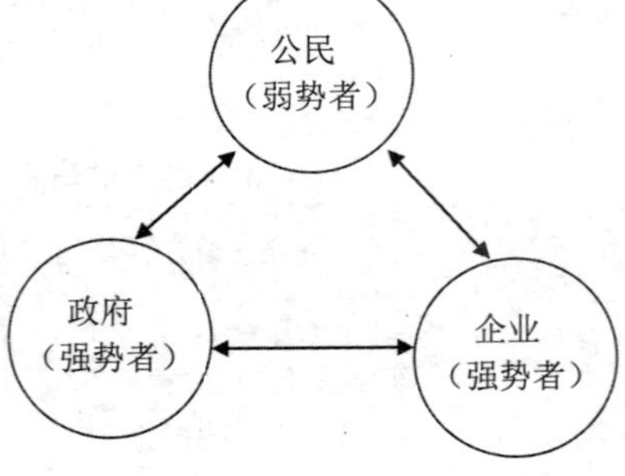


**图 6-1 环境群体性事件中政府、企业、公民关系图**

在这个闭合环中，在传统的管制理念下，政府在环境公共事物管理中处于一枝独大的地位，属于绝对的管理者，不仅企业是其当然的管制对象，即便公民这个法律上的参与者实际上也由于种种原因被排除在环境行政决策之外。在这种力量严重失衡的情况下，要实现闭合环的良性循环，完全取决于强势者某个时候“纡尊降贵”的意愿。根据“科斯定理”，此时确是一个成本最小、效率最高的最优选择。即如果发生企业违法排污的情形，公民与企业能够直接就此达成协议，虽然环境公共利益可能空置，至少意味着强势的企业满足了弱势公民私益的要求，也就不可能发生后续围堵厂房、砸毁生产设备等过激行为；即便公民与企业无法就此达成协议，如果公民转而选择向政府寻求行政救济，强势政府及时有效地回应显然也能将弱势公民的“愤懑”之情消散于无形，后续冲撞政府的事件也不会上演。但是一旦出现公民与企业协商不成，寻求行政救济的道路又不通，公民的利益诉求在得不到正当抒发的渠道和空间下，这个闭合环就转向了恶性循环，其结果就是环境群体性事件。特德·罗伯特·戈（Ted Robert Gurr）在《我们为什么造反》以“相对剥夺理论”对此作了很好的诠释，即“人们对政府的期望与现实的反差给人们带来的失落和相对剥夺感，而这种失落和相对剥夺感则成为人们采取抗议行动的原始动力。”究其本质，很多时候，政府决策失误甚至错误才是环境问题最大的始作俑者乃至罪魁祸首。这可以鲜活的数据予以佐证："在诸多重大环境事件中，近80%与政府有关，其中45%与政府的不科学决策有关"。相对于从事经济活动的企业和普通公民来说，提供环境管理服务的行政机关作出的决策如环境行政规划、环境行政计划、环境行政审批、环境行政许可等对环境产生的影响更为广泛和严重，而这些行为目前是司法权无法触及的"绝缘地带"。司法救济在此类行政行为上的缺失和其他监督方式的不力，使得行政机关"有恃无恐"，坚定不移地追求地方的经济发展，无视甚至牺牲环境权益。2005年1月，国家环保总局责令13个省市的30个违反环境影响评价制度的建设项目停止施工，补办环境影响评价审批手续，但有的建设单位却等待观望，以求主管部门或地方政府给予"救驾"。

这些建设单位之所以有此反应，是因为他们已经"熟稔"了政府的干预。被媒体高度评价的"环评风暴"也遭遇如此境况，从侧面折射了地方政府的干预已经"深入人心"。所以，原国家环保总局局长解振华曾经一针见血地指出："目前，一些地方的环境污染问题之所以得不到根本解决，看似在企业，根源在政府，地方保护主义是根本原因，环境监管不到位是关键问题。"

因此，环境群体性事件的关键与核心问题不在于对政府官员的环境考评制度和问责制度有多完善和健全，而在于以往对行政机关职责履行的约束和监督机制是否有效，更在于由谁来约束和监督？否则，辛辛苦苦设计的环境考核制度和问责制度在当前的体制下恐怕只有一种结果——制度流产。当行政机关在管理环境事务上出现政府失灵，甚至越权违法等行为时，哪个主体有足够的力量与其进行抗衡，并对公民的环境权益予以充分救济呢？

## 二、"多元共治"语境下环境群体性事件的司法应对

环境群体性事件的普遍与频发证明了在传统管理模式下，政府在环境事务上单打独斗，已经无法满足公众日益分散的信念和日趋分化的利益所产生的多样化需求，复杂利益交织产生的社会矛盾和纠葛让本就力不从心

的政府更加手忙脚乱，同时，如同存在市场失灵一样，政府也有失灵的时候，甚至政府部门本身施政行为成为社会冲突和矛盾的根源。国家治理体系现代化的提出正是为了解决现实层面政府能力的有限与社会事务治理的难度之大之间的矛盾。“治理”是既不同于“统治”，也不同于“管理”的治国理政之道。在诸多治理理论中，无论是公共行政理论要求的将公共、平等和公平的价值重新引入行政体系，认为政府部门，私营组织、非政府组织都有权分享权力，有权参与权力的运行和使用；早在 20 世纪 80 年代就英美等国兴起的新公共管理运动强调建立分权政府，实现参与协作；还是哈特夫妇为代表的新公共服务倡导的服务政府而非掌舵政府，主张回归人本主义思想，提倡民主，在开放平等的环境中实现公共利益。这些理论研究无一例外都在思考如何重构“政府—公民”、“权力—权利”之间的关系。这种治理从主体上看是“多元”的，除了政府，还包括企业组织、民间组织、居民自治组织等；从方式上看，强调有限政府而不是全能政府，要求“政府的归政府，市场的归市场，社会的归社会”，形成政府、市场、社会职能边界清晰的“共治”局面。

王曦教授关于环境法治结构之环保事业主体的“等边三角形模型”生动诠释了“多元共治”下多方主体之间互动和博弈的过程（图 6-2）。

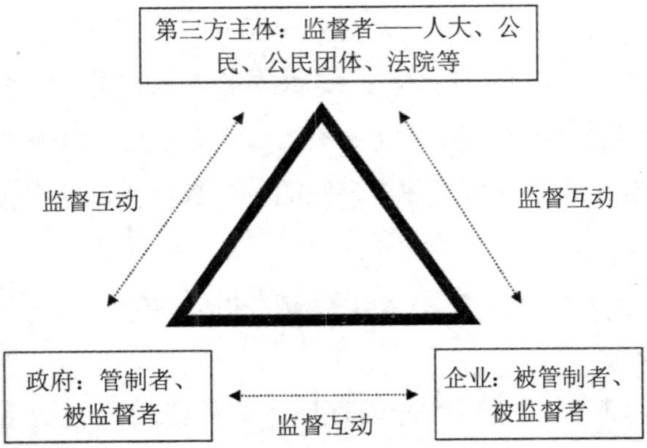


**图 6-2　环保事业主体“等边三角形模型”**

如图 6-2 所示，环保事业的主体有三类：政府、企业及第三方主体。其中第三方主体与政府和企业不同的是，政府和企业均是双重身份，政府既是管制者，亦是被监督者，企业既是被管制者，也是被监督者，只有第三方主体单纯属于监督者，这类主体包括范围广泛，既有公民、公民团体等这类草根力量，也有人大、检察院、法院这类公权力机关。模型的“等边”意味着环境事务的多元治理主体承认彼此的权利（力），地位平等地参与治理。显然，既然环境管理属于政府职能范围内的事情，对企业行为的监管就是政府机关的分内事，法院作为公权力机关，不可越俎代庖监管企业，其监督的理应是政府机关的行为。那么，它又是如何行使自己的监督权呢？因为正如托克维尔说的：“从性质上说，司法权自身不是主动的。要想使它行动，就得推动它。向它告发一个犯罪案件，它就惩罚犯罪的人；请它纠正一个非法行为，它就加以纠正；让它审查一项法案，它就予以解释。但是它不能自己去追捕犯罪、调查非法行为和纠察事实。如果它主动出面以法律的检查者自居，那它就有越权之嫌。”司法权的被动性决定了法院行使监督权的程序需靠某类有诉讼资格的主体来启动（图 6-3）。

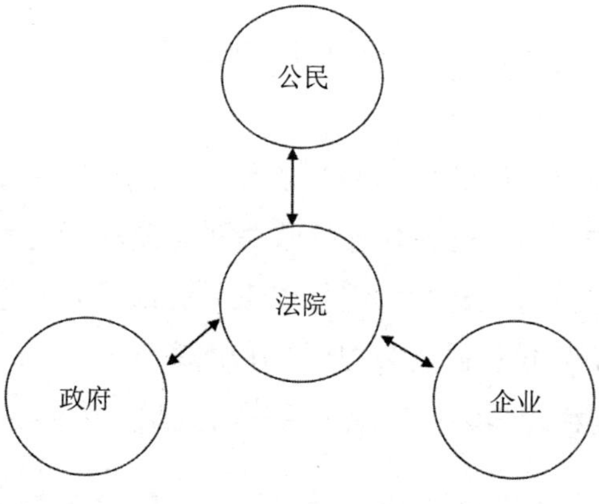


**图 6-3　“多元共治”下法院、政府、企业、公民关系图**

于是，围绕着法院，在政府、企业、公民三者之间就形成了三种关系：

公民—法院—企业；政府—法院—企业；公民—法院—政府。但是如同我们上述分析的那样，政府决策错误或失误才是环境群体性事件的导火索，因此，公民—法院—政府这种关系才是解决环境群体性事件的根本之道，这就是环境行政公益诉讼。我国台湾学者叶俊荣先生说过："引进此种籍民众对环保关切而参与法律执行的制度（笔者注：指的是美国公民诉讼），足以减少国内许多导因于执行不力所造成的自力救济事件，更可将民众对环保的关心，导向制度内的参与，共谋公益的推进。"① 因此，对这类当事人得不到行政救济的回应或者请求行政救济并未达到预期效果的，要尽快开启越来越逼近的制度出口，亦即环境行政公益诉讼。这才是一个解决环境纠纷、释放环境压力、满足公众环境利益诉求的正当出口，也是司法权监督和约束行政权的重要途径。这种参与方式不仅意味着公民对本来在环境事务管理方面仅由行政机关享有的制裁权力和资源使用与分配是否恰当有了发言权，而且还能够通过直接参与从而在一定程度上对行政机关执法行为的流动性有了调控的可能性。"倘若限制公民只有在权利受到侵害时才能起诉，不仅混淆公法关系和司法关系的性质，而且过分束缚法院对公共机构违法行为的监督，不符合现代行政法发展的趋势。"②

## 三、我国环境行政公益诉讼现状及其分析

然而从环境公益诉讼的总体情况来看，"我国环境公益诉讼实践上是典型的应急型司法，……是为弥补行政执法功能的不足而寻求司法救济的功利主义与功能主义的混合物，这与理论界通常认为的鼓励公众参与、推动能动司法以维护公共利益之公益诉讼功能存在较大的背离。"③ 我们以一组实例来予以诠释我国环境行政公益诉讼现状（表 6-3）。

① 转引自陈亮，卢伟：《环境公益诉讼功能再造》，载《人民法院报》2013-11-21（第7版）。
② 王明扬：《英国行政法》，中国政法大学出版社 1987 年版，第 199 页。
③ 张怡，徐石江：《我国环境公益诉讼的发展困境与对策分析》，载《河北法学》2010 年第 12 期。

**表 6-3 环境行政公益诉讼一览表**

| 时间 | 诉讼请求 | 处理结果 |
|---|---|---|
| 2000 年 | 要求法院撤销规划局的规划许可 | 驳回诉讼请求。理由：青岛市规划局的许可行为履行了基本法律程序，撤销不符合社会公益的要求 |
| 2001 年 | 要求撤销规划许可 | 驳回起诉。法院认为中级法院受理的应是本辖区内重大、复杂的行政案件，本案不具备该特征 |
| 2002 年 | 要求环保局履行职责 | 驳回诉讼请求。理由：法院认为环保局查处过污染行为，已经履行了职责 |
| 2003 年 | 要求省政府和环保局履行职责 | 驳回起诉。理由：原告与环境污染无直接利害关系，不具备起诉资格 |
| 2003 年 | 要求撤销规划局项目许可证 | 不予立案。理由：原告与在建的老年大学项目没有利害关系，不具备起诉资格 |
| 2005 年 | 虽提起的是环境民事公益诉讼，但要求黑龙江和吉林两省环保局、野生、水生保护等 6 个行政部门联合设立“松花江流域污染治理基金” | 不予立案，且是口头告知 |
| 2005 年 | 要求园林局在一个月内对小区绿化工程进行验收并出具竣工验收单清镇市环保法庭 | 双方和解，以撤诉告终 |
| 2009 年 | 要求国土资源管理局履行职责 | 撤诉终结。因为被告在立案后履行了职责 |

8 起环境行政公益诉讼中，4 起驳回起诉，不予立案；2 起驳回诉讼请求，只有 1 起双方和解，以撤诉终结。可见，在对待环境行政公益诉讼的态度上，案件不是进不了法院大门，就是被驳回起诉，或者即使准予立案，也被驳回诉讼请求，基本上可以用“全军覆没”来形容。在行政机关的制度设计呈现缺位，司法也以种种原因为借口，将这类纠纷拒之门外，只能将公民推向其他社会方法来解决，公民更多地诉诸法律之外的途径来处理在公益上的诉求成为必然。而法院作为维护权利的最后一道屏障，之所以在环境行政公益诉讼上始终无法打破“坚冰”，既有立法上的空白，也有体制上的桎梏。

立法上，根据我国《行政诉讼法》第 2 条的规定：第一，行政相对人才能作为行政诉讼的原告，其以外的第三人没有起诉资格；第二，行政相对人只能对具体行政行为提起诉讼，抽象行政行为不在法院审理范围之内。

这就意味着，“即使是该行政行为明显侵犯了他人、社会或国家利益，无关人员或组织也不具有行政诉讼的原告资格”。[①]虽然，最高院司法解释第12条作出了变通规定，但是，“法律上的利害关系”又是一种限定性规定，只要行政机关“只是对公共利益做了错事，而没有对任何具体个人做了错事”，[②]司法上，这些与具体行政行为具有事实上利害关系的当事人就无法提起行政诉讼。“立法在起诉环节上片面强调法院在发动诉讼方面的作用，忽视审判权和诉权的协调，为当事人起诉设置了过高的条件限制，将那些本应当由法院保护的权利诉求拒之于司法的大门之外。”[③]

体制上，司法地方化是困扰法院多年的外部制约因素。将法院的人事安排和财政拨款交由地方政府，二者之间“孰高孰下”的等级序列就成为心知肚明的事情了。很多环境纠纷一旦酿成群体性事件，对社会的稳定带来极大影响，当地政府的干预就成为必然，很多这类纠纷也因此很难进入司法程序，即使进入了司法程序，也只是走走过场，因为党委政府已经把案件定性了，法官根本无法决定怎么判。[④]一些省级高院通过所谓的规范性文件明确指示全省法院不予受理某些敏感或疑难案件。“高院的‘脱法’做法说明我国法院经常运用泛政治化思维处理诉讼案件。从国家政治制度架构角度分析，司法机关在外部形式上未理清与党委、政府、人大的关系，特别是行政权日益膨胀的现代社会，司法机关在经费、人事、后勤等方面受政府这一庞大国家权力的掣肘。”[⑤]如2005年松花江污染事故后，北京大学法学院三位教授和三位学生以鲟鳇鱼、松花江和太阳岛等自然物为原告向黑龙江省高级人民法院提起环境公益诉讼，黑龙江省高级人民法院最终并未受理，其理由是：“本案与你们无关，目前本案不属于人民法院的受案范围以及一切听从国务院决定”。环境案件“被政治化的思维和处理

① 姜明安：《行政诉讼法学》，北京大学出版社1993年版，第90页。
②[英]威廉·韦德：《行政法》，徐炳译等，中国大百科全书出版社1997年版，第364-365页。
③ 王福华：《民事诉讼基本结构》，中国检察出版社2002年版，第170页。
④ 参见中南财经政法大学环境资源法所的调研资料。
⑤ 夏锦文，张华：《20世纪中国司法独立的历史进程》，载《法制现代化研究》1999年第5期。

方式封杀了。”[①] 与此形成鲜明对比的是，在近现代西方国家，法律和法治几乎是围绕诉讼而展开的，由“法官创法”的判例法固然如此，即便议会的成文法也莫不围绕诉讼而设定。这正是现代西方法理学往往也围绕司法而展开的原因所在。[②]

## 四、创建环境行政公益诉讼的构想

美国学者诺内特和塞尔兹尼克说过：“法治诞生于法律机构取得足够独立的权威对政府权力的行使进行规范约束的时候。”[③] 法院作为救济权利的最后一道屏障，是国家公权力的代表，理所当然应该经由环境行政公益诉讼行使司法权以矫正政府在环境保护中的行政失效，维护公众环境权益。

但我国的诉讼过程是演绎推理的过程[④]，这是一种典型的规范出发型思维方式。在这种思维方式下，法律规范是本源，“任何人均必须按照法律范围内的权利提起诉讼，按照规范的要求削减、‘缝补’事实，并在实现权利的过程中遵循与权利相配备的程序性规定。权利必须以规范为依托，否则将成为无源之水，无本之木。”[⑤] 这就决定了在我国构建环境行政公益诉讼首先必须解决客观上能不能的问题，即立法问题。新修订的《环境保护法》第五十八条规定：“对污染环境、破坏环境，损害社会公共利益的行为，依法在设区的市级以上人民政府民政部门登记、专门从事环境保护公益活动连续五年以上且无违法记录的社会组织向人民法院提起诉讼，人民法院应当依法受理。”虽然对诉讼主体规定得非常苛刻，毕竟打开了

---

①http：//www．acriticism．com/article．Asp ？ News-id=7271&type=1006，2014 年 7 月 8 日访问。

② 谢晖：《独立的司法与可诉的法》，载《法律科学》1999 年第 1 期。

③[ 美 ] 诺内特，塞尔兹尼克：《转变中的法律与社会》，中国政法大学出版社 1994 年版，第 59 页。

④ 即将法律规范作为大前提，案件事实作为小前提，从中推导出当前案件的判决结论。

⑤ 李龙，闫宾：《解读“规范出发型”诉讼理念——以具体个案为基点》，载《西南政法大学学报》2005 年第 4 期。

环境公益诉讼的口子。但是通过《民事诉讼法》予以明确的环境民事公益诉讼尚且步履维艰，环境行政公益诉讼的命运就可想而知了。建议正在修订的《行政诉讼法》学习和借鉴《民事诉讼法》关于公益诉讼立法的经验，明确环境行政公益诉讼的法律地位。在此，有三个方面要注意：

第一，诉讼主体。目前环境民事公益诉讼的主体是“法律规定的机关和有关组织”，将公民排除在诉讼主体之外。环境行政公益诉讼当然离不开环保 NGO 的参与和支持，但是与环境民事公益诉讼不同的是，环境行政公益诉讼针对的是行政机关的行政行为，而作为我国的民间组织，往往从成立到运行均受到政府种种规制和限定，并没有获得政府平等法权的政治承认，在以诉讼主体提起环境行政公益诉讼时有可能顾虑重重。“当环境 NGO 虽然具备一定的社会自治能力，却因为缺乏相互承认的‘法权状态’，那么赋予其起诉资格以诉讼形式实现治理环境公共事务的制度设计只能停留在理论层面，公共事务的‘公共性’标签只能是一种‘高贵的谎言’”。[①] 当然，我们不排除有一些“舍得一身剐，敢把皇帝拉下马”具有高度社会责任感的环保 NGO，不过从长远来看，建议环境行政公益诉讼的诉讼主体适当放宽到公民。为了杜绝原告滥用法律赋予的诉权，一方面浪费司法资源，另一方面影响行政机关正常工作的开展，可以建立预审制度，严把受案关；对滥用诉权的原告设定法律责任，进行必要的制裁。

第二，受案范围。因为环境事务主要是由行政机关进行监督管理，所以法院受案范围在一定程度上反映的是司法权、国家行政权力和诉权之间的关系。对于司法机关来说，可诉范围或者说受案范围就是法院的管辖范围，只有在法院管辖范围之内的纠纷才能通过司法程序进入法院进行审理；而对于行政管理机关来说，只有在司法机关管辖范围之内的行政行为才可以进行司法“审查”，否则行政机关可以拒绝；作为其他主体来说，可诉范围直接决定了当事人提起诉讼的权利范围，其只能对法院受案范围之内的影响其环境权益的行政行为提起诉讼。虽然在现代行政国家权力日渐扩

① 参见孔繁斌：《多中心治理诠释——基于承认政治的视角》，载《南京大学学报（哲学·人文科学·社会科学）》2007 年第 6 期。

张的大背景下，司法机关通过行使司法权以发挥对行政权的平衡和制约功能是势在必行的。但是，我们要注意的是司法功能的适度扩大并不意味着司法权力的无限延伸，甚至凌驾于行政权之上。我们需要在司法权和行政权之间找到一个平衡点，以免影响行政机关正常的环境管理工作。

第三，行政优先管辖原则。毕竟保护环境，维护公共环境利益是一国行政机关职责中的应有之义。对侵犯社会利益、扰乱社会秩序的行为进行管理和处分是一国行政机关作为公共职能部门应承担的职能和义务。而行政机关也在长期处理环境事务的工作中积累了丰富的经验，具有一定的专业性，并有执行人员、设备、仪器等软硬件的支持。环境公益的司法管理发挥的则是司法机关实现社会正义最后一道屏障的作用，以司法权督促行政机关积极、正确履行职能，弥补其他监督方式的不足。相较于司法权的中立性、被动性，行政权在管理环境事务上具有积极性、主动性、效率性、专业性。因此，原告在提起环境行政公益诉讼之前，应该首先向行政机关申诉，只有在行政机关怠于行使职权，甚至不当、违法行使职权时，才可以启动环境行政公益诉讼程序，此时，还需遵循“60日通知”制度，允许行政机关在合理期限内采取合法的行政行为消除可能的诉讼。

如果说立法解决了环境行政公益诉讼客观上能不能的问题，体制上的桎梏能否解除就直接决定了法院主观上愿不愿的问题。目前正进行得如火如荼的司法改革中很重要的一环就是“去地方化”，我们期待“去地方化”切实解决司法机关在人、财、物上受制于地方政府的现实困境，弱化非正常的行政干预影响环境行政诉讼的良性运作。考虑到我国环境司法现状，建议在借鉴国外并及时总结我国环境司法专门化经验的基础上，在适当的时机，根据人口及环境纠纷数量、交通及通讯状况等的统计情况划分数个环境司法区域，根据司法区域设置环境法院，直属于最高人民法院，集中审理各类环境案件，完全独立于地方各级人民法院和地方各级行政机关。鉴于我国环境纠纷的地域性特色及现实需要，环境法院的审级宜以中级人民法院为起点。这样既有效缓解地方保护主义，又体现了对环境行政行为审查的慎重，既遵循了自然规律，又能缓解我国当前环境法庭普遍面临的

“无案可审”、“少案可审”的尴尬境地。

如果说环境民事公益诉讼是应对环境群体性事件的“标”，解决了环境污染或破坏的“点源”问题，环境行政公益诉讼则是应对环境群体性事件的“本”，解决的是环境污染或破坏的“面源”问题。顾点不顾面、治标不治本显然不是最佳的选择路径，只有“点面兼顾”“标本兼治”才能彻底将环境群体性事件扼杀在萌芽状态。虽然回顾日本的环境保护史，“环境运动与诉讼如车子上的两个轮子，共同推动环境保护事业的发展，而且公害诉讼、审判更多是作为环境运动的一项被提起的。”①但是诉诸政治性群众运动来解决环境问题，显然不是长久之计，首先不可能每一起环境事件都能引起公众的广泛关注和参与；其次，运动带有极大的不确定性，控制不到位很容易导致社会震荡，走向异化的边缘。这与现代法治社会理念是格格不入的。我们理应在“多元共治”理念下，建立起合法兼顾多元主体的维权新机制——环境行政公益诉讼，壮大公众参与和环境司法的力量，规范和约束政府行为，强化政府责任，对环境成本与收益之间的不公平分配作出救济，通过这种体制内通道缓和各种日渐高涨的环保关切，以防环境群体性事件发生。

## 第三节 环境损害赔偿对环境司法审判区域性实践的挑战

### 一、环境保护的困局

在高风险社会时代，环境侵权如同其他现代社会之意外灾害一样，具有以下几个特征：合法而频发、受害者众多而损失巨大，高度工业技术缺

① 王树义：《环境法系列专题研究》（第二辑），科学出版社2006年版，第78页。

陷而难以防范与避免，举证艰难而难以救济[①]。我国目前尚未对环境侵权赔偿责任单独立法，除《侵权责任法》专章对环境侵权责任作出原则性规定，其他的规定散见于各单行立法。现有体制下的环境保护已经进入一个多难的困局。

## （一）纯粹的市场机制调节失灵

基于市场机制的措施越来越多地被各国运用于环境保护。美国排污权交易、欧洲环境税制度改革都被视为是依靠市场解决污染问题的成功典范，而我国的碳金融市场亦处于发端阶段，北京环境交易所、上海环境交易所、天津排放权交易所和深圳环境交易所，主要从事基于 CDM 项目的碳排放权交易，碳交易额年均达 22.5 亿美元[②]。市场在鼓励污染者降低成本、革新技术上的激励作用毋庸置疑，但市场手段纯粹以社会总成本与总收益作为判断机制优劣的出发点，很容易忽视局部利益，忽视利益分配的“卡尔多—希克斯标准”比“帕累托最优原则”[③]给意图只依靠市场机制来解决环境问题设定了一个更宽泛的制度标准，其必将以局部环境恶化为代价。倘若没有一种补偿制度对市场的弊端辅以矫正，这种单行性环保机制改革只会导致立法上的困境，甚至有可能直接引发社会矛盾。

## （二）现有法律制度救济不足

环境侵权主体双方往往经济实力相差悬殊，信息掌握不对称，其侵权行为本身、损害后果具有复杂性和严重性，受害人并不必然能得到救济。为平衡双方地位，《侵权责任法》以专章规定环境污染责任，明确规定环

① 王卫国：《过错责任原则：第三次勃兴》，中国法制出版社 2001 年版，第 153 页。
② 参见张汉斌：《我国碳交易和碳金融市场将经历长足发展过程》，载《中国经济时报》2012-12-20，总的来说，我国碳治理、碳交易、碳金融、碳服务以及碳货币绑定发展路径尚处发端阶段，我国金融机构也没有充分参与到解决环境问题的发展思路上来。
③ 按照前者的标准，只要有任何一个人受损，整个社会变革就无法进行；但是按照后者的标准，如果能使整个社会的收益增大，变革也可以进行，无非是如何确定补偿方案的问题。所以，卡尔多－希克斯标准实际上是总财富最大化标准，因其谈判成功的成本及可行性更高，往往更容易让人接受。

境侵权行为采用无过错归责原则，由污染者就法律规定的免责或者责任减轻及其行为与损害之间不存在因果关系承担举证责任[①]，但环境侵权诉讼依旧是建立在传统民事救济必须的“在侵权人确定和责任个别化、具体化的基础上的”[②]。当侵权主体的股东以其所认缴的出资额承担有限责任，或是侵权人证明因自然灾害等不可抗力并“及时采取合理措施”[③]而免予承担责任时，受害人无法得到救济；而在侵权人因主体解散等原因消失或无法确定侵权人的情况下，受害人更是诉求无门。

## （三）各方利益失衡难以兼顾保障

日益恶化的生态环境使人们越来越清楚地认识到，经济的发展绝不能以牺牲环境为代价。但是，现代化大生产本身就是一种高风险的生产，无论采取何种节能减排的方式，环境污染都只可能降低而无法避免。在发展初期，要求那些缺乏资源禀赋的地方或是企业都选择高收益、低消耗的服务业、旅游业为发展契机是不现实的。经济发展和环境保护、企业效益的提高和社会责任的承担，始终在各地方政府的政策选择中厚此薄彼。而一旦发生大面积环境污染事故，企业可以破产了之，留下的烂摊子只能由政府以国民税收来自担，环境法“污染者负担”的基本原则变成受损者自负，最终造成国家利益和个人利益的失衡[④]。有学者提出，环境问题的核心就在于各方“利益冲突及其赖以存在的结构性基础在行动和选择过程中所呈现的紧张、冲突和融合的问题”[⑤]。公共利益与个人利益、环境利益和经济利益、即期利益和长远利益，在环境保护的博弈中无法自圆、陷入僵局。正如有学者所说，现有侵权法尚未内化于“风险生产秩序”之中，而是远离秩序成为驻足观望的他者[⑥]。在当前形势下，构建环境损害救济基金制

① 参见《中华人民共和国侵权责任法》第八章相关规定。
② 肖海军：《环境事故认定与法律处理》，湖南人民出版社 2003 年版，第 173 页。
③ 参见《环境保护法》第四十一条规定，“完全由于不可抗拒的自然灾害，并经及时采取合理措施，仍然不能避免造成环境污染损害的，免于承担责任”。
④ 参见徐正祥：《中国的污染者负担原则演变综述》，载《上海环境科学》2000 年第 3 期。
⑤ 钱弘道：《法律的经济分析》，清华大学出版社 2006 年版，第 83 页。
⑥ 参见张铁薇：《“风险社会”与侵权法的新理念》，载《光明日报》2007-04-17。

度是走出环保困局的有效路径。

## 二、构建环境损害救济基金制度的价值分析

### （一）社会管理创新的必然要求

1.“风险社会”的发展需要

现代文明社会逐步发展进入“风险社会”时代，其核心问题已经从财富分配以及不平等的改善与合法化，转变为“如何缓解伤害和分配风险”[①]。这迫切需要具有社会保障公益性性质的救济、侵权责任保险与现有侵权责任法共同发挥作用的损害救济体系[②]的建立。

2. 社会稳定的调节阀

恶性环境侵权频繁发生，侵权后果甚至可能绵延后代。尤其是大规模环境损害事件，若不能及时控制局面、赔偿损失，可能很快转变为群体事件，成为社会不稳定因素。环境损害救济基金制度能及时有效降低损失、安抚受害人，将应急处理和减灾救助有效结合起来，最大限度地缓解社会稳定的压力。

3. 生态文明的美好愿景

坚持节约资源和保护环境的基本国策是建设生态文明，勾勒“美丽中国”蓝图的基本保障，也符合“更高质量生活”要求的环境权的本质需要。

### （二）平衡各方利益的合理选择

环境损害救济基金以其独特的制度设计优势，在保护环境利益、维护受害人权益、降低企业侵权成本等各方面进行制度层面的调整和重新分配，以最大化平衡各方利益。

1. 保护受害人权益

环境侵权人往往具有更强的风险控制能力、预见能力、分散能力，受

①[德]乌尔里希·贝克：《风险社会》，何博闻译，译林出版社2004年版，第39页。
② 参见朱岩：《侵权责任法通论·总论·上册：责任成立法》，法律出版社2011年版，第37页。

害人的利益更需要法律“实质上的公平”的保护。环境污染事故一旦发生，影响深远、经济损失巨大，对于侵权主体而言，可能远远超过其赔付能力；对于受害人而言，环境侵权诉讼成本高、耗时长、举证艰、求偿难。即使能通过诉讼得到支持，仍可能因为侵权人无力赔偿使判决只是“一纸空文”。环境损害救济基金以行政手段介入和充足的赔付能力，能够及时、有效、充分保障损害赔付到位。另外，在大规模同质损害下，有利于实现给付统一，消除因制度规定导致的给付不平衡可能引发的社会不稳定因素。

2. 内化侵权人责任

企业生产享受经济效益的成果却不承担对政府治理污染的花费、自然资源的减少以及污染物对人类健康造成的危害后果，是一种“负的外部性”①。必须通过某种特定的制度安排，将经济主体经济活动所产生的社会收益或社会成本，转为私人收益或私人成本。通过让各潜在污染企业缴纳环保税收、购买环境责任保险金、企业捐赠等方式能将环境污染损害赔偿责任转化为企业生产的内部成本。

3. 减轻企业经营风险和负担

完全要求企业生产活动零污染并不现实，且损害一旦发生，可能远远超过企业经济能力承受范围；另一方面鉴于环境侵权的特殊性，环境侵权被广泛纳入严格责任的规制范围②，因此，即使是企业的合法经营活动，也将承担着巨大的经济压力和潜在的法律风险。市场主体的发展最终受益的是社会，企业尤其是中小企业的发展，更需要法律的支持和政府的扶持。企业通过缴纳一定的赔偿基金合理转化赔偿风险和赔偿责任，为其可持续发展提供保障。

---

① 外部性又称为溢出效应、外部影响或外差效应，指一个人或一群人的行动和决策使另一个人或一群人受损或受益的情况。经济外部性是经济主体（包括厂商或个人）的经济活动对他人和社会造成的非市场化的影响。即社会成员（包括组织和个人）从事经济活动时其成本与后果不完全由该行为人承担。分为正外部性（positive externality）和负外部性（negative externality）。正外部性是某个经济行为个体的活动使他人或社会受益，而受益者无须花费代价，负外部性是某个经济行为个体的活动使他人或社会受损，而造成外部不经济的人却没有为此承担成本。

② 参见张梓太：《环境法律责任研究》，商务印书馆 2005 年版，第 75 页。

4. 降低国家社会管理成本

环境损害救济基金资金来源广泛，一方面能合理分散和转嫁风险、减少诉讼成本，有助于企业尽快恢复生产，受害人及时获得赔偿，减少社会不稳定因素，避免政府成为私人利益的最后买单人；另一方面专款用于环境治理本身，以便在污染事故发生时及时采取措施防止损失扩大化以及在事故发生后及时治理生态环境，使损失最小化，在很大程度上也减轻政府财政负担。

## （三）现行救济制度的必要补充

1. 实体制度

作为现行环境侵权制度的补充，环境损害救济基金和环境责任险一直是理论界的热点。

从制度性质来看，相对于具有“准公共产品”[①]性质的环境责任保险而言，环境损害救济基金因国家行政手段介入以及以环境税费、政府拨款、行政罚没为筹资方式而更具公益性。环境保护是国家管理的基本事务，侵权行为对环境造成的损害具有社会性而非某个人利益损害。在很多情况下，政府都成为侵权行为最后的买单者，作为带有公益性质和行政色彩的救济，环境损害救济基金是市场失灵行为的最有益补充。

从制度基础来看，环境责任保险具有承保条件严格、责任范围受限、保险利益具有不确定性和认定的复杂性[②]，在保险条件、赔偿限额、免责条款等方面存在诸多限制，而该制度的有效性首先是建立在投保人按照规定缴纳保费等成功规避道德风险的行为基础上。环境损害救济基金机制的运行则不会受到上述道德风险的限制，对受害人的救济亦不会因为侵权人未缴纳基金费率而停止，并且在侵权人消灭或免责、无法确定侵权人等情况下，该制度就更显得不可或缺。

① 周运涛：《我国环境责任保险发展停滞的经济学分析》，载《经济研究导刊》2010年第17期。

② 孟春阳：《环境责任保险制度研究》，载《环境法治与建设和谐社会——2007年全国环境资源法学研讨会论文集》第三辑。

从制度要素来看，首先环境责任保险以责任人因其侵权行为而应承担的赔偿责任为标的，主要包括责任事故造成他人人身损害和财产损失。环境损害救济基金除此之外，亦可以用于环境治理的本身，这是由其公共性的本质决定的。其次，以各国实践来看，环境责任保险多只对突发性事故造成的直接损害承担赔偿责任，然而，在工业现代化的进程中，积累性、潜伏性、长期性、间接性损害是不可避免的，环境损害救济基金正是填补现行环境损害赔偿制度的不足以及救济乏力的有效手段。再者，环境损害救济基金的资金来源更广，用于“恢复原状”的成本可能远高于“赔偿损失”、“停止损害”的费用，而环境责任险中的保险人往往基于运营成本的需要会设定各种免责条款或是赔偿限额，从这个层面上来说，前者的赔付能力更有保障。

2. 程序规则

环境公益诉讼作为维护环境公共利益的诉讼手段，是环境责任程序性保障机制①。关于公益诉讼主体资格的问题一直是学者争论的焦点，多数学者提出从实现公益诉讼目的来看，应该扩大原告适格范围。但是环境公益诉讼往往没有直接的受害对象，纯粹以维护环境公益为出发点和目的②。环境损害救济基金是政府行政手段介入下的公益性组织，其作为环境公益诉讼的原告主体地位，既有利于理顺法律关系，与现行法律原则保持一致；协调各方资源，平衡环境侵权诉讼受害人的劣势地位；对于赔偿的落实又可以起到监督作用，确保赔偿金能够及时救济受害人以及用于治理环境本身。

3. 实践上具有可行性

从国际上看，日本早在1973年就建立的《公害健康受害补偿法》，在很大程度上大大节省了司法资源，使得受害者心理得以迅速稳定③。美国国会1980年通过《综合环境反应、赔偿和责任法》建立“环保超级基

① 陈珠：《关于我国环境保护公益诉讼的思考》，载《法制与社会》2008年第4期。

② 邓小云：《关于环境诉讼原告资格的思考》，载《生态文明与环境资源法——2009年全国环境资源法学研讨会论文集》。

③ 刘文燕，李晓瑜：《浅论环境损害补偿基金制度之构建》，载《法学研究》2012年7月。

金”[①]，在治理高污染废弃地以及对相关紧急情况提供资金资助方面做出卓越贡献；1990年通过的《油污法》设立了10亿美元常额的溢油损害赔偿责任信托基金以填补未获得赔偿的清污费用与未获得赔偿的损失。我国现行的《海洋环境保护法》《防治船舶污染海洋环境管理条例》中明确规定了船舶油污损害赔偿基金设立，国务院亦出台了详细的征收使用管理细则，在保护我国海洋环境，促进海洋运输业持续健康发展方面均起到了积极的作用。这些都为环境损害救济基金的构建起到了良好的示范作用。

## 三、环境损害救济基金制度的构建

### （一）基本要素

1. 基金性质

环境损害救济基金应该是政府主导依法设立的有独立财产、意思决策机关、有特定专业机构负责基金运行管理的财团法人。关于类似基金的性质，学者一直都有争论，有学者将其定义为“公共赔偿”，意指在民事救济和国家赔偿不能的情况下的通过预设公共赔偿救济中心获得填补性赔偿的制度[②]，亦有学者取因于基金来源、启动和法定性有行政手段的介入而其将其定位为“行政补偿”[③]，但从基金设立的目的、基金启动原因、赔偿范围等基础要件来看，一方面其是以替代已明确或潜在的侵权主体及时有效填补侵权行为所致损害为设立初衷的基金，赔付标准远远超过补偿范围，另一方面该基金具有救济和赔偿的双重功能，单独定义为补偿或赔偿都不足以涵盖基金的全部功能。

2. 基金来源

多元化的资金来源能有效降低政府、企业、个人等各方成本。其来源

① 参见王江，梁艳凤：《环境污染损害赔偿基金制度探究》，载《生态安全与环境风险防范法治建设——2011年全国环境资源法学研讨会论文集》。

② 王明远：《环境侵权救济法律制度》，中国法制出版社2001年版，第152页。

③ 肖海军：《论环境侵权之公共赔偿救济制度的构建》，载《法学论坛》2004年第3期。

主要有以下几个方面：①环境税收及相关污染防治费用[①]、环境违法行为行政罚款、环保相关财政支出预算等，侵权潜在主体按照某特定标准缴纳的基金分摊额、基金赔付后代为求偿追回的赔偿以及社会各界的公益性环保资金捐助。基金管理过程中的自然孳息等自身的保值增值也是基金的重要来源。②根据环保责任强制保险保险费的一定比例提取的资金、政府按照保险公司经营强制险缴纳营业税数额给予的财政补助以及对未按照规定投保强制险企业或个人的罚款。③发行环保福利彩票筹集到的资金。

## （二）基金的适用

1. 救济范围

按照损害的性质可将环境侵权分为突发性环境污染事故造成的损害和累积渐进性损害。累积性损害往往被排除在环保责任保险等其他救济手段之外，受害人无法得到救济。从赔偿范围看，救济基金包括损害赔付和环境治理两部分。前者又可细分为受害人人身损害、财产损害及其精神损害赔偿，具体赔付标准应参照《侵权责任法》、最高法院《关于审理人身损害赔偿案件适用法律若干问题的解释》等相关规定[②]。相比较财产损害而言，环境侵权行为造成的受害人身体和精神上的损害，可能是永久而无法弥补的，赔偿范围包括精神损害赔偿是社会公平正义的必然要求。后者除环境治理本身，还应该包括损害发生后及时采取措施防止损害扩大的费用。

2. 启动程序

有学者提出，只有在民事诉讼赔偿、环境责任保险制度在重大环境损害救济方面失灵的情况下，才能使用环境损害救济基金。美国《超级基金法》施行后功效显著，对及时治理美国各地大量污染遗留地起到很大作用[③]，

---

① 我国现行的环境税主要有资源税、消费税、城市维护建设税、耕地占用税等，并非纯粹意义上的环境税。而国际上的主流做法，如美国环境税主要包括大气污染税、水污染税、噪声税、固体废物税等。环境费改税是主流趋势。

② 参见《中华人民共和国侵权责任法》第十六条至第二十三条。

③ 王江，梁艳凤：《环境污染损害赔偿基金制度探究》，载《生态安全与环境风险防范法制建设——2011 年全国环境资源法学研讨会论文集》。

在很大程度上得益于该基金确立的首要原则——“先治理、后追偿”。倘若受害人一定要穷尽其他救济方法才能启动环境损害救济基金，原本已经处于弱势的受害人是否还需提交相关资料、证件、文书以证明其他救济手段已穷尽？显然，如此规定既有悖于环境损害救济基金设立的初衷，实践操作也易造成各部门相互推诿。我们认为，救济基金制度设计当以及时性、便捷性为基本原则，针对案件类型不同，对受害人进行分类救济。当然要明确的是，作为一种诉讼替代性解决方式，环境损害赔偿救济基金不能与民事诉讼、环境责任保险等救济程序并用。

第一，普通环境侵权案件。对于此类案件，当事人可选择进入诉讼程序、申请环境责任保险理赔，或是直接申请启动基金。其适用条件是：环境损害的发生可能由多种因素综合作用累计发生，受害人无法明确责任主体，虽能确定责任主体，但侵权行为人因破产、解散或其他原因主体消亡，抑或因不可抗力或第三人过错等原因免责[①]，受害人无法得到救济；责任人无力赔付或赔偿能力不足、损失超出环境责任保险限额部分。此时受害人均可直接申请启动基金。基金赔付以后可要求责任人、保险人在其责任范围内追偿赔付金，追偿以现行赔付损失额度为限。

第二，大规模损害案件。当某特定的环境侵权事件，受害人众多、伤害同质，经由环境损害救济基金相关机构评估确定为大规模环境侵权损害的赔偿案件，受害人则不能自行选择救济方式，该种做法类似于美国大规模侵权救济中的诉讼替代性救济基金[②]。因环境突发事件，或者不可抗力引发的地震、海啸等自然灾害造成的大规模环境损害，基金应随应急预案一并启动，按照统一标准和程序予以赔偿。事实亦证明，在类似事件发生时，

① 《环境保护法》第四十一条规定，完全由于不可抗拒的自然灾害，并经及时采取合理措施，仍然不能避免造成环境污染损害的，免予责任承担。

② 张新宝：《建立大规模侵权损害救济（赔偿）基金的制度构想》载《法商研究》2010年第6期。

绝大多数受害者都会选择放弃诉讼救济途径①。此种情况可参照日本公害救济基金的做法：受害人只要符合规定的指定区、受污染暴露条件和法定疾病（损害）三个条件即可获得赔偿。个体受害人如能提供证据证明其损害超过普通赔偿标准的，根据证据证明程度可予以个别补偿。

## 第四节 对环境侵权损害救济的反思

长久以来，每当谈及环境侵权，我们更多想到的是城市环境问题，缺乏对人数更多、规模更大的生活在农村的人民遭受到的环境侵害应有而必要的关注。农村环境侵权和城市环境侵权在实质上是一样的，即都是自然人或者单位因为产业原因或其他原因而导致自然环境被污染或者破坏，给人们的人身、财产或其他权益造成损害，依法应当承担民事责任的特殊侵权行为。② 为了探寻农村环境侵权的特点，揭示农村环境侵权中存在的问题，我们从中国知网案例库以“环境侵权损害纠纷”为关键词中查找了 27 个发生在农村地区并进入司法程序的环境侵权案例进行统计分析，以期对找出解决农村环境侵权的路径有所裨益。

---

①Robert M. Ackerman，The September 11th Victim Compensation Fund: An Effective Administrative Reponse to National Tradgedy，10 Harvard Negotiation Law Review 135，137( 2005)。转引自张新宝、岳业鹏:《大规模侵权损害赔偿基金: 基本原理和制度构建》，载于《法律科学（西北政法大学学报）》2012 年第 1 期。美国“9・11”事件后设立，受害者补偿基金，97% 的受害人放弃诉讼救济途径，选择向基金提出赔偿申请。

② 对环境侵权概念的定义借鉴了国内相关学者的研究，详细参见于华江，于志娜：《农村环境行为探究》，载《中国农业大学学报（社会科学版）》2005 年第 4 期；李靓：《论农村环境侵权行为的法律救济》，载《调研世界》2010 年第 4 期；李庆海，董媛：《论完善我国农村环境侵权民事救济方式》，载《金卡工程（经济与法）》2010 年第 12 期。

# 一、我国农村环境侵权特点分析

## （一）转嫁污染侵权严重

所谓转嫁污染侵权是指城市污染向农村转移从而侵害农民合法权益，即城市有关企业或者个人有意或无意地向农村输出不符合环保标准的有害气体、有害废水、生产和生活垃圾、噪声、粉尘等环境污染物，或是将造成环境污染的设备、工艺、技术、产品及其他污染物质转移到农村，包括把原来在城市开办的污染工厂迁移到农村去开办。转嫁污染侵权是环境侵权的一种特殊形式，它不是在原生产地产生的环境污染，而是将产生的环境污染转移到“异地他乡”，这种专业污染给农村村民的生命、健康以及财产造成的损失是巨大的。27 个案例中，有 24 个案例均属于此，所占百分比达到 88.9%。在这 24 个案例中，涉及企业排除有害废水导致水体污染的 14 例、废气污染 5 例、噪声污染 3 例、电磁辐射污染 2 例；导致农村养殖业损失的 12 例、农业种植损失的 4 例、导致农民饮水水源污染的 3 例、损害农民身体健康的 5 例。见图 6-4、图 6-5。

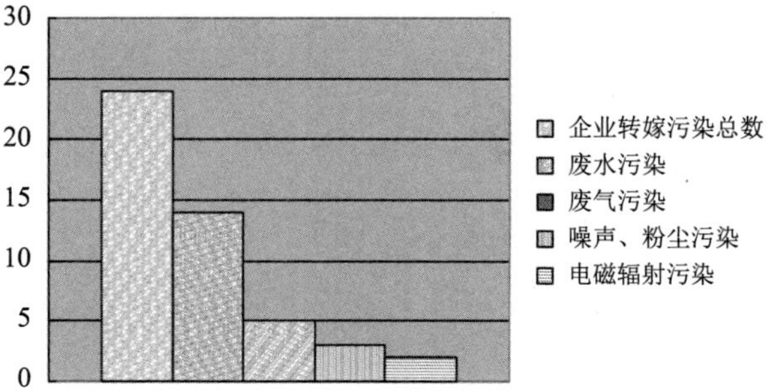


**图 6-4　企业转嫁污染分类图**

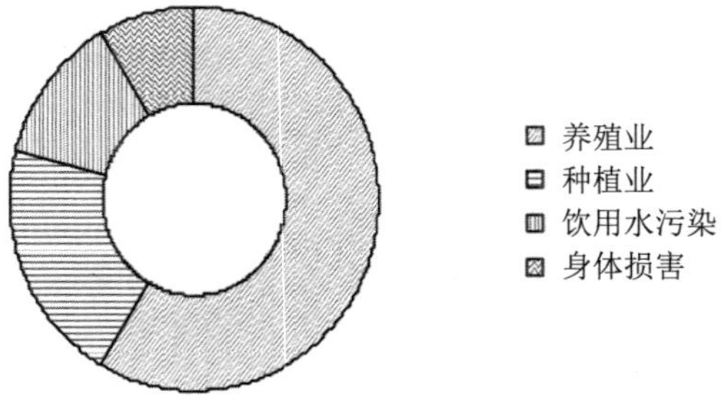


**图 6-5 企业转嫁污染致损分类图**

城市污染向农村转嫁作为城镇化迅速发展的结果之一，具有隐蔽性的特点，容易形成深层次的污染，治理和控制难度极大，给广大农村地区农民的生活造成极大不便。如 1998 年发生于陕西省西安市的石油公司排污致鸣犊镇以南几个村子的引用水源污染案，① 由于石油公司清洗油罐污水导致村民饮用的地下水被污染，造成以后数年村民引用水源出现问题，难以恢复。

## （二）污染类型多样化，以水污染最为严重

随着经济社会的快速发展，农村城镇化建设加快，城市工厂逐步向农村转移，这使得农村环境侵权出现了新类型。除了传统的水污染、空气污染之外，还出现了噪声污染侵权、电磁污染侵权等在农村来讲相对新型的污染侵权方式。27 个案例中，涉及水污染案例 16 例，空气污染案例 6 例，噪声、粉尘污染侵权 3 例，电磁辐射污染侵权 2 例。在众多污染重，水污染最为严重。27 个案例中，涉及水污染的 16 例，占所有统计案例的 59.3%，其中，一般化工企业排污污染 11 例，占水污染案例的 68.75%，采矿、石油污染 4 例，占水污染的 25%，个人生产污染 1 例，占水污染的 6.2%。在所有水污染案例中，造成养殖业损失的 10 例，占水污染案例的 62.5%，

① 高伟，阿尼沙：《千人联手“井水保卫战”——一起千人涉诉环境污染案调解始末》，载《中国审判》2007 年第 5 期。

造成饮用水水源污染的 5 例，占水污染案例的 31.25%，造成农业种植损失的 1 例，占水污染案例的 6.2%。

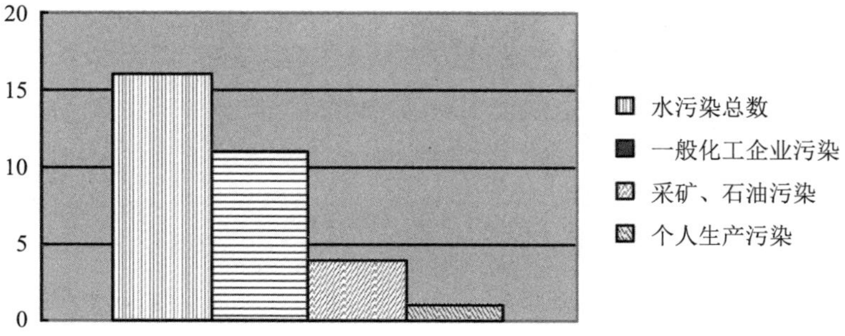


**图 6-6　水污染分类图**

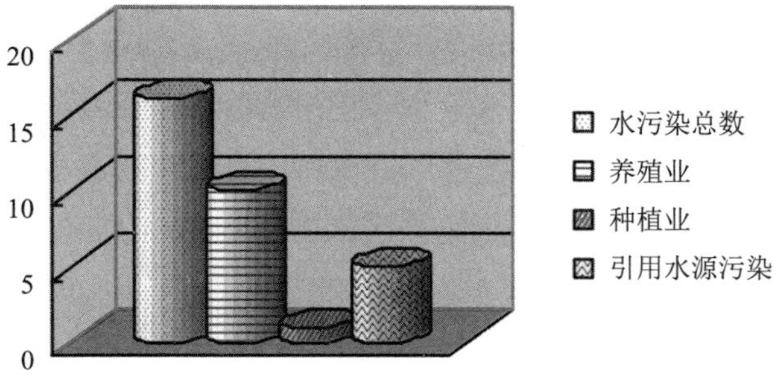


**图 6-7　水污染致损情况图**

水是生命之源。目前农村严重的水污染已经影响到农民身体健康和生产生活。如2006年重庆市忠县官坝镇三峰村村民申某于天仙桥水库中养鱼，“用的鱼饲料是磷肥、尿素、碳铵。磷肥每年投放10吨、尿素每年投放4吨、碳铵放10吨”，[①] 投放化肥养鱼，严重污染作为当地217名村民的饮用水源，

① 《重庆市忠县人民法院龚某等诉申某停止侵害、排除妨碍纠纷案》[EB/OL]. 载《中国知网》 http://law1.cnki.net/searchcore/case.aspx?dbcode=case&searchWord=%u9f9a%u67d0%u7b，2013-05-23。

给该村村民的身心健康造成了巨大威胁。又如2003年4月，广西左江扶绥县城下游河段发生重大水污染事件，造成546户养殖鱼类和野生鱼类大量死亡，损失高达153万元。①

## （三）纠纷主体类型化、多元化

类型化原本是文学中的一个概念，是塑造人物形象的一种方法，以追求和表现事物性质的普遍性观念为目的，并以观念直接呈现为手段，排斥个性特征，使人物形象单一化、概念化。此处借用类型化来表述我国农村环境纠纷主体的特点，指纠纷主体双方呈现出相同的特点，即纠纷受害方多为农村养殖业主或者种植产业园业主，27个案例中，受害方中农村养殖业主12个，占总数的43%，种植产业园业主4个（其中一个既为养殖业主也为种植产业园业主），占总数的14.8%。被告多为公司企业，27个案例中，有22个被告均为企业，占总数的81.4%，多为化工厂和煤矿，剩下的4个被告为自然人，实质上有3人为个体企业老板，1人为水产养殖业主。纠纷主体多元化，在加害方表现为侵害结果的发生，往往是多个企业造成的。27个案例中，有7个案例的加害方为两个或两个以上的企业，占统计案例的25.9%。这些企业多为化工企业，也有矿产公司、爆破公司、石油公司等。如上文提及的广西左江重大水污染事件中，加害方为永盛酒精公司等5家工业企业。纠纷主体多元化的另一方面是指在侵害发生后，受害方比较广泛，受害人数众多，呈现群体化特点，影响面广泛。27个案例中，有6个案例的受害方为某一群体，占统计案例的22.3%，这些群体多为某一村或某几个村的村民。如“2005年中国十大影响性诉讼”之一的“福建省屏南县1 721为农民诉福建省榕屏化工有限公司环境污染侵权案”中原告多达1 721位，②又如上文提及的2006年陕西省西安市长安石油公司污染农民饮用水源一案中，原告方多达1 139人。

---

① 熊丽：《政府为民擒污龙，百姓喜获赔偿金》，载《广西日报》2006-02-06（第10版）。

② 徐丽：《千余农民缘何告倒化工厂》，载《绿叶》2006年第2期。

## 二、我国农村环境侵权诉讼中存在的问题

### （一）主体地位不平等

农村环境侵权主体地位的不平等表现为两个方面。一方面为经济上的不平等。环境侵权属于新型的现代社会权益侵害，加害人多为经济上占优势地位的公司企业，受害方多为处于弱势地位的农民，他们或许自己经营养殖业等，但与加害企业相比，他们仍处于弱势。另一方面体现为在环境侵权行为发生后，在环境诉讼中，有关损害的认定、证据的采集、环境标准的确定，环境法律法规的引用等均是对相关信息和数据处理的结果，占有信息的质和量，直接影响到环境损害的认定、诉讼和赔偿，而作为加害方的企业单位在经济和技术上占有绝对优势，使在信息的收集、处理方面具有天然优势，使得受害一方处于法律的弱势。[①] 在农村环境侵权中，这一对比更为明显。

### （二）受害方证据能力不足

这是农村环境侵权中双方主体地位不平等进一步发展的结果。按照我国目前的法律规定，环境侵权责任作为一种特殊的侵权责任，适用的是无过错责任原则，即只需要加害人不能证明自己没有过错又不存在免责事由，就应对其行为所造成的民事损害赔偿承担赔偿责任。即使如此，受害人也要提供初步证据证明因加害人实施了环境侵权的行为而使自己受到损害的事实，举证责任才能转嫁到加害人一方。而受害人提供此种证据往往需要在侵权损害事实发生时及时提取造成环境侵权的相关物证如污染物或者养殖物死体并申请相关部门进行鉴定。这个过程中对物证的提取时间、地点、参加人员、工作程序等的要求很严格并且成本高昂，作为受害人一方的农民往往不具备这种能力，最终导致举证不能而败诉。27 个案例中，有 11 个案例的受害方因举证不能而导致败诉，占全部案例的 40.7%。如在 2006 年江苏启东养殖业主许某状告某印染公司一案中，因“原告实质也未提供

① 朱世文：《环境侵权的特点及其法律完善》，载《中国发展观察》2009 年第 5 期。

其因被告污染行为而导致损失的初步证据和具体的损失数额，对是否遭受污染损害和具有损害后果，即养殖损失，缺乏足够的证据证实，应承担举证不能的后果”。[1]

## （三）部分污染致财产损失难以确定赔偿数额

在遭受环境污染侵权之后，即使证据确凿，确定了相关责任企业，但由于法律缺乏相应的赔偿标准，赔偿数额难以计算，特别是在环境侵权致使非财产损失时更容易出现这种情况。如 2007 年重庆市梁平县吴某与刘某等环境侵权纠纷案中，重庆市第二中级人民法院在判决书中写道“关于损害后果，原告主张由被告赔偿的生产损失及人畜生活用水损失，鉴于本案类似问题，在赔偿时间、空间范围以及赔偿对象上均具有不可确定性，故无法确定科学具体的赔偿数额，由于被告的开采行为致原告赖以生存的地表、地下水位下降，水资源流失，给原告的生产生活造成损害的客观事实存在，本院在本案仅能根据侵权行为的性质、对原告的环境损害现状及煤矿开采时间等具体情况，酌情确定赔偿数额”，并最后判决由四被告连带赔偿原告每人 3000 元。[2] 受害方付出了很多努力去维护自己的权益，最后却只得到很少的利益。

## （四）政府因素干预

受传统观念影响，地方政府对农村环境保护重视不够。在农村城镇化快速发展的今天，很多地方政府为了将工业园区或者招商引资项目争取到自己的辖区发展，环境保护意识淡薄，甚至不惜以牺牲当地环境为代价。当发生企业污染环境侵害村民合法权益时，政府部门不但不帮助解决问题，维护村民合法权益，甚至采用非正当手段干预受害者维护自己的合法权益。

---

① 吴亮亮:《环境污染举证不力，养殖户吃了“哑巴亏”》，载《江苏法报》2006-05-25（第 1 版）。

② 重庆市第二中级人民法院：《吴某等与刘某等环境侵权纠纷上诉案》，载《中国知网》，http://law1.cnki.net/searchcore/case.aspx?dbcode=case&searchWord=%u5434%u67d0%u6848，2013-05-23。

另一方面由于环境侵权案件往往涉及群体利益，进入诉讼程序之后，法院往往要和党委政府进行协调，难免会发生政府为了推动经济发展而干预环境侵权案件的事件。如2009年发生于重庆市涪陵区的付某与两爆破公司的环境侵权纠纷一案，为了推动工业园区的建设继续进行，当地政府部门想方设法干预付某的诉讼。首先是诉讼前后林业局出具了两份差距较大的认定受害方损失的文件，其次是多次调查原告是否涉黑（因付某曾被判刑），最后发出了“史上最牛公函”，要求法院“应作出驳回诉讼请求的判决”。①

## （五）环境侵权导致健康损害的鉴定制度缺失

环境侵权导致健康权损害鉴定指在由环境侵权导致健康损害的争议解决过程中，鉴定人运用科学技术或专门知识对争议解决中涉及的专门性问题进行鉴定和判断并提供鉴定意见的活动。鉴定对象主要包括损害健康的侵权行为的表现、损害结果是否发生、损害结果的范围以及环境侵权行为和侵权结果之间的关系等，这在诉讼过程中发挥着重要的举证作用。我国尚未完全建立起这样的制度，已经严重影响了受害者因环境侵权导致健康权损害的索赔活动。如2000年重庆市璧山县冉某状告某光学仪器厂噪声、废气污染导致其健康权受损一案中，原告三次向法院提出鉴定申请，但未找到鉴定单位，无法进行鉴定，导致其诉讼请求无法予以认定②。无独有偶，2009年河南平顶山王某、李某状告平顶山天安煤业股份有限公司一矿一案中，由于无鉴定机构对原告的脑瘫与被告的风井的噪声、粉尘污染存在因果关系进行鉴定，因而法院无法认定原告的脑瘫与被告风井产生的噪声、粉尘污染存在因果关系，只好驳回原告诉讼请求。③

---

① 杨万国：《来自政府的“警告函”》，载《政府法制》2010年第27期。

② 傅学良：《环境污染侵权导致健康损害案例评析》，载《环境教育》2010年第4期。

③ 河南省平顶山市中级人民法院：《王某等与平顶山天安煤业股份有限公司一矿环境污染损害赔偿纠纷上诉案》，载《中国知网》，http://law1.cnki.net/searchcore/case.aspx?dbcode=case&searchWord=%u5434%u7eb7%u4e0，2013-05-23。

### （六）诉讼周期长，诉累繁重

环境侵权行为具有跨区域性、流动性、持续性、潜伏性等特点，加之环境保护纠纷易引发群体性诉讼，案件审理难度大。从审理周期看，因环境污染提起的损害赔偿纠纷往往涉及对损失大小、因果关系、修复费用的司法鉴定，有时甚至无法找到具备司法资质的鉴定机构，或因科技水平的局限性而导致鉴定意见不具有唯一性、排他性，案件的审理将变得异常棘手，致使案件审理周期较长，如2006年河南生郑州市朱某状告阎某（某钙粉长老板）一案中，朱某2006年10月提起诉讼，途中经历司法鉴定，2007年6月法院作出一审判决，后被告不服，2007年8月提起上诉，河南省郑州市中级人民法院于2008年1月作出终审判决。[①] 整个案件前后历时15个月，在这个过程中花去的时间成本无疑是巨大的，而当事人同时承受的心理压力想必也是繁重的。另外，对于群体性纠纷，人民法院往往还不得不反复协调当地党委、政府等相关部门，无疑又将审理周期延长。

## 三、我国农村环境侵权诉讼问题的原因分析

### （一）经济和信息不对称导致诉讼主体地位不平等

环境侵权诉讼中主体地位不平等是主体双方经济地位和信息不对称的直接后果。经济上的不对称是指在环境侵权诉讼中作为加害一方的企业拥有强大的经济实力，而作为被害人一方的村民或者个体业主的经济实力相对弱小。由于环境侵权诉讼的特殊性，面对高昂的诉讼代理费用、司法鉴定费用以及较长时间的诉讼周期，都需要较为强大的经济基础作为后盾，在这一方面，作为加害方的企业拥有明显的优势。信息不对称是指在环境侵权诉讼中作为加害方的企业掌握有更多的对诉讼有利的信息，而作为被害人一方的村民拥有较少的信息。这实质上是诉讼双方经济地位不对称进一步发展的后果。环境侵权诉讼较之普通侵权诉讼更具有专业性、科学性，

① 郭从生，冯海明：《排污致树死亡，钙粉厂被判赔损失》，载《乡镇论坛》2008年第4期。

掌握一些科学指标、证据数据对案件审理具有至关重要的意义，由于信息不对称导致掌握较少数据一方可能在诉讼中处于不利后果地位。

## （二）环境侵权诉讼证据特殊性导致受害人证据能力不足

环境侵权诉讼的证据具有科学技术性特点，不论是大气污染、水污染、固体废物污染，对污染物的检测、分析等，都离不开现代科学技术的运用与支持，有些污染甚至只有运用高新技术才能检测出污染物和污染程度。同时环境侵权诉讼证据还有易逝性、专业性等特点，证据的采集必须由配备专业器材的专业人员在特定的时间和地点采集、记录、固定，这要求工作人员不仅要有专业技术背景，而且必须了解相关法律知识。同时，作为加害一方的企业会以保守商业和技术秘密为借口，往往不对外公布其生产设备、工艺流程与生产原理，使得除污染企业以外，其他人很难发现其环境侵权证据。环境侵权诉讼的高要求和证据的隐蔽性最终导致受害人不能按照要求向法庭提交证据，败诉风险剧增。

## （三）环境侵权后果不确定性导致赔偿难以确定

环境侵权中，作为侵害原因行为的加害人的生产、生活活动所具有的继续性、反复性等特征决定了侵害状态的持续性。同时由于环境具有较强的扩散性与开放性，污染物也会随之扩散到环境因子所达之处，从而扩大了环境侵权损害结果的影响范围。环境侵权的损害结果往往要通过广大空间和长久时间，甚至经由多种因素的复合、累积之后才能变得明显，而这种累积性与复合性，又决定了损害结果具有滞后性和潜在性。最后，环境资源领域具有社会性特征，其各个要素之间相互关联，不可分割，决定了环境侵权具有间接性、持久性以及空间上的广阔性等特征，环境侵害的致害人和受害人往往数量众多且并不特定或者难以确定，也就很难认定侵害行为和损害结果之间的因果关系。环境侵权的持续性、广阔性、损害后果累积性等特点决定了在赔偿时间、空间范围以及赔偿对象上均具有不确定性，损害赔偿难以确定，使之成为司法实践的难题。

### （四）发展理念不当导致政府干预环境侵权

“我们一定要更加自觉地珍爱自然，更加积极地保护生态，努力走向社会主义生态文明新时代。”党的十八大报告中这一充满激情和期待的号召，足见中央对生态环境的高度重视。中央政府虽早已认识到以牺牲环境为代价的经济增长所带来的长期危害，但很多地方政府更关心的是就业问题和社会稳定，而非环保问题，因而大力招商引资，邀请一些企业到农村地区开办工厂，这样既可以带动当地就业，也可以促进当地经济发展，这本无可厚非，但有些地方政府深受“先污染后治理、先破坏后恢复”发展理念的影响，错误地认为经济发展了再治理污染、恢复生态环境也不迟，无视这些企业给当地环境带来的污染和破坏，甚至在发生环境侵权时倒向加害企业一方，为其继续以环境污染换取生产发展扫清障碍，给当地村民的身心健康带来巨大损害。

## 四、完善我国农村环境侵权司法保护的若干建议

### （一）对环境侵权受害方实行弱者保护

在环境侵权中，无论在诉讼双方主体地位上还是在证据能力上，受害方毫无疑问都处在弱者的地位。就保护弱者而言，社会法以一种特殊的标准衡量当事人的地位及分配利益。这种特殊的标准源于社会“弱者”身份的认定，是以特殊身份来决定利益的分配，使这种分配结果有利于具有“弱势身份”的一方。①

在环境侵权法律关系中，基于弱者保护的原则，对双方实行“不平等”的“差别待遇”，看似有违法律的平等精神，但这种“不平等”是对环境侵权法律关系中本身存在的实质不平等的矫正，以此来实现结果的实质公平。从受害方的角度看，当环境侵权发生之后，受害方若通过法律途径得不到应有的救济，很可能会引起广大受害者的不满情绪，甚至可能会导致

① 吕忠梅：《环境法新视野》，中国政法大学出社 2000 年版，第 143 页。

受害者的集体运动，这可能会严重影响社会的稳定。从加害方的角度看，在环境侵权中，加害方如前所述处于优势地位，如果不对其做出倾斜性限制，加害方会继续利用其手中的优势进行环境侵权，这显然损害了社会公平。值得注意的是，对环境侵权受害方利益倾斜保护并不是为了平均强弱主体的利益，而是平衡他们之间的利益，这种平衡的结果不仅不会影响经济的发展，而且有利于社会的实质公平，促进社会的稳定，从而达到经济、社会、环境利益的统一，为实现可持续发展目标打下基础。

## （二）充分发挥自由裁量权确定赔偿额

环境侵权由于其持续性、广阔性、损害后果累积性等特点决定了在赔偿时间、空间范围以及赔偿对象上均具有不确定性，损害赔偿难以确定。要解决这个问题，有赖于根据侵权行为的性质和后果，参考一定因素，由法官根据案件实际情况在法律规定的范围内大胆行使自由裁量权确定赔偿，这样既给法官一个自由裁量的空间，同时又限制了这一权利的滥用。法官在行使自由裁量权时应参考以下因素：

1. 加害方的主观过错程度

在其他条件相同的情况下，加害方的主观过错程度决定了具体赔偿金额的大小，过错程度越高，判处的损害赔偿金就越高，故意实施环境侵权行为应比重大过失行为判处的惩罚性损害赔偿金高，而一般过失行为的加害方只需承担较低损害赔偿金。

2. 加害方因环境侵权行为所生的收益情况

有研究表明侵权行为人的损害赔偿金会导致出现加害人侵权行为的成本递减现象，较高的损害赔偿可以增加侵权行为成本，阻止加害人的行为。因此，环境侵权中加害方的赔偿金额必须与其获利情况相适应，以达到威慑并遏制加害人的目的。加害人的获利应当包括已经获得的实际收益和实施侵权行为时可以预见的其他收益。

3. 加害人的经济状况

赔偿并不是为了置被惩罚人于死地，从公平正义的角度考虑，应留有余地，既要考虑加害人的承受能力，又要考虑此种赔偿不至于使他陷入生活困境，否则不利于社会的发展和稳定。因此，在环境侵权赔偿中，可以借鉴美国的司法实践，由法官根据双方当事人提供的合法资料为基础，估算加害人的财产状况，在其赔偿能力范围之内确定具体的赔偿金额。

4. 赔偿金额与实际损害的关系

赔偿的根本宗旨在于适度威慑，适度威慑的关键在于过罚相当。如果赔偿低于损害，威慑不足，加害人会选择继续从事侵权行为，相反，如果赔偿远远高于损害，加害人将不会再从事该种行为，又不利于社会的稳定和经济发展。

## （三）适当降低受害方证据条件

根据现行法律的规定，发生环境侵权受害方向法院起诉时必须提供证据证明因加害人实施了环境侵权行为而使自己受到损害的事实，此时举证责任才转移到加害人一方。受害方提交的证据包括：受害方的财产或者健康受到损害的事实，即受害方证明自己享有物权的财产因侵权行为发生损毁、灭失等价值丧失或减少的证据或者受害方证明其自身或近亲属因环境侵权行为造成身体健康损害的证据；受害方所受损害是由加害方的侵权所致，即明确加害方是谁和证明加害方的行为与自己所受损害存在因果关系的证据等。受害方由于证据能力有限常常面临举证难题，败诉风险加大。因此，司法实践中可以适当降低受害方提供证据的条件，如原告只需依据简单的生活经验、科学常识推断，指出侵权者是谁，或者仅仅指出侵权者的生产范围，周围生态环境发生恶化的前后对比，凭感官感受到的异常等即可。

## （四）完善环境侵权导致健康权损害的鉴定制度

环境侵权导致健康权受损后，及时进行环境及其侵害监测，获取环境侵权、健康损害的事实相当重要。若事实消失或者事实状态发生改变，就会给后来的诉讼带来极大的困难，甚至使得受害者不能得到实际的赔偿。

因而，固定侵权损害事实是环境侵权导致健康权损害的鉴定制度的首要功能。另一方面，通过该制度把环境侵权导致健康损害的事实向社会公布，使每一公民关注自己所处的生活环境及自己周围人的健康状态，这是环境侵权导致健康权损害鉴定制度的次要功能。

### （五）降低司法门槛，打造便民司法

环境侵权发生后，维权诉讼程序复杂，专业性要求高，诉讼周期长，诉讼成本高，这在某种程度上成为环境侵权受害者通过司法途径维权的一大障碍。通过减免缓诉讼费用、提供公益诉讼资金保障、开展巡回审判等方式降低当事人诉讼成本。合理分配举证责任，科学认定污染行为和损害后果之间的因果关系，对环境污染受害者实行适当倾斜性保护，允许当事人依法推选代表人共同诉讼，节约司法资源，方便当事人诉讼。

### （六）提供法律援助

环境侵权中，由于作为受害一方的农民在经济和法律上处于弱势，证据能力欠缺，为他们提供充分的法律援助是必要的，也是可行的。这种援助可以通过以下两个方面来实现。一是在环境侵权多发、易发的农村设立专门的法律援助机构，为遭受环境侵权的农民提供法律咨询、代写法律文书、为经济贫困的农民进行辩护和代理、进行诉讼等。二是引导、扶持农民自发设立环境侵权权益自助组织，加强与其他组织如律师事务所、公证处、基层法律服务所等法律服务机构组织的联系与配合，扩大法律援助工作的覆盖面和社会影响，使法律援助落到实处。

# 后　记

曾几何时，现代人开始谈“环境”色变，我们喝的不再是洁净的水，吃的不再是放心的食物，一年大部分时间都在与雾霾作战，充斥其间的还有全国各地此起彼落的环境群体性事件，镉大米、血铅超标、近在家门的垃圾焚烧厂……不断挑战着我们的神经，尽管人们对环境健康重要性的认识在不断扩大，减少污染的努力也获得了一些成功，但我们“糟糕”的社会生存环境，总是无情地侵蚀着我们的身心健康，降低着我们的幸福指数。

马克斯·韦伯曾说：“任何一项事业的背后都存在某种决定该项事业发展方向和命运的精神力量。”就环保事业而言，如果环境保护缺乏一种稳固的理念背景，缺乏一种坚实的人文根基，那么环保事业在实践中的生命力又该源自何处？那么我们的生活环境和生态环境又因何能持续存在和良好运行？因此，人类只有把自己与自然，而不是其他事物放在法律制度的中心，站在主客二元论的基点上，从天人合一的角度来理解法律，重新审视和思考法律，方能探究法律的“真谛”，找到解决环境问题的正途。我们不要忘记“人直接的是自然存在物，是自然的一部分”这个最基本的客观事实，遗忘了人生“在世”的存在，也就遗忘了人自身；割裂了人与自然的统一关系，也就割裂了人自身的本真存在。人类只能在地球这个“唯一的、美丽的、脆弱的”生命摇篮中生存和发展，对家园的关爱是“地球村”每一个公民义不容辞的责任。

构建独具特色的环境司法区域性审判制度，是我们审视与反思传统环境司法制度的产物，是我们以法律运行机制为切入点探究我国环境治理重要举措，是生态文明建设的重要保障。构建这一制度绝非朝夕之功，需要理论和实务界给予长期的关注和探索，并不断在司法实践中加以修正和完善，正如美国法学家德沃金所说："法律是一种不断完善的实践。"

为此，一群秉承强烈的环保意识和社会责任感，志愿致力于环境资源司法区域性理论与实践问题研究的学者和法官，携手合作，群策群力，贡献出各自的聪明才智，著得此书。他们是：武汉市中级人民法院陈学敏法官、最高法院环境资源司法研究中心韩德强研究员、最高法院环境资源审判庭贾清林法官、内蒙古自治区高级人民法院黄凯法官、重庆市巫山县人民法院吴荣鹏法官、福建省高级人民法院祝昌霖法官、陕西省高级人民法院赵学玲法官、山东省高级人民法院刘成良法官、福建省南平市中级人民法院甘代兴法官、青岛市中级人民法院初鲁宁法官以及山东警察学校韦冉教授、湘南学院周桂英教授、石家庄经济学院陈日华副教授、浙江农林大学贾爱玲教授、刘冰冰硕士、中南大学法学院张宝老师、中国政法大学林燕梅博士、浙江大学张健博士、西南政法大学罗发兴博士等学者。同时，感谢为此书提供资料帮助的湖南省浏阳市人民法院李明耀法官、昆明市中级人民法院王向红法官、郴州市中级人民法院陈建华法官、内蒙古自治区呼和浩特市中级人民法院刘俊红法官、云南省玉溪市中级人民法院田永德法官、福建省厦门市中级人民法院王中义法官、宁波海事法院吴勇奇法官、浙江省海宁县人民法院吴菓法官、广州市南沙区人民法院陈文铂法官、重庆市江北区人民法院王庆法官、林口县人民法院高宇法官、黑龙江林口县法院高宇法官、湖北省宜昌市夷陵区人民法院陈瑶法官、湖北省宜昌市枝江区人民法院黎秀玲法官、湖北省宜昌市伍家岗区人民法院冯昊、黎琼法官、湖北省宜昌市西陵区人民法院方正权法官以及浙江省温州市中级人民法院课题组的法官。

最后衷心感谢该书的所有撰写者，是他们积极完成撰写任务，本书才得以顺利完成，同时，衷心感谢中国环境出版社的曲婷编辑为此书出版付出的辛苦劳动！